1848
Sturm im
Habsburgerreich

Emil Niederhauser

1848
Sturm im
Habsburgerreich

Kremayr & Scheriau

Aus dem Ungarischen von Hans Kolbe
© 1990 by Emil Niederhauser
In Gemeinschaft mit dem Corvina Kiadó, Budapest
Verlagsrechte für das gesamte deutschsprachige Gebiet:
Verlag Kremayr & Scheriau, Wien
Lektorat: Brigitte Hilzensauer

Satz, Druck und Bindung: Druckerei Szegedi
ISBN 3 218 00514 0

INHALTSVERZEICHNIS

DER VORMÄRZ

Die Habsburgermonarchie war ein Gebilde, das sich allmählich im Laufe von mehreren Jahrhunderten herausbildete. In der Geschichtsschreibung, in der man in nationalen Dimensionen zu denken pflegt, wurde im nachhinein häufig von einer unnatürlichen und gewaltsamen Entwicklung gesprochen, obwohl die meisten Staatsgebilde aus der Zeit zwischen Mittelalter und Neuzeit durchaus ähnlich, durch dynastische Kriegszüge und eheliche Verbindungen, zustande gekommen waren. Die Besonderheit der Monarchie bestand nur darin, daß dieses Staatsgebilde die Anfänge der bürgerlichen Umgestaltung erlebte, die Stürme der revolutionären Jahre überstand und auf dem großen, internationalen Wiener Kongreß 1814/15 eine Form erlangte, die wiederum durch die neuen revolutionären Erschütterungen in Frage gestellt wurde. Allein die Tatsache ist schon bemerkenswert, daß der große Kongreß, auf dem die europäischen Verhältnisse nach der Französischen Revolution und der Napoleonischen Zeit im Sinne der Legitimität und der Gegenrevolution geregelt werden sollten, gerade in der Residenzstadt der Habsburger zusammentrat, obwohl sich im vorangegangenen Vierteljahrhundert die höchsten Führer des Reiches selbst eingestanden hatten, daß die anderen Mächte mit Österreich nicht viel Federlesen machen würden, wüßten sie nur, wie schwach es im Inneren sei.

Von 1804 an trug dieses merkwürdige Länderkonglomerat auch einen eigenen Namen. Franz II., Kaiser des Heiligen Römischen Reiches Deutscher Nation, nahm, um nicht hinter Napoleon zurückzubleiben, als Franz I. den Titel eines erblichen Kaisers von Österreich an. Mit diesem Titel, der bis dahin nur gelegentlich und inoffiziell benutzt worden war, schuf er für die verschiedenartigen Länder und Provinzen, die ihn in vielfältigen Formen und Rechtstiteln als ihren Herrscher anerkannten, endlich einen einheitlichen äußeren Rahmen.

Das System

Durch den Wiener Kongreß wurden die während der revolutionären Ereignisse und der napoleonischen Umwälzungen vertriebenen Herrscher wieder auf ihre Throne gesetzt, und als Ergebnis des Kongresses erstreckte sich die Habsburgermonarchie über folgende Gebiete: die österreichischen und die böhmisch-mährischen Erblande (dazu gehörte auch das früher unabhängige Fürsterzbistum Salzburg) sowie die Länder der Stephanskrone (Ungarn mit Kroatien und das abgesonderte Siebenbürgen). Das waren im wesentlichen auch die Länder und Gebiete, die schon seit 1526 die östliche Monarchie der Habsburger (neben der westlichen, spanischen Monarchie) gebildet hatten. Dazu gehörten ferner Galizien, das in der zweiten Hälfte des 18. Jahrhunderts zur Zeit der polnischen Teilungen an die Monarchie gefallen war, die Bukowina, die vom Fürstentum Moldau bzw. dessen Oberherren erworben wurde, Venetien, das man der Gnade Napoleons zu verdanken hatte, mit ganz Dalmatien, ein bedeutender Teil des norditalienischen Gebietes sowie ein Großteil des ehemaligen Herzogtums Mailand als Königreich Lombardei. In Mittelitalien gab es außerdem zwei kleinere Staaten, Toskana und Modena, wo Nebenzweige der Familie herrschten. Sie gehörten natürlich nicht direkt zu Österreich, wie auch das Königreich Lombardo-Venetien nur lockerer zur Monarchie gehörte als die übrigen Länder und Provinzen.

Im Verhältnis zu dem habsburgischen Weltreich des 16. Jahrhunderts stellte dieses Österreich nach 1815 zwar schon ein bescheideneres Staatsgebilde dar, war aber, wie auch die obige Aufzählung zeigt, noch immer eine bedeutende europäische Großmacht. Es lag in der Mitte Europas, reichte aber im Norden bis an die vorgeschobenen westlichen Grenzen des russischen Reiches und im Süden bis an den schmalen westlichen Streifen der Balkanhalbinsel. Und vor allem lag es in der Mitte zwischen den deutschen und den italienischen Staaten und versuchte, in beiden Richtungen seine Vormachtstellung zu verwirklichen; jedenfalls war dies im Sinne des Wiener Kongresses seine Aufgabe und seine Berufung. In Italien geschah dies völlig unformell, einfach aufgrund der Tatsache, daß die große Mehrheit der anderen italienischen Staaten, von den Sekundogenituren der Habsburger angefangen über den weltlichen Staat des Papstes bis zum Königreich beider Sizilien, in irgendeiner Form auf die Unterstützung Österreichs angewiesen waren.

In Richtung Norden hatten diese Hegemoniebestrebungen sogar eine formale Grundlage. An die Stelle des Römischen Reiches Deutscher Nation, das 1806 aufgehört hatte zu existieren, war durch Beschluß des Wiener Kongresses der Deutsche Bund getreten, eine Art lockeres Bündnis zur Vereinigung von fast vierzig selbständigen (und auf Selbständigkeit und Souveränität eifersüchtig bedachten) deutschen Königreichen, Herzogtümern und reichsfreien Städten, dessen Vertretung — der Bundestag — in Frankfurt am Main seinen ständigen Sitz hatte. Dieser Bundestag setzte sich aus den Gesandten der einzelnen deutschen Staaten zusammen, während der Vorsitz Österreich bzw. seinem Vertreter gebührte. Die österreichischen Herrscher waren ja Jahrhunderte hindurch Kaiser des Reiches gewesen. Der Bundestag glich allerdings eher einem ständigen internationalen Kongreß; bis 1837 war sogar der König von Großbritannien darin vertreten, da er in Personalunion König von Hannover war. Dagegen gehörte Österreich nicht als Ganzes zum Bund, sondern nur mit seinen österreichischen Erblanden sowie Böhmen und Mähren; ebenso war Preußen nur mit seinen mittleren und westlichen Provinzen repräsentiert, die östlichen blieben gleichfalls ausgeschlossen.

Es war eine geistvolle Anordnung: in der Mitte Österreich, das (theoretisch) am stärksten war und überall den Frieden, die innere Ordnung und die Aufrechterhaltung der Ruhe überwachte. Fürst Clemens Lothar Wenzel Metternich, der Sproß einer rheinländischen mediatisierten Fürstenfamilie, hatte diese Konzeption für Österreich entwickelt. Ein ganzes Menschenleben hindurch tat er alles dafür, diese Position auch zu halten und zu sichern. Als Außenminister, später als Staatskanzler, repräsentierte er Österreich nach außen wie nach innen, besonders nachdem Franz I. 1835 gestorben war. Um das Prinzip der Legitimität aufrechtzuerhalten, wurde dessen älterer Sohn Ferdinand auf den Thron gesetzt, obwohl er wegen seiner Schwachsinnigkeit und Epilepsie völlig unfähig war, zu regieren. Metternich versprach sich von dieser Situation eine praktisch unbeschränkte Machtposition; allerdings wurden die höchsten Staatsgeschäfte von einer kleinen Kommission, der Geheimen Staatskonferenz, geführt, die sich entgegen den Wünschen Metternichs (er hatte sie als repräsentative Körperschaft geplant, die prinzipielle Entscheidungen fällen sollte) sehr rasch zum Führungsorgan entwickelte, weil er in seiner Furcht vor administrativen Entscheidungen die entsprechenden Angelegenheiten dorthin weiterleitete. Der Leiter der Staatskonferenz war Erzherzog Ludwig, der zweitjüngste, unscheinbarste und unbegabteste Bruder des verstorbenen Kaisers Franz. Mitglieder waren ferner der jüngere Bruder Ferdinands, der Erzherzog und Thronerbe (da der Kaiser keine Kinder hatte) Franz Karl, Metternich und, sozusagen als Gegengewicht gegen Metternich, ein tschechischer Aristokrat, der Großgrundbesitzer Franz Anton Graf Kolowrat-Liebsteinsky (oder tschechisch Kolovrat-Libštejnský). 1835 waren sie alle schon über die Mitte ihres Lebens hinaus, um es vorsichtig zu formulieren, mit Ausnahme von Franz Karl, der aber über noch weniger staatsmännische Qualitäten verfügte als Ludwig. In den vierziger Jahren waren sie alle schon verknöcherte Greise, unfähig zu Reformen oder Veränderungen. *Quieta non movere*, war die Losung Metternichs, und wenn die anderen ihn persönlich auch nicht leiden konnten, in dieser glänzenden Maxime mußten sie ihm unvermeidlich zustimmen, denn eine bessere hätten sie selbst auch nicht erfinden können. Sie hinderten Metternich höchstens mit aller Kraft daran, dieses Prinzip auch durchzusetzen. Metternich war sicher der bedeutendste Geist der Staatskonferenz (man kann sagen, der einzige bedeutende), der wenigstens Vorstellungen darüber besaß, wie die Ruhe aufrechtzuerhalten war, nach innen wie nach außen. Und wie schwerfällig dieses Reich innerlich auch war, schwach, faulend und zerbröckelnd: das diplomatische Geschick Metternichs ließ noch ein Menschenalter hindurch ganz Europa glauben, daß er im Namen einer führenden Großmacht über die Erhaltung des Friedens in Europa wache (was ihm übrigens, von den Konflikten auf dem Balkan abgesehen, tatsächlich gelang). Bewegungslosigkeit und Unveränderlichkeit erschienen als die größten Tugenden und Werte Österreichs. Auch ein bis zwei Jahrhunderte früher wären solche Prinzipien nicht ohne Schwierigkeiten durchzusetzen gewesen; im 19. Jahrhundert aber war dies ganz und gar unmöglich geworden. In einem Europa, das sich dynamisch veränderte, bei 1815 stehenbleiben zu wollen, ja noch mehr, im Sinne der ursprünglichen Vorstellung sogar vor 1789 zurückzugehen, das wäre auch für eine sehr viel fähigere und jüngere Regierung eine unlösbare Aufgabe gewesen, geschweige denn für einige greise Herren.

Unlösbar war das Problem auch deshalb, weil das Reich zwar absolutistisch regiert wurde (und dabei erschien der Umstand, daß der für alle Entscheidungen verantwortliche absolute Herrscher menschlich unfähig war, seine Rolle wirklich auszufüllen, fast nur noch als bloßer Schönheitsfehler), dieses zentrale absolutistische System nach innen und nach unten, hinsichtlich der einzelnen Länder und Provinzen, aber nicht völlig absolutistisch organisiert war. Zumindest in den bedeutenderen Ländern der Monarchie konnte der Herrscher gar nicht als österreichischer Kaiser regieren, sondern er herrschte als König von Böhmen, Ungarn, Kroatien, als Großfürst von Siebenbürgen usw. (es ließe sich noch eine ganze Reihe von Titeln aufzählen). Auf diese Weise war er gezwungen, seine Macht mit den verschiedenen Kräften der einzelnen Länder zu teilen, mit den Ständen, den Landtagen oder auch mit den Beamten, die ihrerseits, so sehr sie der zentralen Macht unterstanden, doch auch gezwungen waren, die Interessen ihrer Länder oder ihrer Provinzen zu berücksichtigen. Diese Machtteilung galt besonders für die Stände: Auch wenn man sie in ihren Rechten stark beschnitten hatte — in unterschiedlichen Formen, bald mehr, bald weniger —, konnten sie dennoch in bestimmten Fragen eingreifen, wenn sie zusammengerufen wurden. Das konnte man zwar für einige Zeit verhindern, von Zeit zu Zeit aber mußten sie doch über neue Steuern abstimmen.

Nur in den frisch erworbenen Gebieten im Südwesten und im Nordosten (im Königreich Lombardo-Venetien und in Galizien-Bukowina) gab es solche Probleme nicht. Im

Südwesten war die bürgerliche Entwicklung schon lange über die feudalen Formen hinaus, und die städtische Selbstverwaltung besaß jahrhundertealte Traditionen, die auch die neue Herrschaft nicht so einfach beseitigen konnte. Im Nordosten wieder hatte gerade die Herrschaft dieser feudalen Formen den polnischen Staat zu Fall gebracht. Dort brauchte man für die höhere Verwaltung bloß Beamte zu ernennen.

In den Ländern der Stephanskrone existierten neben den drei jeweils verschieden strukturierten Landtagen (dem ungarischen, siebenbürgischen und kroatischen) eine Stufe tiefer die Komitate, Institutionen, die sich in der Hand des Adels befanden und aus gewählten Beamten bestanden. Sie waren für die allgemeine Verwaltung und die Rechtspflege zuständig. Mit ihnen mußte man selbst dann rechnen, wenn es gerade wieder einmal gelungen war, das Zusammentreten der Landtage für längere Zeit zu verhindern. Aus der Wiener Burg sahen freilich selbst diese Landtage nicht sonderlich gefährlich aus, geschweige denn die Landtage in den Erblanden, die gewöhnlich bereitwillig den Steuern zustimmten und in anderen Angelegenheiten ohnehin nicht gefragt wurden. Potentiell allerdings bedeuteten selbst sie eine Herausforderung für den völlig unbeweglichen Absolutismus, denn Recht, Brauch, Tradition (und politische Erwägungen, wenn sie überhaupt angestellt wurden) sprachen für sie. Ein System, das sich auf das göttliche Recht und die Legitimität berief, konnte diese Faktoren wenigstens dem Prinzip nach und formal nicht ignorieren.

Göttliches Recht und Legitimität besaßen selbst um 1840 herum in Europa als stützende Faktoren noch immer eine gewisse, wenn auch abnehmende Wirkung. Die überwiegende Mehrheit der Völker erkannte diese Faktoren noch an. Aber die Zahl derjenigen wurde doch immer größer, denen dies als Legitimationsprinzip nicht genügte. Armee und Militärgrenze bildeten eine stabilere Stütze für die Monarchie. Letztere war Jahrhunderte zuvor während des Kampfes gegen das Osmanische Reich geschaffen worden; es handelte sich um eine nicht geringe Bevölkerungszahl, eine Art Wehrbauern mit militärischen Stützpunkten, die als Entgelt für ihren Militärdienst über freies bäuerliches Grundeigentum verfügten. Und das stehende Heer war im allgemeinen vertrauenswürdig, es besaß ein kaisertreues Offizierskorps und Soldaten, die während einer langen Dienstzeit in eine feste Disziplin hineinwuchsen. Sie konnten überall und zu jeder Zeit gegen Störungen der inneren Ordnung oder äußere Umsturzversuche eingesetzt werden. Von den revolutionären Unruhen 1820 in Neapel und Piemont bis zu den Aufständen in Krakau und Galizien 1846 gab es mehrere Fälle, in denen man die österreichische Armee einsetzen mußte. Der Erfolg blieb nie aus. Diese Armee — durch ihre Zuverlässigkeit eine Stütze des Staates — war freilich eine sehr teure Angelegenheit, und die staatlichen Einnahmen reichten meist nicht aus, um die Unkosten zu decken. Der Staat mußte Darlehen aufnehmen, die Staatsschulden wuchsen. Außer einigen Eingeweihten aus der regierenden Spitze wußte jedoch niemand genau, wie hoch sie eigentlich waren. Gerade deshalb schätzte sie jeder, den die Angelegenheit überhaupt interessierte, noch viel höher, als sie tatsächlich waren (obzwar das auch nicht wenig war). Aber der Staat bekam noch immer ständig neue Darlehen, wenn er darauf angewiesen war. Zu Beginn der dreißiger Jahre gelang es vorübergehend, aus der finanziellen Krise herauszukommen, infolge der Schwierigkeiten auf dem Balkan wuchsen die Staatsschulden aber bald wieder an.

Die Zensur sorgte dafür, daß keine der aufwieglerischen Ideen aus dem immer verdächtigen, unruhigen Westen eindringen konnte. Die verschiedenen Religionen befanden sich zwar ständig in irgendwelchen Streitigkeiten miteinander, aber schließlich trugen selbst die oppositionellsten Protestanten — ohnehin nur eine geringe Zahl — in letzter Konsequenz dazu bei, die bestehende Ordnung zu erhalten und zu bewahren, so wie

Zensur, Armee und göttliches Recht das Ihre dafür leisteten. Und wenn so viele Faktoren für Ordnung und bewegungslose Ruhe wirkten, warum sollte man mit diesem System brechen? Die Oberfläche dieses Staatengebildes blieb ein Menschenalter hindurch glatt, von lediglich lokalen Spannungen abgesehen. Die Staatsweisheit schien sich zu bestätigen: Alles ist ruhig, also setzen wir es nicht in Bewegung!

Wirtschaft und Gesellschaft

Ein kurzer Blick auf die wirtschaftlichen und gesellschaftlichen Verhältnisse scheint diese Staatsweisheit ebenfalls zu bestätigen. Österreich als Ganzes betrachtet war auch noch am Vorabend der Revolution ein echter Agrarstaat, 73 bis 74% der Bevölkerung arbeiteten im landwirtschaftlichen Sektor. (Zwischen den einzelnen Landesteilen gab es allerdings erhebliche Unterschiede; in den Erblanden im Westen lag die landwirtschaftliche Beschäftigung unter dem Durchschnitt, die höchsten Zahlen finden wir weit im Osten, von Lemberg bis zu den Komitaten in Siebenbürgen.) Und der Bauer stand, allen beunruhigenden Zeichen zum Trotz, treu zu seinem Kaiser, dem guten Herrscher. Wenigstens war man in Wien fest davon überzeugt.

Zweifellos war Österreich von der industriellen Revolution, die als Antrieb der Modernisierung in den westlichen Teilen Europas schon bedeutende Veränderungen hervorgerufen hatte, noch kaum berührt worden. Freilich gab es selbst in den ruhigen Metternichschen Zeiten schon wahrnehmbare Verschiebungen. Am deutlichsten zeigt sich das in der plötzlichen Entwicklung einiger Städte gerade in diesen Jahrzehnten. Gegen Mitte des Jahrhunderts zählte Wien fast 400 000 Einwohner, in Pest lebten 80 000 und in Ofen 40 000 Menschen, das ergibt zusammen ebenfalls eine beachtliche Zahl, auch wenn es sich formell noch um zwei verschiedene Städte handelte. Mailand hatte etwa 150 000 Einwohner, Prag mehr als 100 000, Venedig nicht viel weniger, für Triest und Lemberg lagen die Zahlen etwa bei 50 000, und letzteres lag ja nun in einem besonders rückständigen Gebiet. In diesen Großstädten existierten bereits Fabriken; Proletarierelend und häufige Arbeitslosigkeit — je nach Wirtschaftslage — vervollständigten das Bild. Die industrielle Revolution hatte vorläufig nur kleine Inseln im großen Agrar-Ozean geschaffen. Aber gerade diese kleinen Inseln sollten später die Zentren der Revolution werden.

Die Regierung war von der anspruchsvollen, auf Industrialisierung gerichteten Wirtschaftspolitik des vorangegangenen Jahrhunderts weit entfernt; sie mochte keine Veränderungen, denn sie fürchtete deren Gefahren. Doch konnte sie sich von der europäischen Entwicklung nicht völlig isolieren, schon aus finanziellen Gründen nicht. Notgedrungen förderte sie den Außenhandel, denn er brachte Einnahmen, notgedrungen unterstützte sie auch den Binnenhandel, denn auch er erwies sich als nützlich. Schließlich mußte man sich sogar mit einer verdächtigen westlichen Neuerung anfreunden, die besonders bizarr schien: mit der Eisenbahn. 1848 verfügte Österreich bereits über 1700 Kilometer Eisenbahnstrecke, und zwischen Wien und Prag verkehrten die Züge bereits fahrplanmäßig (wenn auch wegen der Güterzüge oft mit Verspätung). Der Dampf und die Eisenbahn werden es sein, die das rückständige Österreich auseinandersprengen, sagte 1847 ein gebildeter junger Mann, der sehr empfänglich war für die Probleme der Gegenwart und revolutionäre Gedanken hegte. Er hieß Friedrich Engels.

Abgesehen von Lombardo-Venetien, wo die industrielle Entwicklung — obendrein mit dem Segen der österreichischen Regierung — sich bereits dem westlichen Standard

11

anzunähern begann, existierten 1829 erst 110 Textilfabriken; die Zahl wuchs bis 1847 auf 204 mit 1 356 000 Spindeln. In einigen Gebieten entwickelte sich auch der Bergbau; jetzt waren aber nicht mehr Gold und Silber die gefragten Produkte, sondern Eisenerz und Kohle. Wenn auch keine großen Mengen vorhanden waren, so wurden sie dennoch eifrig zu Tage gefördert. Wichtige Bergbaugebiete von Böhmen und Steiermark bis nach Nordungarn und Siebenbürgen, besonders aber die Großstädte, gerieten schon in den großen europäischen Sog. Der Dampf sollte Österreich auseinandersprengen? Nun, die alte Gesellschaft würde mit Sicherheit nicht standhalten.

Diese Gesellschaft nämlich — abgesehen von den erwähnten Inseln, oder vielmehr, selbst dort — war noch in starkem Maße eine traditionelle Gesellschaft, mit geringer Entwicklung, minimaler Mobilität, den wirtschaftlichen Bedingungen angepaßt und sich noch langsamer verändernd als selbst diese. 1843 betrug die Bevölkerungszahl in den westlichen Erblanden Österreichs 17,1 Millionen, in den ungarischen Provinzen 15,6 Millionen, in Lombardo-Venetien 4,8 Millionen (und dies bezieht sich nur auf die zivile Einwohnerschaft; man muß die Armee in einer Größenordnung von Hunderttausenden noch dazurechnen). Rund 38 Millionen lebten in diesem Staat, der über eines der größten Territorien in Europa verfügte. Ihre innere Gliederung zeigte noch ein stark traditionell gefärbtes Bild.

An der Spitze der gesellschaftlichen Hierarchie stand der Adel, die herrschende Feudalklasse, genauer die adeligen Großgrundbesitzer, die Aristokratie. Insgesamt lag ihre Zahl wahrscheinlich höchstens um 10 000. Es war eine gemischte Gruppe, was ihre ethnische Herkunft anbelangte: Unter den führenden aristokratischen Familien des Reiches gab es deutsche, ungarische, böhmische, polnische, kroatische und italienische; darüber hinaus waren auch noch andere europäische Nationen vertreten, neben spanischen, portugiesischen, niederländischen Familien gehörten auch Emigranten aus der Zeit der großen Französischen Revolution dazu. Ihre Muttersprache war meist das Deutsche oder das Französische. Nicht wenige Mitglieder dieser Aristokratie stammten von selbständigen Herrschern aus dem ehemaligen Heiligen Römischen Reich oder von den mittelalterlichen Landesherren ab, die im 18. Jahrhundert ihre Duodezfürstentümer schon aufgegeben und auf ihren Widerstand gegen den Absolutismus verzichtet hatten. Nun waren sie alle, oder fast alle, treue, ergebene Diener der Krone. Von den lombardo-venetianischen Aristokraten konnte man dies nur mit Einschränkungen behaupten; allerdings waren diese erst vor kurzem unter die Herrschaft des Kaisers gelangt. Die ungarische, besonders die siebenbürgische Aristokratie verhielt sich ebenfalls nicht in dem Maße loyal wie etwa die österreichische; und die polnischen Aristokraten hielten noch sehr stark an ihren Erinnerungen an den polnischen Staat fest, der erst vor wenigen Jahrzehnten aufgelöst worden war. Eine gewisse Loyalität der Krone und dem Herrscher gegenüber gehörte jedoch zu ihrer gesellschaftlichen Stellung, zu ihrem Rang.

Diese Aristokratie hielt die führenden Posten in ganz Österreich in ihrer Hand, an der Spitze die Herrscherfamilie selbst mit all ihren Mitgliedern. Die Aufteilung des Staates unter die Mitglieder der Dynastie war seit 1665 endgültig aus der Mode gekommen, als mit Erzherzog Sigmund Franz von Tirol die letzte regierende Nebenlinie der Habsburger erloschen war. Der Kaiser war seither überall auch der König, der Herzog und der Großfürst; in der Funktion von Statthaltern allerdings waren mehrere Habsburger zu finden. Ein jüngerer Bruder des Kaisers Franz, Erzherzog Josef, stand ein halbes Jahrhundert hindurch als Palatin an der Spitze der Staatsverwaltung in Ungarn, und als er zu Beginn des Jahres 1847 starb, war es ganz natürlich, daß sein Sohn, Erzherzog Stephan, der übrigens bis dahin Statthalter von Böhmen gewesen war, an Stelle des Vaters das Amt übernahm. Erzherzog Rainer war in den vierziger Jahren Statthalter im Lombardo-Venetianischen Königreich. In allen wichtigen Positionen saßen die Vertreter der Aristokratie: Neben den Statthaltern stellten sie die führenden Generäle in der Armee; sie leiteten die zentralen Regierungsämter bis zu den Kanzleien (der böhmisch-österreichischen, der ungarischen, der siebenbürgischen), welche die einzelnen Länder in Wien repräsentierten. In Ungarn hatten sie auch das Amt des Obergespans inne, der in den Komitaten die Regierung vertrat. Oft wurde dieses Amt auch in den Familien weitervererbt. Die kaisertreuen Repräsentanten dieser Schicht spielten auch in der katholischen Kirche, der amtlichen Staatskirche für ganz Österreich, einer Institution, die tatsächlich die Mehrheit der Bevölkerung repräsentierte, die führende Rolle. (Es war ganz ungewöhnlich, daß kurz vor der Revolution das Amt des Erzbischofs von Mailand mit einem Italiener besetzt wurde.) Was die Bildung und besonders die Ausbildung dieser Aristokraten anbelangte, repräsentierten sie ein recht gemischtes Niveau; von den Erfordernissen moderner Staatslenkung besaßen sie meist nur sehr unklare Vorstellungen, wenn sie sich überhaupt Gedanken darüber machten. Aber die noch sehr stark feudal geprägten Traditionen, die sich bei der Lenkung des Staates herausgebildet hatten, und die ererbten und angeeigneten Fähigkeiten ermöglichten diesen Aristokraten, ihre Ämter einigermaßen auszufüllen, wenn sie nicht gerade in unerwartete Situationen gerieten. Über die nötige Routine verfügten sie jedenfalls.

Während die aristokratischen Großgrundbesitzer in der ganzen Monarchie eine charakteristische Erscheinung darstellten, spielte der Kleinadel, der in der herrschenden Feudalklasse traditionell die untere, aber zahlenmäßig größere Schicht bildete, nur eine geringe Rolle. In den böhmischen und österreichischen Erblanden war seine Zahl schon während der Gegenreformation stark reduziert worden. Wer auf seinem protestantischen Glauben beharrt hatte, war zu emigrieren gezwungen gewesen. Und die Zahlen gingen auch später stark zurück, besonders in Böhmen und Mähren. Wenn einer dieser kleinen Adeligen einen größeren Grundbesitz hatte, dann konnte er noch eine gewisse Rolle spielen, doch war dies die Ausnahme. In den westlichen Gebieten, besonders in Lombardo-Venetien, wurde der Kleinadel vom Bürgertum aufgesogen, verschmolz mit einzelnen Kategorien der bürgerlichen Gesellschaft oder vermehrte die Zahl der Staatsbeamten.

In den östlichen Provinzen war die Situation anders. Sowohl in Ungarn — in diesem Falle selbstverständlich unter Einschluß von Kroatien und Siebenbürgen — als auch in Galizien bildete der Kleinadel zahlenmäßig noch eine große Gruppe. Gesamteuropäisch gesehen repräsentierten der polnische und der ungarische Adel einen herausragend hohen Bevölkerungsanteil; sie stellten nicht weniger als fast 10 beziehungsweise 5% der Gesamtbevölkerung. Es ist offensichtlich, daß die meisten dieser Adeligen mit den Aristokraten nicht verglichen werden konnten. Ihr Grundeigentum war unbedeutend, oft erreichte ihr Besitz gerade die Größe eines Bauernhofes. Hinsichtlich des wirtschaftlichen und des davon abhängigen kulturellen Niveaus unterschieden sie sich also nur durch ihre Privilegien und ihr Standesbewußtsein von den Bauern. Auf polnischem und kroatischem Gebiet war das der herrschende Typ des Adeligen. Zwischen Aristokraten und kleinem Adel bestanden riesige gesellschaftliche und vermögensmäßige Unterschiede. Sie haßten einander maßlos, und dieser Haß — oder von oben her gesehen: diese Verachtung — konnte auf dem Wege über Privilegien auch in politisches Kleingeld umgemünzt werden. Im ungarischen Adel gab es aber noch eine zahlenmäßig nicht unbedeutende Schicht von mittleren Grundbesitzern, die ihrem Vermögen und ihrer Bildung nach der Aristokratie näher standen als den Zehntausenden von Kleinadeligen; in den ständischen Institutionen — und zwar nicht nur in den Komitaten, sondern auch auf Landesebene — gaben sie den Ton an. Wir müssen diese Besonderheit deshalb hervorheben, weil sie später noch eine große Rolle spielen sollte. Die Aristokraten hatten — eben wegen der enormen Größe ihres Grundbesitzes — die Nachteile der feudalen Agrarverhältnisse noch nicht zu spüren bekommen und waren deshalb eher Anhänger der bestehenden Verhältnisse. Die kleinen Adeligen litten zwar, ihre wirtschaftliche Lage war schlecht, doch hätte eine eventuelle Veränderung sie gerade des einzigen Vorteils berauben können, der sie von den Bauern unterschied, nämlich ihrer adeligen Privilegien. Darum blieben sie ergebene Anhänger der bestehenden Ordnung, mehr noch als selbst die Aristokraten. Der mittlere Adel dagegen fühlte sich durch die Starrheit des herrschenden Systems in seiner wirtschaftlichen Situation bedroht und war daher und auch aus anderen Gründen zu gewissen Veränderungen geneigt.

Die zweite große Klasse dieser traditionellen Gesellschaft bestand — wie wir gesehen haben — aus den Bauern, die die überwiegende Mehrheit der Einwohnerschaft in ganz Österreich stellten. Bauer sein bedeutet hier zugleich hörig sein, hörig natürlich in einer im Verhältnis zum Mittelalter gemäßigten und durch politische und finanzielle Erwägungen des aufgeklärten Absolutismus verbesserten Form. Es gab allerdings eine wesentliche Ausnahme: Das war die Bauernschaft in Lombardo-Venetien, wo die feudalen Leibeigenschaftsverhältnisse schon lange verschwunden waren; die Bauern waren (zum kleineren Teil) Eigentümer geworden oder sie arbeiteten (zum größeren Teil) auf den Gütern der Grundherren als Pächter oder Lohnarbeiter. Auch in Dalmatien hatte sich seit dem Mittelalter eine besondere, italienische Variante des freibäuerlichen Bodenpächters herausgebildet.

Auf dem überwiegenden Teil des Staatsgebietes herrschten aber dennoch Hörigkeitsverhältnisse. Wir verzichten hier darauf, die spezifischen Verhältnisse in den einzelnen Provinzen oder gar die Varianten und Modifikationen innerhalb derselben zu untersuchen, und wollen vielmehr auf die gemeinsamen Züge hinweisen. Im größten Teil des Gebietes war die Situation der Bauern durch die Urbarialreformen, die unter der Herrschaft Maria Theresias durchgeführt worden waren, und durch das Patent Kaiser Josefs II. über die Aufhebung der Leibeigenschaft bestimmt. Zwei wichtige Ausnahmen bildeten aber Siebenbürgen und Galizien, wo es nicht zu solchen Urbarialreformen gekommen war. Die Lage in diesen Gebieten unterschied sich dennoch nicht wesentlich von der Situation in den anderen Provinzen.

Grundlegend war, daß die Hörigen persönlich frei, also keine Leibeigenen waren. Sie konnten ihren Beruf frei wählen und zu anderen Grundherren überwechseln. Für das Verfügungsrecht über den Boden mußten sie aber den Feudalherren bestimmte Dienste leisten. Im ganzen Reich wurde der Boden, wenn auch unter verschiedenen Bezeichnungen, in zwei große Gruppen eingeteilt: in den rustikalen, der im Sinne der Urbarialreformen in der Hand der Bauern sein mußte, d. h. auch sie hatten ein gewisses Besitzrecht darauf, nicht nur die Feudalherren, und in den dominikalen, der als unmittelbares und ausschließliches Eigentum der Feudalherren zählte. Auf diesem Boden betrieben die adeligen Grundbesitzer (wo sie überhaupt selbst wirtschafteten) ihre eigene Wirtschaft. Aber der größere Teil auch dieses Bodens befand sich in irgendeiner Form in der Hand der Bauern; man könnte ihn als eine Art Pachtland ansehen, das der Feudalherr selbstverständlich jederzeit wieder zurückverlangen konnte. In der Praxis kam das zwar kaum vor, der Unterschied zwischen den beiden Eigentumsformen war aber 1848 von besonderer Bedeutung.

Wir müssen noch eine Eigentümlichkeit der westlichen Erblande erwähnen: Der rustikale Boden konnte als sogenanntes besseres Verfügungsrecht oder als nicht besseres

Verfügungsrecht in der Hand der Bauern sein (eingekauft oder uneingekauft lautete die übliche Bezeichnung für diese beiden Formen). Bis 1848 spielte dieser Unterschied keine besondere Rolle, die Bauern waren sich auch gar nicht immer darüber im klaren. In den östlichen Provinzen war diese Unterscheidung überhaupt unbekannt. Hinzufügen muß man noch, daß Rustikal- und Dominikalgrund im wesentlichen das bearbeitete Feld, den Acker bedeutete: Wiese und Weide waren gemeinsames, ungeteiltes Eigentum von Feudalherren und Hörigen, der Wald hingegen befand sich im allgemeinen im Besitz der Feudalherren.

Durch die Urbarialreform wurde das Rustikalland, wenigstens im Prinzip, unter den Bauern aufgeteilt. Die Größe der Hufen (Siedlungseinheiten) war abhängig von der Qualität des Bodens und zahlreichen anderen Faktoren, unterschiedlich schon innerhalb der Länder. Zwischen den einzelnen Ländern und Provinzen waren die Abweichungen noch größer. Es war hingegen eine allgemeine Erscheinung, daß schon in der Zeit der Reform nicht überall genügend Rustikalgrund zur Verfügung stand, d. h. es gab von vornherein auch halbe und viertel Hufen, und deren Zahl wuchs mit der Vermehrung der Bevölkerung und der weiteren Aufteilung der Hufen ständig an. Nur in wenigen Provinzen, wie z. B. in Oberösterreich, konnte der Hörige die Hufe nur auf einen Sohn weitervererben, eine Aufteilung des Bodens war also verboten. In den meisten Gebieten führte die Aufteilung der Hufen dazu, daß die Bauern hinsichtlich ihres Besitzstandes ein ziemlich differenziertes Bild boten. In den österreichischen Erblanden war der wohlhabende Hörige typisch, der meistens eine ganze Hufe bewirtschaften konnte. In den böhmischen Provinzen und in einzelnen Gebieten Ungarns gab es eher Hörige, die über mittleren Besitz, und in Galizien und Siebenbürgern arme, die über weniger als eine halbe Hufe verfügten. Die Situation wird weiter kompliziert dadurch, daß es — wieder je nach Provinz in stark variierenden Verhältnissen — neben den Hörigen mit Hufen sogenannte Häusler (die Bezeichnungen waren sehr unterschiedlich) gab, die entweder über sehr wenig oder über gar keinen Boden verfügten; sie arbeiteten auf den großen Gütern oder pachteten Land vom Dominikalgrund. Im juristischen Sinne galten sie eigentlich als landlos. In Ungarn machten sie 60% der im engeren Sinne genommen in feudalen Abhängigkeitsverhältnissen lebenden Bauernschaft aus. Auch in Galizien war ihre Zahl sehr groß.

Zugleich gab es innerhalb der Bauernschaft auch Schichten, die sich in keinem feudalen Abhängigkeitsverhältnis befanden, also völlig frei waren und Boden besaßen. In Tirol traf das auf die gesamte Bauernschaft zu, sonst handelte es sich aber überall um eine sehr kleine Schicht. Eine ungarische Besonderheit war der sogenannte Marktflecken, eine bäuerliche Siedlung, die zwar unter der Oberhoheit von Feudalherren stand, deren Einwohner ihnen aber nicht einzeln, sondern kollektiv gegenüberstanden und im allgemeinen für das Recht der Bodennutzung nur noch in Geld zahlten. Bis zu einem gewissen Grade verfügten die Marktflecken über eine innere Selbstverwaltung. In einzelnen Städten waren diese Beziehungen auch als Privilegien garantiert. In den meisten Fällen handelte es sich jedoch nur um Übereinkünfte von privatrechtlichem Charakter.

Die Urbarialreformen hatten auch die obere Grenze der Frondienste festgelegt, welche die Bauern ihrem Grundherrn für die Nutzung des Bodens in Form von „Roboten", Produktlieferungen und Zahlungen leisten mußten. Die Höhe wurde in den meisten Provinzen nach der Größe der Hufe festgelegt (für eine halbe Hufe mußte eben halb so viel geleistet werden wie für die ganze), aber in einzelnen österreichischen Provinzen waren die Festlegungen davon unabhängig. Der Frondienst hatte nur dort größere Bedeutung, wo die Gutsherren eigene Wirtschaften betrieben; das war in den östlichen Gebieten nicht selten, auch in Böhmen und Mähren nicht. Wo die Grundherren dagegen keine eigene Wirtschaft betrieben, mußten die vorgeschriebenen Fronleistungen durch Geld ausgeglichen werden. In den westlichen Gebieten hatte sich die Ablösung der Frondienste durch Geldzahlungen schon überall durchgesetzt, und die Tendenz lief dahin, daß ein immer größerer Teil der Frondienste durch Geldzahlungen ersetzt wurde.

Für bestimmte Spezialkulturen (vor allem Wein) trafen wegen der besonderen Fachkenntnisse, die ihr Anbau erforderte, die oben angeführten allgemeinen Züge nicht zu. Die im Prinzip ebenso als Eigentum der Grundherren geltenden Weinbaugebiete wurden von den Hörigen zu verhältnismäßig günstigen Bedingungen gepachtet, sie besaßen aber kein Besitzrecht an diesem Boden. Auch diese Besonderheit bezieht sich in erster Linie auf das ungarische Gebiet.

Die Feudalherren übten über ihre Hörigen auch die Gerichtsbarkeit in erster Instanz aus, im allgemeinen allerdings nicht direkt, persönlich, sondern in irgendeiner institutionalisierten Form. An dieser Art von Justizdienst waren schon Personen beteiligt, die über juristische Fachkenntnisse verfügten. In den Erblanden war die Patrimonialgerichtsbarkeit erster Instanz für alle Untertanen gültig und nicht auf die Hörigen beschränkt. Mit der Erhaltung dieser Institution wurden die Grundherren belastet. Ferner waren sie verpflichtet, den Hörigen bei Naturkatastrophen Hilfe zu leisten, sie in Dürrejahren mit Saatgut zu versorgen und ihnen beim Aufbau ihrer Häuser zu helfen, wenn sie durch Feuer oder Überschwemmungen zu Schaden gekommen waren.

Rechte und Pflichten waren also im Prinzip auf beide Seiten verteilt, aber es war offensichtlich, daß die Hörigen wesentlich größere Lasten zu tragen hatten. So war es also natürlich, daß sie eindeutig an der Beseitigung der feudalen Verhältnisse interessiert waren. Die während der Metternichschen Ära bald hier, bald da aufflammenden Bauernbewegungen zeugen deutlich davon, am deutlichsten der Bauernaufstand in Galizien, der zu Beginn des Jahres 1846 ausbrach und dem zahlreiche polnische Feudalherren zum Opfer fielen. Zu irgendwelchen radikalen Veränderungen konnte sich aber die zu dieser Zeit schon völlig vergreiste Regierung nicht entschließen. Sie erlaubte nur, daß die Hörigen aufgrund freier Übereinkünfte ihre Frondienste ablösen konnten. In der Praxis war dies aber fast unmöglich, denn die Bauern hätten dafür sehr bedeutende Geldsummen aufbringen müssen, was unter den gegebenen Verhältnissen nicht zu realisieren war.

Im Vergleich zum zeitgenössischen Westeuropa war die Zurückgebliebenheit in großen Gebieten der Monarchie in der Mitte des 19. Jahrhunderts wirklich erstaunlich. Auch in den meisten deutschen Staaten war dieses feudale System bereits unbekannt, sogar in den östlichen Provinzen Preußens löste sich das Leibeigenensystem bereits auf. Im Verhältnis zu den europäischen Gebieten Rußlands oder — wenn auch unter anderen formaljuristischen Umständen — zum Osmanischen Reich oder auch zu den Donaufürstentümern war das österreichische System aber immer noch etwas besser, denn hier konnte der Staat nicht nur in der Theorie, sondern zumeist auch praktisch tatsächlich darauf Einfluß nehmen, die Willkür der Feudalherren einzuschränken. Natürlich konnte das den Bauern gleichgültig sein; sie fühlten nur, was sie selbst zu ertragen hatten, und setzten ihr Vertrauen in den „guten Herrscher".

Etwa 17% der Bevölkerung Österreichs waren in der Industrie und im Bergbau beschäftigt. Auch hier handelte es sich selbstverständlich um sehr unterschiedliche Klassen und Schichten. Die Zahl der im damaligen Sinne des Wortes der modernen Großbourgeoisie angehörenden Personen (Fabrikbesitzer, Bankiers, Großhändler) und ihres prozentualen Verhältnisses zur Gesamtbevölkerung war außerordentlich gering, es handelte sich höchstens um etliche tausend Personen. Die Vertreter dieser Bourgeoisie waren in einigen bereits erwähnten Großstädten anzutreffen, in Wien vor allem die großen Bankiers, die Rothschilds und Sina, die dem bedrängten Staat Kredite gewährten; in Wien, Prag und in Pest waren es die Besitzer der Textilfabriken und der Druckereien, in Triest die Großkaufleute und Schiffsunternehmer. Sie bildeten eine Schicht, die sich durch ihre wirtschaftliche Tätigkeit und ihre besondere Rolle den Einschränkungen durch die feudalen Verhältnisse vollständig, oder zumindest sehr weitgehend, entziehen konnte. Sie lebte eigentlich innerhalb der Feudalgesellschaft bereits im Kapitalismus. Oft schien es, als würde der kapitalistische Charakter ihrer Tätigkeit direkt durch die zurückgebliebenen Verhältnisse unterstützt, denn diese bewahrten sie vor dem Eindringen und der Konkurrenz der stärkeren westlichen Bourgeoisie. Natürlich hatte diese kleine Schicht in wirtschaftlicher Hinsicht ihre Vorstellungen, fast noch mehr auf politischem Gebiet. Denn diese Menschen waren sich im klaren über die englischen oder französischen politischen und parlamentarischen Verhältnisse und deren vorteilhafte Wirkung auf das freie kapitalistische Unternehmertum.

Die Mehrheit jener 17% stellten das städtische Bürgertum und die Arbeiter. Doch diese Formulierung ist noch immer zu allgemein und zu ungenau. Ein Teil der städtischen Bürgerschaft bestand aus wohlhabenden Kaufleuten und Eigentümern kleinerer Betriebe. Dazu kamen die Handwerker, die im Rahmen der Zünfte organisiert waren, und die kleinbürgerlichen Schichten der Großstädte, die Kleinhändler und die selbständig arbeitenden Handwerker. In der Mehrheit war es also ein städtisches Bürgertum, das dem mittelalterlichen Stadtbürgertum viel näher stand als der erwerbssüchtigen Bourgeoisie des 19. Jahrhunderts. Dieses Bürgertum beharrte auf den Organisationsformen der Zünfte, die das wirtschaftliche Wachstum behinderten, weil es durch diese Struktur vor der Konkurrenz der großen Industrie geschützt war. Der Wiener Bürgermeister Ignaz Czapka unternahm kurz vor den Ereignissen von 1848 eine Studienreise durch westliche Länder, um Erfahrungen über die Organisation einer großstädtischen Fleischversorgung zu sammeln. Nach Hause zurückgekehrt, ließ er sogleich den Bau eines großen Schlachthauses beginnen, um die Einwohner von Wien mit billigerem Fleisch versorgen zu können. Dieses Experiment spielte keine geringe Rolle dabei, daß er in den ersten Tagen der Revolution gezwungen wurde, seinen Posten als Bürgermeister niederzulegen. Seine Gegner waren genau jene städtischen Bürger, deren Interessen er schwer verletzte, als er durch den modernen Großbetrieb eine starke Konkurrenz für sie schuf.

Diese städtischen Zunftbürger empfanden für die hohen Herren über ihnen eine tiefe Verehrung, das Vorrecht der Geburt hielten sie für natürlich, und sie liebten jene Ordnung, die durch den Geburtsadel aufrechterhalten wurde. Dies gilt besonders für die Kaiserstadt, wo die Aristokratie, die hier den größten Teil des Jahres verbrachte, und der Hof durch ihre Bestellungen für die Existenz der Bürger wichtig waren. Diese Ordnung schützte sie sogar vor den großen Herren selbst, sie schützte sie, wenn sie Schulden hatten, vor den großen Haien, den Bourgeois, und was das wichtigste war, sie schützte sie vor den Zunftgesellen und Lehrlingen, von denen sie um ihr kleines Vermögen beneidet wurden. Dieses sich in Stil und Lebensweise des Biedermeier selbst bescheidende kleine und mittlere Bürgertum hielt auch die Politik für ein natürliches Vorrecht der großen Herren, die Last der Zensur bedrückte es kaum, die Gesellschaftskritik des wohlanständigen Wiener Singspiels reichte ihm vollkommen aus, es kam auch nicht auf den Gedanken, mit aufrührerischen Ideen zu liebäugeln, davon hätte es auch wenig zu erwarten gehabt. Dem Sturm der freien kapitalistischen Entwicklung mit großen Aufstiegsmöglichkeiten, aber auch gefährlichen Stürzen zogen diese Bürger das lauwarme Klima der bestehenden Ordnung vor.

Wenn die höheren Positionen der allgemeinen staatlichen Verwaltung zum großen Teil von Aristokraten besetzt waren, so hielt das Bürgertum die Beamtenstellen der mittleren und noch stärker der unteren Ebene in der Hand. Neben der Armee und der Kirche bildete die Beamtenschaft die dritte große Stütze des Systems. Die unter bescheidenen bürgerlichen Verhältnissen aufgewachsenen Kinder saugten die Ehrerbietung vor der Obrigkeit, das Festhalten an der bestehenden Ordnung sozusagen schon mit der Muttermilch in sich ein; wenn sich dazu noch das Ansehen gesellte, das mit einer Beamtenexistenz verbunden war, dann konnten sie mit ihrer Situation sehr zufrieden sein. Vielleicht war dann noch eine gewisse Beförderung in ihrer Laufbahn in Aussicht gestellt, wobei der entsprechende Beamte natürlich die notwendige Gutgesinntheit zu beweisen und seine dienstlichen Obliegenheiten wenigstens im großen und ganzen zu bewältigen hatte (preußische Genauigkeit oder französischer Esprit waren kaum notwendig). Wenn jemand darüber hinaus Talent und Fleiß zeigte, konnte er auch in hohe Stellungen gelangen. Karl Friedrich Kübeck war ein solches Musterbeispiel, er wurde schließlich Präsident der Hofkammer und gelangte damit zu einer nicht unbedeutenden Rolle in der österreichischen Wirtschaftspolitik; es gelang ihm also, in die allerhöchsten Sphären einzudringen. Freilich erhielt er den Rang eines Freiherrn, damit er doch hoffähig würde und man sich dort seiner bürgerlichen Herkunft nicht schämen mußte. Und natürlich war der Fall Kübeck die Ausnahme und nicht die Regel. Aber es kam eben vor, und es konnte dem Festhalten der Kleinbürger am System nur förderlich sein.

Von Ausnahmen abgesehen, konnte man mit der Karriere eines Staatsbeamten keine materiellen Reichtümer erwerben. Aber die Beamten, die völlig beeindruckt waren von einem festen, ständigen Einkommen, erhoben derartige Ansprüche gar nicht. Das große Vermögen stand natürlicherweise nur den großen Herren zu; so formulierte es auch das Recht, das gleiche Recht, das auch das Privateigentum des rechtschaffenen Bürgers schützte. (Das österreichische bürgerliche Gesetzbuch, das in Vermögensangelegenheiten bereits auf dem Boden des Kapitalismus stand, war schon 1812 in Kraft getreten, und es blieb für nicht wenige sich neu herausbildende Staaten bei der Entwicklung der bürgerlichen Rechtsordnung Jahrzehnte hindurch das Musterbeispiel, dem man folgte.)

Unterhalb des Bürgertums entwickelte sich schon eine andere, zahlenmäßig immer stärkere, ihrer materiellen Situation nach immer elendere Schicht, die Arbeiter, die sich wieder grob in zwei große Gruppen aufteilen ließ. Auf der einen Seite standen noch die Arbeiter der alten Zunftordnung, die Zunftgesellen und Lehrlinge. Der Aufstieg zum Meister war schon recht schwierig, oder er nahm wenigstens lange Zeit in Anspruch. Darum wuchs die Unzufriedenheit mit diesem System. Zugleich trugen aber die Achtung vor dem Meister, der mit ihnen zusammenarbeitete, und die gemeinsamen Interessen gegenüber der Großindustrie in vielen Fällen und in vielfacher Beziehung dazu bei, daß die eigentlich einander gegenüberstehenden Kräfte auf die gleiche Seite traten. Verstärkt wurde diese Tendenz durch die patriarchalischen Verhältnisse in den kleineren Städten (die schließlich die überwiegende Mehrheit der Städte ausmachten). Anders war die Situation in den Großstädten; hier konnten sich die Zunftgesellen unter den gegebenen Umständen auch schon mal gegen ein System wenden, das ihnen höchstens auf lange Sicht, wenn überhaupt, Entwicklungsmöglichkeit bot.

Die Zahl der Arbeiter im modernen Sinne war zwar noch geringer als die der Zunftgesellen, aber das Verhältnis änderte sich von Jahr zu Jahr zugunsten der Arbeiter. Dabei ist nicht so sehr von den Bergarbeitern die Rede, die ihren Beruf Jahrzehnte hindurch gewissermaßen weitervererbt hatten, sondern von den Arbeitern der modernen Fabrikindustrie, die in Textil-, Zucker- und sogar in Maschinenfabriken beschäftigt waren. Diese Arbeiterschaft vegetierte im Elend, ihre Lage zu Beginn der industriellen Revolution war schwer, wenn nicht aussichtslos. Die Arbeitszeit betrug 13 bis 16 Stunden am Tag, selbst im Bergbau belief sie sich noch auf 12 Stunden. Der Staat versuchte lediglich die Arbeitszeit für Kinder auf 12 Stunden zu begrenzen (Josef II. hatte eine diesbezügliche Verordnung erlassen). Solche Versuche bezogen sich aber nur auf Kinder unter 12 Jahren. Die Löhne waren miserabel, ebenso wie im zeitgenössischen England und Frankreich. Bei den Frauen und Jugendlichen lagen sie noch niedriger als bei den Männern, und durch die Teuerung in den vierziger Jahren des 19. Jahrhunderts sank der reale Wert der Löhne ständig weiter ab. Die Polizeiberichte aus allen Provinzen waren voll von alarmierenden Nachrichten, sie enthielten Angaben darüber, in welchem Elend die Arbeiter lebten und wie schwer es für sie war, die allernotwendigsten Lebensmittel zu beschaffen. Auch am Sonntag gab es keinen obligatorischen freien Tag, das hielt übrigens nicht einmal die Kirche für notwendig, die doch sonst auf die sorgfältige Einhaltung aller religiösen Vorschriften sehr genau achtete. Die Arbeiter behalfen sich, indem sie nach dem abendlichen Sonntagsvergnügen am nächsten Tag einfach nicht zur Arbeit gingen. Der „Blaue Montag" war gewissermaßen das einzige Ventil, durch das die Unzufriedenheit entweichen konnte, eine völlig unzureichende Lösung. Natürlich kann hier noch nicht davon die Rede sein, daß in diesen Arbeitern auch schon proletarisches Bewußtsein erwacht wäre; sie waren nur ihrer materiellen Lage nach Arbeiter. Als Marx im Spätsommer 1848 in die Kaiserstadt kam, versuchte er diesem Bewußtsein zum Durchbruch zu verhelfen, aber er konnte nur auf einzelne wirken, nicht auf die Masse. Ob die Arbeiter aus den Zünften kamen oder aus der Bauernschaft, von der Ehrfurcht vor den hohen Herren, vor allem vor dem Kaiser selbst, konnten sie noch lange Zeit nicht geheilt werden. Im Grunde erwarteten sie die Befriedigung selbst solcher Ansprüche, die schon weit über die bürgerliche Ordnung hinauswiesen, noch immer vom Kaiser.

Wie gering auch die Einwirkung bürgerlicher Verhältnisse auf das isolierte, feudale Österreich war, so beförderten sie dennoch das Anwachsen der weltlichen Intelligenz. Eine gewisse Modernisierung der höheren Bildung hatte schon der aufgeklärte Absolutismus durchgeführt. Im Verhältnis dazu hatte sich die Situation sogar etwas verschlechtert. Doch die Bedürfnisse der Staatsverwaltung, der bescheidene, aber nicht zu unterschätzende Fortschritt bei der Aneignung von Lese- und Schreibfähigkeit, die Forderungen des Gesundheitswesens, die Ansprüche der Rechtsordnung schufen den Rahmen für die Herausbildung einer Intelligenz im modernen Sinne des Wortes. Sie rekrutierte sich aus den verschiedensten Schichten, selbst aus dem Adel. In ihrer Mehrheit kam sie aber selbstverständlich aus der Stadt, und hier wiederum aus den wohlhabenderen bürgerlichen Schichten. Es handelte sich nicht nur um eine Intelligenz, die bestimmte Angelegenheiten erledigte, sich mit juristischen und medizinischen Aufgaben beschäftigte, sondern auch um eine schöpferische Intelligenz, um Schriftsteller, Dichter und Künstler. Und wenn Grillparzer auch noch von seiner Tätigkeit als Staatsbeamter leben mußte, so ergaben sich doch für geistige Beschäftigungen, für eine freie schriftstellerische, besonders journalistische Tätigkeit schon eigene Möglichkeiten. Sándor Petőfi konnte in den letzten Jahren seines Lebens schon als freier Dichter existieren, wenn er auch ab und zu Hilfe von Mäzenen erhielt.

Es ist klar, daß diese Intelligenz, auch wenn sie vom Ausland abgeschlossen war und keine ausländischen Universitäten besuchen konnte, in Wirklichkeit doch über alles informiert war, was sich im Westen ereignete. Verbotene Zeitschriften und Bücher sowie

Zeitungen gelangten dennoch nach Österreich, wenigstens in die größeren Städte. Mit ihnen kamen die Ideen des Fortschritts, die Losungen von Freiheit und Gleichheit. Und damit im Gefolge kam die Erkenntnis, wie weit Österreich noch von jener glücklichen und freien Welt entfernt war, die im Westen bereits Alltagswirklichkeit schien. (Daß es sich auch im Westen keineswegs um eine freie und glückliche Welt handelte, wurde nur von relativ wenigen Menschen erkannt. Die Zurückgebliebenheit des eigenen Landes wurde schwerer und unmittelbarer erlebt als die inneren Probleme der westlichen Gesellschaft.) Wenn diese Intelligenz, älter und wohlhabend geworden, manchmal in die Versuchung geriet, sich ihrer Umwelt anzupassen, so waren die Jüngeren jedenfalls von solcher Versuchung verschont. Sie blieben begeisterte Anhänger radikaler Veränderungen. Das galt in erster Linie für die Universitätsjugend. Es gab eine ganze Reihe von Universitäten in Österreich, in Wien, Pest, Prag, Krakau, Lemberg und in einigen anderen Städten, gerade jenen Städten, die dann während der Revolution eine so große Rolle spielen sollten.

Aus den bisher gezwungenermaßen nur andeutungsweise geschilderten gesellschaftlichen und noch umrißhafter skizzierten ökonomischen Faktoren läßt sich wahrscheinlich schon die Notwendigkeit der Revolution und ihre Entstehung erklären, wenigstens im großen und ganzen. Die wirtschaftliche Situation ist in dieser Hinsicht nicht ganz eindeutig, da es hier größere Ungleichmäßigkeiten in der Entwicklung gibt. In den Großstädten herrschten bereits moderne kapitalistische Verhältnisse, die durch das gegebene politische und juristische System von Institutionen nur zum Teil gestützt, zum größeren Teil aber behindert wurden. Das westeuropäische Kapital hatte noch kaum in das zurückgebliebene Reich eindringen können, die Aussichten waren nicht eben ermutigend. Vorherrschend war das riesige Agrargebiet mit seiner Unbeweglichkeit und mittelalterlichen Zurückgebliebenheit. Auch für die österreichische Monarchie galt, was für Osteuropa charakteristisch war: der Druck der alten feudalen Verhältnisse, obwohl nur wenige diesen Tatbestand auch begrifflich klar formulieren konnten (denn die Aufmerksamkeit galt anderen Fragen, wie wir gleich sehen werden). Die Keime der neuen Ordnung dagegen entfalteten sich in viel geringerem Maße; örtlich waren sie ziemlich genau isolierbar. Die zur Bewegungslosigkeit verurteilte Wirtschaft konnte kaum eine solche Spannung enthalten, die zum Ausbruch einer Revolution vom französischen Typus hätte führen können.

Ein Spannungselement existierte allerdings auf jeden Fall: das Hörigensystem. Die starren Bindungen in der Agrargesellschaft waren kaum noch zu ertragen. Die Bauernschaft wäre aber, auf sich gestellt, nicht fähig gewesen, eine Veränderung zu erzwingen. In den vergangenen Jahrzehnten hatten ihre Aufstände einen fast mittelalterlichen Anstrich gehabt, sie waren stark lokal bestimmt und bedeuteten keine Gefahr für die Existenz des ganzen Systems. Wenn, freilich aus anderen Gründen, das ominöse „Krachen des Gebäudes" einsetzte, wie es zu Beginn der vierziger Jahre ein kritischer Augenzeuge formulierte, dann schlossen sich die hörigen Bauern auf ihre Weise der Bewegung an. Selbst unter den Männern des Systems tauchte der Gedanke auf, ob auf diesem Gebiet nicht Veränderungen nötig seien, ganz zu schweigen von den Kritikern, die auf etwas tieferen Stufen der Gesellschaftshierarchie standen. Ihre Zahl war aber gerade in den zurückgebliebenen östlichen Provinzen besonders groß. In den weiter entwickelten österreichischen Erblanden und Böhmen interessierte die Frage die Zeitgenossen weit weniger, zum Teil auch deshalb, weil die bestehenden Verhältnisse bereits in Auflösung begriffen waren und eine Entwicklung in Richtung auf eine Art Kapitalismus eingesetzt hatte. Wo die Probleme dagegen wirklich gesehen wurden, dort gab es kaum andere ernsthafte Kräfte, die im bloßen Interesse einer grundlegenden Veränderung der Situation der Bauern fähig und bereit gewesen wären, etwas in Bewegung zu setzen.

Man darf auch nicht vergessen, daß die Französische Revolution für die Zeitgenossen eigentlich schon eher eine historische Erinnerung war, mit einer Vielschichtigkeit, die zahlreiche Deutungen zuließ. Die revolutionären Bewegungen der beiden letzten Jahrzehnte konnten allenfalls für den engen Kreis, der überhaupt die europäischen (manchmal sogar die überseeischen) Veränderungen zur Kenntnis nahm, ein persönliches Erlebnis bedeuten. Und selbst dann konnten diese Menschen — erzogen im Geist der zeitgenössischen liberalen Doktrinen — sich nicht für revolutionäre Veränderungen begeistern; sie erwarteten vielmehr von einer langsamen, organischen Entwicklung, von der Vielfalt einander folgender Reformen eine Lösung. Die „Verbürgerlichung" — wie es die zeitgenössischen ungarischen Denker häufig nannten — schien zwar wünschenswert, doch sollte sie durch ein kontinuierliches Fortschreiten erreicht werden, ohne die Grundlagen der bestehenden Ordnung ins Schwanken zu bringen.

Damit sind wir an einem sehr wesentlichen Punkt angelangt. Wer überhaupt darüber nachdachte, ob diese Verbürgerlichung notwendig sei, der sah in erster Linie politische Aufgaben vor sich: die Ablösung der ständischen Verfassung, wie sie in den einzelnen Provinzen eben recht und schlecht bestand, und — auf die Gesamtmonarchie bezogen — des Absolutismus durch einen liberalen Konstitutionalismus von westlichem Typus, die Beseitigung der Regierungswillkür, die Übergabe der Gesetzgebung in die Hand gewählter Vertreter, die politische Öffentlichkeit, die Abschaffung der Zensur, die gesetzliche Festlegung individueller Freiheitsrechte, die freie Presse. Alles das also, was die Zeitgenossen im großen und ganzen aus der englischen und französischen Entwicklung kannten, wurde mit veränderten Schwerpunkten im Interesse der bürgerlichen Umgestaltung als notwendig angesehen. Im Osten wurde außerdem der Bauernfrage großes Gewicht beigemessen. Andere wirtschaftliche Fragen der bürgerlichen Umgestaltung wurden dagegen kaum aufgeworfen, höchstens im Zusammenhang mit anderen Ansprüchen, und sie erschienen dann zwei- oder drittrangig oder nicht einmal das. Die bestehende Ordnung, der Machtapparat des Staates und seine Grenzlinien wurden — von wenigen Ausnahmen abgesehen — im Vormärz noch von niemandem in Zweifel gezogen. Das bedeutete, daß man das österreichische Kaisertum konstitutionell umgestalten und die Kräfte an der Macht von der Notwendigkeit politischer Reformen überzeugen mußte. Je mehr das Schwergewicht auf der Forderung nach einer Verfassung und nach politischen Reformen lag, eine desto geringere Rolle spielten gesellschaftliche und wirtschaftliche Fragen. Offenbar wurde in vielen Fällen von der Überlegung ausgegangen, daß die notwendige politische Freiheit die Fragen der wirtschaftlichen Entwicklung automatisch lösen werde. Wer sich in dieser Zeit über das Schicksal seines Vaterlandes den Kopf zerbrach, lernte eben von den französischen und englischen Liberalen, wie die Dinge standen, oder noch mehr — schon aus sprachlichen Gründen — von den deutschen, wie die Welt sein müßte. Die liberalen Theoretiker erstrebten nur die Liquidierung der Bindungen und Hindernisse, wozu allerdings auch die Abschaffung der Hörigkeit gehörte, ebenso wie die Beseitigung des Zunftzwangs. Im übrigen war politische Freiheit das Zauberwort, von dem die Lösung aller Probleme erwartet wurde.

Das Wesen der wünschenswerten, ja sogar der unvermeidlichen Veränderung in Österreich war also der Konstitutionalismus und nichts anderes. Und man hielt keine blutige Revolution für nötig, um ihn zu erreichen.

Die Völker

In der Tat wäre alles wahrscheinlich sehr einfach gewesen, wenn Österreich in einer wesentlichen Beziehung mit England oder Frankreich vergleichbar gewesen wäre — wenn nämlich Staat und Nation identisch gewesen wären. (Selbst der aufmerksamste Beobachter konnte nicht wahrnehmen, daß es auch in diesen Ländern nicht so einfach war; gewiß, die irische Frage konnte man nicht übersehen, aber sie ließ sich als Problem von ganz anderem Charakter betrachten.) Es ist allgemein bekannt, daß die Identität von Staat und Nation selbst von einem so scharfsinnigen zeitgenössischen Denker wie Karl Marx als die natürliche Ordnung der Dinge angesehen wurde, von ihm selbstverständlich nur als Abschnitt eines kurzen Weges, der zu einer großen gesellschaftlichen Umgestaltung führen sollte.

Österreich war kein einheitlicher Nationalstaat. Wenn wir einmal von den kleineren Gruppen absehen, dann waren es noch immer elf Ethnien, die in diesem Staat zusammenlebten und, um die Sache noch komplizierter zu machen, zum Teil innerhalb, zum Teil außerhalb Österreichs angesiedelt waren, außerhalb oft in größerer Zahl. Alle Führer dieser ethnischen Gruppen hätten eine Umwandlung im konstitutionellen Sinne sehr gern gesehen, aber hinsichtlich der Details der angestrebten neuen Ordnung waren schon die Abweichungen zwischen den verschiedenen Vorstellungen außerordentlich groß; noch schlimmer sah es mit den Auffassungen über die weitere Perspektive des Reiches aus.

Es war allgemein bekannt, daß Österreich sich aus vielen Nationalitäten zusammensetzte. Aber vielleicht wußte man selbst in den höchsten Kreisen der Regierung nicht genau, wieviele Menschen zu den einzelnen ethnischen Gruppen gehörten. Das war schon deshalb nicht genau zu eruieren, weil in vielen Fällen die großen bäuerlichen Massen, die aufgrund ihrer Muttersprache einzureihen gewesen wären, sich selbst nicht darüber im klaren waren, zu welcher Nationalität sie eigentlich gehörten. Als nach 1848 die modernen Volkszählungen begannen, erkundigten sich die mit der Zählung Beauftragten nach der Muttersprache und nicht nach der Nationalität, denn die Muttersprache schien das einzige sichere Kriterium zu sein. Die Situation wurde — und natürlich nicht nur in der Zeit um 1848 — durch den Umstand erschwert, daß die einzelnen ethnischen Gruppen zum Großteil zwar in je einem bestimmten, relativ leicht abzugrenzenden Stammgebiet angesiedelt, oft aber dennoch nicht genau von anderen Ethnien zu trennen waren; die Grenzen der einzelnen Länder und Provinzen waren bei weitem nicht mit den Sprachgrenzen identisch, vielmehr war die Bevölkerung in großen Zonen sehr gemischt, die einzelnen ethnischen Gruppen waren sozusagen ineinander verkeilt. Besonders zwischen Stadt und Land gab es häufig große Unterschiede. In der Stadt sprach man eine andere Sprache als in der Umgebung. Nicht nur Österreich selbst, sondern auch die einzelnen Länder und Provinzen innerhalb des Reiches waren von gemischter Nationalität.

Versuchen wir zunächst einen zahlenmäßigen Überblick zu geben. Bei der österreichischen Vokszählung von 1850 wurden auf dem gesamten Gebiet des Reiches 35 751 000 Einwohner registriert, Lombardo-Venetien eingeschlossen, außerdem müssen noch 648 000 Soldaten hinzugerechnet werden. Die folgenden Prozentzahlen verstehen sich selbstverständlich ohne die Militärangehörigen, deren Zahl aber die prozentualen Verhältnisse nicht wesentlich modifizieren würde, ebensowenig wie die Emigranten von 1849 und die Gefallenen wesentlichen Einfluß auf die Angaben nehmen können. Die also auch zur Zeit der Revolution als relevant anzusehenden Verhältnisse gestalteten sich folgendermaßen: Deutsche 21,54%, Italiener 14,27%, Ungarn 13,49%, Tschechen 10,95%, Rumänen

6,79%, Ruthenen (Ukrainer) 8,04%, Polen 5,61%, Slowaken 5,07%, Serben 3,92%, Kroaten 3,62%, Slowenen 3,19%, Juden 1,98%, Übrige 1,30% (verstreute Nationalitäten wie die Griechen oder die Albaner, die Zigeuner oder noch einige kleinere Gruppen; während der Revolution spielte keine von ihnen irgendeine Rolle).

Mit Ausnahme der Deutschen lassen sich alle größeren Ethnien in einem Land oder einer Provinz lokalisieren. Die Ungarn wohnten in Ungarn und in Siebenbürgen, das eine besondere Verwaltungseinheit darstellte, die Tschechen in den böhmischen Provinzen, die Polen in Galizien, die Kroaten in Kroatien und in Dalmatien (letzteres gehörte trotz aller anders gerichteten Bestrebungen der Kroaten zu den westlichen Provinzen, war also scharf abgetrennt von Kroatien). Aber es gab auch andere Fälle von ganz entgegengesetztem Charakter. Die Deutschen befanden sich zwar in den österreichischen Erblanden in der überwiegenden Mehrheit, aber sie lebten auch in den drei Provinzen Böhmen, Mähren und Schlesien in großer Zahl und machten hier wenigstens zwei Fünftel der Bevölkerung aus (in Mähren waren sie noch stärker vertreten), und sie lebten auch in den ungarischen und siebenbürgischen Gebieten in beträchtlicher Zahl, wenn auch ziemlich zerstreut. Die Rumänen waren in Siebenbürgen, in dem im engeren Sinne genommenen Ungarn und in der Bukowina zu finden, außerdem in dem unter militärischer Verwaltung stehenden Militärgrenzgebiet, das nicht den ungarischen oder siebenbürgischen Behörden unterstand und zu dessen Einwohnern ebenfalls Rumänen gehörten; d. h. sie lebten verteilt in vier Verwaltungseinheiten Österreichs. Aber auch die Slowenen lebten in drei verschiedenen Erblanden, in der Krain, in Kärnten und in der Steiermark.

Von den elf Ethnien verfügten sechs (hier müssen die Italiener der lombardo-venetianischen Gebiete einbezogen werden) über irgendeine politische und, mit Ausnahme der Italiener, ständische Organisation; in einzelnen Ländern oder Provinzen bildeten die Stände dieser ethnischen Gruppen auch einen politischen Faktor, oft gaben sie dem Land den Namen (wir brauchen nur an Böhmen, an Ungarn oder Kroatien zu denken), aber ebenso eindeutig ist die politische Rolle der Deutschen in den österreichischen Erblanden und die der Polen in Galizien. Die fünf anderen Nationalitäten (die Rumänen, Serben, Slowaken, Slowenen und Ukrainer) waren nicht durch eigene Repräsentanten in den Ständen vertreten, ja sie besaßen nicht einmal als Provinzen eine Stellung, die sie von den anderen abhob; sie waren sozusagen unter die Oberfläche des politischen Lebens gedrückt. Hier ist nicht einfach von dem Vorhandensein oder dem Fehlen ständischer Vertretungen die Rede; wir haben schon gesehen, daß die ständischen Institutionen die Politik des Gesamtstaates nur wenig beeinflussen konnten. Wesentlicher war, daß dieser Unterschied grundlegende Abweichungen in der gesellschaftlichen Struktur signalisierte. Die fünf kleineren Nationalitäten besaßen keine eigene Aristokratie, keine Großgrundbesitzer, keine herrschende Feudalklasse; und wenn früher eine vorhanden gewesen war, so hatte sie sich im wesentlichen schon einer anderen Nationalität assimiliert. Und es zeigten sich auch andere Unterschiede in der gesellschaftlichen Struktur der einzelnen Nationalitäten. Aber bevor wir sie sowie das Politikum, das sich als Folge daraus ergibt, näher skizzieren, müssen wir auf eine allgemeinere Erscheinung hinweisen: auf den Prozeß der nationalen Erneuerung.

Nationale Erneuerung, oder noch eher nationale Wiedergeburt oder nationales Erwachen pflegt man einen Prozeß in der Geschichte mehrerer osteuropäischer Nationen zu nennen, auch bei einigen innerhalb Österreichs lebenden Nationen (bei Tschechen, Slowaken, Kroaten und Slowenen), unter dem man im wesentlichen jene allgemeine europäische Erscheinung versteht, in deren Verlauf aus den früheren ethnischen Vorstufen, aus den feudalen Nationalitäten, die modernen Nationen zustande kamen. In den westlichen Gebieten Europas war dies das Ergebnis eines langen historischen Prozesses, und er ging so unmerklich vor sich, daß auch die spätere Geschichtsschreibung es nicht für notwendig hielt, dafür eine besondere Bezeichnung zu finden. In der Mehrzahl der Fälle schien es eben, als seien Staat und Nation völlig identisch.

Anders war die Situation bei den Deutschen und Italienern; sie waren über mehrere Staaten verteilt, und die Mehrheit der Bevölkerung setzte sich wirklich nur aus der betroffenen Ethnie zusammen. Ein nicht unbedeutender Teil dieser Bevölkerung gehörte aber zu Österreich, beziehungsweise befand sich unter der Herrschaft Österreichs. Die historischen Wurzeln dieser Situation reichten Jahrhunderte zurück. In der ersten Hälfte des 19. Jahrhunderts empfanden das aber bereits viele Menschen als problematisch; in den einzelnen deutschen und italienischen Staaten gab es bedeutende gesellschaftliche Schichten — das Bürgertum, die Intelligenz, gelegentlich sogar Teile der Feudalklasse —, die nach der Schaffung der nationalen, d. h. nationalstaatlichen Einheit strebten, um damit sozusagen die natürliche Ordnung der Dinge wiederherzustellen. Die Frage der deutschen oder der italienischen Einheit war in dieser Zeit ein europäisches Problem. Zu seiner Lösung wurden von unten zahlreiche Pläne entworfen, die jedoch von oben, d. h. von den Staatsregierungen, meistens als völlig uninteressant verworfen wurden. In den Städten war es jedenfalls ein brennendes Problem, auch unter der österreichischen Herrschaft. Besonders im Falle der Italiener im Lombardo-Venetianischen Königreich erhielt die Forderung nach nationaler Einheit durch die österreichische Fremdherrschaft noch einen stärkeren Akzent. Für die Deutschen in Österreich war die Frage weniger spannungsgeladen, denn schließlich waren sie ja die herrschende Nation; wenn Österreich nach außen überhaupt eine nationale Identität hatte, dann erschien es jedenfalls als deutsch, und Österreich blieb der Form nach die führende deutsche Macht. Für die bäuerlichen Massen blieb die Frage der nationalen Einheit noch belanglos.

Bei den anderen Völkern Österreichs können wir mit Recht von einer nationalen Wiedergeburt sprechen, selbst in den Fällen, wo die historische Fachliteratur diesen Ausdruck nicht kennt. Die kleineren und größeren ethnischen Gruppen gingen gleichermaßen von der Vorstellung aus, von alters her ein nationales Dasein besessen zu haben. Als Folge harter geschichtlicher Schicksalswendungen hätten sie jedoch das Bewußtsein ihres nationalen Seins verloren, und ein neues Nationalbewußtsein müsse erst wieder erweckt werden (weshalb dieser Prozeß oft als „nationales Erwachen" bezeichnet wird).

Um die Völker „erwecken" zu können, mußte man vor allem verständlich für sie sein, die nationale Sprache mußte also in jedem einzelnen Menschen dieser Nation tiefe Wurzeln schlagen; wo es noch keine gab, mußte man sie schaffen. Hinter diesen Forderungen steckten die immens gewachsenen Kommunikationsbedürfnisse einer sich modernisierenden Gesellschaft. Damals sah man das allerdings nicht so; eine solche Formulierung wäre für die Zeitgenossen nicht nur unverständlich, sondern auch irgendwie abschätzig gewesen. Eine nationale Sprache führte zu einer nationalen Literatur, zur Aufdeckung (oder Schaffung) einer ruhmreichen nationalen Vergangenheit und zu anderen kulturellen Ansprüchen. Es ist daher üblich, von der kulturellen Phase der nationalen Bewegungen zu sprechen. In der Forderung nach dem Gebrauch der nationalen Sprache im Umgang mit den Behörden könnte man vielleicht die erste Stufe eines Prozesses sehen, der schließlich, durch andere politische Ansprüche erweitert, in der Forderung nach einer Art selbständigen Nationalstaates gipfeln sollte. Auch wenn diese Stufe nicht erreicht wurde und man bei der Forderung nach nationalstaatlicher Autonomie blieb (in Österreich begegnen wir diesem

Verlangen im Verlaufe der Revolution), war sie doch mit dem Anspruch auf Vereinigung des gesamten durch die betreffende Nation bewohnten Gebietes verbunden.

Natürlich ist dies alles nur ein Modell, aus der tatsächlichen geschichtlichen Entwicklung abgeleitet. Bei den einzelnen ethnischen Gruppen kam es nämlich nicht immer zu dieser Phasenaufteilung zwischen kulturellen und politischen Forderungen; in der Praxis verliefen diese häufig auch parallel. Zeitlich hingegen gab es erhebliche Verschiedenheiten zwischen den Nationalitäten. Bei einigen begann er früher, bei anderen später, und er gelangte auch zu unterschiedlichen Zeiten zu bestimmten politischen Ansprüchen. Offensichtlich hingen die Unterschiede mit dem Niveau der gesellschaftlichen Entwicklung und mit den von außen auf die einzelnen ethnischen Gruppen wirkenden Kräften zusammen. Für Österreich war es ein wichtiger Faktor, daß die elf Ethnien innerhalb eines Staates lebten und deswegen in enger Verbindung waren. Dementsprechend gab es auch starke Wechselwirkungen im Verlaufe der nationalen Wiedergeburt, besonders zwischen den slawischen Völkern des Reiches. Die spezifische kulturelle Atmosphäre Österreichs, die vor allem durch die Vorherrschaft der deutschen Sprache geschaffen wurde, war für diese Wechselwirkungen ebenso günstig wie die durch deutsche Vermittlung aus dem Westen eindringenden Ideen. Das spielte dann wiederum später während der Revolution eine große Rolle.

Die gesellschaftliche und politische Lage der diversen Ethnien oder auch Nationen, wie man damals schon sagen konnte, unterschied sich durch viele Besonderheiten. Wir müssen mit den Deutschen beginnen, wobei unter ihnen selbst gewisse Unterschiede beachtet werden müssen. Auf die gesellschaftliche Situation der Deutschösterreicher wurde bereits hingewiesen; wir müssen hier nur noch einmal zusammenfassend festhalten, daß wir in den österreichischen Erblanden eine vollständige gesellschaftliche Struktur antreffen, von der Spitze mit der großgrundbesitzenden Aristokratie angefangen bis hinunter zur hörigen Bauernschaft (mit Ausnahme der freien Bauern Tirols). Wir finden ein bedeutendes städtisches Bürgertum, sogar eine moderne Bourgeoisie, eine große Zahl von Angehörigen der Intelligenz und in den größten Städten eine beträchtliche großindustrielle Arbeiterschaft. Diese deutschösterreichische Gesellschaft, und innerhalb derselben in erster Linie die Einwohnerschaft Wiens, erscheint nicht nur einer nachträglichen Betrachtung als herrschende Nation, sondern dies galt bis zu einem gewissen Grade ebenso für die Zeitgenossen, und dieses Bewußtsein durchdrang in breitem Maße auch die unteren Schichten in den Städten. Politisch war dieses österreichische Deutschtum für die Regierung nicht gefährlich, denn einerseits identifizierte es sich mit ihm, andererseits waren die ständisch-politischen Institutionen gespalten, jedes einzelne österreichische Erbland hatte seine eigene Ständeversammlung, die obendrein recht selten einberufen wurde. In Wien und in Niederösterreich herrschte das regste politische Leben, hier hatten das Bürgertum und die Intelligenz schon im letzten Jahrzehnt des Vormärz unabhängig von den kraftlosen ständischen Formen eigene Organisationen geschaffen: 1839 wurde der Niederösterreichische Gewerbeverein gegründet, der sich als eine der wenigen gesellschaftlichen Vereinigungen mit den Aufgaben im wirtschaftlichen Leben beschäftigte. In Wien wurde 1840 der Concordia-Verein ins Leben gerufen, in dem sich die schöpferische Künstlerintelligenz zusammenfand, und 1842 die vielleicht wichtigste Vereinigung, der Juridisch-Politische Leseverein. Er wurde vor allem von intellektuellen und bürgerlichen Schichten besucht, die sich — wie der Name schon sagt — für politische und juristische Fragen interessierten. Sie verfolgten aber auch die Entwicklung im Ausland, lasen ausländische Blätter und diskutierten über die Möglichkeit von Reformen. Auch einzelne Aristokraten, oppositionell gesinnte Mitglieder der niederösterreichischen Stände, besuchten den Verein. Man kann sagen, daß die politisch führende Gruppe der Revolution zum Großteil aus diesem Kreis hervorging.

Die böhmisch-mährischen Deutschen unterschieden sich stark von den Deutschösterreichern; sie waren ganz bewußt Deutschböhmen. Ihre Herkunft konnten sie auf die deutsche Kolonisation im Mittelalter zurückführen. Sie waren in erster Linie Stadtbewohner, d. h. Bürger, doch in den Randgebieten der beiden Länder auch bäuerliche Dorfbewohner. Ihre Aristokratie empfand sich allerdings weniger als „deutsch" denn als „habsburgisch"; auch ihre Güter waren auf die böhmischen und österreichischen Gebiete verteilt. In den Städten aber, von Prag angefangen, gaben die Deutschen den Ton an, obwohl sie sich zahlenmäßig in der Minderheit befanden, da sie die vermögendere Schicht bildeten; es gab auch Angehörige der Großbourgeoisie unter ihnen. Die Amtssprache in Böhmen und Mähren war Deutsch, ebenso der Unterricht auf Mittel- und Oberstufe, so daß auch im kulturellen Bereich die Deutschen die führende Rolle innehatten. Gefühlsmäßig waren sie weniger an die Habsburgerherrschaft gebunden als die Deutschösterreicher, dagegen waren sie aus Furcht vor der tschechischen Konkurrenz viel bewußter Deutsche als ihre Landsleute in Österreich.

Wieder ein anderes Bild bietet das Deutschtum in Ungarn und Siebenbürgen. Zum Teil handelte es sich um städtisches Bürgertum, mit einer stark vertretenen Intelligenz, das schon im Mittelalter hier angesiedelt worden war, zum Teil um Bauern, die im 18. Jahrhundert das Land besiedelt hatten. Gerade das städtische Bürgertum ging in der Assimilation an die Ungarn am weitesten. Wenn es sich auch noch nicht völlig anpaßte, war sein ungarischer Patriotismus im allgemeinen doch stärker als sein deutsches Nationalbewußtsein. Die Bauern assimilierten sich nicht, aber sie waren auch nicht bewußt Deutsche. Besonders erwähnt werden müssen die Siebenbürger Sachsen, die im 12. Jahrhundert in das Land gekommen waren. 1224 erhielten sie bedeutende Privilegien. Das städtische Bürgertum erreichte eine Art Provinzialautonomie, gleichzeitig verstärkte sich sein deutsches Nationalbewußtsein (man spricht manchmal in bezug auf diese Zeit bei den Sachsen auch von einer Art nationaler Wiedergeburt).

Die Deutschen in den Erblanden waren als Folge der Gegenreformation alle katholisch geworden, doch die Wirkung der Kirche beschränkte sich eher auf die Bauernschaft und die kleinbürgerlichen Schichten. Die deutsche Bevölkerung in den ungarischen Dörfern war ebenfalls katholisch (die Ansiedlung von Protestanten hatte die Regierung im 18. Jahrhundert nicht gestattet), ein bedeutender Teil des städtischen Bürgertums dagegen, und besonders die Siebenbürger Sachsen, waren evangelisch. Diese Tatsache belastete ihr Verhältnis zu den Habsburgern, denn sie sahen in ihnen immer noch die Vertreter der Gegenreformation. Ihre fest verwurzelten Privilegien dagegen trennten sie scharf von den Ungarn, die sonst schon so stark in Gang gekommene Assimilation berührte sie überhaupt nicht. Ihre Privilegien waren ihnen am wichtigsten, und da diese an die feudale Ordnung gebunden waren, hielten die Sachsen auch am Feudalsystem fest, obwohl sie im übrigen dank ihrer Handelstätigkeit schon tief im Kapitalismus steckten.

Es wäre ahistorisch, wollte man den österreichisch-ungarischen Dualismus nach 1867 auf die hier behandelte Zeit zurückprojizieren: aber daß die Länder der Stephanskrone trotz aller verwaltungsmäßigen Aufsplitterung doch eine größere Einheit bildeten und aufgrund dessen über eine gewisse Sonderstellung innerhalb Österreichs verfügten, das wußte nicht nur der ungarische Adel, sondern das nahm man auch in Wien zur Kenntnis, wenn man es dort auch nicht akzeptierte. Man nahm es zur Kenntnis, da die rebellischen Ungarn Jahrhunderte hindurch der Habsburger Regierung ständig die allergrößten inneren

Schwierigkeiten bereitet hatten. Der absolutistischen Regierung war es trotz intensiver Bemühungen nie gelungen, die Organisationsformen der Komitate aufzulösen (Josef II. kam diesem Ziel vorübergehend sehr nahe, jedoch mit unangenehmen Rückwirkungen), und das war der starke Rückhalt, von dem aus der Adel den Kampf gegen den Wiener Absolutismus aufnehmen konnte.

Die ungarische Gesellschaft (ungarische im ethnischen Sinne verstanden) wies eine vollständige Struktur auf: die Hocharistokratie war verhältnismäßig stark vertreten und zum großen Teil Wien treu ergeben, der Adel war ebenfalls zahlenmäßig stark, neben der hörigen Bauernschaft gab es eine nicht unbedeutende Schicht freier Bauern sowie — wenn auch in sehr geringer Zahl — ein städtisches Bürgertum in den großen Handels- und Viehzuchtzentren der Tiefebene, wie z. B. in Debreczin und Szegedin. Im Verhältnis zu der nichtungarischen städtischen Einwohnerschaft des ganzen Landes war dieses städtische Bürgertum aber verschwindend gering. Bedeutend war dagegen die Zahl der Intellektuellen, und erwähnt werden muß auch die Adelsschicht, die an der Verwaltung der Komitate, d. h. an der praktischen Ausübung der Macht, beteiligt war. Der größere Teil der Ungarn war katholisch, aber mindestens ein Drittel bekannte sich zur reformierten Kirche (der Calvinismus wurde schon seit langem die ungarische Religion genannt), auch Evangelische kamen vor, allerdings eher unter den Assimilierten, und in Siebenbürgen gab es eine nicht geringe Zahl von Unitariern (Antitrinitariern). Die religiöse Gliederung spielte zu dieser Zeit aber nur eine geringe Rolle, was als Anzeichen für den gesellschaftlichen Entwicklungsstand betrachtet werden kann, auch wenn die politischen Sympathien und Antipathien manchmal durch die religiöse Zugehörigkeit gefärbt wurden.

Außer in Kroatien bestand die führende Schicht in den Komitaten, die politische und kulturelle Elite, die auch mit ihren Abgeordneten in den Landtagen vertreten war, aus nationalbewußten Ungarn, die zu dieser Zeit demonstrativ begannen, ungarisch zu sprechen (oder wenigstens zu lernen) und sich ungarisch zu kleiden. Das hatte seinen Grund darin, daß die Ungarn — selbst von Kroatien abgesehen — im Land in der Minderheit waren. Nur für ganz Ungarn gesehen besaßen sie eine verhältnismäßige Mehrheit (für Siebenbürgen trifft selbst das nicht zu). Der ungarische Adel hielt die ungarische, d. h. die adelige Herrschaft innerhalb des Landes für natürlich gegeben. Einige Jahrzehnte früher war das noch leichter gegangen, da sich die Angehörigen der oberen Schichten, unabhängig von ihrer ethnischen Herkunft und ihrer Muttersprache, aufgrund der historischen Traditionen als Ungarn fühlten. In dem Maße, wie auch bei den übrigen Nationen der Prozeß der Wiedergeburt voranschritt, verschwand auch dieses Ungarnbewußtsein, es blieb höchstens ein lockeres Gefühl der Zusammengehörigkeit mit dem Vaterland. Der Adel aber, der einst unabhängig von seiner Muttersprache einheitlich als *Natio Hungarica*, im Sinne der ständischen Privilegien also als einheitliche Elite, gegolten hatte, begann gerade in diesen Jahrzehnten, seine ethnisch ungarische Identität und damit seine Zusammengehörigkeit mit den breiten Massen der ungarischen Hörigen zu entdek-ken. Und da adelig sein jetzt so viel bedeutete wie Ungar sein, begann sich auch der Adel nichtungarischer Abstammung zu magyarisieren, er begann eifrig Ungarisch zu lernen und empfand immer seltener die Gemeinsamkeit mit seiner ursprünglichen ethnischen Herkunft. Da die — nun schon im modernen Sinne genommene — ungarische Nation feste politische Positionen innehatte und sich die kulturelle Erneuerungsbewegung schon seit Jahrzehnten auf hervorragende Ergebnisse berufen konnte, konnte es sich der ungarische Adel, genauer der früher bereits erwähnte mittlere Adel, erlauben, neben den nationalen Ansprüchen mit großem Nachdruck auch auf andere, wirtschaftliche und gesellschaftliche

Aufgaben der bürgerlichen Umgestaltung hinzuweisen und nicht nur die Beseitigung aller Beschränkungen, sondern auch den Ausbau des Kapitalismus zu fordern.

Eines konnten die ungarischen Adeligen aber doch nicht vergessen, wenn sie sich auch nicht gern daran erinnerten: Sie waren die Minderheit im Lande. Darum fürchteten sie sich vor anderen Nationen, oder Nationalitäten, wie sie zu sagen pflegten; deshalb fürchteten sie den Panslawismus, daß nämlich die slawischen Nationen einmal gemeinsam mit Rußland der ungarischen Herrschaft ein Ende bereiten würden. So unbegründet diese Furcht auch war, sie bestand fort und wurde damit zu einem geschichtlichen Faktor. Der politisch führenden Schicht in Ungarn war bewußt, daß sie auf Österreich als eine Großmacht angewiesen war, denn nur diese Großmacht konnte die territoriale Integrität des geschichtlichen Ungarn gewährleisten. Der Wiener Absolutismus war zwar eine unangenehme, anstößige Erscheinung, und darum strebten die ungarischen liberalen Politiker nicht nur für ihr eigenes Land, sondern auch für die westlichen Erblande nach einer Verfassung im modernen Sinne des Wortes; einen völligen Bruch aber hielten sie für ein unmögliches Unterfangen.

Die Situation der Polen erinnert zwar in vielem an die der Ungarn, unterscheidet sich von ihr allerdings bedeutend. Die gesellschaftlichen Strukturen ähneln denjenigen Ungarns fast vollkommen, ausgenommen die städtischen Schichten, die in noch geringerem Maße vertreten waren als in Ungarn. Im Gegensatz zu den Ungarn verfügten sie aber noch nicht über deren politische Positionen, besaßen auch kaum die entsprechenden Ambitionen, da sie die Herrschaft Österreichs, die seit 1773 bestand, immer nur als vorübergehend und zeitlich begrenzt betrachteten, bis die verletzte Weltordnung durch die Wiedererweckung der einstigen polnisch-litauischen Union (*Rzecz Pospolita*) wiederhergestellt sei. Danach würde Österreich höchstens noch ein unbequemer Nachbar sein. Diese Wiedererweckung konnte nur durch Waffengewalt erreicht werden, durch Erhebungen, wie sie schon 1830 und 1846 versucht worden waren. Gerade der erste Versuch, der Novemberaufstand, der auf russischem Gebiet erfolgte, hatte die Erfahrung gebracht, daß für den Erfolg des bewaffneten Kampfes die Teilnahme der Bauern unerläßlich war; die Bauern waren aber nur dann dazu bereit, wenn der nationale Befreiungskampf auch zur Verbesserung ihrer Lage etwas beitrug. Deshalb war es eine grundlegende Forderung des galizischen Adels, der sich auf einen neuen Zusammenstoß vorbereitete, daß die österreichische Regierung die Bauernbefreiung verwirklichen und den Bauern Grund und Boden erteilen sollte.

Hinsichtlich des Nationalitätenproblems ähnelte die polnische Situation der ungarischen. Auch der ehemalige polnische Staat war ein Vielvölkerstaat gewesen, und die (ihrer ethnischen Zugehörigkeit nach) „wirklichen" Polen hatten sich ebenfalls in der Minderheit befunden. Der Adel, als die politische Elite, hatte dort aber schon früher eine Entwicklung durchgemacht, in deren Verlauf der adelige Status mit der polnischen Nationalität identifiziert wurde. So wie es in Ungarn nichtungarische Ungarn gab, so lebten im einstigen polnischen Staat nichtpolnische Polen. Daß diese Zeit vorbei war, verwunderte, ja empörte den polnischen Adel ebenso wie den ungarischen. In Galizien bedeutete dies, daß rund die Hälfte der Einwohner aus Ukrainern bestand (oder aus Ruthenen, wie die österreichische Verwaltung sie nannte, um den Unterschied mit Vorbedacht zu betonen). Die polnische politische Elite war aber so wenig bereit, diese Tatsachen zur Kenntnis zu nehmen, daß sie die Österreicher zur Zeit der Revolution verdächtigte, die ruthenische Nationalität erfunden zu haben, um die Polen damit demütigen zu können.

Die Polen waren katholisch, und das hatte in ihrem Fall besonders große Bedeutung. Die Kirche wurde ebensosehr polnisch wie der Adel, und sie wurde der begeisterte Anwalt des polnischen Nationalbewußtseins und der Wiederherstellung des Staates.

Ganz anders war die Lage der Tschechen. Gewiß, sie hatten ein eigenes Land, und sie konnten sogar ihren König Ferdinand nach ihrem Recht und Brauch zum tschechischen König krönen; in Böhmen, Mähren und Schlesien waren sie sogar in der Mehrheit; dennoch fühlten sie sich wegen der politisch und kulturell führenden Rolle der Deutschen in der Minderheit. Ihre gesellschaftliche Struktur war im Prinzip durchaus vollständig, doch waren die böhmischen Aristokraten nur noch durch sehr lose Fäden mit der tschechischen nationalen Entwicklung verbunden, sie fühlten sich eher zu Habsburg gehörig und als Deutsche (obwohl es nicht wenige gab, die gerade im Vormärz versuchten, sich auch die tschechische Sprache anzueignen, allerdings mit geringem Erfolg). Die ständisch-provinziale Sonderstellung sahen aber selbst die Aristokraten nicht ungern. Auf einen gewissen Landespatriotismus konnte auch die tschechische Erneuerungsbewegung rechnen, und sie fand hier Mäzene für ihre kulturellen Bedürfnisse. Die Art von Identifizierung mit dem tschechischen Element (im ethnischen Sinne) aber, wie wir sie bei der polnischen oder ungarischen politischen Elite gesehen haben, fehlte hier, und die Führer der kulturellen Bewegung mußten das auch bald einsehen.

Der große Vorteil der Tschechen indes war das sehr viel weiter entwickelte bürgerliche Element. Innerhalb der Bourgeoisie bildeten zwar die Deutschen die stärkste Kraft, doch in den städtischen Mittelschichten dominierten die Tschechen, ebenso innerhalb der Arbeiterschaft. Der Entwicklungsstand der bürgerlichen Umgestaltung entsprach dem der deutschsprachigen Österreicher im westlichen Teil des Reiches. Die tschechische Industrie hatte schon zu Beginn des Jahrhunderts ein bedeutendes Niveau; ein nicht unwesentlicher Teil der österreichischen Ausfuhr stammte aus diesen Gebieten. Bürgerliche Umgestaltung und kapitalistische Entwicklung schritten hier sozusagen von selbst vorwärts, die hemmenden Bindungen waren weniger wirksam. Offensichtlich ist das auch eine Erklärung dafür, daß die kulturelle Phase der tschechischen Wiedergeburtsbewegung lang andauerte und sehr erfolgreich verlief. Die tschechischen Wissenschaftler spielten in der Philologie und in der Geschichtsschreibung aller slawischen Völker eine führende Rolle, Forderungen nach bürgerlicher Umgestaltung wurden dagegen kaum erhoben. Soziale Fragen wurden nur von einer verschwindend kleinen Gruppe Radikaler aufgeworfen, wie sie auch, in noch kleinerer Zahl, bei den Polen und Ungarn vorkamen. Bei den Tschechen wird besonders deutlich, daß diese Oppositionellen, später als radikale Demokraten bezeichnet, die westlichen utopischen Sozialisten genau studiert hatten und nicht mehr die bürgerliche Umgestaltung, sondern den Übergang zum Sozialismus als ihre heilige Aufgabe ansahen. Gerade das bereits erreichte Niveau der bürgerlichen Entwicklung brachte es mit sich, daß die Religion keine besondere Rolle spielte und auch nicht von Interesse war. Die Mehrheit der Tschechen war, ebenfalls als Ergebnis der Gegenreformation, katholisch geworden, aber die protestantische, genauer: evangelische, Minderheit wurde aus der nationalen Wiedergeburt nicht ausgeschlossen (um so mehr allerdings die habsburgtreue katholische Kirche).

Im italienischen Bevölkerungsanteil müssen wir die Einwohner des Lombardo-Venetianischen Königreichs von denen der übrigen österreichischen Gebiete unterscheiden. Im Königreich hatte — nicht zuletzt dank der österreichischen Behörden — eine wirtschaftliche Entwicklung stattgefunden, die zu einer Gesellschaft von stark bürgerlichem Charakter geführt hatte, frei von feudalen Überresten, mit einer starken und selbstbewußten Bourgeoisie, mit bedeutenden städtischen Schichten einschließlich einer Arbeiterschaft und mit einer (im Verhältnis zu anderen Gebieten Österreichs) noch recht wohlhabenden Bauernschaft. Auch eine Aristokratie gab es in dieser Gesellschaft, aber sie war genauso österreichfeindlich gesinnt wie alle übrigen Schichten, einschließlich der Bauern, die mit den österreichischen Steuermaßnahmen unzufrieden waren. Die örtliche Macht war im allgemeinen in der Hand der bürgerlichen, städtischen Elite und der Aristokraten, aber höchstens bei den letzteren können wir einzelne Fälle von Loyalität dem Kaiser gegenüber feststellen, die natürlich mit der Geburt und dem Rang der Betreffenden zusammenhingen. Alle Schichten dieser Gesellschaft betrachteten die österreichische Herrschaft genauso als zeitweilig und vorübergehend, wie es der polnische Adel tat, und es war offensichtlich, daß sie die nächste sich bietende Gelegenheit ergreifen würden, einen einheitlichen italienischen Nationalstaat zu etablieren.

In den Gebieten, die seit Jahrhunderten unter habsburgischer Herrschaft standen, in Istrien und Südtirol, war die Situation der Italiener anders. Hier waren sie im Verhältnis zu den Slawen in der Minderheit, besaßen aber innerhalb der städtischen Schichten führende Positionen. In Istrien gab es auch unter den Grundbesitzern Italiener. Unter den lokalen Verhältnissen konnten sie also auch eine politische Rolle spielen. In Dalmatien bildeten sie ebenfalls die örtliche Elite, sie waren Grundbesitzer und vermögende Bürger, stellten die kulturelle Elite und gaben der ganzen Provinz den italienischen Charakter, so wie die Deutschböhmen dem böhmisch-mährischen Gebiet. Aber der kroatischen Bevölkerung gegenüber befanden sie sich auf dem Dorf und in den unteren städtischen Schichten in einer bedrückenden Minderheit. Von der italienischen Einheit konnten sie noch weniger erwarten als etwa die Triestiner, und das lähmte ihre politische Aktivität.

Die gesellschaftliche Struktur der Kroaten erinnert im kleinen stark an die der Ungarn. Auch hier gab es eine, allerdings zahlenmäßig geringere, Aristokratenschicht, die über große Latifundien verfügte, dagegen aber eine beträchtliche Zahl kleiner Adeliger; auch hier fehlte größtenteils das städtische Bürgertum, während die unteren städtischen Schichten anwuchsen, auch hier bildeten die hörigen Bauern die Mehrheit der Bevölkerung. Einen nicht unbedeutenden Faktor bildete die Militärgrenze (die fast die Hälfte von Kroatien einnahm) mit dem qualifizierten und dem Kaiser (nicht dem König von Kroatien) unbedingt treuen Offizierskorps und den im gleichen Sinne erzogenen, zu Militärdiensten verpflichteten freien Bauern. Die Probleme der bürgerlichen Umgestaltung berührten höchstens die Bevölkerung in den Hafenstädten am Meer. Im Vordergrund stand die nationale Frage. Die Religion, die zu einer Aufspaltung der Bevölkerung hätte führen können, spielte auch hier keine Rolle. Die Herrschaft der katholischen Kirche war selbst während der Reformationszeit nie ins Wanken geraten, und zum Unterschied von der Situation der Tschechen hatte die Kirche bei den Kroaten durchaus ihren Anteil an der nationalen Wiedergeburt, hauptsächlich natürlich auf kulturellem Gebiet.

Die Militärgrenze war unmittelbar dem Kaiser, beziehungsweise dem Hofkriegsrat, unterstellt. Das sogenannte Zivilkroatien stand in einem besonderen Verhältnis zu Ungarn im engeren Sinne (ohne Siebenbürgen). Es hatte seinen eigenen Landtag, den Sabor, und die den ungarischen genau entsprechenden Komitatsinstitutionen. Eine gewisse Sonderstellung des kroatischen Staates innerhalb des geschichtlichen Ungarn wurde von der ungarischen politischen Elite immer anerkannt, auch wenn sie ihn nicht als gleichrangigen Partner ansahen, wie die kroatische politische Führung gewünscht hätte. Die Ungarn betrachteten Kroatien eher als eine einstmals eroberte Provinz, der aber eine gewisse Autonomie erhalten geblieben war. Die Kroaten nahmen unabhängig von ihrem eigenen Sabor auch an den Sitzungen des ungarischen Landtages teil, und die dort beschlossenen Gesetze erhielten auch für Kroatien Gültigkeit. Die Beziehung zur zentralen Regierung erfolgte jedoch über ungarische Vermittlung, über die in Wien tätige ungarische Kanzlei. Wenn bei der nationalen Wiedergeburt auf kulturellem Gebiet selbstverständlich die Intelligenz die führende Rolle spielte, so war es im politischen Leben mit der gleichen Selbstverständlichkeit der Adel. Ein Teil dieses Adels und vor allem die bürgerliche Intelligenz betrieben als Illyrische Bewegung die Vereinigung aller Südslawen unter kroatischer Führung (zunächst sollte es um ihre Vereinigung innerhalb Österreichs, im nächsten Schritt aber um den Zusammenschluß aller auf dem Balkan lebenden Südslawen gehen, freilich alles unter der Herrschaft der Habsburger). Darum war man bestrebt, die Verbindungen zur zentralen Regierung auszubauen und gleichzeitig das Zwangsverhältnis, das die Kroaten an die ungarische politische Elite band, entsprechend zu lockern. Der kleine Adel dagegen strebte eine Verstärkung der Verbindungen zu Ungarn an, denn er sah darin so ziemlich die einzige Möglichkeit, seine adeligen Privilegien zu erhalten. Daraus ergab sich die groteske Situation, daß die ungarische politische Führungsschicht, die zu Hause, aufrichtig liberal eingestellt, die bürgerliche Umgestaltung wünschte, in Kroatien einen mit allen Fasern seines Herzens an der bestehenden feudalen Ordnung hängenden kleinen Adel unterstützte, mit ihm ein Bündnis anstrebte und seinen politischen Einfluß in den Komitaten zu fördern suchte.

Damit schließen wir die Betrachtung jener sechs Nationen ab, in denen es ständische (beziehungsweise bei den Italienern andere) Vertretungsorgane gab, und dementsprechend auch politische Foren, in denen sie auftreten konnten. Die anderen fünf Nationen verfügten nicht über derartige Möglichkeiten.

Unter ihnen befanden sich die Serben in der verhältnismäßig günstigsten Lage. Ein kleinerer Teil von ihnen hatte sich vom späten Mittelalter an auf ungarischem Gebiet angesiedelt. Diese Menschen waren vor den ottomanischen Eroberern geflohen und hatten sich als Kaufleute in den Städten entlang der Donau, der Hauptverkehrsader der Zeit, niedergelassen, drangen aber auch in andere Städte vor, z. B. bis nach Miskolc. Der größere Teil der Serben, ursprünglich mehrere zehntausend Menschen, siedelte 1690 in das damals größtenteils unbewohnte Südungarn über. Während des Befreiungskrieges, als die kaiserlichen Truppen bis Nisch vorstießen, hatten sie sich allzu sehr für die christlichen Befreier engagiert und mußten daher ebenfalls vor den Osmanen fliehen. Um 1690 schien es aber, als handle es sich nur um einen zeitweiligen Rückzug aus dem Balkan, als seien die Fliehenden nur vorübergehend auf das Gebiet der Habsburger gelangt. Für diese als Übergang gedachte Zeit erhielten sie von Kaiser Leopold I. auch gewisse Privilegien: Autonomie für ihre kirchliche orthodoxe Organisation, das Recht, ihren hohen Klerus selbst wählen zu dürfen, kirchliche Kongresse abzuhalten, die übersiedelten Bauern wurden nicht Hörige. Eine territoriale Autonomie brachte diese Regelung nicht, aber die von der katholischen Kirche ausgehenden Versuche zu einer Union wurden vom serbischen Klerus scharf zurückgewiesen. Damit, durch die kirchliche Organisation und die Kongresse sicherten sich die Serben eine gewisse Sonderstellung. Ein Teil wurde in den Rahmen der Militärgrenze eingegliedert.

In der serbischen Gesellschaft hatte sich kaum eine Aristokratie oder ein Adel herausbilden können (individuelle Ausnahmen spielten keine Rolle), statt dessen existierte ein städtisches Handelsbürgertum mit nicht unbeträchtlichem Vermögen und ein freies Bauerntum, das ebenfalls über nicht unbedeutenden Besitz an Grund und Boden verfügte. Die serbische Gesellschaft trug so einen bürgerlichen Charakter auf einer etwas primitiven Stufe, gestützt durch Handelsverbindungen mit dem Balkan.

In anderer Hinsicht gibt es gewisse Ähnlichkeiten der serbischen Lage mit der Situation der Deutschen, Italiener oder Polen. In direkter Nachbarschaft der von den Serben besiedelten Gebiete existierte im Süden seit 1804 bzw. 1816 ein zwar formal unter der Oberhoheit des Sultans stehender, aber in vielfacher Hinsicht dennoch selbständiger serbischer Staat. An seinem Aufbau und am Ausbau seiner kulturellen Institutionen hatten die Serben aus Ungarn besonderen Anteil. Dieser kleine serbische Staat war jedoch arm und im Verhältnis zu Österreich stark zurückgeblieben. Für die österreichischen Serben versprach daher die Perspektive, sich an diesen Staat anzuschließen, damals noch keinen besonderen Vorteil, auf einen gewissen Schutz konnten sie jedoch immer rechnen. Die serbische Regierung dagegen strebte die Vereinigung der Südslawen ebenso an wie die Illyrische Bewegung dies bei den Kroaten tat, nur natürlich unter serbischer Führung. Dabei standen die Serben im Osmanischen Reich im Vordergrund, dann erst folgten die Landsleute in Österreich; die Prioritäten waren also genau umgekehrt wie bei der Illyrischen Bewegung, aber auch das Endergebnis sollte das entgegengesetzte sein: die Loslösung von Österreich. Von diesen Plänen wußten die serbischen Untertanen der Habsburger jedoch nichts. Für sie besaß die habsburgische Herrschaft eine weiter in die Zukunft reichende Perspektive, sie sahen sie nicht als Übergangserscheinung wie die Italiener oder die Polen.

Die Lage der Rumänen erinnert in gewisser Weise an die der Serben. Wie wir schon erwähnt haben, wohnten sie in mehreren Ländern Österreichs, der größte Teil in Siebenbürgen, wo sie die Mehrheit der Bevölkerung ausmachten. Ihre gesellschaftliche Struktur war noch unvollständiger als die der Serben, die Schicht des Kleinadels war mit dem ungarischen Adel verschmolzen, bürgerlich-städtische Schichten existierten nur in sehr geringer Zahl, die überwiegende Mehrheit bestand aus hörigen Bauern. Auch eine weltliche Intelligenz war kaum vorhanden, viele Intellektuelle waren in die Donaufürsten-tümer (Moldau und Walachei) übergesiedelt (so wie manche Serben in das neue Serbien). Der größte Teil der Intelligenz gehörte zum Klerus, er befand sich aber in einer sehr viel schlechteren Lage als der Klerus anderer Konfessionen in dieser Zeit. Im östlichen Streifen der Militärgrenze waren auch rumänische Grenzerregimenter stationiert.

Der rumänische Klerus war an zwei Konfessionen gebunden. Ursprünglich hatten die Rumänen zur orthodoxen Kirche gehört, zu Beginn des 18. Jahrhunderts aber drängte die österreichische Regierung auf die Vereinigung mit Rom. Die große Mehrheit des Klerus erkannte auch die Oberhoheit des Papstes an und bekannte sich zur unierten (griechisch-katholischen) Kirche. Das Volk aber bestand auf seinem ursprünglichen Glauben, und so richtete Maria Theresia, wenn auch gezwungenermaßen, 1759 von neuem ein orthodoxes Bistum ein. Zwischen den beiden Konfessionen kam es häufig zu Reibereien, jede nahm für sich in Anspruch, der Repräsentant der nationalen rumänischen Interessen zu sein. In der hier erörterten Zeit gehörte der größere Teil der rumänischen Bevölkerung zur orthodoxen Kirche. Die Union mit Rom war einst deshalb zustande gekommen, weil die Menschen in Siebenbürgen damit aus einer geduldeten Kirche, die keinerlei Rechte und keine Unterstüt-zung genoß, in eine anerkannte Kirche übertreten konnten. Ihre Bischöfe gingen ihnen dabei voran. Die Regierung bemühte sich, für die Unierten zu sorgen, sie kümmerte sich besonders um die Ausbildung des Klerus, der in Wien, ja sogar in Rom Unterricht erhielt. Tatsächlich gingen aus diesem Klerus die ersten großen Vertreter der nationalen rumänischen Wiederge-burt hervor. Die Situation der orthodoxen Kirche war durch den Umstand erschwert, daß sie dem serbischen Metropoliten von Karlowitz unterstand, der in kirchlicher Beziehung die Interessen der Serben vertrat und sich nicht um die Rumänen kümmerte. Darum gab es jahrelang einen ständigen Kampf um die Errichtung eines orthodoxen rumänischen Erzbis-tums, mit dessen Hilfe die Selbständigkeit der orthodoxen Kirche geschaffen werden sollte.

Die Rumänen waren aber nicht nur auf kirchlichem Gebiet benachteiligt. Im Großfürstentum Siebenbürgen, das von der Wiener Regierung immer sorgfältig von der ungarischen Verwaltung abgetrennt war, besaßen die Rumänen auch keine politischen Rechte; im politischen Leben des Landes hielten drei „Nationen", die Ungarn, die Székler und die Sachsen, die Macht in ihren Händen; sie stellten auch die Abgeordneten für den Landtag. Die rumänischen Führer, Priester, Offiziere der Grenztruppen, eine winzige Gruppe Intellektueller, versuchten seit 1791 immer von neuem, die Gleichberechtigung der Rumänen, gewissermaßen ihre Anerkennung als vierte Nation, zu erreichen, doch blieben ihre Bemühungen erfolglos. Die siebenbürgischen Stände wiesen die rumänischen Ansprüche unter Berufung auf die Gesetze des Landes immer wieder ab. Aber die rumänische politische Führungsschicht gab den Kampf nicht auf, und sie vertraute dabei darauf, daß sie die Mehrheit vertrat. Sie war deshalb auch gegen den von den ungarischen und széklerischen Ständen von Zeit zu Zeit aufgeworfenen Plan, Siebenbürgen mit Ungarn zu vereinigen, da sie innerhalb des gesamten historischen Ungarn auf jeden Fall in der Minderheit gewesen wäre. Die Rumänen in Ungarn waren im Gegensatz hierzu Anhänger einer Union, denn mit den siebenbürgischen Rumänen zusammen wären sie zur zahlenmäßig stärksten Minderheit avanciert.

Zu den beiden unter osmanischer Oberhoheit stehenden Donaufürstentümern bestanden schon lange Verbindungen, aber die dortigen gesellschaftlichen Verhältnisse, die Willkür der Bojaren, die Herren über den Boden waren, besaßen keine Anziehungskraft. Vom wirtschaftlichen Gesichtspunkt aus waren die Donaufürstentümer ebenso zurückgeblieben wie der neue serbische Staat. Daher kam der Gedanke eines Anschlusses gar nicht erst auf. Die politische Führung der Rumänen vertraute auf die kaiserliche Regierung.

Die Ukrainer (Ruthenen) waren in Österreich nur durch eine kleine Minderheit vertreten, ihre Mehrheit gehörte zu Rußland. Da aber innerhalb des russischen Reiches an eine Anerkennung ihrer nationalen Sonderstellung überhaupt nicht zu denken war, konnten die Ukrainer in Galizien und Ungarn von außerhalb der Grenzen der Monarchie nicht einmal soviel Unterstützung erwarten wie die Rumänen oder Serben. Ihre gesellschaftliche Struktur ähnelte der rumänischen. Der Adel hatte sich schon lange polonisiert, bürgerliche Schichten existierten nicht, über der breiten Masse der Hörigen bildete auch bei ihnen der Klerus die intellektuelle und gleichzeitig die politische Führungsschicht. Der Klerus war einheitlich uniert. Da eine andere Intelligenzschicht fehlte, hatten die Ukrainer gerade die ersten zaghaften Schritte zur nationalen Wiedergeburt tun können. Der Klassengegensatz von Hörigen und Grundherren nahm höchstens in einzelnen Gebieten Ungarns die Form des nationalen, oder besser des ethnischen, Gegensatzes an, wie dort, wo sich polnische (oder polonisierte) Grundherren und ukrainische Bauern gegenüberstanden.

Die Ukrainer in Ungarn, die man hier Ruthenen nannte, waren, wenn es ging (es ging allerdings kaum noch), in einer noch schwierigeren Lage als in Galizien. In das unfruchtbare nordöstliche Dreieck Ungarns eingezwängt, waren sie, die kleinste Nationalität, fast nur hörige Bauern. Die unierten Priester, die aus der Bauernschaft hervorgingen, magyarisierten sich sehr rasch. Wenn die anderen Nationen in Österreich, die über keine Ständevertretung verfügten, eine zahlenmäßig sehr kleine politische oder auch nur kulturelle Elite besaßen, so kann bei den Ruthenen nur von einzelnen Personen die Rede sein. Auch in anderer Hinsicht befanden sie sich in einer einmaligen Lage: Die unierte Kirche identifizierte sich in keiner Form mit den nationalen Forderungen der Ruthenen, während andere Nationen doch wenigstens auf die Unterstützung der „nationalen" orthodoxen oder der unierten Kirche rechnen konnten.

Obwohl die Slowaken wie die Ruthenen in den wenig fruchtbaren nördlichen Gebieten Ungarns lebten und zum Großteil ebenfalls Hörige waren, unterschied sich ihre Lage dennoch vorteilhaft von der der Ukrainer, und zwar nicht nur ihrer größeren Bevölkerungszahl wegen. Der Adel, der ethnisch slowakischen Ursprungs war, hatte sich zwar bereits weitgehend magyarisiert (wenn er auch noch fleißig die Sprache lernen mußte), aber in den Städten gab es bereits nicht unbedeutende bürgerliche Schichten. Noch fand man Slowaken vor allem in den unteren Schichten, in den oberen eher die Deutschen, aber in manchen Städten war das deutsche Element schon fast verschwunden, und die Einwohnerschaft bestand nur noch aus Slowaken.

Die konfessionelle Spaltung der Slowaken bereitete lange Zeit Schwierigkeiten. Die Mehrheit war katholisch, aber etwa ein Fünftel gehörte der evangelischen Kirche an. Aus dem Klerus der beiden Kirchen rekrutierte sich lange Zeit die Mehrheit der Intelligenz, aus seinen Reihen kamen die ersten Initiatoren der Wiedergeburtsbewegung. Keine der beiden Kirchen war indes „national" in dem Sinne, wie es die orthodoxe oder die unierte Kirche waren. Die höheren kirchlichen Behörden duldeten nur gerade die Tätigkeit des Klerus, die auf die kulturelle nationale Erweckung gerichtet war, sorgten aber entschlossen dafür, daß die konfessionellen Gegensätze lebendig blieben. Dadurch war auch die slowakische Elite lange Zeit gespalten. Mit der Kanonisierung der slowakischen Literatursprache aber begann nach 1840 eine Annäherung, ja sogar eine Zusammenarbeit der zu den beiden Konfessionen gehörenden führenden Schichten. Vor allem die evangelischen Geistlichen brachten westliche liberale Theorien ins Land, darunter auch den von den deutschen Universitäten stammenden Gedanken, daß die Nation den höchsten Wert darstelle.

Die in mehreren österreichischen Provinzen (zu einem kleinen Teil auch in Westungarn) lebenden Slowenen sind im großen und ganzen in eine Kategorie mit den Slowaken einzuordnen: Die Mehrheit der Bevölkerung bestand auch hier aus Bauern, sie bildeten ferner die unteren Schichten in den Städten, und der katholische Klerus (eine konfessionelle Spaltung gab es bei den Slowenen nicht) war in der kulturellen Bewegung tätig. Gerade der Umstand allerdings, daß alle zur katholischen Kirche gehörten, schwächte in gewisser Weise die slowenische Position: Es fehlte die Verbindung zum Westen, die bei den Slowaken durch die evangelischen Pfarrer geschaffen worden war. Die Kirche bedeutete auch hier keine Unterstützung in nationaler Hinsicht.

Wir müssen nun noch einige Bemerkungen über die Juden machen, die zum Teil schon früher in der Monarchie gelebt hatten, zum Teil in der ersten Hälfte des 19. Jahrhunderts von russischem Gebiet über Galizien in andere Provinzen Österreichs einwanderten. Die Wiener Regierung behandelte sie als Glaubensgemeinschaft und erlegte ihrer Tätigkeit strenge Beschränkungen auf. Der landwirtschaftliche Sektor war ihnen völlig verboten, in anderen Bereichen wurde ihre Tätigkeit erschwert, sie wurden mit besonderen Steuern belastet und waren auch von den staatsbürgerlichen Rechten ausgeschlossen. So blieben ihnen nur die Industrie und besonders der Handel. Die liberalen oppositionellen Denker der verschiedenen Nationen kritisierten neben vielen anderen Gründen die österreichische Regierung aus voller Überzeugung auch wegen dieser Seite ihrer Politik. Besonders der ungarische liberale Adel, der auf die jüdischen Händler und Kreditgeber auch angewiesen war, hielt die Beschränkungen für die Juden weitgehend für falsch und drängte auf ihre volle staatsbürgerliche Emanzipation. Das erklärt, warum viele Juden in Ungarn sich rasch assimilieren wollten. Sie wurden oft begeisterte Anhänger der ungarischen nationalen Bewegung, denn von ihr konnten sie eine Verbesserung ihrer benachteiligten Lage erwarten.

Nachdem wir nun die breite Palette der verschiedenen Nationen betrachtet haben, wird das Bild viel bunter, aber auch komplizierter als beim Überblick über die gesellschaftlichen Kategorien. Wenn wir früher gesagt haben, daß die Forderung nach einer konstitutionellen Umgestaltung allgemein war und daß viele wenigstens die Regelung der Bauernfrage für unaufschiebbar hielten, dann war schon innerhalb dieses speziellen Bereichs jeder Anspruch und jede Vorstellung, wie sie im Laufe des Revolutionsjahres zu Forderungen erhoben wurden, auf vielfältige Weise interpretierbar. Für Deutsche oder Ungarn, für Tschechen oder Slowenen, für Polen oder Rumänen bedeutete der Konstitutionalismus jeweils etwas ganz anderes. Auch über die Bauernbefreiung dachte natürlich etwa ein ungarischer Grundbesitzer anders als ein slowakischer Höriger. Während ein Wiener Arbeiter die Ungerechtigkeit des kapitalistischen Systems höchst beschwerlich fand, grübelten in Galizien ukrainische Priester noch darüber nach, wie man eine einheitliche Literatursprache schaffen könnte. Vom gesellschaftlichen Entwicklungsniveau der einzelnen Nationen, von ihren politischen Möglichkeiten und Sehnsüchten gelangten sie zu weit voneinander abweichenden Lösungsmöglichkeiten, sie legten auf sehr unterschiedliche Fragen das Schwergewicht und hielten völlig verschiedene Reformen oder mindestens eine andere Reihenfolge der einzelnen Schritte innerhalb einer Reform für notwendig.

Unbehagen und Kritik

Unter den gegebenen Umständen konnten die wenigen Menschen, die überhaupt über alle diese Fragen nachdachten, sehr selten ihre Gedanken anderen frei mitteilen. Ihre Manuskripte konnten nur im Ausland unzensuriert erscheinen. So erging es Anfang der dreißiger Jahre etwa István Graf Széchenyi oder Franz Schuselka, dem selbstbewußten deutschen Publizisten. In den vierziger Jahren entfaltete sich bereits eine umfangreiche politische Flugblattliteratur, in der die österreichischen Zustände schonungslos kritisiert wurden.

Besonderes Aufsehen erregte eine 1842 anonym in Hamburg erschienene Schrift: „Oesterreich und dessen Zukunft". Wie es sich später herausstellte, war ein österreichischer Baron, Viktor Freiherr von Andrian-Werburg, der Autor. (Die Kritik konnte eben von den höchsten Schichten aus am leichtesten in Gang gesetzt werden; ein ähnlicher Fall war der Dichter Anastasius Grün, ein Pseudonym für den Grafen Anton Alexander Auersperg.) Andrian-Werburg lenkte die Aufmerksamkeit auf den empfindlichsten Punkt, auf die Tatsache, daß Österreich ein Vielvölkerstaat war: „Österreich ist ein rein imaginärer Name, welcher kein in sich abgeschlossenes Volk, kein Land, keine Nation bedeutet — eine konventionelle Benennung für einen Komplex von unter sich scharf abgesonderten Nationalitäten [...] Eine kurze Zeit noch, und es werden sich, wenn der jetzige Augenblick versäumt wird, in Österreich vier ausgewachsene, gerüstete Nationalitäten feindlich gegenüberstehen, und unter sich nur mehr ein gemeinsames Band haben, das der Abneigung und des Widerstandes gegen die Regierung, im Falle diese das verweigern sollte, was eine jede von ihnen im Gefühl ihrer Kraft fordern wird — oder der immer steigenden, immer dringenderen Forderungen an dieselbe, wenn sie ihren ersten gutwillig nachgeben würde. Die endliche Krisis dieses krankhaften Zustandes kann dann weder entfernt, noch zweifelhaft sein."

Ursache des Problems sei das übertriebene Bestreben der Regierung, alles in der eigenen Hand zu halten. Dadurch brauche sie eine „beispiellos komplizierte Regierungsmaschine, ohne alle geistige, überhaupt ohne irgendeine andere Richtung, als die der möglichsten

Erhaltung des Status quo, welche alle selbständige Entwicklung des öffentlichen Lebens und der Gemeinden hemmt und die geringste ihrer Tätigkeiten an tausend Förmlichkeiten, Schreibereien und Plackereien bindet — welche alle Bewegung im Staate an sich gerissen hat und die geringste, unbedeutendste Handlung der Bürger auf jede nur mögliche Weise überwacht, kontrolliert und in den Bereich ihrer Oberaufsicht zieht". Mit der Landwirtschaft beschäftige sich der Staat nicht, statt dessen schaffe er auf künstlichem Wege eine gewisse Großindustrie, seine Finanzen befänden sich im allertraurigsten Zustand, der Handel liege darnieder. Letzten Endes habe dies alles im verrotteten Absolutismus seine Wurzeln.

Wie viele mochte es wohl noch in Österreich geben, die dies und ähnliches in den verschiedensten Sprachen hätten schreiben können! Andrian-Werburg war ja nicht irgendein verbitterter Winkeladvokat oder Adeliger, der seine Güter verloren hatte, sondern ein tüchtiger Beamter der Hofkanzlei.

Noch im letzten Augenblick, im Januar 1848, erschien eine ähnliche politische Schrift: „Sibyllinische Bücher aus Österreich". Es war nun schon keine Überraschung mehr, daß der Autor kein Geringerer als Karl Möring war, Erzieher in der Familie des Erzherzogs Rainer, des lombardo-venetianischen Vizekönigs. Nach seiner Meinung würden einst die Habsburger ihre schlechten Ratgeber verfluchen (jeder dachte natürlich an Metternich), die der Meinung waren: „Je dümmer das Volk, um so leichter wird es regiert." Nur: „dieses leicht zu täuschende Volk wird um so mehr zur Hyäne verwildern, je dümmer es ist, und je mehr es sich betrogen sah, um so schärfer wird es die scharfen Krallen, den rächenden Zahn in das Fleisch seiner Unterdrücker schlagen". Aus dem Palast in Mailand konnte man offensichtlich das Volk nicht anders sehen. Vielleicht bekam es das bisherige System einmal satt; dem mußte man zuvorkommen. Wenn die gutgekleideten, vornehmen Herren die Reformen verwirklichten, dann würde es nicht zum wilden Auftritt des Pöbels kommen.

Mit solchen und ähnlichen Zitaten könnte man ein Buch füllen. Die Kritik sagte sehr viel über die herrschenden schlechten Zustände aus, was beseitigt, überwunden oder wenigstens gründlich verbessert werden müsse; sehr viel weniger darüber, was an Neuem an dessen Stelle gesetzt werden sollte, welche positiven Schritte nach der Beseitigung der negativen Zustände folgen müßten. Und diese Lösungsvorschläge gingen von den verschiedensten Entwicklungsstufen und Gesichtspunkten aus, auf wirtschaftlichem, gesellschaftlichem, politischem und nationalem Gebiet. Und wenn sie auch letzten Endes in vielen Fragen das Gleiche wollten: es blieben mehr Fragen, in denen sie nicht übereinstimmten. Als dann die Explosion kam, gerieten die Anhänger von Reformen zwischen zwei Feuer: Auf der einen Seite stand das Volk, das keine Reformen wollte, sondern die völlige Zerschlagung der bisherigen Ordnung, auf der anderen Seite sahen sie sich der Macht gegenüber, die die bisherige Ordnung aufrechterhalten wollte. Zwischen diesen beiden Mühlsteinen mußten die Reformer, wenn sie nicht rechtzeitig auf die Seite der Macht traten, aufgerieben werden.

Man brauchte nicht erst über die Grenzen Österreichs hinaus auf die immer gespannter werdende Situation in Europa zu blicken, um auf den krisenhaften Zustand aufmerksam zu werden. In den ersten Jahren nach 1840 verschlechterte sich besonders in den westlichen Erblanden, die stärker in das europäische Wirtschaftsleben einbezogen waren und dessen Schwierigkeiten rascher spürten, die Lage zusehends. Besonders in den Großstädten führte die Teuerung bei gleichbleibendem niedrigem Lohnniveau zu großem Elend. Im Jahre 1845 mußte allein in Wien zur Eintreibung der Steuern in nahezu 56 000 Fällen Brachialgewalt angewendet werden (in den meisten Fällen genügte es allerdings, ein oder zwei Uniformierte zu schicken). 1847 traten auch in der Landwirtschaft große Schwierigkeiten auf, die

Ernte war katastrophal (wie übrigens in ganz Europa). Die Industrie war in eine Krise geraten, Fabriken standen still, die Zahl der Arbeitslosen schwoll unglaublich an. Anfang 1848 soll es in Wien schon 50 000 Arbeitslose gegeben haben. Auch die Geldkrise war unerträglich, es gab nicht genügend Zahlungsmittel. Der Staat war 1847 zur Aufnahme neuer Kredite gezwungen. Da die landwirtschaftliche Produktion schon 1846 unter großen Ausfällen zu leiden gehabt hatte, stiegen die Lebensmittelpreise sehr stark an. Die Regierung erwies sich als unfähig, die Versorgung zu organisieren. In der Presse wurde nicht mehr mit Kritik gespart und offen über die Unfähigkeit der Regierung gesprochen. Es wurde zwar ein Ausfuhrverbot für Getreide erlassen, das aber nicht genügend kontrolliert wurde; Getreidelieferungen, die ins Ausland gehen sollten, wurden auf den Grenzstationen von den Massen aufgehalten und verteilt.

In dieser Situation konnte alles, was geschah, Grund zu Unruhen und Tumulten sein. Im November 1847 kam es in Graz zu Massendemonstrationen, als der Bischof bereits dem sechsten Toten eine kirchliche Beerdigung versagte, da die Betreffenden sich geweigert hatten, die Sterbesakramente entgegenzunehmen. In Krakau wurde ein Mann den russischen Behörden als Umstürzler ausgeliefert, die Folge war ein Attentat auf einen Polizeibeamten. Überall Unruhe, Mißstimmung, Unzufriedenheit.

Die Regierung betrieb eine Politik der Stagnation, von einem Tag zum anderen, zu mehr war sie nicht fähig. Gegen die typisch modernen Schwierigkeiten konnten die vergreisten Wiener Politiker kein Heilmittel finden, das waren Probleme, die über ihre Kenntnisse und Fähigkeiten hinausgingen. So konnten sie nur an die rohe Gewalt appellieren, an die Polizei und im äußersten Notfall an das Militär. Aber in der Hofburg hoffte man, daß dieser äußerste Notfall nicht eintreten würde. Der Polizeiminister, Josef Graf Sedlnitzky, verkündete noch im Februar 1848, daß die Polizei die Situation fest in der Hand hätte.

In bezug auf die allzu lautstarken, rebellischen Ungarn versuchte es die Regierung mit vorbeugenden Maßnahmen. Sie sorgte dafür, daß die konservativen und der Dynastie treu ergebenen Großgrundbesitzer eine politische Partei bildeten, die für die langfristige Lösung dringender gesellschaftlicher Probleme sehr allgemeine Vorschläge unterbreitete. Gegen diese Initiative mußte nun auch der oppositionelle mittlere Adel mit der Bildung einer modernen Partei auftreten. Im Sommer 1847 wurde eine Zusammenfassung der Forderungen in der Oppositionellen Deklaration vorgelegt. Sie enthielt vor allem die Aufforderung zur Bauernbefreiung und zur Herstellung der allgemeinen Steuerpflicht, d. h. zur Aufhebung der Steuerfreiheit des Adels. Ferner verlangte man die Selbständigkeit Ungarns, zwar innerhalb des Verbandes der österreichischen Monarchie, aber doch bloß noch durch die Person des Herrschers mit den westlichen Landesteilen vereint.

Anfang Januar 1848 kam es in Mailand bei Protesten und Streiks gegen das österreichische Tabakmonopol zu Straßenunruhen. Vornehmen Herren wurden die Zigarren aus dem Mund geschlagen, man hörte Hochrufe auf Karl Albert, den König von Sardinien-Piemont. Am 9. forderte Daniele Manin, eine führende Persönlichkeit der italienischen Einigungsbewegung in Venedig, Zugeständnisse von den österreichischen Behörden. Am 12. brach in Palermo die Revolution aus. Es war der erste Funke im unruhigen, spannungsgeladenen Europa, und er sprang rasch über. Am 11. Februar war der König in Neapel gezwungen, die Verfassung wiederherzustellen; gegen die Aktionen der Massen half nun auch kein Militär mehr. Aber all das wäre noch nicht beunruhigend gewesen, in Neapel hatte es schon wiederholt Revolutionen gegeben, früher oder später waren sie alle niedergeschlagen worden.

Aber auch Paris geriet in Bewegung. Der Kampf der oppositionellen Bewegung für die Erweiterung des Wahlrechts spitzte sich so zu, daß am 22. Februar schließlich die

Revolution ausbrach (zum dritten Male schon, wie alle Anhänger der Ordnung in ganz Europa erschreckt feststellten). Am 24. vertrieb das Volk den korrupten Bürgerkönig Louis Philippe und verbrannte seinen Thron. Frankreich wurde Republik. Das war kein Funke mehr, sondern eine Explosion. Wie eine Kettenreaktion breitete sich das Feuer über die deutschen und italienischen Staaten, sogar die beiden Donaufürstentümer, weiter aus. Konnte Österreich sich davor bewahren?

Am 26. und 27. Februar kamen die ersten Nachrichten von der Pariser Revolution nach Wien, am 29. (1848 war ein Schaltjahr) erschien die Nummer der „Augsburger Allgemeinen Zeitung", welche die Nachricht von der Proklamation der Republik enthielt. Daß diese Republik in gewisser Weise die bürgerliche Ordnung bereits überschritt, daß Proletarier an der Spitze der Bewegung standen, daß die Republik sich auch amtlich selbst als demokratisch und sozial bezeichnete, das konnte man zu diesem Zeitpunkt noch nicht wissen. Wesentlich war jetzt nur der Sturz der bisherigen Ordnung durch die siegreiche Revolution. In Österreich zogen viele daraus die Schlußfolgerung, daß auch hier die Zeit zum Handeln gekommen sei.

DER STURM IM EINKLANG

Am 13. März 1848 brach in Wien die österreichische Revolution aus, zwei Wochen nach Eintreffen der Nachrichten von den Pariser Ereignissen. Bevor wir den historischen Ablauf aber detaillierter betrachten, müssen wir noch auf ein kurzes ungarisches Intermezzo am 3. März eingehen, jenem Tag, an dem die sogenannte „Taufrede der österreichischen Revolution" gehalten wurde.

Am 7. November 1847 war in Preßburg der Landtag zusammengetreten. (Nach einem erst kurz zuvor in Kraft getretenen Gesetz war der König verpflichtet, ihn alle drei Jahre zusammenzurufen, und dieser Zeitpunkt war damals fällig.) Die Wahl der Abgeordneten verlief in den meisten Orten in sehr angespannter Atmosphäre; im Unterhaus besaßen die oppositionellen Abgeordneten eine Mehrheit, im Oberhaus waren die Regierungstreuen in starker Überzahl. Im Komitat Pest erhielt Lajos Kossuth einen der Abgeordnetensitze. Er war ein typischer Vertreter jenes Gemeinadels, der — fast ohne Vermögen — zu einer intellektuellen (juristischen) Laufbahn gezwungen war; fast zwei Jahrzehnte begeisterter Anhänger der liberalen Opposition, war er zur Zeit seiner Wahl schon ihr bedeutendster Führer. Engagiert vertrat er den Gedanken der bürgerlichen Umgestaltung; allerdings wollte er die führende Rolle des Adels gesichert wissen, da er dies vom nationalen Standpunkt der Ungarn aus für unerläßlich hielt (wir haben auf die Gründe bereits hingewiesen). Gewissermaßen als Gegengewicht gegen das überschäumende Temperament Kossuths ließ sich auch István Graf Széchenyi, der Initiator der Reformbewegung, als Abgeordneter ins Unterhaus wählen. Er vertrat einen sehr viel gemäßigteren Standpunkt als Kossuth, seine Position klammerte das Verhältnis zu Wien vollständig aus (er übernahm auch ein Regierungsamt); gerade dadurch hatte er aber in den letzten Jahren sehr viel von seiner früheren Volkstümlichkeit verloren. Bei seinem ersten Wahlkampf war er durchgefallen, er hatte erst in einem anderen Komitat ein Mandat erlangen können.

Die Opposition nahm mit Bestürzung zur Kenntnis, daß die königlichen Propositionen, bzw. Gesetzesvorlagen, mit denen der Landtag eröffnet wurde, zahlreiche Programmforderungen der Opposition enthielten. Um zu verhindern, daß ein Teil der Opposition auf die Seite der Regierung übertrat, trug Kossuth eine im Augenblick besonders schwerwiegende Anklage vor: Die Regierung habe im Gegensatz zur ungarischen Verfassung in zahlreichen Komitaten statt der Obergespane (oberste Amtsträger der Verwaltungsbezirke) Administratoren eingesetzt. Außerdem nahm er zu weiteren Fragen Stellung, die in den königlichen Vorschlägen eine Rolle gespielt hatten. Die Regierung gab nach (es war im Januar, man wußte bereits von den italienischen Ereignissen). Am 1. Februar lenkte die Regierung auch in der Frage der Administratoren ein; die Ernennungen wurden in einer königlichen Botschaft nur als vorübergehende Maßnahme bezeichnet. Kossuth konnte trotz aller Redekunst nicht verhindern, daß das Unterhaus am 5. die Botschaft mit einer Stimme Mehrheit annahm. Er erlitt damit seine erste parlamentarische Niederlage.

Und dann kamen rasch die ermutigenden Nachrichten aus Paris. In der Landtagssitzung am 3. März meldete sich Kossuth erneut zu Wort und hielt unter Berufung auf den historischen Augenblick eine große Rede. Er forderte die Veröffentlichung aller staatlichen Finanzangelegenheiten und schlug vor, daß der Landtag sich mit einer Petition, deren Text er auch verlas, an den Herrscher wenden solle. Die Petition enthielt alle wesentlichen Punkte der Oppositionellen Deklaration, aber er ergänzte sie noch durch die Forderung, daß es notwendig sei, „das System unserer Collegial-Regierung" in ein Ministerium umzuwandeln, das dem Landtag verantwortlich sei (im Sprachgebrauch der Zeit wurde das Wort Ministerium auch in den westlichen Erblanden für die gesamte Regierung verwendet). Die Rede wurde unmißverständlich durch die Erklärung, die Veränderungen in Ungarn müßten auch in der westlichen Hälfte des Reiches zu ähnlichen Wendungen führen. Das weitere Schicksal der Schrift ist für uns im Augenblick nicht interessant; die Nachricht gelangte jedenfalls rasch nach Wien und stärkte die Entschlossenheit der dortigen liberalen Kreise.

In der Kaiserstadt war man nicht nur über Kossuth informiert, man wußte auch, wie sich die Revolution in Paris weiterentwickelt hatte und daß sich in zahlreichen deutschen Staaten Bewegungen gebildet hatten, die für eine Verfassung kämpften. Die Österreichische Nationalbank veröffentlichte am 5. März zum ersten Mal einen Monatsausweis über die Situation der Staatsfinanzen. (Das war Kossuths erste Forderung.) Nach diesem Ausweis beliefen sich die Staatsschulden auf 81 Millionen Gulden (in Wahrheit waren es etwa 126 Millionen). Die Wiener stürmten daraufhin die Bank, um ihr Papiergeld gegen Silbermünzen einzutauschen. Am folgenden Tag verfaßte der Niederösterreichische Gewerbeverein in einer Sitzung, an der auch Erzherzog Franz Karl und Kolowrat teilnahmen, eine Petition an den Kaiser, die zwar keine ernsthaften Forderungen enthielt, ja im Gegenteil Loyalität zum Ausdruck brachte, doch die Anwesenheit der beiden Repräsentanten der höchsten politischen Führung war eine so ungewöhnliche Neuigkeit, daß die Sitzung des Gewerbevereins dadurch großes Gewicht erhielt.

Die Märzrevolution in Wien und die deutsche Einheit

In diese Nachrichten und Ereignisse fiel am 13. März die Eröffnung der niederösterreichischen Ständeversammlung. Am 9. März hatten 33 Abgeordnete einen Petitionsentwurf angenommen. Ein bekannter und geschickter Wiener Advokat, begeisterter Liberaler und Konstitutionalist, Alexander Bach, hatte ihn verfaßt, die radikaleren Forderungen des Dichters Eduard von Bauernfeld allerdings sorgfältig herausgelassen. Immerhin enthielt das Schriftstück noch eine ganze Reihe von Forderungen: die Veröffentlichung der Staatsfinanzen, die periodische Einberufung einer Versammlung aus sämtlichen Provinzialständen der Monarchie, das hieß einer Art Generallandtag, mit dem Recht der Kontrolle des Finanzhaushalts und der Steuerbewilligung, die Modernisierung der Verwaltung auf den unteren Ebenen, Pressefreiheit und andere Menschenrechte, im Strafprozeß das Schwurgericht. Es fehlte nur noch die Forderung nach einer verantwortlichen Regierung, denn es wäre in diesem Moment sehr schwer zu erklären gewesen, wem außer dem Kaiser eine Regierung nun eigentlich verantwortlich sein sollte. Diese „Bürgerpetition" ließ man zur Unterschrift zirkulieren; außer zahlreichen Abgeordneten der Ständeversammlung unterschrieben auch sehr angesehene Persönlichkeiten aus dem Großbürgertum. Am 11., einem Samstag, wurde die Petition dem Ausschuß übergeben, der die Ständeversammlung vorbereitete; er sollte sie bei der Eröffnung offiziell unterbreiten.

Am nächsten Tag versammelten sich die Studenten und nahmen eine Petition an, die am vorangegangenen Abend verfaßt worden war. Sie forderten Freiheit der Presse, der Lehre und der Religion und ein vom Volk gewähltes Parlament. (Damit kamen sie der Forderung nach einer verantwortlichen Regierung noch einen Schritt näher.) Noch am gleichen Tag erschienen die Professoren Anton Hye und Stephan Endlicher mit der Petition in der Hofburg. Erzherzog Ludwig, das Haupt der Staatskonferenz, empfing sie, gab aber keinerlei Versprechungen ab. (Sedlnitzky hatte doch gerade gemeldet, daß die Polizei Herr der Lage sei.) Die Staatskonferenz kannte natürlich die Forderungen der Bürgerpetition bereits und war auch zu einem Zugeständnis bereit (es war der 12., Sonntag abend): Delegierte aus den Provinzialständen aller Kronländer sollten für einen Generallandtag einberufen werden, und diese Ad-hoc-Körperschaft sollte mit einem vom Herrscher ernannten Ausschuß über die möglichen Maßnahmen verhandeln, die den Erfordernissen des Augenblicks entsprachen. Aber selbst diese nicht viel sagende Formulierung wurde nicht veröffentlicht (vor solchen „demagogischen" Schritten hatte sich die Staatskonferenz seit Jahrzehnten immer gehütet). Die Wiener Bevölkerung war also nicht darüber informiert, wohl aber über die gemeinsame Sitzung der niederösterreichischen Stände. Es war der 13. März, Montag, und viele blieben — wie üblich — der Arbeit fern.

Der 13. März war der Jahrestag der Geburt Kaiser Josefs II. Zu dieser Zeit wucherten schon die Legenden um die Gestalt des „Volkskaisers", er galt als wirklicher Freund des Volkes, und diese Erinnerungen spielten jetzt mit. Für Mitte März hatte es schon trübe Prophezeiungen gegeben; am Kärntnertor war am 29. Februar ein Plakat angeschlagen worden, auf dem verkündet wurde, Metternich würde am 15. März ein gestürzter Mann sein. Und wenn das schon am 13. möglich sein sollte, dann um so besser.

Am Morgen des Montags war noch nicht Metternich persönlich der Hauptzielpunkt. Arbeiter aus den Außenbezirken, Kleinbürger und junge Leute versammelten sich in großer Zahl vor dem Landhaus der niederösterreichischen Stände in der Herrengasse, das offen stand. Bald erschien eine große Gruppe von Studenten und drang in das Gebäude ein. Adolf Fischhof, ein junger Arzt, forderte in einer begeisterten Rede Pressefreiheit, Lehr- und Lernfreiheit und die Schwurgerichtsbarkeit. Inzwischen waren noch mehr Menschen in das Gebäude eingedrungen, sie ließen Fischhof hochleben, aber auch den Kaiser, Franz Karl und dessen Gemahlin Sophie, von der viele glaubten, daß sie für konstitutionelle Veränderungen sei (an diesem eigenartigen Irrtum war nur so viel richtig, daß sie Metternich nicht leiden konnte). Auf Vorschlag eines anderen jungen Mannes beschloß man, die Stände zu veranlassen, diese Forderungen in die Hofburg zu bringen. Gerade wählte man die Mitglieder der Deputation, als jemand Flugblätter brachte: Es war Kossuths Rede vom 3. März in einer flüchtigen Übersetzung. Als ein junger Tiroler sie verlas, war die Begeisterung der Anwesenden unbeschreiblich. Endlich setzte sich die Deputation der Stände in Richtung auf die nahe Hofburg in Bewegung. Zu den Forderungen gehörte jetzt auch schon die Abdankung Metternichs. Kein anderer der Greise wurde genannt. Metternich hatte Jahrzehnte hindurch alle Menschen glauben machen wollen, daß er die wichtigste Person des ganzen Systems sei; jetzt, als der Sturz des Systems drohte, wurde in der Tat nur er mit ihm identifiziert.

Inzwischen hatten sich die Straßen der Innenstadt mit immer größeren Massen gefüllt. Die merkwürdigsten Gerüchte liefen um darüber, was nun eigentlich im Gange sei. Die Regierung war trotz aller Vorzeichen nicht auf das vorbereitet, was nun eintrat; die bewaffneten Kräfte wurden nicht eingesetzt. Um 11 Uhr drang die Menge in das Landhaus ein und warf die Einrichtung aus dem Fenster. Albert Graf Montecuccoli-Laderchi,

Landmarschall, also Vorsitzender der Ständeversammlung, bat Erzherzog Ludwig um Hilfe. Der Stadtkommandant, Erzherzog Albrecht, befahl die außerhalb der Stadtmauern stationierten Einheiten in die Innenstadt und erschien selbst hoch zu Roß. Die Straßen der Innenstadt waren völlig überfüllt, jemand warf einen Stein auf den Erzherzog, der verletzt wurde. Daraufhin gab er den Schußbefehl. Es waren italienische Soldaten, die das Feuer eröffneten. Vier oder fünf Menschen starben. Es war nachmittags halb zwei.

Der Eingriff des Militärs brachte eine neue Wende in die ganze Entwicklung. Einen Tag oder vielleicht nur einige Stunden früher hätte dieser Zwischenfall die Bewegung zum Stillstand gebracht; jetzt ließen sich die Menschen nicht mehr in Furcht versetzen. Der Widerstand steigerte nur die Empörung und bestärkte sie in ihren Forderungen. Und die liefen nun alle auf ein Ziel hinaus: die Abdankung Metternichs.

In den inneren Räumen der Hofburg versammelten sich die Vornehmen des Reiches, unruhig und ratlos. Der Lärm drang selbst in diese heilige Stätte vor. Nicht nur die Erzherzöge und Minister waren besorgt, auch die Wiener Bürger erschraken vor der Menge, die nach den Schüssen drohend in Richtung Hofburg zog. Da hatte der Bürgermeister von Wien, Ignaz von Czapka, die Idee, die Aufrechterhaltung der Ordnung den bewaffneten Truppen des Militärischen Bürgerkorps, das einst in Napoleonischen Zeiten gebildet worden war, anzuvertrauen. Es sollte durch neue Mitglieder zur National-garde erweitert werden. Auch die Universitätsstudenten forderten Waffen, und aus den bewaffneten Studenten sollte eine Akademische Legion aufgestellt werden. Die Arbeiter betrachteten die Studenten als ihre Bundesgenossen.

Die Erzherzöge gaben die Hoffnung noch nicht auf, daß es gelingen würde, die Ordnung wiederherzustellen. Erzherzog Albrecht konnte dabei nicht mehr ins Spiel gebracht werden, der Schießbefehl am frühen Nachmittag hatte ihn in eine unmögliche Situation gebracht, das mußte man selbst hier einsehen. Aber zufällig hielt sich gerade Alfred Fürst Windischgrätz in Wien auf, damals Befehlshaber der Prager Garnison, ein zu allem entschlossener, durch und durch konservativer Soldat. Er war bereit, die Ordnung in Wien wiederherzustellen, wenn er mit uneingeschränkten Vollmachten ausgestattet würde. Das platte Land war noch ruhig. Windischgrätz ging zu Metternich in die Staatskanzlei, um mit ihm Mittag zu essen. Es wurde halb sieben, bevor er in die Burg zurückkehrte. Dort war man inzwischen zu einer Entscheidung gelangt: Windischgrätz sollte mit absoluten Vollmachten ausgestattet werden. Er wollte nur noch einmal nach Hause zurück, um seine Uniform zu holen (bis dahin hatte er Zivilkleidung getragen und war darum unbehelligt geblieben); als er aber in voller Montur zurückkehrte, hatte sich die Situation erneut verändert. Eine neue Bürgerdeputation hatte nun unmißverständlich erklärt, daß sie auf allen bisherigen Forderungen bestehen müsse, daß aber der wichtigste Punkt, dessen Erfüllung alle zufriedenstellen werde, der Rücktritt Metternichs sei. Nun erschien auch Sebastian Jenull, der Rektor der Universität, im feierlichen Talar und schlug sehr nachdrücklich die Bewaffnung der Studenten vor, die sich damit beruhigten und tatsächlich auch für die Wiederherstellung der Ordnung einsetzen ließen. Dem stimmte auch die Delegation des Militärischen Bürgerkorps zu und bezeichnete ferner als notwendige Maßnahme den Rückzug des Militärs und die Abdankung Metternichs. Ihre Erklärung war aber bereits als Ultimatum formuliert, das bis abends neun Uhr erfüllt sein müsse. Es blieben noch zwei Stunden.

Erzherzogin Sophie drängte am stärksten auf die Erfüllung dieser Forderungen, sie wollte damit den Thron retten, und zwar bereits in Gedanken an ihren Sohn Franz, damals noch nicht ganz 18 Jahre, von guter Erscheinung und fast volkstümlich. An den Kaiser, den armen Ferdinand, dachte niemand. Eine Zeitlang war er nicht einmal bei den Beratungen der aufgeregten Nobilitäten dabei, er hätte wohl auch nicht verstanden, worum es hier ging.

Erzherzog Ludwig gestattete die Aufstellung der Nationalgarde und der Akademischen Legion. Inzwischen war auch Metternich gerufen worden. Sophie war die erste, die ihn — an seine Treue zur Dynastie appellierend — bat, auch dieses große Opfer noch zu bringen. Der alte Herr sprach anderthalb Stunden lang ohne Unterbrechung darüber, welche Prinzipien ihn im Dienste des Kaiserhauses Jahrzehnte hindurch geleitet hätten und warum er — gerade aufgrund dieser Prinzipien — dem Pöbel nicht nachgeben könne. Daraufhin zog einer der jüngeren Brüder des Kaisers Franz, der beim Volk sehr beliebte Erzherzog Johann (seine Volkstümlichkeit hatte er nicht nur seinen liberalen Auffassungen zu verdanken, sondern auch der unglaublichen Art und Weise, in der er ein Bürgermädchen zur Frau genommen hatte), angeblich seine Uhr und teilte Metternich trocken mit, daß noch eine halbe Stunde Zeit sei, bis die Entscheidung fallen müsse. Metternich bat darum, von seinem für Kaiser Franz geleisteten Eid entbunden zu werden. Nun erschien auch Ferdinand und stimmte allem zu. Metternich wurde von seinem Eid entbunden. Alle Anwesenden waren sich darüber im klaren, daß ihr Leben davon abhängen konnte, ob dieses große Zugeständnis schnell bekannt wurde.

Metternich unterzeichnete schließlich seine Abdankungsurkunde, die er an den Kaiser richtete; er hob darin noch einmal die Festigkeit seiner Prinzipien hervor. Er war wirklich noch Jahre später davon überzeugt, sich niemals geirrt zu haben. „Meine Gefühle, Ansichten, Entschlüsse sind in meinem ganzen Leben dieselben gewesen und sind stehende Gewalten, welche in mir nie erlöschen werden. Ich habe sie in dem Motto ausgesprochen, welches ich meinen Nachkommen zur immerwährenden Erinnerung und Nachahmung überlasse. Mein Wahlspruch ist: die Kraft im Recht." Und mit einer gewissen Ironie fügte er hinzu: „Ich trete vor einer höheren Gewalt zurück, als die des Regenten selbst ist." Metternich bestand darauf, seine Abdankung mit der gebotenen Würde vor der Delegation, die zum Ablauf des Ultimatums erschien, selbst zu verlesen. Die ein wenig erschrockenen Mitglieder der Delegation (hinter ihrem Rücken wurde in den Straßen schon gestoßen und geschlagen) sprachen ihm ihren Dank dafür aus. Noch in der Nacht verließ er Wien. Er hatte kaum Geld bei sich, aber das interessierte natürlich die erleichterten Erzherzöge nicht. Baron Rothschild gab ihm ein Darlehen, Prinz Alois Liechtenstein gewährte ihm Asyl auf Schloß Feldsberg. Aber schon nach wenigen Tagen begannen die Bauern der Umgebung sich zu erkundigen, wer denn eigentlich der Gast des Schlosses sei. Metternich reiste weiter, diesmal gleich bis London. Übrigens folgten Sedlnitzky und der ungarische Kanzler György Apponyi seinem Beispiel noch am selben Abend.

Die Nachricht löste riesige Begeisterung aus, Wien begrüßte mit einer großen Illumination den Sturz des verhaßten Ministers, in dessen Person man das alte System symbolisiert sah. Man veranstaltete Fackelumzüge und brachte Hochrufe auf den Kaiser aus. Ferdinand erschien auf dem Balkon des Schlosses und sprach einige Sätze. Die Schüsse seien gegen seinen Willen abgefeuert worden und er werde nicht erlauben, daß sich so etwas wiederhole. Unter den donnernden Hochrufen verstand wahrscheinlich kaum jemand seine Worte, und noch weniger war man sich wohl in diesem Augenblick bewußt, daß noch sehr viel zu tun sei. Die um ein Mitglied verminderte Staatskonferenz übergab rasch noch alle Vollmachten an Windischgrätz.

Am nächsten Morgen wurde die Proklamation formuliert, die die Aufstellung der Nationalgarde und deren Aufgaben bekanntgab: die Aufrechterhaltung der gesetzlichen Ordnung, die Gewährleistung der Sicherheit von Leben und Besitz. Das klang nicht besonders revolutionär, war aber auch nicht so beabsichtigt. In einem anderen Erlaß wurde die Pressefreiheit verkündet, oder genauer: die Abschaffung der Zensur. Erzherzog Ludwig war der Meinung, er hätte damit allen Punkten des Ultimatums vom vorangegangenen Abend Genüge getan und man könne es nun mit den ungewohnten Veränderungen bewenden lassen. Den Rest werde Windischgrätz besorgen.

Die Übertragung der Vollmacht an Windischgrätz wurde aber bereits am Nachmittag des 14. März (Dienstag) bekannt, und die durch diese Nachricht durchaus nicht beruhigten Massen begannen sich daraufhin von neuem zu versammeln. Am Abend verfaßte Windischgrätz eine Proklamation, die er sofort in die Druckerei schickte. Er gab seine Bevollmächtigung bekannt und ordnete für Wien den Belagerungszustand an. Einer der Setzer in der Druckerei machte aber die Studenten aufmerksam, und auf deren Drängen eilte Professor Hye erneut in die Hofburg. Die Proklamation wurde im Ton etwas gedämpft, es war nicht mehr von Belagerungszustand die Rede, sondern nur noch von der Aufrechterhaltung der Ordnung.

Doch die Unruhe in den Straßen legte sich nicht. Am Abend verzichtete Erzherzog Ludwig zugunsten des Thronerben, Franz Karl, auf sein Amt als Vorsitzender der Staatskonferenz. Abends um 11 Uhr rief Franz Karl die Staatskonferenz zu einer Sitzung zusammen. Albrecht und auch der Sohn des Thronfolgers, Franz (bald würde er allgemein unter dem Namen Franz Joseph bekannt sein), Kolowrat und einige geladene Gäste waren anwesend, unter ihnen auch Windischgrätz. Der Thronfolger brachte zum Ausdruck, daß der Kaiser, um weitere Unruhen zu vermeiden, eine Verfassung gewähren möge, damit müßten alle Zugeständnisse ein Ende haben. Die Konferenz nahm den Vorschlag an. Die Schwierigkeit bestand aber darin, daß die Länder der Stephanskrone nach Auffassung des Hofes bereits eine Verfassung besaßen — eine ständisch-adelige freilich —; hier war also nichts zu gewähren. Da auch der Begriff „Verfassung" gefährlich schien, wurde schließlich eine Proklamation formuliert, welche die Einberufung der Stände in den deutschösterreichischen Erblanden und den slawischen Provinzen sowie im Königreich Lombardo-Venetien in Aussicht stellte; sie sollten bei Gesetzesvorlagen und in Verwaltungsfragen beratende Funktion haben.

Am Morgen des 15. März reichten aber auch diese Pläne nicht mehr aus. Auch die vorsichtigen und gemäßigten Bürger wiesen sie zurück. In der Innenstadt bildete sich mit Bach an der Spitze ein 24köpfiges Bürgerkomitee; Bürgermeister Czapka mußte zurücktreten. Die Nationalgarde war nicht bereit, die Sicherung der Ordnung in den Außenbezirken zu übernehmen, sie wollte die Innenstadt nicht dem Militär preisgeben. Die Menge, die sich um die Hofburg versammelte, wurde immer dichter. Ferdinand fuhr mit seinem Bruder und mit Franz Joseph im Wagen aus. Es war eine vergebliche Demonstration; die Hochrufe blieben zwar auch diesmal nicht aus, doch die Menge ging nicht auseinander. Schließlich gab die Staatskonferenz wieder nach. Am Nachmittag um 5 Uhr verlas ein Sprecher der Konferenz eine neue Erklärung, die auch bald angeschlagen wurde: „Die Preßfreiheit ist durch Meine Erklärung der Aufhebung der Censur in derselben Weise gewährt, wie in allen Staaten, wo sie besteht. — Eine Nationalgarde, errichtet auf den Grundlagen des Besitzes und der Intelligenz, leistet bereits die ersprießlichsten Dienste. — Wegen Einberufung von Abgeordneten aller Provinzial-Stände und der Central-Congregationen des lombardisch-venetischen Königreiches in der möglichst kürzesten Frist mit verstärkter Vertretung des Bürgerstandes und unter Berücksichtigung der bestehenden Provinzialverfassungen zum Behufe der von Uns beschlossenen Constitution des Vaterlandes ist das Nöthige verfügt." Selbstverständlich wurden dafür die Wiederherstellung der Ordnung und die auch bisher eifrig bewiesene Hingabe und Opferbereitschaft der Untertanen erwartet.

Übrigens war hier nichts davon zu hören, wie die neue Verfassung eigentlich aussehen sollte (das wußten aber nicht einmal die Verfasser der Proklamation in der Hofburg, sprachlich war der Text daher sehr allgemein gehalten). Klar war daran nur, daß das Bürgertum in die Verfassung einbezogen werden sollte. Die Nationalgarde baute sich ja nun auf den Grundsätzen des Eigentums auf — aber die Arbeiter, die nur ihren Blauen Montag hatten, die schon drei Tage lang ununterbrochen die Hofburg belagerten und damit die bisherigen Ergebnisse erreicht hatten, diese Arbeiter bekamen gar nichts. Wer in dieser Zeit einige Kenntnisse über Verfassungsfragen und bürgerliche Revolution besaß, der wunderte sich darüber auch gar nicht. Die Arbeiter zählten nicht; im Augenblick beruhigten sie sich dennoch. Anders war die Lage an der Universität; dort verstand man, was hier gespielt wurde, und dort wußte man auch, daß der Kampf noch nicht zu Ende war.

Kurz nachdem das Verfassungsversprechen verkündet worden war, legte der fahrplanmäßige Eildampfer aus Preßburg mit der Deputation des ungarischen Landtags, der auch Kossuth angehörte, in Wien an. Man ließ sie hochleben. Zwei Tage später erhielten sie auch das geforderte verantwortliche Ministerium, doch darüber später.

Am 17. März beschloß die Staatskonferenz, daß Wien und die westlichen Erblande schließlich nicht weniger bekommen könnten als die rebellischen Ungarn; auch sie sollten ein Ministerium (also eine Regierung) erhalten, das verfassungsmäßige Verantwortung zu tragen hatte. Die Zeitungen verkündeten die neue Nachricht schon am nächsten Morgen.

Zwei Tage darauf einigte sich die Staatskonferenz auf ihrer letzten Sitzung über die Liste der neuen Regierung. Ministerpräsident wurde Franz Anton Graf von Kolowrat-Liebsteinsky. Auch von ihm ging das Gerücht, daß er im Grunde genommen liberal sei, obzwar sein Bestreben Jahrzehnte hindurch lediglich darin bestanden hatte, Metternichs Tätigkeit zu behindern, wo immer er konnte. Er betonte, daß er das Amt nur ungern und vorübergehend übernehmen wolle. Karl Ludwig Graf Ficquelmont, ein Vertrauter Metternichs, wurde Außenminister, Franz Freiherr von Pillersdorf, bis dahin Chef der böhmischösterreichischen Kanzlei, Innenminister, Karl Friedrich Freiherr von Kübeck Finanzminister, Ludwig Graf Taaffe (der Vater des späteren Ministerpräsidenten Eduard Graf Taaffe) Justizminister. Etwas später wurde die Regierung noch ergänzt: Franz Freiherr von Sommaruga, Franz Karls einstiger Erzieher, wurde Unterrichtsminister und Feldmarschallleutnant Peter Zanini Kriegsminister.

Die Zeitungsleser konnten mit der Namensliste zufrieden sein, denn an die Stelle der bisher in verschiedenen Ausschüssen und mit völlig verschwommenen Kompetenzen arbeitenden Regierungsstellen, deren bloße Namen schon die Vergangenheit wachriefen, traten nun moderne Ministerien; selbst Frankreich besaß nicht mehr von ihnen, England sogar weniger. An die Stelle des Staatsrates und der Staatskonferenz trat nun der Ministerrat. Und die Regierung hatte sich auch zu verantworten. Wem, war allerdings vorläufig ungewiß, aber nach den ungarischen Ereignissen konnte man vermuten, einer Körperschaft, die aus Vertretern auch des Bürgertums gebildet werden würde. Die Zeitungsleser empfanden weniger, daß die neuen Minister alle Figuren des alten Systems waren, die bisher in den verschiedensten hohen Ämtern tätig gewesen waren, Zanini im Hofkriegsrat, Taaffe als Präsident der Obersten Justizstelle. Und auch hinsichtlich ihres Alters blieben sie kaum hinter den Greisen der bisherigen Regierung zurück. Daran änderten auch einige weitere Personalwechsel nichts: Anstelle von Kübeck wurde am 3. April Philipp Freiherr von Krauß Finanzminister (vorher war er Beamter im Gubernium von Galizien gewesen), und Taaffe legte sein Amt am 20. April nieder; sein Portefeuille übernahm vorübergehend Sommaruga. Am gleichen Tag ging auch Zanini. Der neue

45

Kriegsminister wurde erst am 30. April ernannt, es war der General Theodor Graf Baillet de Latour, Sproß eines französischen Emigranten, treuer Anhänger des österreichischen Kaisers und der bisherigen Ordnung und eine Stütze von Windischgrätz (oder eher umgekehrt). Inzwischen hatte auch der Ministerpräsident sein Amt niedergelegt (17. April), Ficquelmont übernahm am 19. April provisorisch den Vorsitz. Bei all diesen Regierungsumbildungen war Pillersdorf jedenfalls immer der einzige, der — wenn auch auf seine gemäßigte Weise — doch zu einer liberalen, konstitutionellen Umgestaltung der Verhältnisse bereit war, einer Umgestaltung, die dem Hof schon viel zu weit ging, während sie den Massen, die die ersten Ergebnisse in Wien erkämpft hatten, bei weitem nicht genügten.

Die unbedingten und offenen Anhänger des alten Systems wurden allmählich in den Hintergrund gedrängt. Windischgrätz gab seine Vollmachten am 3. April zurück und trat einen längeren Urlaub auf seinen Gütern in Ungarn an. Am nächsten Tag wurde die Staatskonferenz auch formal aufgelöst, ebenso der breitere Staats- und Konferenzrat, am 5. auch die geheime Kanzlei des Kaisers. Die Ausübung der Geschäfte ging tatsächlich auf die Regierung über. Als Schüler des gestürzten Systems hatten die Minister in Verwaltungsfragen und in der pragmatischen, auf den nächsten Tag gerichteten Ausübung von Regierungsgeschäften tatsächlich große Erfahrungen. Das moderne parlamentarische System erschien ihnen nicht sympathisch, und sie hatten auch nur unsichere Vorstellungen von ihm, von den Prinzipien der liberalen Staatstheorie wußten sie kaum etwas. Aber sie versuchten dennoch zu regieren, wenn es auch nur erste Schritte waren, und sie gingen an die Lösung der dringendsten Fragen heran; auf jeden Fall kamen sie häufig zusammen, manchmal zweimal pro Tag. Alle wichtigen Entscheidungen wurden gemeinsam gefällt.

Der Wirkungsbereich der Regierung erstreckte sich mit dem Zustandekommen des ungarischen Ministeriums in der Praxis auf die nichtungarischen Provinzen und Länder, unabhängig davon, ob sie ruhig geblieben waren oder sich den revolutionären Bewegungen angeschlossen hatten. Aber nachdem in Wien der erste Schrecken überwunden war, vertrat man am Hof und in der Regierung gleichermaßen die Ansicht, daß man in der zeitgemäßen Umgestaltung der Regierungsform nicht weiter zu gehen brauche. Die Versprechungen, die man den Tschechen gemacht hatte, überschritten nicht das, was man ihnen bereits gegeben hatte, die Sanktionierung der ungarischen Gesetze am 11. April bestätigte nur formal, was schon Wochen vorher durchgeführt worden war. In den lombardo-venetianischen Gebieten herrschte offener Aufstand, und in Galizien waren die Polen in Bewegung geraten.

Die neuen Minister konnten also nur in einem immer kleiner werdenden Teil des österreichischen Gebietes die tatsächliche Macht ausüben. Sie selbst wußten, daß auch das nur möglich war, solange die Armee, oder eher die Generale bereit waren, die Weisungen der Regierung mit Waffengewalt zu unterstützen, denn hinter den Weisungen stand letzten Endes der Kaiser bzw. jene lose Gruppe, die aus Mitgliedern der Dynastie und deren Vertrauten bestand. Aber eine Presse, die nun frei und impertinent war, begann diese Gruppe immer öfter mit dem Ausdruck Kamarilla zu bezeichnen, worin vorläufig mehr Verachtung als Haß lag.

Einer der Gründe für die Märzereignisse war die schwierige materielle Lage der unteren Schichten; das wußte selbst die Regierung. So ging sie zunächst daran, die Verbrauchssteuern abzuschaffen, da durch sie die ärmeren Schichten am stärksten betroffen waren. Auch die Umsatzsteuern wurden aufgehoben, sowie einige kleinere indirekte Steuern.

Die Minister wußten, daß sie auch in bezug auf die Bauern etwas unternehmen mußten. Selbst in den Provinzen, wo es zu keinen offen politischen und nationalen Forderungen und Bewegungen gekommen war, hatten die Lokalbehörden und die Provinzialregierungen ständig mit den Gesuchen und Beschwerden der Bauern zu tun, die sich gegen die Leistungen, insbesondere die Frondienste, richteten, die sie zu erbringen hatten. In einem Erlaß vom 28. März war schon verkündet worden, daß die Frondienste gegen entsprechende Entschädigung der Grundherren aufgehoben würden; die Maßnahme sollte möglichst aufgrund friedlicher Vereinbarung der betroffenen Seiten durchgeführt werden. Über die Entschädigung sollten die Provinzialstände entscheiden. Die Ablösung sollte innerhalb eines Jahres, spätestens bis zum 31. März 1849, abgeschlossen sein. Das bedeutete, daß die Frondienste während der Feldarbeiten im Sommer 1848 weiter bestanden, von den anderen Dienstleistungen der Bauern ganz zu schweigen. Die Regierung vertraute darauf, daß dieses Versprechen die Unzufriedenheit unter den Bauern wenigstens etwas dämpfen würde, um so zu einer kurzen Atempause zu gelangen.

Auf dem Land, außerhalb Wiens, konnte die Regierung sich noch verhältnismäßig leicht durchsetzen, jedenfalls solange sich das Militär nicht gegen sie wandte. In der Residenzstadt war die Situation anders. Die Nationalgarde hatte tatsächlich nur vermögende Bürger in ihre Reihen aufgenommen, Bürger, die im Gegensatz zu den Proletariern etwas zu verlieren hatten. Als die Proletarier sich nach den ersten drei stürmischen Tagen zurückzogen, hatten die Bürger der Nationalgarde von der Kamarilla mehr für ihre Errungenschaften zu fürchten als von den Arbeitern. Die Regierung vergab auch Notstandsarbeiten, um die Arbeitslosigkeit zu lindern, was ihre Situation ein wenig erleichterte. Die Akademische Legion verbuchte diese ersten Schritte als Siege, hielt aber noch viele weitere für notwendig.

Unter solchen Umständen mußte nicht nur das Amt des Ministerpräsidenten in der Person Kolowrats bzw. Ficquelmonts etwas Vorläufiges haben, sondern das ganze Ministerium war sich bewußt, daß seine Existenz ungewiß war. Daran erinnerte unvermeidlich die nun tatsächlich frei erscheinende Presse. Bis zum 13. März hatte es auf österreichischem Territorium 39 Presseorgane gegeben, bis zum Jahresende 1848 waren es 178. Natürlich gab es Zeitungen oder Zeitschriften, die nicht lange erschienen oder sogar schon nach wenigen Nummern wieder eingestellt wurden; aber nicht wenige politische Tagesblätter und gerade solche, die eine oppositionelle Stimmung repräsentierten, stellten eine beachtliche Macht dar. Die gemäßigtere Opposition wurde durch die seit dem 20. März erscheinende „Constitution" repräsentiert, die Leopold Häfner redigierte. Links davon stand „Der Freimüthige" in der Redaktion von Josef Tuvora, der offen die Interessen der Allerärmsten und der Arbeiter vertrat. Vom 3. Juli an erschien die „Presse", das Blatt des Bürgertums, das sich vor einer Radikalisierung der Revolution fürchtete. Aber davon sind wir jetzt noch weit entfernt.

Pillersdorf, der informell die Regierung leitete, sah einen Ausweg aus der ungewissen Lage darin, die am 15. März versprochene Verfassung tatsächlich in Kraft zu setzen. Natürlich mußte man sie dazu erst einmal ausarbeiten; Pillersdorf, der als Innenminister ja auch zuständig war, übernahm diese Aufgabe, die um so dringender erschien, als in der Presse bereits der Gedanke aufgeworfen wurde, daß die Verfassung eigentlich von der versprochenen gemeinsamen Körperschaft der Delegierten der Provinzialstände (einem konstituierenden Reichstag also) ausgearbeitet werden müßte. Dieser Begriff war allgemein bekannt: Viele lasen damals die Geschichte der großen Französischen Revolution. Ein aus Deutschland stammender Politiker, Anton Schütte, schlug schon am 14. April in Wien vor, auf der Grundlage des allgemeinen Wahlrechts eine verfassunggebende Versammlung zu wählen. Auch „oben" wußte man, woran der Begriff erinnerte, an die „Constituante" nämlich. Man mußte solchen Plänen also zuvorkommen.

Taten wurden auch notwendig durch das Verhalten des Grafen Montecuccoli, der im Sinne der Proklamation vom 15. März, als ob inzwischen nichts geschehen wäre, die entsprechenden Schritte unternahm, um die Abgeordneten der Provinzialstände zusammenzurufen; sie sollten die notwendige Modernisierung der ständischen Einrichtungen beraten. Aus Böhmen und aus Galizien kam zwar niemand, Mähren sowie die anderen österreichischen Provinzen entsandten jedoch Vertreter. Am 10. April begannen sie in Wien ihre Beratungen. Auch sie waren sich darüber klar, daß bloße Reparaturen an den vorhandenen Institutionen keine Lösung sein könnten; notwendig war eine wirklich detailliert ausgearbeitete und präzise gegliederte Verfassung. Das teilten sie auch Pillersdorf mit.

Der Innenminister fand trotz all seiner sonstigen Pflichten noch Zeit, diesen detaillierten Entwurf auszuarbeiten. Als Vorbild nahm er sich die badische und die belgische Verfassung, die im Verlaufe des Jahrhunderts noch in vielen Ländern als Muster dienen sollte. Der Entwurf wurde zunächst von Fachleuten studiert; auch die Mitglieder der Regierung, ein Ausschuß unter Montecuccoli und die Erzherzöge, die gerade in Wien waren, beschäftigten sich damit. Pillersdorf nahm ihre Anmerkungen zur Kenntnis. Der Text selbst verwies auch darauf, daß Teilfragen von dem auf der Grundlage der Verfassung zusammentretenden Reichstag geklärt werden sollten, der auch Modifikationen vornehmen könne. Zumindest war nun eine Grundlage vorhanden, von der man ausgehen konnte. Wenn der Reichstag zusammentrat, wußte die Regierung endlich, wem sie verantwortlich war, und konnte sich auf das Ansehen eines gewählten Gremiums stützen. Und wenn alle Forderungen verwirklicht waren, konnte man die Revolution zum Abschluß bringen.

Die Verfassung sollte wie ein Geschenk, das der Kaiser seinem Volk versprochen hatte, an seinem Namenstag, am 19. April, veröffentlicht werden. In diesem Jahr fiel jener Tag aber in die Karwoche, in der man unmöglich feiern konnte. Die Bekanntgabe der Verfassung mußte doch wenigstens durch eine ebensolche Illumination gefeiert werden, wie sie vor einigen Wochen den Sturz Metternichs oder auch das Verfassungsversprechen begleitet hatte. So wurde schließlich der 25. April für die Veröffentlichung bestimmt, der Dienstag nach Ostern.

Die Verfassung steckte in sieben Abschnitten und 58 Paragraphen den Rahmen für das zukünftige Leben in Österreich ab. (Pillersdorf war eben ein präziser und fleißiger Beamter.) Sie bezog sich unmißverständlich nur auf die westliche Hälfte des Reiches, nicht auf die Länder der Stephanskrone, aber auch nicht auf das Lombardo-Venetianische Königreich; diese Gebiete waren in der Aufzählung der Länder des österreichischen Kaiserstaates nicht enthalten. Österreich war im Sinne der Verfassung ein erbliches Kaisertum, der Kaiser hatte den Reichstag einzuberufen, er sollte die Gesetze sanktionieren und auf dem Weg über die Regierung Gesetzesvorschläge unterbreiten. Etwas sehr Wesentliches wurde schon im Paragraphen 4 ausgedrückt: „Allen Volksstämmen ist die Unverletzlichkeit ihrer Nationalität und Sprache gewährleistet." Die Verfassung erkannte damit Österreich als Vielvölkerstaat an und sicherte den einzelnen Nationen in gewissem Maße, wenn auch nicht expressis verbis, die Gleichberechtigung zu. Die Verfassung beinhaltete auch die verschiedenen Freiheitsrechte, Gewissens- und Glaubensfreiheit, Rede- und Pressefreiheit, das Petitionsrecht und das Vereinigungsrecht, die Gleichheit vor dem Gesetz, die Öffentlichkeit des Gerichtsverfahrens und in Strafsachen Geschworenengerichte. Völlige Freiheit war für die anerkannten christlichen Bekenntnisse und den jüdischen Kultus zugesichert. Die Verantwortlichkeit der Minister sollte durch ein spezielles Gesetz festgelegt werden.

Die Gesetzgebung sollte dem Reichstag und dem Kaiser gemeinsam obliegen. Der Reichstag sollte aus zwei Kammern bestehen, dem Senat und dem Abgeordnetenhaus. Als

Mitglieder des Senats waren die männlichen Mitglieder der Herrscherfamilie über 24 Jahre, vom Kaiser ohne Ansehen ihrer Geburt und ihres ständischen Ranges lebenslänglich ernannte Personen (ihre Zahl war in der Verfassung nicht festgelegt) und weitere 150 Mitglieder, für die jeweils fünfjährige Legislaturperiode von den bedeutendsten Grundbesitzern gewählt, vorgesehen. Das Abgeordnetenhaus sollte aus 383 Mitgliedern bestehen, die auf der Basis der Steuerleistung gewählt würden. Für die ersten Wahlen stellte die Verfassung ein vorläufiges Gesetz zum Wahlrecht in Aussicht. Selbstverständlich mußten beide Kammern über die Gesetze abstimmen, und der Kaiser mußte sie sanktionieren. (Über eine eventuelle Beschränkung seines Sanktionierungsrechtes enthielt die Verfassung keine Bestimmungen.)

Die einzelnen Landtage sollten zur Erledigung ihrer eigenen Landesangelegenheiten auch weiterhin bestehen bleiben. Zu den ersten Aufgaben des Reichstags sollten die Überprüfung der durch die Landtage für ihre neue Ordnung vorgeschlagenen Veränderungen und die Gesetzgebung über die Grundentlastung gehören, d. h. die Durchführung der Bauernbefreiung. In allen Provinzen sollten Nationalgarden gebildet und ihre Mitglieder ebenso wie die Angehörigen der Armee auf die Verfassung vereidigt werden.

Um die Mitte des Jahrhunderts war das doch eine recht zeitgemäße Verfassung, wenn auch eine, die die Interessen der Vermögenden gegen die Armen schützte. Aber über diese Grenze ging überhaupt keine einzige zeitgenössische liberale Verfassung hinaus. Die geplante Verfassung wurde auch rasch in wichtigen Punkten modifiziert, am 25. April aber konnte es für einen kurzen Augenblick so scheinen, als wären alle wesentlichen Probleme tatsächlich gelöst. Allerdings existierte noch ein wichtiges, bisher nicht erwähntes Problem: das der deutschen Einheit. Am 25. März erschienen zum ersten Mal die deutschen Nationalfarben, das Schwarz-Rot-Gold (das von den Habsburgern vom einstigen Römischen Reich übernommene Schwarz-Gold, oder bekannter Schwarz-Gelb, ergänzt durch die rote Farbe der Revolution) in den Wiener Straßen. Zuerst steckte die Akademische Legion die dreifarbigen Kokarden an. Am 2. April erlaubte der Kaiser die Verwendung der deutschen Farben. Auch auf dem Dach des Stephansdoms erschien die neue Fahne. Natürlich war nicht nur von Farben die Rede. Die deutschsprechenden Einwohner Österreichs fühlten sich letzten Endes als Deutsche, und die Frage der deutschen Einheit, die durch die Revolution aufgeworfen worden war, war ihnen nicht gleichgültig. Aus dieser Perspektive betrachtet — und die Revolutionäre Wiens waren nicht zu einer anderen Perspektive bereit —, konnte die Pillersdorfsche Verfassung ohnehin nur eine Übergangslösung darstellen. Die endgültige Lösung sollte für sie ein einheitliches Deutschland sein. Denn wenn jede Nation das Recht auf Freiheit hatte — und halb Europa hallte von solchen Losungen wider, wenigstens in den Städten —, dann mußte man das auch der deutschen Nation zugestehen, und zwar mit der damit unvermeidlichen Folge, daß diese freie deutsche Nation sich in einem freien, einheitlichen Deutschland vereinigen konnte. Seit den Napoleonischen Zeiten war davon oft die Rede gewesen, offen oder geheim. Die Regierungen der deutschen Staaten verboten meistens jede Diskussion darüber, und nach dem Ausbruch der Pariser Revolution standen sie der Frage auch sehr mißtrauisch gegenüber. Die breiten Massen, vor allem die Bauern, wußten nur, daß sie Untertanen des preußischen oder bayerischen Königs oder des Großherzogs von Baden waren, im besten Falle also Preußen, Bayern oder Badener. Das Gefühl, zu den Deutschen zu gehören, war in erster Linie in den Kreisen des Bildungsbürgertums verbreitet. Intellektuelle und noch mehr die große Zahl von Studenten an den Universitäten begeisterten sich dafür.

Nun, nach dem Fanal von Paris, kamen auch diese Fragen auf die Tagesordnung. Die politisch gebildeten Professoren, Priester, Ärzte, alle, die sich irgendwie artikulieren konnten, begannen sich auf das Ziel der deutschen Einheit hin zuorganisieren. Selbst der Deutsche Bundestag in Frankfurt am Main, der seit 1815 fleißig tagte, aber wenig zustande brachte, faßte am 1. März einen Beschluß: Vom 3. März an durften die einzelnen deutschen Staaten die Zensur aufheben. Aber wer kümmerte sich da noch um den Bundestag! Das war die Vertretung der Herrscher; jetzt hatte das Volk das Wort und verwirklichte die Einheit, auf legalem Wege und nicht mit Waffengewalt. Es sollte alle gewählten Vertreter des gesamten deutschen Volkes zusammenrufen, die nach reiflicher Überlegung die deutsche Verfassung auszuarbeiten und damit das einheitliche Deutschland zu schaffen hatten. Die Machtfrage wurde in diesen Kreisen überhaupt nicht gestellt.

Auch in den deutschsprachigen Gebieten Österreichs herrschte also Begeisterung für die deutsche Einheit und nicht nur für die Verfassung oder den Kaiser. Am 18. März nachmittags um 2 Uhr zogen die Bürger der an der bayerischen Grenze gelegenen Kleinstadt Braunau in einem Festmarsch auf bayerisches Gebiet, in der Mitte die rot-weiße Fahne der Stadt, an den Seiten die schwarz-gelbe des Kaisers und die weiß-blaue Bayerns. Sie überschritten die Grenze, gelangten bis nach Simbach, dem ersten Ort auf bayerischer Seite, begrüßten ihn mit Salutschüssen und kehrten dann nach Österreich zurück. Es ist auch nicht uninteressant, daß der Festmarsch auf die Nachricht hin organisiert wurde, in Wien habe die Revolution gesiegt. Die konstitutionelle Umgestaltung Österreichs bildete, so schien es, eine organische Einheit mit der Lösung der deutschen Frage.

Nach dem Sieg der Berliner Revolution am 18. März machte selbst der König von Preußen, Friedrich Wilhelm IV., Anspielungen auf die deutsche Einheit und das Aufgehen Preußens in ihr. Da konnte Österreich nicht zurückbleiben. Eine der ersten Handlungen des neuen Außenministers bestand darin, daß er am 24. März einen Rundbrief an die deutschen Regierungen verschickte, wonach Österreich selbstverständlich an den Beratungen der zuständigen Organe über die entsprechende Umgestaltung des Deutschen Bundes teilnehmen, aber keinerlei Veränderung annehmen würde, die ohne sein Einverständnis zustande käme. (Ficquelmont blieb zwar nicht lange Minister, aber die hier ausgesprochenen Prinzipien wurden höchstens in der äußeren Form modifiziert, im wesentlichen blieben sie unverändert.)

Die österreichische Note bezog sich noch auf den Bundestag; in den deutschen Staaten im Süden und Westen gab es aber inzwischen Bestrebungen, in Frankfurt ein sogenanntes Vorparlament zu organisieren, dessen Aufgabe die Einberufung einer deutschen konstituierenden Versammlung sein sollte. Ohne daß irgend jemand sie gewählt hätte, getrieben nur von der eigenen Begeisterung, kamen zahlreiche Menschen nach Frankfurt, allein aus Preußen 141, aus dem nahen Hessen-Darmstadt 84, aus Baden 72 (hier konnte man meistens schon mit der Eisenbahn verkehren). Österreich war vorläufig nur durch eine Person vertreten, durch einen linken Emigranten. Es war klar, daß das nicht ausreichte (später erschien noch ein österreichischer Graf). Am 31. März wurde das Vorparlament eröffnet, das für alle deutschen Länder und Provinzen allgemeine Wahlen verkündete. Die österreichische Regierung war gezwungen, den Beschluß zur Kenntnis zu nehmen. Wenn Österreich nicht ausgeschlossen werden wollte — und es war sicher, daß es das nicht wollte, jedenfalls war ganz Wien davon überzeugt —, dann mußten die Delegierten gewählt werden. Und da die preußische Regierung schon entschieden hatte, daß jeder erwachsene Mann an den Wahlen teilnehmen könne, konnte sich Österreich unmöglich engherziger verhalten. Natürlich verursachte es der österreichischen Regierung sofort Bedenken, daß ja auch die Wahlen zum Reichstag bevorstanden, der nicht wie die deutsche Nationalversammlung nach einem allgemeinen Wahlrecht, sondern nach einem Zensus (nach Vermögensverhältnissen) gewählt werden sollte.

Im Vorparlament war man sich klar darüber, daß Österreich nicht ausgeschlossen werden konnte; so wurden sechs Einladungen an bekannte und geachtete Persönlichkeiten in den deutschen Ländern Österreichs versandt. Dazu gehörten auch Böhmen und Mähren, die durch František Palacký vertreten werden sollten, der dem Vorparlament als höchst achtenswerter und gebildeter Mann bekannt war. Auch er erhielt die Einladung. Die Antwort ließ nicht lange auf sich warten, nur war sie ganz anders, als man in Frankfurt erwartet hatte. Wir werden später detailliert darauf zurückkommen. — Der Verfassungsentwurf war schon fertig, aber noch nicht veröffentlicht, als die österreichische Regierung am 20. April den Beschluß faßte, daß die deutsche Einheit für sie nur in der Form eines Staatenbundes annehmbar sei, der die Souveränität Österreichs nicht belaste. Das war zur Beruhigung der Slawen gedacht. Den Regierungsmitgliedern war die Antwort Palackýs bereits bekannt, sie war eine Woche zuvor in Form eines offenen Briefes in der Presse erschienen. Am folgenden Tag verkündete das Regierungsblatt auch den Beschluß, daß Österreich zugunsten eines einheitlichen Deutschlands nicht auf seine Sonderstellung verzichten wolle. Und am 29. April wurde noch ein Regierungsbeschluß gefaßt: Das Ministerium behalte sich das Recht vor, die im Frankfurter Parlament gefaßten Beschlüsse zu ratifizieren.

Die Angelegenheit war um so heikler, als Österreich zwar seit 1804 ein einheitlicher Staat war, aber, wie wir gesehen haben, doch nur zur Hälfte zum Deutschen Bund gehörte. Die östliche Hälfte stand außerhalb, und diese Stellung verstärkte sich gerade in diesen Tagen und Wochen noch mehr.

Die Ungarn

Damit kehren wir zurück zu den ungarischen Ereignissen. Auch hier war die Entwicklung nicht stehengeblieben. Der Landtag (genauer: das Unterhaus) in Preßburg hatte am 3. März Kossuths Antrag angenommen. Aber unabhängig davon blieben auch in der halbformellen Hauptstadt Pest und Ofen (hier waren der Sitz des Palatins, des Statthaltereirates und der höchsten Justizbehörden) die Veränderungen in Paris nicht unbekannt. Pest begann sich nun auch zum wirtschaftlichen Zentrum des Landes zu entwickeln, der geistige Mittelpunkt war es bereits. Im literarischen Leben spielten Sándor Petőfi, zu dieser Zeit bereits ein berühmter Dichter, und einige andere junge Schriftsteller, die sich nach dem Vorbild der Giovine Italia das „Junge Ungarn" nannten, eine führende Rolle. Im „Pilvax", einem berühmten literarischen Kaffeehaus in der Pester Innenstadt, hatten sie ihr Domizil. Ihre Forderungen faßten sie unter dem Titel „Was will die ungarische Nation?" in zwölf Punkten zusammen. Petőfi schrieb das „Nationallied", dessen Refrain den Schwur bildet, daß die Ungarn nicht länger Sklaven sein wollten; darunter konnte man vieles verstehen, und das sollte man auch. Inzwischen näherte sich der St.-Josephs-Tag (19. März) mit dem Landesmarkt. Durch die aus der näheren und weiteren Umgebung, ja beinahe aus dem ganzen Land hereinströmenden Menschen, vor allem Bauern, Händler usw., schwoll die Bevölkerung von Pest plötzlich für einige Tage gewaltig an. Diese Gelegenheit wollten die jungen Literaten aus dem „Pilvax" benutzen, um auf einer Volksversammlung ihre Forderungen bekannt zu machen. Sie waren alle radikal eingestellt und wollten weit mehr als einen Reichstag, wollten mehr als Kossuth, auf gesellschaftlichem Gebiet ebenso wie in bezug auf das Verhältnis zu Wien. Aber sie wußten auch, daß sie keine Massenbasis besaßen. Ihre Forderungen waren so gefaßt, daß sie für die führende politische Schicht Ungarns annehmbar waren, sie sollten also über die Grundprinzipien der „Oppositionellen Deklaration" nicht hinausgehen.

Am Abend des 14. März kamen mit dem Postschiff die ersten Nachrichten über die Erfolge der Wiener Revolution vom vorangegangenen Tag. Nun konnte man nicht mehr auf den Markttag warten, es mußte sofort gehandelt werden. Die jungen Schriftsteller des „Pilvax" setzten sich zusammen, um definitiv zwölf Punkte zu formulieren: 1. Pressefreiheit, Aufhebung der Zensur. 2. Verantwortliches ungarisches Ministerium in Budapest. 3. Jährliche Einberufung des Reichstages. 4. Gleichheit vor dem Gesetz. 5. Nationale Schutztruppe (d. h. Nationalgarde). 6. Allgemeine Lastenverteilung (d. h. auch der Adel wird besteuert). 7. Beseitigung der feudalen Verhältnisse (d. h. Befreiung der Bauern und sinngemäß Verwandlung ihres Besitzes in Eigentum). 8. Geschworenengerichte, Vertretung nach dem Prinzip der Gleichheit. 9. Nationalbank (d. h. finanzielle Unabhängigkeit von Wien). 10. Die Armee wird auf die ungarische Verfassung vereidigt, die in Österreich und anderen Ländern stationierten Truppen sollen nach Hause zurückkehren, die in Ungarn stationierten fremden Truppen das Land verlassen. 11. Die politischen Gefangenen werden freigelassen. 12. Union mit Siebenbürgen.

Der fieberhafte Pulsschlag der Revolution wird in diesen Forderungen spürbar. Sie sind in keine logische Reihenfolge gebracht und nicht aufgrund staatstheoretischer Überlegungen angeordnet. Die Formulierung ist nicht immer genau, jeder der Autoren in diesem Kreis wußte ja, was gemeint war, man brauchte keine näheren Erklärungen. Wenn die Zusammenstellung auch ungenau und überhastet schien, enthielt sie doch die Umgestaltung Ungarns zu einem Staat mit bürgerlicher Verfassung im modernen, liberalen Sinne des Wortes. Zwei Umstände muß man aber noch hinzufügen, die gewöhnlich nicht erwähnt werden: Die bürgerliche Umgestaltung Ungarns, so wie sie hier in Pest in der Nacht vom 14. zum 15. März konzipiert wurde, enthielt zugleich den schon lange verborgen existierenden Dualismus: die Aufteilung Österreichs in einen ungarischen und einen nichtungarischen Teil. Zwischen den beiden war als einzige Verbindung der gemeinsame Herrscher vorgesehen. Und die zwölf Punkte umfaßten in der Tat die Wünsche der ungarischen Nation, d. h. einer über sehr ungewisse Grenzen verfügenden, aber letzten Endes im ethnischen Bewußtsein übereinstimmenden, noch schwachen, aber ständig wachsenden Einheit. Die Zahl derer, die diese zwölf Punkte als Ausdruck ihrer eigenen, wenn auch vielleicht nicht sehr bewußten, Erwartungen ansahen, kann gewiß in einer Größenordnung von Hunderttausenden angegeben werden. Nur war eben diese ungarische Nation, wie wir gesehen haben, in diesem (ungarischen) Vielvölkerland, das man, dem Beispiel anderer Länder folgend, vereinigen wollte, in der Minderheit. In dieser Nacht in Pest wurde das noch nicht problematisiert, wie es auch für die politische Führungsschicht in Ungarn keine erstrangige Frage war, am wenigsten im Augenblick.

Am Morgen des 15. März versammelten sich die Studenten in Erwartung der kommenden Ereignisse im Universitätsgebäude. Petőfi und seine Freunde trafen sich im „Pilvax", von dort gingen sie zunächst zur medizinischen Fakultät, danach zu den Ingenieuren und zu den Juristen. Es waren schließlich etwa zweitausend Menschen, die in die nahe gelegene Druckerei von Landerer aufbrachen. Unterwegs nahm die Menge weiter zu; es schlossen sich auch Personen an, die bereits zum Markttag gekommen waren. Es herrschte mildes Frühlingswetter mit leichtem Regen. Vor der Druckerei war die Menge schon auf fünftausend Menschen angewachsen; sie forderte den Druck des Nationalliedes und der zwölf Punkte ohne Genehmigung der Zensur. Das geschah auch; der anwesende Druckereibesitzer wagte nicht zu widersprechen. Die erste siegreiche Schlacht war geschlagen. Am frühen Nachmittag rief die Jugend (die rasch „Märzjugend" genannt wurde) vor dem neuen Nationalmuseum zu einer Volksversammlung auf. Die Forderungen wurden verlesen und ein sechsköpfiger Ausschuß gewählt, der in Begleitung von zahlreichen Menschen zum Rathaus ging, um die Führung der Stadt aufzufordern, sich ihren Forderungen anzuschließen, was sie in ihrem Schrecken auch tat. Der sechsköpfige Ausschuß wurde noch um zwei Mitglieder erweitert, zwei führende Politiker der adeligen Opposition kamen hinzu. Die Menge, inzwischen wohl 10 000 Menschen, ging nun über die Schiffbrücke hinüber auf die andere Seite der Donau, nach Ofen, um auch den Statthaltereirat, das höchste Machtorgan des Landes, zur Annahme der Forderungen zu bewegen. Die anwesenden Würdenträger schlossen sich ebenfalls an. Natürlich war Petőfi anwesend; nachträglich bemerkte er ironisch, der Statthaltereirat sei blaß gewesen und habe zu zittern geruht. Die Menge befreite Mihály Táncsics aus dem Gefängnis, den tief religiösen utopischen Sozialisten, der bereits im ganzen Land als Sprecher der Armen berühmt war und den man wegen „Aufwiegelung des Volkes" verurteilt hatte. Am Abend wurde im Nationaltheater, das vor elf Jahren aus öffentlichen Spenden erbaut worden war, Ferenc Erkels Oper „László Hunyadi" gespielt. Seine Geschichte hatte plötzlich große Aktualität erhalten. (Der Sohn des János Hunyadi ermordet den bösen Ratgeber des Königs; der junge König begnadigt ihn zum Schein, läßt aber schließlich László Hunyadi doch hinrichten.) „Gestorben ist der Intrigant, verschwunden die schändliche Zwietracht", singt der Chor in einer der Szenen des ersten Aufzugs. Offensichtlich war Metternich gemeint, und die Ungarn konnten nun ruhig ihren eigenen großen König leben lassen, der nach dem Operntext auch ein Habsburger, Ladislaus V., war. Aber natürlich sollte man an den von seinen bösen Ratgebern erretteten guten König, Ferdinand denken (auch er war der V. auf dem ungarischen Thron). An den armen, einfältigen Ferdinand? Die begeisterten Zuschauer feierten den Triumph der nationalen Sache.

In den folgenden Tagen wurden die Ereignisse allgemein so bewertet, daß die Bevölkerung von Pest unblutig die nationale Freiheit erkämpft habe. Und als die noch mehr aufgebauschte und erschreckend wirkende Nachricht nach Preßburg und Wien gelangte, wurde sie tatsächlich von entscheidender Bedeutung.

Schon am 16. März glaubte man in Wien zu wissen, daß Petőfi mit 20 000 oder gar 30 000 Bauern in der Nähe von Pest auf dem Rákos-Feld sein Lager aufgeschlagen hätte und bereit wäre, den Herren die Köpfe abzuschlagen. Auch die Deputation des ungarischen Landtages war bestürzt, aber sie konnte nur die Schlußfolgerung ziehen, daß die Hauptaufgabe, die Bildung einer verantwortlichen ungarischen Regierung, um so dringender sei. Damit wäre die Revolution abgeschlossen und die Regierung könne Ordnung schaffen.

In diesem Augenblick existierte in Wien bereits eine verantwortliche Regierung, wie wir wissen. Allerdings war auch die Staatskonferenz noch tätig, und die Frage einer ungarischen Regierung gehörte in ihren Zuständigkeitsbereich. Die Mitglieder der Wiener Regierung hingegen betrachteten sich stillschweigend nur für die nichtungarischen Provinzen als zuständig. Auf die Nachricht von der angeblichen Bauernarmee stimmte die Mehrheit der Staatskonferenz bereits am späten Abend des 16. März der Bildung einer ungarischen Regierung zu. Franz Karl weigerte sich noch. Dann kam die Nachricht von den Pester Ereignissen vom 15. März. In der Burg konnte man noch schrecklichere Geschichten hören, über Zehntausende von Bauern, die ihre Sensen schärften. Gegen Morgen gab auch der Thronfolger den Widerstand auf. Erzherzog Stephan, der Palatin, bekam als bevollmächtigter Vertreter des Königs in Ungarn die Erlaubnis, den ungarischen Ministerpräsidenten zu ernennen, selbstverständlich unter vorherigem Einverständnis der Wiener Greise. Darauf wartete Stephan aber nicht. Er eilte mit der Delegation nach Preßburg zum Landtag zurück und ernannte noch am 17. eine der volkstümlichsten Gestalten der Opposition, den Grafen Lajos Batthyány, zum Ministerpräsidenten. Batthyány sollte eine Regierung zusammenstellen. In Wien war man zwar der Meinung, Stephan habe seine Kompetenzen überschritten, im Augenblick mußte man aber auch das dulden.

Zwei Tage später legte Batthyány eine Regierungsliste vor. Im Gegensatz zur Wiener Regierung, die sich in diesem Moment noch immer aus den alten Kräften zusammensetzte, vereinigte die ungarische die gesamte Führungsgruppe der Opposition, die glänzenden Talente einer großen Epoche. Innenminister wurde Bertalan Szemere, der typische Vertreter des Reformadels, Justizminister Ferenc Deák, der durch seine Besonnenheit seit Jahrzehnten das Gleichgewicht zwischen den gegensätzlichen Richtungen der Reformbewegung aufrechterhalten hatte, Arbeits- und Verkehrsminister wurde István Graf Széchenyi, das Ministerium für Landwirtschafts-, Industrie- und Handelsangelegenheiten erhielt Gábor Klauzál, der zum Reformadel gehörte und in diesem Kreis als kompetent für diese Fragen galt. Kultus- und Unterrichtsminister wurde Baron József Eötvös, einer der theoretisch gebildetsten Oppositionellen, der zu den Zentralisten gehörte. Das war eine Gruppe, die sich sehr intensiv mit dem Wesen des modernen bürgerlichen Staates beschäftigte. Natürlich durfte auch Kossuth nicht fehlen, er erhielt das vielleicht schwierigste Amt, das Finanzministerium. In dieser Regierung waren in der Tat die gebildetsten und fähigsten Persönlichkeiten der damaligen politischen Elite vereinigt. Jede dieser Persönlichkeiten allein wäre in der Lage gewesen, das Niveau einer Regierung auf eine hohe Stufe zu heben; nun aber wirkten sie alle zusammen. In der übergroßen Begeisterung bemerkten sie im ersten Augenblick selbst nicht, welche tiefen persönlichen, ja sogar prinzipiellen Gegensätze sie voneinander trennten. Der historische Augenblick förderte die Zusammenarbeit. Széchenyi bekannte, daß nun in Stunden gelinge, was sonst, nach seinen Vorstellungen, Jahrzehnte in Anspruch genommen hätte.

Zwei weitere Mitglieder gehörten der designierten Regierung an: Pál Fürst Esterházy, ein Vertreter der Aristokratie und dem Hof unbedingt treu, lange Zeit Londoner Botschafter des Habsburgerreiches, wurde Außenminister. Seine Aufgabe als Minister um die Person des Königs wäre es gewesen, in der Residenzstadt die Verbindung zwischen der Regierung und dem Herrscher aufrechtzuerhalten. Als Folge des ungewissen Verhältnisses zwischen dem österreichischen und dem ungarischen Reichsteil war er von ungarischer Seite schon früher als Außenminister angesehen und manchmal auch so genannt worden. Kriegsminister wurde Oberstleutnant Lázár Mészáros, der noch in Italien diente. Die Wahl fiel deshalb auf ihn, weil Kossuth wußte, daß er ein vertrauenswürdiger Patriot war. Bis zu seiner Rückkehr übernahm Batthyány die Aufgaben seines Ministeriums.

Am 19. März gab der Palatin Stephan die Ernennung Batthyánys vor dem Landtag bekannt (am Tage zuvor hatte er das Einverständnis aus Wien, zusammen mit der entsprechenden Rüge erhalten). Dann begann der Landtag über die Gesetzesvorlagen zu beraten und auch rasch über sie abzustimmen; selbst das Oberhaus wagte keinen Widerspruch.

Eines der Gesetze behandelte die Fragen des Wahlmodus für den Reichstag auf der Grundlage der Volksvertretung. Das bisherige Zwei-Kammer-System blieb erhalten, auch die Zusammensetzung des Oberhauses änderte sich nicht, d. h. es bestand aus den

Vertretern der Aristokratie und des hohen Klerus. Jeder volljährige Aristokrat war auch weiterhin einfach aufgrund seines Geburtsrechtes Oberhausmitglied, die Bischöfe wurden es dank ihrer Ämter. Das Unterhaus dagegen mußte nach einem Wahlzensus alle drei Jahre neu gewählt werden. Die Hörigen, die wenigstens über eine Viertel Hufe verfügten, bildeten die untere Grenze der Wahlberechtigten, auch bei der städtischen Bevölkerung lag die Grenze niedrig; die freie Intelligenz war unabhängig vom Vermögen wahlberechtigt, diejenigen jedoch, die über kein Vermögen verfügten und in einem Dienstverhältnis standen (also auch die Arbeiter), besaßen kein Wahlrecht. Für das passive Wahlrecht war ein Alter von 24 Jahren und die Kenntnis der ungarischen Sprache vorgeschrieben. Um die Adeligen für das Reformwerk zu gewinnen, gab man ihnen, auch unabhängig von ihren Vermögensverhältnissen, das Stimmrecht (mit der stillschweigenden Voraussetzung, daß dies nur bei der ersten Wahl so sein sollte). Ein anderes Gesetz verfügte die Freiheit aller herkömmlichen Konfessionen (das bezog sich allerdings nicht auf die Orthodoxen und die Juden, denn ihre Religion galt nicht als „rezipiert", also offiziell sanktioniert). Auch die allgemeine Steuerpflicht wurde durch Gesetz geregelt, und durch die Aufhebung der Patrimonialgerichte wurde im Justizwesen die Gleichheit vor dem Gesetz verwirklicht. Besonders wichtig war das Gesetz über die Aufhebung der Frondienste; die auf Urbarial-land sitzenden Hörigen erhielten den Boden in völliges Eigentum, ihre Dienste wurden aufgehoben. Die Entschädigung der Grundherren stellte das Gesetz unter den „Schutz-schild der nationalen Ehre", oder — weniger pathetisch ausgedrückt — sie wurde dem Staat als Aufgabe übertragen. Die katholische Kirche verzichtete ohne Entschädigung auf den Kirchenzehent. Geplant war auch die Errichtung einer Bodenkreditanstalt, um den Grundbesitzern zu helfen. Das Gesetz über die Avitizität, eine Art Fideikommiß (unveräußerliches Erbgut), das die Kreditfähigkeit der Grundbesitzer behindert hatte, wurde beseitigt. Ein anderes Gesetz verfügte die Freiheit des Unterrichts. Über die Aufstellung der Nationalgarde, die Pressefreiheit und die Einrichtung von Geschworenen-gerichten für Pressevergehen wurde ebenfalls abgestimmt. Auch die Union mit Siebenbür-gen wurde in einem Gesetzesartikel festgelegt, mit der Einschränkung, daß auch der siebenbürgische Landtag darüber abstimmen müsse. Unabhängig davon sollten die Gebiete, die seit Beginn des 17. Jahrhunderts Siebenbürgen angeschlossen waren, Ungarn eingegliedert werden (diese nannte man Partium). Wie in der Einführung zu diesen Gesetzesvorschlägen erklärt wurde, waren damit die Grundlagen für die weitere Entwick-lung geschaffen. Details sollten später durch die nun regelmäßig aufeinander folgenden Reichstagssitzungen ausgearbeitet werden.

Die gesellschaftlichen Aufgaben der bürgerlichen Umgestaltung waren in der Tat noch nicht alle gelöst, denn die Zuteilung von Boden betraf nur diejenigen ehemaligen Hörigen, die auf Rustikalland saßen, von den wirtschaftlichen Fragen ganz zu schweigen (das Zunftsystem wurde nicht beseitigt). Das Wesentliche war hier wie in Wien eine durch eine Verfassung geregelte Gesetzgebung und die Durchsetzung der liberalen Freiheits-rechte.

Der Text der Gesetze war am 22. März fertig, der letzte ständische Landtag hatte mit atemberaubendem Tempo gearbeitet. Es gab kein Beispiel für eine so rasche Gesetzgebung in so wichtigen Angelegenheiten. Die Abgeordneten in Preßburg hatten das Gefühl, Herren der Lage zu sein. Einer Delegation aus Pest erklärte Kossuth am 19. März, daß der Landtag die Verdienste der Bevölkerung von Pest bei der Erkämpfung der Errungenschaf-ten zu würdigen wisse, daß er aber auch von Pest keine Befehle in Empfang nehmen werde, denn im Sinne der Verfassung gehöre dem Landtag die Macht.

Die Sanktionierung der Gesetze durch den König stand allerdings noch aus. Und das ging nicht so einfach. Offensichtlich war, daß nicht Ferdinand die Schwierigkeiten verursachte. Als der Palatin mit den Gesetzestexten nach Wien kam, empfing ihn die Staatskonferenz mit der Erklärung, daß nach Verwirklichung dieser Gesetze Ungarn nur noch durch die Person des Herrschers mit Österreich verbunden wäre, und das sei unannehmbar. Die österreichische Regierung sei überhaupt nicht gefragt worden. Der Palatin Stephan arbeitete am 24. März eine längere Denkschrift für den König bzw. die Staatskonferenz aus, in der er drei Varianten einer in bezug auf Ungarn möglichen Politik erläuterte: 1. Die Regierung zieht sich aus Ungarn zurück und überläßt das Land seinem Schicksal, was das völlige Chaos bedeuten würde. 2. Sie versucht, die Fragen durch Verhandlungen zu lösen, bzw. Entscheidungen hinauszuschieben. 3. Sie erobert das Land mit militärischer Gewalt zurück und stellt die Ordnung wieder her. (Man darf hier nicht aus dem Auge verlieren, daß die Wiederherstellung der Ordnung gleichzeitig die völlige Aufrechterhaltung der Habsburgerherrschaft bedeutete; die gesellschaftlichen Veränderungen der Revolution spielten auf dieser Ebene keine Rolle, sie wurden nicht als wesentlich angesehen.) Es war der 24. März, in Wien wußte man bereits von den Vorgängen im Lombardo-Venetianischen Königreich. Der Palatin konnte mit Recht schreiben, daß nur die zweite Möglichkeit realistisch sei. Man setzte also auf Verhandlungen.

Die Staatskonferenz nahm das zur Kenntnis, gab in einigen, nicht unwesentlichen Fragen gleich nach, in anderen wichtigen Fragen jedoch nicht. Am 29. März erschien Ede Zsedényi, ein Mitglied des Statthaltereirates, mit zwei königlichen Erlässen in Preßburg. Der erste bezog sich auf Fragen des österreichisch-ungarischen Verhältnisses. Der König erklärte, daß die Vollmachten des Palatins an die Person Stephans gebunden seien, die ungarische Hofkanzlei in Wien und ihre Funktion als oberste Kontrollstelle bestehen bleibe und sie auf keinen Fall in eine verantwortliche Regierungsstelle umgewandelt würde. Fragen des Handels und des Zollwesens gehörten in den Rechtsbereich des Herrschers, Finanzfragen, die sich auf die ganze Monarchie bezögen, könnten nicht vom ungarischen Finanzminister entschieden werden, vielmehr müßten alle Einnahmen in den gemeinsamen Haushalt abgeführt werden. Auch die Armee gehöre zum Hoheitsrecht des Herrschers. Von den vorgeschlagenen Ministern wollte er nur Deák, Eötvös, Klauzál, Széchenyi und Szemere bestätigen. In einem anderen königlichen Erlaß machte Ferdinand die Aufhebung der Frondienste von der Lösung der Entschädigungsfrage abhängig.

Die beiden Erlässe hatten große Bedeutung. Im zweiten hob die Wiener Regierung, oder richtiger der Hof, die wichtigste Errungenschaft der Revolution wieder auf, im ersten wurde die Sonderstellung Ungarns beseitigt, allerdings indirekt auch wieder anerkannt, da der König ohne Hinzuziehung der österreichischen Regierung handelte. Aber Logik und Folgerichtigkeit pflegen in revolutionären Zeiten am allerwenigsten die Tugend derjenigen zu sein, die die Macht besitzen.

Bei den unteren Ständen lösten die beiden Erlässe natürlich riesige Empörung aus. Batthyány erwog seinen Rücktritt, Kossuth erklärte, das Vaterland sei in Gefahr (auch das hatten die Zeitgenossen von der großen Französischen Revolution gelernt). Der Palatin eilte erneut nach Wien, und schließlich sah sich die Staatskonferenz gezwungen, nachzugeben. Am 31. März brachte Erzherzog Stephan einen neuen Erlaß nach Preßburg, in dem allem zugestimmt wurde, mit der einzigen Bedingung, er müsse bei der Ausübung seiner Vollmachten die Einheit der Krone berücksichtigen, eine ziemlich allgemeine Formulierung, unter der man nachträglich fast alles verstehen konnte. Der König behielt sich nur noch die Erhebung in den Adelsstand und die Ernennung einiger kirchlicher und höfischer

Würdenträger vor, und er wollte die Verfügungsgewalt über die außerhalb Ungarns stationierten ungarischen Truppen behalten. Aber selbst das mußte der Minister um die Person des Königs mit seiner Unterschrift gegenzeichnen, so wie alle anderen Verordnungen einer ministeriellen Gegenzeichnung bedurften.

Damit war der Konflikt im Augenblick gelöst. Der Landtag stimmte einem Budget von drei Millionen Gulden für gemeinsame Ausgaben zu. Die Übernahme von wenigstens einem Viertel, besser aber noch einem Drittel der österreichischen Staatsschulden, die Ferdinand in einem Brief vom 7. April vom Palatin gefordert hatte, wurde aber von der Regierung an den am 10. Juli einzuberufenden, auf Volksvertretung beruhenden Reichstag verwiesen. Trotzdem schien gerade jetzt an der Oberfläche alles in bester Ordnung zu sein. Am 5. April stimmte der Landtag der Aufstellung neuer Truppen für den Krieg in Italien zu, am 7. gewährte er 10 Millionen für die Staatsschulden. Ferdinand unterschrieb am 7. April die Ernennungen der Minister, am 10. kamen die Urkunden nach Preßburg, gleichzeitig mit der königlichen Familie. Am 11. April gab Ferdinand in Preßburg im Palast des Erzbischofs von Gran feierlich die Sanktionierung der Gesetze bekannt und löste damit auch den letzten ständischen Landtag auf. Anwesend waren der Thronfolger Franz Karl, der junge Franz Joseph und natürlich Stephan, der Palatin. (Als es einige Tage früher um die neuen Zugeständnisse gegangen war, war auch die Möglichkeit aufgetaucht und hatte zur Bewilligung der ungarischen Forderungen beigetragen, die Ungarn könnten Stephan zum König ausrufen; damit wäre Ungarn wenn schon nicht für die Habsburgermonarchie, so doch für Österreich verloren gewesen.) Auch die Regierungsmitglieder waren anwesend. Die österreichische Regierung blieb fern; was sich in Preßburg abspielte, war sozusagen eine Familienangelegenheit zwischen König und Ungarn. Was hätte die Regierung des Kaisers damit zu tun gehabt?

Das äußere Bild war glanzvoll, die Begeisterung ungeteilt. König und Nation schienen nach jahrhundertelangen schicksalhaften Mißverständnissen endlich zueinander gefunden zu haben, und alle grundlegenden Fragen waren nun geklärt. Viele der Anwesenden dachten gewiß aufrichtig so oder ganz ähnlich. Die Begeisterung wirkte auf das gesamte Land — oder, um genau zu sein, auf Ungarn im engeren Sinne und auf Siebenbürgen, und innerhalb dieser Gebiete vor allem auf diejenigen, die ungarisch sprachen. Aber vielleicht herrschte während eines langen historischen Augenblicks Freude auch bei jenen, die nicht ungarisch sprachen und die errungene Freiheit dennoch begrüßten. Schließlich galt die Freiheit für jeden, jeder einzelne hatte Anteil an ihr. Der Bauer erhielt Boden, der Bürger das Wahlrecht, der Journalist mußte sich nicht mehr vor der Zensur fürchten, jeder konnte sagen, was er dachte, es gab keine Denunzianten mehr, denn warum sollte man etwas denunzieren? Von dieser begeisterten Stimmung ließ sich auch die jeweilige politische Führung der nichtungarischen Nationen anstecken. Es gab zwar schon besorgniserregende Zeichen, aber zunächst schien es so, als würde nun das neue, bessere Leben verwirklicht.

Einige Tage später kamen die Regierungsmitglieder nach Pest, das vom Gesetz zum Sitz des Reichstags bestimmt worden war. Man begann, die einzelnen Ministerien zu organisieren, es wurden Unterstaatssekretäre ernannt, die an der Seite der Minister arbeiten sollten, wie überhaupt das ganze Personal für die Ämter und Behörden zusammengeholt wurde. Die Beamten der früheren Regierungsstellen kamen nur zum Teil in Betracht, meistens auf der unteren Ebene. Die Angestellten, die höhere Ämter bekleidet hatten, konnte das neue System nicht übernehmen, denn es konnte ihnen nicht vertrauen. Andererseits legten diese Beamten auch keinen besonderen Wert auf weitere Mitarbeit, sie zogen sich vielmehr zurück und ließen dadurch ihren Widerstand fühlen. Aber es meldeten sich genügend

Bewerber für die neuen Stellungen, unter ihnen sogar einige, die auch über Fachkenntnisse verfügten. Geld war zwar so gut wie nicht vorhanden, aber das war die Angelegenheit Kossuths. Die Truppen, die in Ungarn stationiert waren, unterstanden der ungarischen Regierung, d. h. dem Kriegsminister.

Wenn in Pest auf den Ministersesseln neue Leute saßen, so waren es in Wien zum guten Teil noch die alten; sie trugen nur neue Titel. In beiden Städten aber schien es in der zweiten Aprilhälfte, als wären die Probleme gelöst; jetzt konnte an die Stelle des revolutionären Eifers wieder die Arbeit treten.

Wie verlief die Revolution bei den übrigen Nationen des Vielvölkerstaates? Auch sie machten sich nun natürlich bemerkbar, jede Nation auf ihre Weise, mit ihrem Gewicht und mit ihren eigenen, entsprechenden Wünschen oder Forderungen.

Die genaue Chronologie mußten wir ohnehin ein wenig durcheinanderbringen (was man sich in Wien natürlich nicht erlauben konnte. Dort kamen Petitionen, Delegationen und Schreckensnachrichten gleichzeitig an).

Die Tschechen

Selbstverständlich war auch die politische Führung der Tschechen sehr früh über die Pariser Ereignisse unterrichtet. Und auch sie konnte nur zu den gleichen Schlußfolgerungen gelangen, die die auf politische Veränderungen so empfindlich reagierenden Beobachter in allen großen Städten Österreichs gezogen hatten: man mußte die Gelegenheit ergreifen. Für die gemäßigten führenden Politiker war dies um so dringender, als sie die Stimmung der Prager Arbeiter kannten und auch wußten, daß die radikalen Oppositionellen sich schon in einer geheimen Organisation zusammengeschlossen hatten, die nach dem Vorbild der irischen Revolutionäre den Namen „Repeal" trug. (Mit diesem Namen bezeichneten Daniel O'Connell und seine Mitstreiter die von ihnen gewünschte Aufhebung der parlamentarischen Union Irlands mit Großbritannien.) Wenn diese Heißsporne sich mit den Arbeitern zusammenschlossen, konnte es große Probleme geben. Dem mußte man zuvorkommen. Der oberste Burggraf von Prag, Rudolf Graf Stadion, der Leiter der bürgerlichen Regierung, muß etwas Ähnliches gedacht haben (doch am liebsten hätte er sein Amt ganz aufgegeben, denn in diesen ungewissen Zeiten gab es nur Sorgen damit).

Am 8. März erschienen Anschläge in Prag, in denen das Volk aufgefordert wurde, sich am Samstag, dem 11., am Abend beim St.-Wenzelsbad zu versammeln, um die Forderungen der Bürger zu formulieren. Tagelang sprach man in Prag von nichts anderem. Stadion gestattete die Vorbereitungen; schließlich bestand auch die Volksversammlung auf ihrer Legalität, sie wollte nicht im Dunkeln versteckt den Angriff beginnen.

Am Abend des 11. hatte sich tatsächlich eine ziemlich große Menge versammelt. Eben ging das erste Frühlingsgewitter mit heftigem Wind und Regen über Prag nieder. Es war nicht mehr daran zu denken, die Volksversammlung im Freien abzuhalten. Die Organisatoren beschlossen, den inneren großen Saal des Badegebäudes in Anspruch zu nehmen, aber sie betrachteten jeden sorgfältig, der um Eintritt bat, und ließen nur gut gekleidete Herren eintreten. Es mochte etwa 18 Uhr sein, als die Versammlung mit ungefähr 800 Menschen begann. Die Organisatoren verlasen die vierzehn Punkte, die der Regierung vorgelegt werden sollten. Der Text war deutsch und tschechisch formuliert und lautete:

„1. Gleichstellung der czechischen und deutschen Sprache in Schulen und bei den Gerichten. 2. Pressefreiheit durch ein Strafgesetz geregelt. 3. Repräsentation des Bürgerstandes auf dem Landtage in Vereinigung der böhmischen, mährischen und schlesischen Stände. 4. Öffentliches Gerichtsverfahren. 5. Communal-Verfassung verbunden mit der Wahl der Magistrate. 6. Bewahrung des Briefgeheimnisses. 7. Sicherheit der persönlichen Freiheit. 8. Ablösung der Roboten. 9. Aufhebung der Accise. 10. Die Centralbehörde Böhmens soll in Prag sich befinden. 11. Verantwortlichkeit der Minister. 12. Eine bloße vierjährige Militärdienstzeit, bei dieser alle Stände gleichmäßig verpflichtet. Ziehung durch Loos. 13. Die Organisierung einer Nationalgarde. 14. Aufhebung der privilegierten Gerichtsbarkeit und der Patrimonialgerichte. Gleichstellung aller Confessionen."

Das entsprach mehr oder minder, wenn auch anders formuliert und mit anderen Schwergewichten, den zwölf Punkten der ungarischen Nation. Der Kampf um die Verbrauchssteuer und die Militärdienstzeit wirkte ein wenig bürgerlicher, aber in der Mehrheit handelte es sich um Forderungen, die sinngemäß völlig mit den Pester Märzpunkten übereinstimmten: die Beseitigung des feudalen Systems, die bürgerlichen Freiheitsrechte, der liberale Konstitutionalismus — das heißt, die Punkte, in denen, wie wir schon mehrfach betont haben, alle übereinstimmten.

Die Versammlung wählte auch einen Ausschuß, der aufgrund dieser Forderungen eine an den Herrscher gerichtete Petition verfassen sollte. Schon um 9 Uhr war sie beendet, und der Prager Polizeichef konnte am nächsten Tag erleichtert melden: „Nach den eingegangenen Rapporten war im Verlauf des gestrigen Nachmittags in der Alt- und Judenstadt alles ruhig geblieben und selbst in der Neustadt, wo sich der größte Theil der niederen Volksklasse der ungünstigen Witterung wegen in die dortigen Wirthäuser flüchtete, waren schon vor 12 Uhr alle geschlossen, nur am Bahnhofe hatten sich einige verdächtige Menschen gezeigt, die sich jedoch ohne Demonstration entfernten."

In den Ausschuß waren auch zwei Vertreter der böhmischen Aristokratie gewählt worden, obwohl sie an der Versammlung gar nicht teilgenommen hatten, z. B. Leo Graf Thun-Hohenstein, der eben in der galizischen Statthalterei seinen Dienst versah. Im übrigen bestand der Ausschuß aus führenden Persönlichkeiten des tschechischen politischen Lebens in Prag, Rechtsanwälten, Staatsbeamten und städtischen Bürgern. Nicht berücksichtigt wurden die Repräsentanten der Prager Deutschen, die daher eine Gegenpetition vorbereiteten. Die anwesenden Mitglieder des Ausschusses berieten noch bis 1 Uhr nachts und bezogen rasch auch einige Deutsche in ihre Arbeit ein. Eine Delegation sollte die Petition nach Wien bringen: als eine Bitte biederer Untertanen, denn an etwas anderes war überhaupt nicht zu denken.

Die ersten Nachrichten von der Wiener Revolution gelangten am Nachmittag des 15. März nach Prag. Besondere Aufregung lösten sie dort im Moment nicht aus: schließlich war die Petition schon fertig, und mehr wünschten die vorsichtigen Prager Bürger gar nicht. Denn — man stelle sich vor! — in Wien war es sogar zu Schüssen gekommen. Erst am 17. März begann es in der Stadt unruhig zu werden. Es verbreitete sich die Nachricht, daß Tausende von Bauern sich in Richtung auf Prag in Marsch gesetzt hätten. In Wahrheit kamen sie aus dem Gebiet von Pardubitz, nicht in großer Zahl und aus purer Neugier.

Die feierliche Verabschiedung des Ausschusses, der die Petition überbringen sollte, war auf Sonntag, den 19. März, festgesetzt worden. Prag war voll von rot-weißen Nationalfahnen, auf dem Wenzelsplatz hielt der Prager Erzbischof eine feierliche Messe und segnete das eingebundene Exemplar der Petition (auf der einen Seite war der Löwe des tschechischen Wappens in Silber zu sehen, auf der anderen der zweiköpfige österreichische Adler in Gold). Dann setzte sich der lange Zug in Bewegung, um die Mitglieder des Ausschusses zum Bahnhof zu begleiten. Josef Heyde, der Prager Polizeichef, hatte noch am vorangegangenen Tag in einer Meldung an das Gouvernement erklärt: „Die ganze Bevölkerung Prags wünscht, daß die Deputierten in Wien freundlich empfangen, gehört werden und mit einer beruhigenden, zufriedenstellenden Antwort zurückkehren." Stadion schlug vor, der Kaiser möge noch vor der Annahme der Petition aus eigenem Antrieb die Beseitigung der Frondienste verkünden, das würde einen guten Eindruck auf die Bauern machen.

Die Wiener Regierung (die böhmische Provinz gehörte zu ihrem Wirkungsbereich) war mit dem Vorschlag nicht einverstanden. Auf ihre Aufforderung hin ließ Stadion am 21. März einige Aristokraten zu sich rufen, um mit ihnen die Frage zu diskutieren, ob ein so radikaler Schritt wirklich notwendig sei oder ob es nicht ausreiche, wenn eine ganz allgemein gefaßte Antwort erteilt würde, etwa der Art, daß die Regierung alle notwendigen Schritte bedenken und ihren Plan dem folgenden ständischen Landtag unterbreiten werde. Die großen Herren zeigten mehr Neigung zu dieser Version.

Inzwischen war die Frage in Wien aber schon entschieden worden. Die Deputation hatte zuerst bei Ministerpräsident Kolowrat vorgesprochen und war dann am 22. von Ferdinand selbst empfangen worden. Er sprach einige Worte tschechisch mit ihnen, dann verwies er sie — als konstitutioneller Monarch — wieder an den Ministerpräsidenten zurück. Die Regierung beriet lange über die Antwort (wir müssen bedenken, daß in diesen Tagen im Prinzip in Wien ja bereits eine verfassungsmäßige Regierung existierte und daß für eine ungarische verfassungsmäßige Regierung bereits ein Ministerpräsident nominiert war) und berücksichtigte auch die Forderungen der ursprünglichen Petition (die in Wien überreichte Bittschrift war zurückhaltender). Schließlich beriet die Regierung am 24. März noch einmal und verfaßte, zurückdatiert auf den 23. März, ein Schriftstück mit dem endgültigen Text. Die Frondienste sollten bis zum 31. März 1849 aufgehoben werden. Die anderen Wünsche wurden im Kabinettsbrief im wesentlichen zurückgewiesen. Eine verstärkte Vertretung der Städte im Landtag wurde der Aufmerksamkeit des nächstfolgenden Landtages empfohlen. Eine Antwort auf die Forderung nach einer böhmischen Zentralbehörde für alle drei Provinzen umging die Regierung mit der Erklärung, eine verantwortliche Regierung sei schon gebildet worden. Ebenso wurde ein gemeinsamer Landtag der böhmischen, mährischen und schlesischen Provinzen abgelehnt. Schließlich verwies man die Antragsteller in allen weiteren Punkten auf den ständischen Landtag, obwohl die Mitglieder der Deputation Pillersdorf gegenüber klar zum Ausdruck brachten, daß eine solche Antwort nicht mehr ausreiche.

Eine Woche später, am 27. März, kehrte die Delegation nach Prag zurück. Erst nachdem auf dem Wenzelsplatz ein Tedeum abgehalten worden war, stellte sich heraus, daß die Regierung im wesentlichen alle Forderungen zurückgewiesen oder deren Erfüllung wenigstens hinausgeschoben hatte. Frühere Nachrichten hatten sehr viel optimistischer geklungen. So war die Enttäuschung sehr tief, die geplante Prachtillumination fiel aus. (Am nächsten Tag erschienen in der Presse Karikaturen über die Prager Prachtillumination: ein schwarzes Viereck.)

Der Sankt-Wenzels-Ausschuß (so wurde der am 11. März gewählte Ausschuß nun genannt) gab sich damit aber nicht zufrieden. Am 28. und 29. März trat er zusammen und beriet über die nächsten Schritte. Ein radikales Mitglied des Ausschusses forderte das allgemeine Wahlrecht. Die führende Rolle im Ausschuß hatte zu dieser Zeit schon der gemäßigte Bürger František August Brauner, bekannt als Experte für böhmische Agrarprobleme, der bereits Pläne für die Lösung der böhmischen Agrarfrage ausgearbeitet hatte. Er verwarf die radikale Forderung, schlug aber vor, eine weitere Deputation mit einer neuen Petition nach Wien zu entsenden. Darin wurde die staatsrechtliche Forderung in den

Vordergrund gerückt, nämlich die Vereinigung der bisher völlig getrennten Provinzen Böhmen und Mähren (es ist unmöglich, dabei nicht an die Union mit Siebenbürgen zu denken!). Für die Vereinigung wurden praktische und geschichtliche Gründe gleichermaßen angeführt. Selbstverständlich war an eine Lösung innerhalb Österreichs gedacht, aber der staatsrechtliche Grundsatz kam schon in der Anrede zum Ausdruck, in der Ferdinand nur als König tituliert war. Der gemeinsame Landtag wurde jetzt in der neuen Petition bereits auf der Grundlage einer modernen Volksvertretung gefordert und nicht mehr als bloße Ergänzung des alten ständischen Landtags. Übrigens wurden in der ursprünglichen Petition neben allen genannten Punkten die beschleunigte Aufstellung der Nationalgarde und ihre Bewaffnung gefordert, ferner die Erfüllung der studentischen Forderungen vom 15. März (dabei ging es um die Lehr- und Lernfreiheit und andere Universitätsprobleme) und die Vereidigung des Militärs und der Beamten auf die Verfassung.

Wieder planten die Prager eine Gegenpetition. Um das zu unterlaufen, rief der Sankt-Wenzels-Ausschuß für den 31. März nachmittags 2 Uhr zu einer neuen Volksversammlung auf, auf der eine der führenden Persönlichkeiten der tschechischen Liberalen, der hervorragende Journalist Karel Havlíček-Borovský, dem Beispiel der Kroaten folgend, für eine starke Betonung der staatsrechtlichen Forderung, d. h. für die Einheit und Selbständigkeit der Länder der böhmischen Krone eintrat. Die Versammlung beschloß, daß die Deputation noch am gleichen Tage nach Wien aufbrechen sollte. Schon in den Tagen zuvor hatten Hunderte von Menschen die Petition unterschrieben, nun gingen etwa zweitausend hinauf zur Burg. Stadion sah, daß ihm in diesem Augenblick nicht die nötige Brachialgewalt zur Verfügung stand, um Widerstand leisten zu können. Er schrieb auf die Petition, daß sie tatsächlich die Wünsche der Prager Bevölkerung enthalte. Als die Masse abgezogen war, setzte er sein Rücktrittsgesuch an den Innenminister auf.

Die Delegation machte sich auf den Weg. In Prag herrschte inzwischen aufgeregte Stimmung, serienweise erschienen Flugblätter, eines war an die „Brüder auf dem Lande" gerichtet und forderte die Bauern auf, sich zu bewaffnen, um die Hörigkeitsverhältnisse zu beseitigen. Vor dieser Forderung fürchtete man sich nicht nur in der Prager Burg.

Pillersdorf empfing die Prager Deputation am 2. April und bat sie, selbst den Text eines königlichen Antwortbriefes als Verhandlungsgrundlage zu entwerfen. Die Delegierten wollten eine kaiserliche Proklamation, die sich an alle deutschen und slawischen Provinzen Österreichs richtete. Pillersdorf bestand auch diesmal, wie bei der ersten Gelegenheit, auf der Form eines Kabinettsbriefes, gerichtet an den Innenminister. Dementsprechend konnte sich der Text auf die bereits erfolgten Maßnahmen berufen, auf die Aufhebung der Frondienste, die provisorische Presseverordnung (vom 31. März), die Senkung der Verbrauchssteuer und deren zu erwartende völlige Beseitigung. Er gestattete die Errichtung einer Hochschule in Prag mit Unterrichtssprache Tschechisch und den Besuch fremder, ausländischer Universitäten. Weiters verkündete der Kabinettsbrief die völlige Gleichberechtigung der tschechischen Sprache mit der deutschen und gab auch in bezug auf die liberalen Freiheitsrechte und die Nationalgarde den Ansprüchen nach. Es sollte eine breite Volksvertretung auf der Grundlage eines Wahlzensus geben, für den ersten konstituierenden Landtag sollte ein provisorisches, nur für diese Wahl gültiges Wahlrecht gelten. Die Rede war auch von der Teilnahme und der Vertretung der Städte und Landkreise, die gebietsmäßig mit den katholischen Dekanaten identisch waren. Die Forderung nach einer eigenen, verantwortlichen tschechischen Regierung wies Pillersdorf jedoch strikt zurück und berief sich dabei auf die bereits existierende österreichische Regierung. Dafür sollten die Rechtsbefugnisse des Guberniums erweitert werden. Damit war auch das staatsrechtliche Problem bereits entschieden: Pillersdorf verwies die Frage eines gemeinsamen böhmisch-mährisch-schlesischen Landtags vor den Reichstag, auf dem dann auch die drei Provinzen vertreten sein würden. Die Regelung der Agrarverhältnisse vertraute der Kabinettsbrief dem böhmischen Landtag an und entsprach damit den tschechischen Wünschen. Am 3. April versprach Franz Karl der Deputation, daß an der Spitze der neuen böhmischen Regierung sein Sohn Franz Joseph stehen würde.

In die Verhandlungen über den Kabinettsbrief und in seine Abfassung schaltete sich erst jetzt eine der bedeutendsten Persönlichkeiten des gemäßigten Flügels der tschechischen politischen Elite, František Ladislav Rieger, ein, der eben aus Italien nach Hause zurückgekehrt war. Am 5. April nahm der Ministerrat den endgültigen Text an, er erschien am 8. April. Damit sollte ermöglicht werden, daß die Ernennung Franz Josephs zu einem früheren Datum erfolgte: es sollte nicht der Anschein erweckt werden, die Ernennung wäre auf die Wirkung der Petition zurückzuführen. Franz Joseph ging nicht nach Prag, um dort sein Amt zu übernehmen; Kolowrat hatte ihm davon abgeraten. Den Rücktritt Stadions mußte man nun aber akzeptieren. Nach langem Zögern ernannte Pillersdorf den Grafen Leo Thun zum Gubernialpräsidenten. In der Abwesenheit Franz Josephs wurde Thun damit der neue Leiter der böhmischen Regierung; Franz Joseph hat sein Amt nie ausgeübt.

Am 1. April konnte man in Prag noch nicht genau wissen, wie die Antwort ausfallen würde. Stadion ernannte an diesem Tag eine 24köpfige Gubernialkommission, ohne die Zustimmung Pillersdorfs eingeholt zu haben. Am 3. April rief er sie zur ersten Sitzung zusammen. Drei der Mitglieder waren Tschechen, dazu kamen sieben Aristokraten, die man kaum zu den Tschechen rechnen konnte; am 3. April wurden sie durch ein weiteres tschechisches Mitglied, durch Brauner, ergänzt. Offizielles Ziel war die Beratung der augenblicklichen Lage, aber die tschechischen Mitglieder sahen klar, daß Stadion damit das weitere Bestehen des Sankt-Wenzels-Ausschusses unmöglich machen wollte. František Palacký, Historiker und Führer des gemäßigten Flügels der nationalen Bewegung, machte durch seine Fragen und Bemerkungen diese Absicht Stadions deutlich. Am 4. April, dem zweiten Tag der Kommissionssitzung, gab Stadion die Bildung und das Wirken der Kommission auch öffentlich bekannt. Gleichzeitig unternahm er verschiedene Schritte, um die Stimmung zu beruhigen. Zum 500. Jahrestag der Gründung der Karlsuniversität am 7. April spendierte er den feiernden Studenten zehn Fässer Bier. Der Tag lief auch ganz ruhig ab.

Der Sankt-Wenzels-Ausschuß ließ sich aber nicht so leicht in den Hintergrund drängen. Nun, da ihn selbst die Prager Deutschen unterstützten, konnte er neben den Verfassungsfragen zweifellos grundlegende gesellschaftliche Forderungen in den Vordergrund rücken; er wünschte radikale Veränderungen, nicht bloß die Aufhebung der Frondienste. Für den 10. April 8 Uhr wurde eine neue Volksversammlung zusammengerufen, wieder in das Wenzelsbad. Hier wurde der Ausschuß auf 100 Mitglieder erweitert und von nun an Nationaler Ausschuß genannt. Neben der Wahl neuer Mitglieder wurden im Ausschuß auch Sektionen gebildet, die sich mit den verschiedenen Angelegenheiten beschäftigen sollten. Außerdem wurde beschlossen, außerhalb Prags sozusagen Filialen zu errichten. Im Grunde war das eine Art Landesregierung, oder jedenfalls begann man mit dieser Ausweitung, parlamentarische Aufgaben zu übernehmen. Damit sollte es dem von Stadion gebildeten Ausschuß unmöglich gemacht werden, eine ähnliche Tätigkeit zu entfalten. Insgesamt kamen zwölf Sektionen zustande; die erste war beauftragt, den zu wählenden böhmischen Landtag vorzubereiten, die siebente befaßte sich mit der Bauernbefreiung, die zehnte mit inneren Fragen, aber es gab auch Sektionen, die sich mit kommunalen und mit Unterrichtsfragen beschäftigten.

Zu dieser Zeit war der Text des Kabinettsbriefes vom 8. April bereits bekannt; die Deputation selbst kam am Nachmittag des 11. April in Prag an. Klug geworden aus den Erfahrungen der vorangegangenen Deputation, erklärte der deutsche Radikale Ludwig Ruppert auf der Sitzung des Sankt-Wenzels-Ausschusses vom 8. April, daß der Ausschuß auf jeden Fall etwas Positives aus der Antwort machen werde, wie immer sie auch lauten möge: „Auf jeden Fall der Antwort machen wir ein ‚Ja!' daraus. Für uns haben wir die Nation, für uns das Vertrauen der Nation, und ich glaube, daß uns hier im Lande keine Opposition entgegentreten werde [...] Es schwinden alle diese Uneinigkeiten unter diesen Nationalitäten!" In diesem Geiste erwartete die Menge vor dem Rathaus den Text des Kabinettsbriefes, der in zwei Sprachen verlesen wurde. Der Polizeichef meldete, daß die Antwort des Herrschers „auch die heftigsten Volksführer" zufriedengestellt habe. Das Verfassungsversprechen und die in Aussicht gestellten gesellschaftlichen Veränderungen brachten die Tschechen und die Deutschen noch in ein Lager zusammen, aber das war in Prag vielleicht der letzte Augenblick der Gemeinsamkeit. Der günstige Eindruck konnte selbst dadurch nicht gestört werden, daß die staatsrechtliche Vereinigung der drei böhmischen Provinzen aufgeschoben wurde. Der Nationale Ausschuß war sicher, daß es sich dabei um eine wirklich allgemeine Forderung handle. Neue deutsche und tschechische Zeitungen erschienen. Albrecht Graf Deym verschaffte sich die Erlaubnis, eine neue Zeitung, die „Národní Noviny" (National-Zeitung) herauszugeben, in der Tag für Tag Havlíčeks Artikel erschienen, die für nationale Forderungen eintraten. Auch eine neue deutsche liberale Tageszeitung gab es, die „Constitutionelle Zeitung aus Böhmen".

In Mähren war die Begeisterung für die Vereinigung nicht so einmütig. Schon am 11. März setzten sich in Kenntnis der ersten Petition etwa zwanzig Mitglieder der Ständeversammlung zusammen. Die Mehrheit sprach sich gegen die Vereinigung aus, nur die Tschechen waren dafür. Am 14. April wandte sich der mährische Landtag in einer offiziellen Adresse an die Regierung, um gegen die Vereinigung zu protestieren. Bereits von Ende März an begann es sich herauszustellen, daß die Tschechen und die Deutschen nur vorübergehend, durch die Begeisterung für die Verfassung, in ein Lager zusammengerückt waren. Die Zugeständnisse vom 8. April schlossen vorläufig ebenso eine Phase der Revolution ab, wie das in Wien durch die österreichische Verfassung und in Preßburg durch die Sanktionierung der ungarischen Gesetze geschehen war. In Wien konnte man glauben, daß auch hier die Ordnung wiederhergestellt wäre.

Das war deshalb besonders wichtig, weil in den südwestlichen Randgebieten Österreichs, im Lombardo-Venetianischen Königreich, die Lage sich vom ersten Tag an völlig anders gestaltet hatte.

Die Italiener

Am 17. März vormittag gegen 11 Uhr lief das Triester Post-Dampfschiff in den Hafen von Venedig ein. Eine große Menschenmenge wartete bereits auf das Schiff, Hunderte von Gondeln umgaben es. In Minutenschnelle hatte sich die Nachricht von der Abdankung Metternichs und den konstitutionellen Änderungen in Wien herumgesprochen. In der Stadt wurden die Mauern der Häuser mit Teppichen geschmückt, die Schiffe im Hafen zogen Fahnenschmuck auf. Eine rasch zusammengestellte Delegation verlangte die sofortige Befreiung der noch im Januar verhafteten Gefangenen. Der Statthalter, Alajos Graf Pálffy, stimmte zu. Unter den befreiten Gefangenen befanden sich auch Daniele Manin und Nicolò

Tommaseo, die bekannten Vorkämpfer der italienischen Einigungsbewegung. Auf dem Markusplatz ließ die versammelte Menge die Republik Venedig und bald auch Italien hochleben. Die Begeisterung griff auf die Städte im Inneren des Landes über. Am nächsten Tag verlangte eine städtische Bürgerdeputation unter Führung von Manin bereits die Genehmigung zur Aufstellung einer Nationalgarde. Da sich am Tag zuvor das Militär eingemischt hatte, war die Unruhe gewachsen. Abends lief ein anderer Triester Dampfer ein, der die Nachricht brachte, daß in Wien eine Verfassung genehmigt würde. Wieder brach Begeisterung aus, die Menschen ließen diesmal sogar auch den Kaiser hochleben.

Am 17. März kamen am frühen Morgen auch in Mailand die ersten Nachrichten aus Wien an. Der Statthalter, Erzherzog Rainer, der sich eben auf eine Reise nach Wien vorbereitete, wurde als erster informiert und entfernte sich eilends. Die Einwohner der Stadt erfuhren am frühen Nachmittag von den Ereignissen; man erwog sofort den Gedanken an einen bewaffneten Aufstand und die Bildung einer provisorischen Regierung nach Pariser Vorbild, die die Macht übernehmen und den Anschluß an ein einheitliches Italien vollziehen sollte, sobald das möglich war. Am Abend kam die Nachricht von den Wiener Zugeständnissen vom 14. März in bezug auf die Pressefreiheit, am nächsten Morgen (18. März) wurden die Mailänder schon durch Maueranschläge darüber informiert. Die Führer der nationalen Bewegung beschlossen, jetzt den Aufstand auszulösen. Das Militär setzte sich hier größtenteils aus Italienern zusammen, die dem Gedanken eines vereinten Italien ebenso positiv gegenüberstanden wie die Bewohner der Stadt. Zu einem beträchtlichen Teil verhielten sich die Truppen schon nicht mehr loyal. Oberbefehlshaber der lombardischen Truppen war der alte Feldmarschall Johann Joseph Wenzel Graf Radetzky, der gar nicht begriff, warum in der Stadt solche Unruhe herrschte. Seine Offiziere konnten ihn aber dennoch überreden, aus dem Gebäude des Oberkommandos abzuziehen und sich in die Stadtfestung von Mailand zu begeben. Am Nachmittag forderten die Revolutionäre unter der Führung von Gabrio Casati die Bildung einer Nationalgarde; gleichzeitig sollte die Aufrechterhaltung der Ordnung an die Führung der Stadt übergeben werden. Der österreichische Vizegouverneur erklärte sich einverstanden, Radetzky dagegen ordnete den Einsatz der Truppen an. Schon am Nachmittag wurden überall in den Straßen Barrikaden errichtet, der bewaffnete Kampf begann. Die italienischen Soldaten verließen jedoch ihre Truppeneinheiten und schlossen sich den Aufständischen an, und die restlichen Loyalen waren ihnen nicht gewachsen. Schon am 20. März mußten die Truppen aus der Innenstadt abgezogen werden. Der Feldmarschall ordnete die Beschießung der Stadt an, worauf die Konsuln der ausländischen Mächte, an ihrer Spitze der Vertreter Frankreichs, in voller Gala bei ihm erschienen und Protest erhoben. Eine Mailänder Deputation ging nach Turin ab, um bei Karl Albert, dem König von Sardinien-Piemont, um Hilfe zu bitten.

Der König zeigte sich zunächst nicht bereit, in Mailand die Republik zu proklamieren. Tatsächlich bildete sich dort am 22. März unter der Führung von Casati eine provisorische Regierung. In der Stadt wurde überall das Bild des Papstes Pius IX. aufgestellt, der 1846 gewählt worden war und einiger Maßnahmen wegen als liberal galt. Es gab nicht wenige im Land, die ein vereintes Italien mit der Hilfe des als fortschrittlich geltenden Papstes verwirklicht sehen wollten.

Die Mailänder provisorische Regierung übernahm zunächst nur in der Stadt die Macht (die Regierungsmitglieder waren aus dem Stadtrat hervorgegangen), doch verkündete sie sofort ihre Absicht, dies auch in der gesamten Lombardei tun zu wollen.

Am Nachmittag um 5 Uhr begannen die österreichischen Truppen die Stadt mit Kanonen zu beschießen; das war aber nur eine Aktion, die ihren Rückzug decken sollte. Radetzky sah ein, daß er mit seinen reduzierten Truppen nicht in der Lage war, sich mit Gewalt an der Macht zu halten. Um Mitternacht begann der Rückzug der Truppen. In mehrtägigen Märschen zog sich Radetzky auf das Festungsviereck Verona—Peschiera—Mantua—Legnano zurück, in der Mitte zwischen den zwei italienischen Provinzen, mit dem Plan, hier festen Fuß zu fassen, bis Verstärkung aus Österreich eingetroffen wäre. Der größte Teil der lombardischen Provinz fiel in die Hände der Aufständischen.

Auch in Venedig trat eine Wende ein. Bis zum 20. März hatte die österreichische Führung noch glauben können, daß ihre Zugeständnisse ihre Wirkung gehabt hätten und daß es hier zu keinem Aufstand kommen würde. Am Abend erschien Nándor Graf Zichy, der Militärbefehlshaber der Provinz Venetien, noch im Teatro Fenice, und es waren Hochrufe auf ihn zu hören. Auch in Padua schien es, als wäre alles in Ordnung. Die Matrosen der österreichischen Flotte dachten aber anders; es waren zum überwiegenden Teil Italiener, und auch sie wünschten ein vereintes Italien. Im Arsenal wandten sie sich gegen ihre Offiziere; am 22. März hatten sie das Waffendepot in ihrer Hand. Auf diese Nachricht hin verkündete Manin den Sturz der Tyrannei und rief die Republik aus. Und das sollte nicht nur eine Republik Venedig, sondern eine Republik Italien sein. Einigen Schiffen der österreichischen Kriegsflotte gelang es, sich nach Pola hinüberzuretten. Der Hauptteil der Bevölkerung schloß sich der Revolution an. Manin wurde Ministerpräsident und bekleidete zugleich das Amt des Außenministers. Auch die anderen Portefeuilles wurden von Anhängern der Revolution übernommen. Nach der Lombardei war nun auch Venedig für Österreich verloren, die österreichische Herrschaft war innerhalb weniger Tage zusammengebrochen.

In den italienischen Gebieten hatte die Revolution einen ausschließlich nationalen Charakter. Die gesellschaftlichen Veränderungen, die überall in Österreich auf der Tagesordnung standen, waren für die beiden Provinzen sinnlos, es gab kein feudales System, das man beseitigen mußte, die Forderung der Pariser Arbeiter nach einer sozialen Republik war hier, selbst in Arbeiterkreisen, noch unbekannt. Die Frage der italienischen Einheit dagegen war seit Jahren schon tägliches Gesprächsthema, und sie riß nun auch die Bevölkerung des Kirchenstaates zur Begeisterung hin. Auch in Rom waren die Anhänger der Einheit praktisch durch eine unblutige Revolution zur Herrschaft gelangt, und der Papst sah sich gezwungen, einer Verfassung zuzustimmen. Am 24. März setzten sich die ersten Truppeneinheiten des Staates nach Norden in Bewegung, um bei der Vertreibung der Österreicher Hilfe zu leisten. Auch Toskana und Modena schlossen sich an. Die aus dem Hause Habsburg stammenden beiden Herrscher waren gezwungen, den revolutionären Forderungen nachzugeben, eine Verfassung zu gewähren und ihre Truppen gegen Österreich einzusetzen. Großherzog Leopold II. von Toskana handelte aus eigener Begeisterung, Franz V. von Modena nur gezwungenermaßen, das Ergebnis aber war das gleiche.

Die wichtigste Rolle spielte aber keiner von ihnen, sondern der König von Sardinien, Karl Albert. An seinen strengen absolutistischen Überzeugungen hätte selbst Metternich seine Freude gehabt. Vor fast drei Jahrzehnten war in Piemont mit österreichischer Hilfe eine Revolution niedergeschlagen worden, und nun war sie erneut da. Karl Albert mußte nachgeben, so sehr er auch vor dem Gedanken an eine italienische Einheit zurückschreckte, der sehr nach Republik schmeckte. Er konnte sich auch darauf berufen, daß die Vertreter der ausländischen Mächte, vor allem der englische Gesandte, vor Schritten gegen Österreich gewarnt hatten. Am 22. März überreichte der Außenminister des Königreiches Sardinien dem österreichischen Gesandten eine Note, in der erklärt wurde, wie sehr die Aufrechterhaltung des guten Verhältnisses zum Kaiserreich eine Herzensangelegenheit der Regierung sei. Die Note, die am folgenden Tag überreicht wurde, hatte zum Inhalt, daß der König bestrebt sei, die republikanische Bewegung in der Lombardei an ihrer weiteren Entfaltung zu hindern. Der Außenminister kündigte den diplomatischen Vertretungen in einem Rundbrief bereits den Krieg an und berief sich dabei wieder auf die republikanische Gefahr. Am 24. März morgens kam die Nachricht vom Abzug der Österreicher aus Mailand. Noch am gleichen Morgen erschienen Maueranschläge mit einer Verlautbarung der Regierung: Auf Gott vertrauend habe der König sich zur größten Tat seines Lebens entschlossen und rufe die Bevölkerung der Lombardei und Venetiens auf, sich seinem edlen Vorhaben anzuschließen. Die militärischen Vorbereitungen waren unzulänglich. Der französische Gesandte meldete, daß der riesige Gegensatz zwischen der Kühnheit des Unternehmens und der Unzulänglichkeit der Mittel ihn am meisten überrascht habe. Mit Recht konnte man aber auf die Italiener in der Lombardei und in Venetien rechnen. Am 25. März überschritten die piemontesischen Truppen die Grenzen der Lombardei und zogen in Mailand ein. Die Bevölkerung begrüßte sie überall als Befreier. Der König selbst zog am 28. ins Feldlager, am folgenden Tag konnte die Bevölkerung von Pavia ihm schon ihre Huldigung darbringen. Er hielt es für selbstverständlich, daß die provisorische Regierung in Mailand sich ihm anschließen würde. In Mailand zögerte man, obwohl gerade von hier aus Piemont zuerst zum Handeln gedrängt worden war. Am 8. April wurde die vorläufige Regierung erweitert und übernahm nun die Macht über die gesamte Lombardei, d. h. über das ganze Land mit Ausnahme jenes kleinen Gebietes, das Radetzky besetzt hielt. Noch am gleichen Tag kamen die piemontesischen Truppen bei Goito zu ihrem ersten Sieg über die verbliebenen österreichischen Truppen; bis dahin waren sie auf keinerlei Widerstand gestoßen. Am 13. April erreichten sie schon einen der Eckpunkte des Festungsvierecks, Peschiera, und begannen die Beschießung der Stadt. Am 29. fügten sie den Österreichern bei Pastrengo eine neue Niederlage bei.

Viele hielten die Lombardo-Venetianischen Provinzen für verloren, sogar in Wien. Die liberalen und radikalen Blätter waren voll von Artikeln darüber, daß das verjüngte Österreich sich nicht gegen die einhelligen Wünsche der italienischen Nation wenden dürfe. Man müsse die beiden Provinzen aus dem Reich entlassen. Die Freiheit solle gemeinsam, für alle gelten. Die österreichische Regierung war sich nach den Berichten Radetzkys darüber im klaren, welche schweren Verluste die österreichischen Truppen schon bisher erlitten hatten. Als besonders erschütternd empfand sie das Überlaufen der italienischen Soldaten und Matrosen. Pillersdorf erklärte am 20. April vor dem Ministerrat, daß man der Lombardei die Unabhängigkeit werde geben müssen (Venetien wollte er auch in dieser Situation noch nicht gern aufgeben). Ficquelmont hielt diesen Schritt für verfrüht; so wurde er von der Tagesordnung vorläufig wieder abgesetzt. In der Praxis war er eigentlich schon erfolgt. Und für die Wiener Regierung gab es in anderen Ecken Österreichs weitere Schwierigkeiten, noch über die hinaus, die wir schon behandelt haben.

Die Polen

Es hatte fast den Anschein, als müßten sich die Österreicher aus Galizien ebenso schnell zurückziehen wie aus der Lombardei und aus Venetien. Der polnische Adel sah nach den ersten Nachrichten aus Paris die Zeit gekommen, den polnischen Staat wiederherzustellen. Die Sache der Polen konnte in Europa auf noch größere Sympathie rechnen als die der Italiener. Jeder einigermaßen fortschrittlich denkende Mensch empfand in diesen Jahren die Aufteilung des polnischen Staates unter seine Nachbarn als eine unerhörte Niederträchtigkeit, selbst solche, die schon vor dem Anschein revolutionärer Veränderungen zurückschreckten. Die Polen rechneten ernsthaft mit der Hilfe der französischen Republik. Wenn in Österreich die Revolution ausbrach, mußte die polnische Einheitsbewegung offensichtlich auch von Galizien ausgehen; die anderen, unter preußischer und russischer Herrschaft stehenden polnischen Gebiete würden sich dann anschließen (im Falle des Großherzogtums Posen, das unter preußischer Oberhoheit stand, trat das auch tatsächlich ein).

Am 18. März kamen die Nachrichten von der Wiener Revolution nach Lemberg, der Hauptstadt der galizischen Provinz, und das war sofort das Zeichen für nationale Demonstrationen in der Stadt. Noch am gleichen Tag erschien eine Deputation beim Statthalter und überreichte ihm eine an den Kaiser gerichtete Petition. Unter Berufung auf die Wiener Zugeständnisse waren die darin enthaltenen Ansprüche in dreizehn Punkten zusammengefaßt: 1. Sicherung der polnischen Nationalität, Beseitigung aller Hindernisse für die freie nationale Entwicklung, Einführung der polnischen Sprache in den Schulen, an den Gerichten und bei den politischen Behörden. 2. Eine besondere (selbstverständlich polnische) Provinzialverwaltung. 3. Allgemeine politische Amnestie. 4. Überprüfung der ständischen Verfassung, Vertretung aller Klassen der Bevölkerung im Sejm (polnischer Reichstag), der dringend zusammengerufen werden solle. 5. Aufhebung der Zensur und aller Maßnahmen, die die Presse beschränkten. 6. Dringende Bewaffnung der Städte im Interesse der Sicherheit von Personen und Vermögen. 7. Einführung von städtischen Vertretungen auf der breitestmöglichen Grundlage. 8. Einrichtung von Volksschulen. 9. Öffentlichkeit im Justizwesen, mündliche Verhandlung, Geschworenengerichte. 10. Völlige Aufhebung der Frondienste und aller übrigen Dienstleistungen der Hörigen als Geschenk der galizischen Grundherren für ihre Bauern. Gleichzeitige Aufhebung der Hörigkeit und aller gegenseitigen Verpflichtungen. 11. Völlige bürgerliche und politische Gleichheit aller Personen und Konfessionen vor dem Gesetz. 12. Die Behörden dürfen nur Angestellte beschäftigen, die in Galizien geboren sind, alle Fremden sind von jeder Amtstätigkeit auszuschließen. 13. Das Militär des Landes (d. h. also Galiziens) muß im Lande bleiben, mit nationalen Einrichtungen und einheimischen Offizieren.

Wieder ist die wesentliche Übereinstimmung mit den bekannten ungarischen oder tschechischen Forderungen eindeutig. Die Analogie zu Ungarn lag nicht so sehr in den zwölf Punkten vom März, sondern in den Forderungen des Landtages. Auf die starken Wurzeln der nationalen Bewegung in Polen verweist die Tatsache, daß schon im ersten Punkt auf die Anerkennung der Nation eingegangen wurde. Nicht uninteressant ist auch die Formulierung im 10. Punkt, daß die Grundherren die Aufhebung der Frondienste (was gleichzeitig bedeutet, daß die Bauern Boden erhalten) ihren Hörigen als Geschenk überreichen wollen. Es lag erst zwei Jahre zurück, daß die polnischen Adeligen in Galizien das schon einmal versucht hatten. Damals war es den österreichischen Behörden gelungen, die Durchführung zu verhindern.

Statthalter von Galizien war Franz Graf Stadion, Bruder von Rudolf Graf Stadion, dem obersten Burggrafen von Prag. Aber er war aus einem ganz anderen Holz geschnitzt, entschlossen und energisch, mit großen Verwaltungserfahrungen ausgestattet. Trotz seiner Herkunft aus der Aristokratie trat er für eine Art gemäßigter bürgerlicher Umgestaltung ein, etwa in der Form, wie sie sich gerade in diesen Tagen in Wien herausbildete. Gleichzeitig aber fühlte er sich der Einheit Österreichs unbedingt verpflichtet und zeigte daher wenig Verständnis für die nationalen Forderungen der Polen. Er wollte auf alle Fälle die Herrschaft Österreichs in Galizien aufrechterhalten. Aber er war ein kluger Mann und sah deutlich, daß man im Augenblick in gewissen Fragen Zugeständnisse machen mußte. Am leichtesten schien es ihm, die politischen Gefangenen freizulassen und die Aufstellung einer Nationalgarde zu genehmigen, allerdings nur in Lemberg. Hinsichtlich der übrigen Forderungen verwies er die Deputation an den Kaiser, und am nächsten Tag brachen die Deputierten nach Wien auf. Am 21. März bildete sich der Zentrale Nationalrat mit einem siebenköpfigen Direktorium an der Spitze.

Auch in Krakau kam die Bevölkerung am 18. März in Bewegung, ähnlich wie in Lemberg, und auch hier waren es die Forderungen nach Freilassung der politischen Gefangenen und der Bildung eines städtischen Ausschusses, denen die örtlichen Behörden nachgaben. Die übrigen Forderungen waren im großen und ganzen mit denen der Lemberger identisch. Krakau entsandte ebenfalls eine Deputation nach Wien, wo sich die beiden Abordnungen trafen und ihre Forderungen koordinierten. Sie stellten eine gemeinsame Petition zusammen, in die sie auch schon die Bildung eines provisorischen polnischen Nationalen Ausschusses aufnahmen. Die Lemberger Petition verhehlte auch nicht, daß ganz Galizien in Bewegung geraten würde, wenn es in irgendeinem polnischen Gebiet zum Aufstand kam. Dennoch verschleppte die Regierung die Antwort und entließ die Delegierten lediglich mit dem Versprechen, daß der Herrscher die Wünsche seiner treuen Untertanen später erwägen werde.

Inzwischen war es Stadion mit einem geschickten Zug gelungen, die mögliche gesellschaftliche Basis für die polnische adelige Bewegung, die polnischen Bauern, zu isolieren. Die Grundherren durften zwar selbst die Frondienste aufheben, durch einen Runderlaß vom 5. April war dieses Recht aber an außerordentlich langwierige bürokratische Formalitäten gebunden. Stadion selbst empfahl die völlige Beseitigung aller Fron- und sonstigen Dienste und dies sofort und als Beweis kaiserlicher Gnade. Endlich bekam er die Genehmigung und konnte am 24. April bekanntgeben, daß mit Wirkung vom 15. Mai die Hörigen gegen entsprechende Entschädigung (über die nichts Konkretes gesagt wurde) von allen Verpflichtungen befreit seien. Damit war ein Keil zwischen adelige Grundbesitzer und Bauern getrieben. Vergeblich erklärten die Adeligen, daß diese Verordnung gerade auf die Bitte der Grundherren zustande gekommen sei; die Bauern Galiziens (welche zur Hälfte gar keine Polen waren) sahen nur, daß ihre Befreiung in Wien entschieden worden war. Damit waren die nationalen Ansprüche des polnischen Adels bereits entschärft. Die Jugend von Krakau hatte sich am 25. März in einem Manifest an die Wiener Universitätsjugend gewandt: „Die erste Polenstadt, wohin zuerst die glänzenden Strahlen Eurer Freiheit eingedrungen, jene Polenstadt, deren Körper zwar von so vielen, dem Vaterlande beigebrachten Wunden ermattet, deren Seele aber gleichwohl stark und vom Unglücke nicht gebeugt ist, sie begrüßt Euch, Wiener!

Im Namen der Krakauer Jugend kommen wir, Euch, Brüder, den innigsten Dank auszusprechen für die Befreiung vom Joche der Zensur und des tyrannischen Systems, das Ihr gestürzt habet [...]

Aber bedenket auch, daß nur ein Volk, welches ungeachtet seiner Ausdehnung sich einer vollkommenen, seiner Nationalität und moralischen Entwicklung entsprechenden Freiheit erfreut, die segensvollen Früchte derselben lauter genießen kann [...]

Freiheit, Gleichheit und Bruderliebe, diese heilige Dreifaltigkeit des politischen Glaubens freier Völker, umfaßt nicht nur einzelne Individuen, sondern ganze Nationen."

Solche Aufrufe verursachten den Behörden keine Sorgen. Ihr Tonfall war ohnehin überall der gleiche, und „oben" begann man sich bereits daran zu gewöhnen.

68

Die Kroaten

Die Position eines Banus von Kroatien war seit 1845 nicht besetzt; damals hatte Baron Franjo Haller abgedankt. In den ersten Tagen der Revolution hatte der Kanzler von Siebenbürgen, der völlig verknöcherte konservative Baron Samu Jósika, Erzherzog Ludwig vorgeschlagen, für diese Aufgabe einen „entschlossenen und vertrauenswürdigen" Mann zu ernennen. Kroatien war als Gegengewicht gegen die ungarischen Bestrebungen wichtig, wegen der Militärgrenze auch vom militärischen Standpunkt. Den entschlossenen und vertrauenswürdigen Mann fand man rasch in der Person des Grenzlergenerals Josip (Josef) Jellačić. Jellačić hatte einige Jahre zuvor noch zur madjarischen Partei gehört, sich aber dann den Illyrern angenähert, die dem ungarischen Reformadel gegenüberstanden. Auf jeden Fall war er kaisertreu. Da er arm und kein Aristokrat war (dem half man allerdings rasch ab, indem man ihn in den Rang eines Barons erhob), war von ihm keine selbständige Politik zu erwarten. Der Obergespan von Agram, Baron Franjo Kulmer, brachte seinen Namen ins Gespräch, und am 23. März wurde er bereits in alter absolutistischer Manier zum Banus ernannt: Der verantwortliche ungarische Ministerpräsident wurde nicht einmal gefragt. Neben seiner Banus-Würde wurde Jellačić auch zum Oberbefehlshaber der kroatischen Truppen ernannt und zum Generalmajor befördert.

Als Kulmer mit der Nachricht in der kroatischen Hauptstadt eintraf, war man dort schon über die Wiener und sogar über die Pester und die Preßburger Ereignisse informiert. Die Führung der nationalen Partei war sich darüber im klaren, daß sie in dem Chor der Fordernden nicht fehlen durfte. Sie wußte auch, daß die Bauern in den Dörfern voller Unruhe waren und keine Frondienste mehr leisten wollten. Am 25. März formulierte sie ihre Forderungen und faßte sie in dreißig Punkten zusammen. An erster Stelle stand die Ernennung von Jellačić zum Banus, dann folgte die Einberufung des kroatischen Landtages spätestens bis zum 1. Mai. Danach erst folgten die Punkte, in denen wesentliche Veränderungen gefordert wurden: die Vereinigung von Dalmatien mit Kroatien und Slawonien, der Wiederanschluß der Militärgrenze zu Zivilkroatien, die nationale Unabhängigkeit, eine dem kroatischen Landtag verantwortliche Regierung, die nationale (d. h. also die kroatische) Sprache in der Verwaltung und im Unterrichtswesen, eine Universität in Agram, „politische und geistige Entwicklung auf der Grundlage des freien Nationalgeistes", jährliche Einberufung des Landtages, Freiheit der Presse, des Gewissens, der Rede und des Unterrichts, Gleichheit vor dem Gesetz, Volksvertretung nach dem Prinzip der Gleichheit (d. h. Ausweitung des Wahlrechts, jedoch nicht eindeutig das allgemeine Wahlrecht), allgemeine Steuerpflicht, Beseitigung der Frondienste, eine Nationalbank, Trennung der kroatischen Finanzangelegenheiten von den ungarischen, Nationalgarde, Kroatisch als Leitsprache beim Militär, Zollfreiheit innerhalb des Reiches, Versammlungs- und Vereinsfreiheit, Maßnahmen zur Eingliederung der Soldaten der Militärgrenze in die bürgerliche Gesellschaft, ausschließlich kroatische Beamte und höhere geistliche Würdenträger (das richtete sich gegen den ungarischen Einfluß) und schließlich „30. Die Aufhebung des Zölibats und Einführung der nationalen Sprache in der Kirche, altem kroatischem Recht und Brauch gemäß". Letzteres bezieht sich auf die Einführung der slawischen Sprache im Gottesdienst nach der alten glagolitischen Schrift. Gleichzeitig wird in diesem Punkt der nationale Charakter der katholischen Religion sehr deutlich.

Auf der Reise nach Wien mußte die Deputation unterwegs beklommen feststellen, daß die Hörigen wirklich nicht bereit waren, die Felder zu bestellen. In Wien erfuhr sie von den vom ungarischen Landtag beschlossenen Gesetzen, die schon die Aufhebung der Hörigkeit festlegten. Als die Delegation am 29. März in Wien ankam, wurde allerdings gerade davon gesprochen, daß der Herrscher dieses Gesetz nicht sanktionieren würde, es war aber auch nicht unvorstellbar, daß es doch durchkam. Die Gesetze, die der ungarische Landtag beschloß, waren auch für Kroatien und Slawonien gültig. Es konnte nicht schaden, dem zuvorzukommen.

Die Forderung nach Vereinigung mit Dalmatien wies Wien zurück, aber auch in bezug auf die anderen Punkte legte sich der Hof nicht fest — das Verhältnis zu den Ungarn war noch nicht geklärt. Jellačić konnte nun aber sofort nach Agram reisen, um sein Amt anzutreten. Den Eid wollte er nicht ablegen, das hätte ihn an Ferdinand als ungarischen König gebunden; aber der Hof nahm ihm das nicht übel. In Agram angekommen, gab er am 19. April der Bevölkerung in einer Deklaration seine Ernennung und zugleich sein Programm bekannt. Das Wichtigste war folgendes: „Die Revolution erschütterte und stürzte die alten Grundlagen des socialen Lebens, der nationalen und staatlichen Beziehungen, namentlich aber unserer Beziehungen zu unserem alten Bundeslande Ungarn, — und deshalb ergibt sich für uns die Notwendigkeit, mit Rücksicht auf unseren uralten Verband mit der Krone Ungarns selbst, dahin zu wirken, daß unser Verhältnis zu derselben auf neue, dem Geiste der Freiheit, Selbständigkeit und Gleichheit entsprechende, also einer freien und heldenmütigen Nation würdige Grundlagen basiert, bis dahin aber unsererseits jede Beziehung zu der gegenwärtigen neuen ungarischen Regierung abgebrochen werde. — Es gilt das große Werk der staatlichen Wiedergeburt der Nation zu vollführen, und zwar auf dem natürlichen und gesetzlichen Wege, d. h. auf dem unseres Landtages, auf welchem der Wille der gesamten Nation kundgegeben und vernommen wird." Und als Zeichen des völligen Bruchs mit der ungarischen Regierung gab er am 25. April in einem offenen Brief die Aufhebung aller Dienstleistungen der Hörigen bekannt und berief sich dabei darauf, daß trotz früherer Bekanntmachungen die Bauern sich noch in Ungewißheit befänden. Aus diesem Grunde sende er (aber er gebrauchte dabei den Pluralis majestatis) ihnen diesen offenen Befehl, „von dem Wunsche Eurer Beruhigung und Sicherstellung beseelt, Euch allen, Kroaten und Slavoniern, die Ihr bis nun herrschaftliche Untertanen gewesen seid, dieses offene Banalschreiben, mittelst welchem wir Euch Euere neuerworbenen Gerechtsamen und Freiheiten, wonach Ihr und Euere gesammte Nachkommenschaft auf ewige Zeiten von der herrschaftlichen Robot und von jeder Urbarialleistung, so wie vom Kirchenzehent befreit seid, kraft und vermöge unserer Banal-Würde und Autorität gewährleisten, und Euch versichern, daß Euch Niemand diese Euere nunmehr nach dem Gesetze zugestandenen und vom allergnädigsten König bestätigten Gerechtsamen und Freiheiten in alle Ewigkeiten nehmen kann und darf".

Die Erwähnung der königlichen Sanktionierung ist natürlich die verschämte Umschreibung der Tatsache, daß das Gesetz vom ungarischen Landtag verabschiedet wurde. Jellačić aber wollte nur mit dem Kaiser die Verbindung aufrechterhalten. Und damit sind wir wieder bei dem Thema angelangt, das schon in Polen angeklungen und auch anderswo bedeutsam war: den Konflikten der verschiedenen Nationen Österreichs untereinander.

Halten wir vorher aber noch für einen Augenblick an: In der zweiten Aprilhälfte schien das Lombardo-Venetianische Königreich bereits verloren, Österreich aber durchlief inzwischen eine Revolution, in der es fast ohne Blutvergießen um eine Verfassung ging: jeder bekam, was er sich wünschte: die Pressefreiheit, eine verantwortliche Regierung, genaugenommen sogar zwei, und wenigstens das Versprechen darauf, daß gewählte Volksvertretungsorgane mit Gesetzgebungskompetenz zusammentreten würden, wenn auch Details noch nicht geklärt waren. Sogar die Hörigkeitsverhältnisse waren im Prinzip aufgehoben, oder zumindest war ihre Aufhebung für absehbare Zeit angekündigt. Das, wofür am 13. März und in den folgenden Tagen in den einzelnen Hauptstädten des Reiches die Revolution ausgebrochen war, das, was die zahlreichen Bauernbewegungen hatten unvermeidbar werden lassen: alles das war eingetreten. Es waren nur noch die Details auszuarbeiten.

Die Revolution hatte gesiegt. So sahen es in diesem Augenblick viele in der Politik Erfahrene, so sahen es fast alle, die sich von Berufs wegen mit Politik befaßten, aber so sah man es auch in breiteren Kreisen, in denen man sich einfach für die Nachrichten über die Ereignisse interessierte. Sogar am Hof sah man das so, ohne freilich die Begeisterung für die Freiheit zu teilen. Man fand sich mit einer konstitutionellen Monarchie ab, um die Einheit des Reichs zu erhalten.

DER STURM IM ZWIST

Wie empfanden nun die Nationen ihre reale Situation? Die tschechischen Politiker hatten die Verfassung bereits kritisiert, weil sie ihnen zu zentralistisch war und keinen Hinweis auf die Versprechungen des Kabinettbriefes vom 8. April enthielt. Die polnische Deputation wurde noch in Wien von der Veröffentlichung der Verfassung überrascht und protestierte sofort dagegen, daß die Sonderstellung ihres Landes nicht berücksichtigt war (obschon das nicht versprochen worden war). Die Ungarn protestierten nicht, denn was ging sie diese ganze Verfassung überhaupt an? Die deutschsprachigen Österreicher aber, oder wenigstens ein Teil von ihnen, konnten sich für die Verfassung nicht begeistern, weil eben ganz Ungarn außerhalb stand, obwohl es ein Teil Österreichs war, ebenso wie die Lombardei und Venetien. Auch darüber verlor die Verfassung nicht ein einziges Wort. (Wir haben gesehen, wie ungewiß es war, ob die beiden Länder überhaupt in irgendeiner Form weiter zum Reich gehören würden.) Ein anderer Teil der Deutschen vermißte Hinweise auf ein vereintes Deutschland und die Position Österreichs darin. Gerade die revolutionärsten Wiener Führer gehörten zu diesen Kritikern. Sie begrüßten das Fernbleiben Ungarns geradezu mit Freude, erblickten sie doch in einem Ungarn mit konstitutionellen Zuständen den vertrauenswürdigsten Bundesgenossen im Kampf gegen die Kamarilla und die Reaktion. Aber den schwersten Fehler der Verfassung sahen sie nicht im Fehlen der deutschen Einheit, sondern im konservativen Inhalt, im vorgesehenen Oberhaus, im Wahlzensus — und überhaupt darin, daß diese Verfassung ein Geschenk von oben und nicht von einer gewählten verfassunggebenden Versammlung ausgearbeitet worden war. Neue Forderungen traten auf den Plan.

Pillersdorf hatte die Verfassung als einen Abschluß oder wenigstens als eine Beruhigung gedacht und mußte nun erkennen, daß er genau das Gegenteil erreicht hatte. In den ersten Wochen war es das Wichtigste, wie die Wiener Revolution für die Weiterentwicklung der Verfassung im Interesse der Erfüllung ihrer radikalen Forderungen eintrat.

Der Mai in Wien

In Wien herrschte wieder große Unruhe, Demonstrationen folgten einander. Delegationen erschienen mit den unterschiedlichsten Forderungen. Die Wiener Bürger brachten den unbeliebten Ministern und anderen hohen Würdenträgern Katzenmusiken dar (eine seit dem 18. Jahrhundert in Studentenkreisen gebräuchliche Sitte, sein Mißfallen auszudrük- ken). Auch die Kirche mußte Angriffe hinnehmen, die Liguorianer (oder Redemptoristen, ein Orden mit volksmissionarischen Zielen und bekannten Predigern) wurden aus Wien vertrieben. Am 2. und am 3. Mai abends bekam Ficquelmont seine Katzenmusik. Am 4. Mai legte er seine Funktionen als Ministerpräsident und Außenminister nieder. Der Hof wollte Johann Philipp Freiherr von Wessenberg-Ampringen als Nachfolger haben, der gerade

75 Jahre alt war und im fernen Freiburg im Breisgau als ehemaliger österreichischer Diplomat im Ruhestand lebte. Es dauerte eine Weile, bis er von seiner Ernennung erfuhr. Inzwischen übernahm vorübergehend Franz Freiherr von Lebzeltern-Collenbach die Führung des Außenministeriums, während Pillersdorf den Vorsitz des provisorischen Staatsministeriums innehatte. Er bot zwar schon am nächsten Tag seinen Rücktritt an und schlug Franz Stadion als Nachfolger vor, dieser lehnte aber ab. Anton Freiherr von Dobblhoff-Dier wurde Handels- und Industrieminister (ein Amt, das es bisher nicht gegeben hatte). Er war als aktives Mitglied des niederösterreichischen Landtags bekannt und hatte vorher noch nie im Staatsdienst gestanden. Einige Tage später wurde Andreas Baumgartner, der Direktor der staatlichen Tabakfabrik, zum Minister für Öffentliche Arbeiten (ebenfalls neu) ernannt. Seine wichtigste Aufgabe bestand darin, öffentliche Arbeiten auszuschreiben, um die Arbeitslosigkeit zu mildern. (Die beiden neuen Portefeuilles gab es bereits in der ungarischen Regierung.) Einige andere Leute wurden entlassen, weil sie nicht grundlos von der öffentlichen Meinung verdächtigt wurden, Gegner der revolutionären Errungenschaften zu sein. Die personellen Veränderungen bewegten sich freilich noch in einem engen Rahmen. Baumgartner war zwar Bürger und nicht Aristokrat, aber immerhin Staatsbeamter. Die Arbeiter, die Akademische Legion, ja sogar die Nationalgarde waren weiterhin unzufrieden.

Am 11. Mai wurde in Form eines kaiserlichen Reskripts der Reichstag für den 26. Juni einberufen. Nach dem Erlaß konnte das Oberhaus insgesamt 200 Mitglieder umfassen, wovon 150 von den Großgrundbesitzern zu wählen waren: dieser Punkt der Verfassung behielt seine Gültigkeit. Das Ergebnis konnte für niemanden zweifelhaft sein. Der Erlaß schrieb einen Wahlmodus vor, nach dem Arbeiter, Knechte, Mägde überhaupt kein Wahlrecht bekamen (ebensowenig die Empfänger von Wohlfahrtsunterstützung oder Sozialfürsorge, wie wir heute sagen würden), aber auch die Wahlberechtigten konnten nur Wahlmänner wählen, deren Aufgabe es dann war, die Abgeordneten zu wählen. Dieses zweistufige, indirekte Wahlrecht war zwar auf die Bauern ausgedehnt, aber es behinderte offensichtlich die breiteren Schichten in der Durchsetzung ihres politischen Willens. Es gab zu dieser Zeit in Wien bereits genügend Menschen, die über die entsprechende politische Bildung verfügten, um dies zu verstehen.

Die Nationalgarde war nicht bereit, diesen Erlaß einfach hinzunehmen; das Zentralkomitee der Nationalgarde, Bürger und Studenten Wiens, das sich am 5. Mai gebildet hatte, protestierte dagegen. Daraufhin empfahl der von oben ernannte Befehlshaber der Nationalgarde, Ernst Graf Hoyos-Sprinzenstein, die freiwillige Auflösung des Komitees. Davon konnte natürlich gar keine Rede sein. Die Wiener kannten nun schon die Art und Weise, wie sie dem Hof, der Regierung und allen, die „oben" die Beendigung der Revolution betrieben, ihren Willen aufzwingen konnten. Die Nationalgarde, die Arbeiter und Studenten führten eine Volksversammlung durch, in der sie eine neue Petition (später „Sturmpetition" genannt) verfaßten: Der Reichstag sollte nur aus einer Kammer bestehen und die Abgeordneten auf der Grundlage des allgemeinen Wahlrechts gewählt werden. So wie vor zwei Monaten versammelte sich auch jetzt, am 15. Mai, eine große Menschenmenge um die Burg, wo die Regierung gerade ihre Sitzung abhielt, und forderte die Modifizierung des Erlasses mit sofortiger Wirkung und die Rücknahme der geplanten Auflösung des Zentralkomitees der Nationalgarde. Die Regierung wagte keinen Widerstand, niemand zögerte so lange wie damals am 13. März. In den Abendstunden konnten die drohend um die Hofburg versammelten Revolutionäre nach der Nachricht von ihrem neuen Triumph in die Vorstädte zurückkehren. Schon am nächsten Tag erschien ein vom Kaiser und allen

Ministern unterschriebenes Manifest über die Erfüllung aller Forderungen und am folgenden Tag noch ein weiteres, das keinen Zweifel daran ließ, daß der Reichstag nur aus einer Kammer bestehen und auf der Grundlage des allgemeinen und gleichen Wahlrechts gewählt werden würde.

Das war der bisher größte Sieg der Revolution, und damit veränderte sich die Situation grundlegend. Nun konnte der Reichstag wirklich auch die unteren Klassen vertreten, und man konnte eine völlig neue Verfassung ausarbeiten. Und auch die Lage der deutschen Einheit bekam eine neue Perspektive. Die Radikalen, die die Forderungen der Sturmpetition formuliert hatten, hatten bisher die Republik als beste und einfachste Lösung aller Probleme, insbesondere der deutschen Einheit, kaum erwogen, da sie annahmen, Nationalgarde und Arbeiterschaft wären noch von Ehrfurcht für das Herrscherhaus erfüllt; aber auch das sah nun anders aus. Die Revolution war einen großen Schritt vorwärtsgekommen.

Mit diesem Sieg aber trat genau das ein, was auch in Paris schon zu sehen war: Radikale und Liberale, Arbeiter, Studenten, Großbürger und Aristokraten waren sich bisher im Kampf gegen die alte Ordnung, gegen das Metternich-System, einig gewesen. Nun begannen sich ihre Wege zu trennen. Den Liberalen gingen die Ergebnisse der Sturmpetition schon zu weit, für die Radikalen waren sie nur ein Schritt, dem weitere folgen mußten: Die Revolution war für sie noch nicht abgeschlossen, sondern begann sich gerade triumphal zu entfalten.

Wenn schon die Liberalen, die Mitglieder der Regierung eingeschlossen, vor den Ereignissen im Mai erschraken: um wieviel größer mußte die Furcht am Hof, bei den Erzherzögen und Erherzoginnen sein! Sophie war auch jetzt aktiv, wie immer, und handelte nun wirklich im wahrsten Sinne des Wortes konterrevolutionär. Dem Hof war klar, daß die Zahlenverhältnisse (am 15. Mai gab es 40 000 Bewaffnete in der Nationalgarde, und 6000 in der Akademischen Legion, denen 8000 Soldaten gegenüberstanden) klar für die Revolutionäre sprachen. Die einzige Lösung dieses Dilemmas, allen Forderungen unter Druck nachgeben zu müssen, sah man nun darin, Wien zu verlassen.

Schon Ende April hatte sich dieser Plan so weit konkretisiert, daß die Burg von Innsbruck angewiesen wurde, sich auf die Aufnahme des gesamten Hofes vorzubereiten. Alles lief unter strengster Geheimhaltung ab, selbst die Mitglieder der Regierung hatten keine Ahnung von den Vorgängen. Unter den Eingeweihten gab es aber auch einige, die vor diesem Schritt zurückschreckten. Die große Französische Revolution hatte ja ein Beispiel dafür geliefert, was geschehen konnte, wenn ein Herrscher aus der revolutionären Hauptstadt floh. Der Kaiser durfte nicht wie Ludwig XVI. ertappt und gefangengenommen werden, man durfte kein Risiko eingehen und mußte die Flucht besser organisieren.

Pillersdorf wurde nun eingeweiht und opponierte heftig. Deswegen erfuhr er auch nichts von dem endgültigen Beschluß, die Hauptstadt zu verlassen, zu dem sich der Hof durch die Ereignisse vom 15. Mai gedrängt sah (entsprechend einer Anordnung der Regierung sollte die Burg vom 18. Mai an nicht nur vom Militär, sondern auch von der Nationalgarde und den Einheiten der Akademischen Legion bewacht werden. Es war nicht sicher, ob man nur diejenigen kontrollieren würde, die in die Burg hineinwollten, oder ob man auch prüfen würde, wer herauskam.)

Am 17. Mai, nachmittags um 17 Uhr 45, bestieg das kaiserliche Paar wie jeden Tag in den letzten Wochen eine Kutsche, um spazierenzufahren. Der arme Ferdinand wußte es auch nicht besser, man hatte ihm gesagt, seine Stiefmutter, die Witwe Kaiser Franz', würde nach Salzburg in die Sommerfrische fahren und man wolle sie bis zur Stadtgrenze von Wien begleiten. Etwa eineinhalb Stunden später brach Franz Karl, der Thronfolger, mit Sophie und ihren drei jüngeren Söhnen in einer anderen Kutsche auf. Einige andere Personen, die zum Hof gehörten, wie Heinrich Graf Bombelles, der Erzieher (Ajo) der Kinder des Thronfolgers, die notwendigsten Hofdamen und der diensttuende Kämmerer, Anton Graf Pergen, brachen am Abend auf. Bombelles durfte nicht einmal seine Frau von der Abreise verständigen.

Die Reise dauerte die ganze Nacht. Kaiserin Maria Anna bekannte inzwischen ihrem Mann, worum es eigentlich ging. Erst am nächsten Morgen hielt man zum ersten Mal an. Der Kaiser wurde an mehreren Stellen erkannt, aber niemand wagte, ihn aufzuhalten. Doch die Nachricht von der Flucht war bereits nach Linz gelangt, und dort war nicht jeder bereit, sich damit abzufinden. Man mußte die oberösterreichische Hauptstadt umgehen. Dort stellte man bereits eine Delegation zusammen, die nach Salzburg gehen sollte, um den Kaiser nach Wien zurückzuholen. Die Nacht verbrachten die Flüchtenden in Salzburg, Maria Anna fürchtete sich so sehr, daß sie nicht einmal zu schlafen wagte. Im Morgengrauen mußte man weiterreisen, um nicht von der Delegation aus Linz erreicht zu werden. Noch in der Nacht wurden Reisepässe auf den Namen „Graf Kufstein und Begleitung" beschafft, da ein Teil der Reise über bayerisches Gebiet führte. Das Staatsoberhaupt einer europäischen Großmacht stahl sich unter einem Pseudonym durch ein fremdes Land!

Eile tat not; auch aus Wien waren bereits Leute unterwegs, um den Kaiser zur Rückkehr zu bewegen. In Linz plante man, einen provisorischen Reichstag in der Stadt abzuhalten, die Mitglieder sollten nur von den Deutschen gewählt werden dürfen. Auch eine Bürgerversammlung wurde einberufen (es war der 19. Mai), man forderte die Entfernung der „unverantwortlichen Elemente" vom Hof (wobei man hauptsächlich auf Bombelles abzielte).

Am späten Abend des 19. Mai kamen die Kutschen in Innsbruck an. Die braven Innsbrucker waren gerührt von der Ehre, die ihnen da zuteil wurde. Sie zogen dem Kaiser entgegen und illuminierten die Stadt. An die politische Bedeutung des Vorgangs dachte hier niemand; die Nationalgarde ging beim Feiern voran.

Am 17. Mai abends um neun Uhr war die Regierung mündlich von der Flucht in Kenntnis gesetzt worden. Was für eine Verantwortung hatte schließlich auch der von Gottes Gnaden herrschende Kaiser gegenüber einer Regierung, die als Ergebnis einer verdächtigen Volksbewegung auf die höchsten Stellen geschoben wurde, an die Stelle der erfahrenen, vertrauenswürdigen Männer des Hofes! Und diese Regierung, eine verfassungsmäßige Regierung einer europäischen Großmacht, tagte nun in der allergrößten Unsicherheit. Auf jeden Fall mußte sie die Wiener Einwohnerschaft informieren, und ihre ganze Ratlosigkeit zeigte sich dann auch deutlich in ihrer „Kundmachung" vom 17. Mai:

„Heute in der neunten Abendstunde ist dem Ministerium die mündliche unerwartete Mitteilung zugekommen, daß Seine Majestät der Kaiser aus Gesundheitsrücksichten in Begleitung der Kaiserin und des durchlauchtigsten Erzherzogs Franz Karl samt seiner erlauchten Gemahlin und drei Prinzen die Residenz verlassen und die Route nach Innsbruck eingeschlagen hat.

Das untergezeichnete Ministerium, welches die Gründe und näheren Umstände der Reise nicht kennt, sieht sich verpflichtet, dieselbe zur Kenntnis der Bevölkerung der Residenz zu bringen." Die Erklärung gab weiter bekannt, daß Graf Hoyos, der Oberbefehlshaber der Nationalgarde, noch in derselben Nacht mit dem Auftrag zum Kaiser geschickt worden sei, „daß die Bevölkerung durch die Rückkehr des Kaisers oder durch eine offene Darlegung der Gründe, welche dieselbe unmöglich machen, beruhigt werde [...]

Der Ministerrat erkennt ebenso in diesem wichtigen Augenblicke die heilige Pflicht, den Interessen des Vaterlandes seine ungeteilte Sorge und Aufmerksamkeit zu widmen, und unter seiner Verantwortung so gut zu handeln, wie es die Umstände erheischen. Die Unterstützung der Mitbürger und aller Gutgesinnten wird ihn in den Stand setzen, Ruhe und Ordnung aufrechtzuerhalten und zur Beruhigung der Gemüter beizutragen." Und es wurde noch hinzugefügt, daß man die Öffentlichkeit informieren würde, falls man etwas erfahre.

Die Naivität der offenbar völlig unerfahrenen Regierung wirkt geradezu rührend. Petőfi sollte bald über das ungarische Ministerium sagen, daß er ihm nicht einmal seinen Hund anvertrauen würde, obzwar die ungarischen Minister sich besser auf ein wirkungsvolles Auftreten in der Öffentlichkeit verstanden. Noch mehr galt das für die handlungsungewohnte österreichische Regierung.

Auf dem Weg nach Innsbruck hatte Bombelles in Salzburg im Namen Ferdinands ein Manifest in äußerst scharfem Ton formuliert, in dem er die Wiener „Anarchie" für des Kaisers Abreise verantwortlich machte. Das Manifest wurde auch gedruckt, aber im letzten Augenblick doch zu scharf befunden; die bereits vorhandenen Exemplare wurden vernichtet. Aus Innsbruck wandte sich Ferdinand mit einem neuen Manifest an sein Volk, das zwar im ersten Teil einen strengen Ton anschlug, dessen zweiter Teil aber ganz anders klang:

„Die Vorgänge in Wien am 15. Mai drängten Mir die traurige Überzeugung auf, daß eine anarchische Fraktion, sich stützend auf die meist durch Fremde irregeführte akademische Legion und einzelne Abteilungen von der gewohnten Treue gewichener Bürger und Nationalgarden, Mich der Freiheit, zu handeln, berauben wollte, um so die über jene vereinzelten Anmaßungen gewiß allgemein empörten Provinzen und die gutgesinnten Bewohner Meiner Residenz zu knechten. Es blieb nur die Wahl, mit der getreuen Garnison nötigenfalls mit Gewalt den Ausweg zu erzwingen oder für den Augenblick in der Stille in irgend einer der gottlob insgesamt Mir treugebliebenen Provinzen sich zurückzuziehen. Die Wahl konnte nicht zweifelhaft sein, Ich entschied mich für die friedliche unblutige Alternative [...]"

Und dann folgte der versöhnliche zweite Teil: „Mir ist der Gedanke fern, die Geschenke, welche ich meinem Volke in den Märztagen gemacht habe, und deren natürliche Folgerungen zurücknehmen oder schmälern zu wollen; Ich werde im Gegenteile fortan geneigt sein, den billigen Wünschen Meiner Völker in gesetzlichem Wege Gehör zu geben und den nationalen und provinzialen Interessen Rechnung zu tragen; nur müssen solche sich als wirklich allgemein bewähren, in legaler Weise vorgetragen, durch den Reichstag beraten und Mir zur Sanktion vorgelegt werden; nicht aber mit bewaffneter Hand von einzelnen ohne Mandat erstürmt werden wollen [...]"

Neben Ferdinand unterschrieb auch der Thronfolger Franz Karl das Manifest. Die Drohung mit dem Einsatz des Militärs war in der ersten Salzburger Erklärung nicht enthalten gewesen, allerdings war dort auch nicht von der Aufrechterhaltung der Verfassung die Rede.

Die Wiener Bevölkerung war von der Nachricht empört, zugleich aber auch niedergeschlagen. Für breite Schichten war der Kaiser noch immer die wirkliche Macht, und sein Platz war in der Residenz. Was würde ohne ihn aus Wien und aus Österreich werden? Die Regierung allein schien nicht ausreichend. Allerdings verspielte sich der Hof durch scharfe Töne, unter anderem durch die Drohung mit dem Ausnahmezustand, viele Sympathien.

In Prag wußte man zunächst nur über Ferdinands Flucht, nicht aber über das Ziel Bescheid und erwartete ihn. Eine große Menschenmenge versammelte sich vor dem Hradschin und brachte Hochrufe auf Ferdinand aus. Fürst Windischgrätz war von seinem langen Urlaub in Ungarn als militärischer Oberbefehlshaber nach Prag zurückgekehrt.

Thun, der inzwischen die Macht übernommen hatte, gab in einem Manifest bekannt, daß der Kaiser auf seine treuen Tschechen rechne. Auch die ungarische Regierung bot rasch an, daß der König im Kreise seiner treuen Ungarn Sicherheit suchen möge.

Am 24. Mai wurde die Universität geschlossen, am nächsten Tag die Akademische Legion aufgefordert, sich aufzulösen, was diese selbstverständlich zurückwies. Darauf wurde am 26. Mai die Auflösung der Legion bekanntgegeben. Die Mitglieder sollten einzeln in die Nationalgarde eintreten können (bis dahin hatte die Legion nur als Körperschaft zur Nationalgarde gehört). Die Studenten verbarrikadierten sich im Gebäude der Universität, viele Nationalgardisten und noch mehr Arbeiter schlossen sich ihnen an. Die Regierung ließ als Antwort Truppen aufmarschieren. Aber diese Maßnahme bewirkte wieder, wie schon am 13. März, das Gegenteil von dem, was beabsichtigt war: Die Revolutionäre erschraken nicht, sondern die Regierung mußte nachgeben. Sie nahm die Auflösung der Akademischen Legion zurück, bekannte sich zu den in der Sturmpetition festgehaltenen Zugeständnissen und erlaubte die Bildung eines neuen Wiener Führungsgremiums: „Ausschuß der Bürger, Nationalgarde und Akademischen Legion für Sicherheit, Ordnung und Ruhe und Wahrung der Volksrechte", bald nur kurz Sicherheitsausschuß genannt, der in Wien bald mehr Macht in Händen hatte als die Regierung, die bloß viele Sitzungen abhielt und zahlreiche Verordnungen zu Papier brachte. Zum Vorsitzenden eines aus elf Mitgliedern bestehenden Exekutivkomitees wurde der Arzt Adolf Fischhof gewählt, der uns schon am 13. März im Hof des Niederösterreichischen Landhauses begegnet ist. Hinter dem Sicherheitsausschuß standen 6000 Mann der Akademischen Legion und 20 000 Arbeiter.

Die Regierung versuchte nun Tag für Tag, Ferdinand zur Rückkehr zu bewegen, allerdings ohne Ergebnis. So war sie gezwungen, für jede Entscheidung sein schriftliches Einverständnis einzuholen, was jedesmal Tage in Anspruch nahm. Als schon keine Hoffnung mehr auf eine baldige Rückkehr schien, wurde Doblhoff nach Innsbruck geschickt, gewissermaßen als Gegengewicht gegen die Hofkamarilla. Er erreichte immerhin, daß Bombelles aus Innsbruck abreiste.

Die Ereignisse vom 26. Mai, sozusagen die dritte Wiener Revolution, hatten eine Verbindung zwischen den Wiener Arbeitern und den Mitgliedern der Akademischen Legion geschaffen. So erschien ein Maueranschlag mit der Unterschrift von drei Arbeitern, der „Aufruf an die Arbeiter von ihren Mitbrüdern" betitelt war und die Arbeiter aufforderte, in Not geratenen Mitkämpfern zu helfen: „Oeffnet daher, liebe Mitbrüder, Eure edlen Herzen, und legt ein jeder nach Eurer Möglichkeit etwas bei. Denkt nur, ihr lieben arbeitenden Mitbrüder! daß wir uns für die Nachwelt von Jahrhunderten, von einer Ewigkeit zu sagen, ein Monument in die edlen Herzen unserer Studenten, Herren Bürger und Nationalgarden aufstellen, und daß sie stets in bedrängten Zeiten unserer gedenken werden; das habt Ihr Alle, liebe Brüder, gesehen den 26. bis 30. Mai, mit welcher Güte sie uns zugethan waren, und was sie Alle für uns gethan, um unseren Wünschen zu entsprechen, wie auch die Lebensbedürfnisse, uns zu versorgen."

Die Paulskirche in Frankfurt

Drei Tage nach der zweiten Wiener Revolution, am 18. Mai, wurde in Frankfurt die deutsche Nationalversammlung feierlich eröffnet. Die deutsche Frage verursachte in diesen Wochen der Regierung ebenfalls ständige Sorgen, und nicht nur ihr. Wir haben früher darauf hingewiesen, welche Probleme dadurch auch für die Deutschböhmen in Prag und im gesamten böhmisch-mährischen Bereich aufgeworfen wurden.

Wir haben schon erwähnt, daß vom Frankfurter Parlament Einladungsbriefe an verschiedene Persönlichkeiten abgegangen waren, darunter auch einer an František Palacký, den bereits berühmten Vertreter der Tschechen. Palacký antwortete am 11. April in einem offenen Brief, der am 13. April gleichzeitig in deutscher und tschechischer Sprache in den Prager Zeitungen erschien. Er wies die Einladung mit der gebotenen Höflichkeit zurück, da sie die Sache des deutschen Volkes dem neuen Geist der Zeit entsprechend regeln wolle. Damit könne er aber nichts zu tun haben. „Ich bin ein Böhme slawischen Stammes, und habe mit all dem Wenigen, was ich besitze und was ich kann, mich dem Dienste meines Volkes ganz und für immer gewidmet." Das tschechische Volk habe niemals zum Reich gehört, obwohl seine Fürsten unter den Fürsten des Reiches zu finden waren. Aber jetzt wolle man das tschechische Volk in irgendeiner Form mit dem deutschen verbinden. Dazu habe er keine Bevollmächtigung. Dies sei aber nur der eine Grund für die Ablehnung der Einladung.

Der andere Grund bestehe darin, daß man in Frankfurt versuche, „Oesterreich als selbständigen Kaiserstaat unheilbar zu schwächen, ja ihn unmöglich zu machen". Damit könne er nicht übereinstimmen. Auch die Deutschen wüßten, daß im Osten eine riesige Macht Tag für Tag an Stärke zunehme und eine Universalmonarchie schaffen wolle, die unendliche Schwierigkeiten verursachen würde. Er, Palacký, fürchte sich nicht vor den Russen, sondern vor dieser Universalmonarchie. „Sie wissen, daß der Südosten von Europa, die Gränzen des russischen Reichs entlang, von mehreren in Abstammung, Sprache, Geschichte und Gesittung merklich verschiedenen Völkern bewohnt wird, — Slawen, Walachen, Magyaren und Deutschen, um der Griechen, Türken und Schkipetaren nicht zu gedenken, — von welchen keines für sich allein mächtig genug ist, dem übermächtigen Nachbar im Osten in alle Zukunft erfolgreichen Widerstand zu leisten; das können sie nur dann, wenn ein einiges und festes Band sie alle mit einander vereinigt. Die wahre Lebensader dieses nothwendigen Völkervereins ist die Donau: seine Centralgewalt darf sich daher von diesem Strome nicht weit entfernen, wenn sie überhaupt wirksam sein und bleiben will. Wahrlich, existierte der österreichische Kaiserstaat nicht schon längst, man müsste im Interesse Europa's, im Interesse der Humanität selbst sich beeilen, ihn zu schaffen."

Und doch war dieser Staat im Augenblick der Krise „jedem stürmischen Anlauf preisgegeben, haltungslos und beinahe rathlos" geworden. Denn er erkannte nicht die Grundlage seiner Berufung, seiner Existenz, „den Grundsatz der vollständigen Gleichberechtigung und Gleichbeachtung aller unter seinem Scepter vereinigten Nationalitäten und Confessionen [...] Ich bin überzeugt, daß es für Oesterreich auch jetzt noch nicht zu spät ist, diesen Grundsatz der Gerechtigkeit, die sacra ancora beim drohenden Schiffbruch, laut und rückhaltlos zu proclamieren und ihm praktisch allenthalben Nachdruck zu geben: doch die Augenblicke sind kostbar, möchte man doch um Gotteswillen nicht eine Stunde länger zögern! Metternich ist nicht bloß darum gefallen, weil er der ärgste Feind der Freiheit, sondern auch darum, weil er der unversöhnlichste Feind aller slawischen Nationalität in Oesterreich gewesen ist." Darum könne er als Tscheche nur nach Wien, nicht nach Frankfurt blicken, und müsse sich für die Stärkung Wiens einsetzen. „Wenn es aber in Wien selbst Menschen gibt, die sich Ihr Frankfurt als Capitale wünschen, so muß man ihnen zurufen: Herr! vergib ihnen, denn sie wissen nicht, was sie wollen!" Die einzige radikale Lösung der deutschen Frage sei ohnehin nur die Republik, die aber innerhalb Österreichs in keinem Falle gestattet werden könne, weil sie das Reich gefährlich schwächen würde. So bestehe die einzige Lösung in einem ewigen Schutz- und Trutzbündnis Deutschlands mit Österreich.

Wir haben ungewöhnlich lange zitiert, aber nicht ohne Absicht. An Palackýs Brief wird ein Grundproblem der österreichischen Revolution deutlich: das Zusammenleben vieler kleiner Nationen, Deutschösterreicher und deutsche Einheit, Konstitutionalismus und historische Perspektive. Zum Wesen dieser österreichischen Revolution gehört aber auch, daß Palacký über die gesellschaftliche Umgestaltung nicht ein einziges Wort verliert. Er kann nur in Völkern, d. h. in Nationen denken, nicht in Klassen. Ein konservativ-liberaler Reformer, der das annahm, was die Revolution bisher gebracht hatte (wobei der Begriff Revolution sorgfältig vermieden wurde), konnte auch gar nichts anderes tun. Die nationalen Interessen der Tschechen forderten zweifellos eine völlige Abgrenzung von einem einheitlichen Deutschland, besonders von einem republikanischen Deutschland. Waren das wirklich die nationalen Interessen der Tschechen? Wir müssen die Antwort darauf noch ein wenig hinausschieben, aber halten wir fest: Palacký war fest davon überzeugt.

Aus diesen Gründen lehnte Palacký am 10. Mai nach 24stündiger Bedenkzeit den angebotenen Ministerposten (Sommaruga hatte abgedankt) ab, weil die Annahme seiner Meinung nach als Zugeständnis an den Panslawismus aufgefaßt worden wäre. Denn Palacký wußte genau, daß für die Deutschen jetzt die deutsche Einheit am wichtigsten war. Wie hätte das gerade er nicht wissen sollen, der sich jetzt so stark um die Vereinigung der Tschechen bemühte? Er war sich auch klar darüber, daß sich die österreichische Regierung vor Frankfurt nicht verschließen konnte, so sehr sie sich bisher auch abgegrenzt hatte. Schon eine Woche nach dem offenen Brief von Palacký teilte das offizielle Wiener Blatt, die „Wiener Zeitung" mit, daß die Regierung die Wahlen für das Frankfurter Parlament genehmige; sie beeilte sich allerdings, unmißverständlich hinzuzufügen, daß dies noch nicht den unbedingten Anschluß an Deutschland bedeute. Ende April wurden in den österreichischen Erblanden die Wahlmänner dafür gewählt; die Wahl erfolgte auch hier in zwei Stufen. Am 3. Mai wurden in Wien auch schon die Abgeordneten gewählt. Die selbstbewußten slowenischen Bürger in den österreichischen Erblanden nahmen nicht an der Wahl teil. Das verursachte indes kein besonderes Aufsehen, um so mehr aber der Widerstand der Tschechen. In dem offenen Brief Palackýs spiegelte sich die allgemeine Auffassung der tschechischen Liberalen wider. Die Deutschböhmen gerieten eben deshalb sehr bald in Widerspruch zu den Tschechen, obwohl sie sonst in vieler Hinsicht, besonders in bezug auf die gesellschaftlichen Veränderungen, einer Meinung waren und vor allem mit den Radikalen übereinstimmten. Thun schlug gerade wegen der Haltung der Tschechen vor, die Wahlen in den böhmisch-mährischen Gebieten überhaupt zu verbieten. Das konnte sich die Regierung aber mit Rücksicht auf die Deutschen nicht erlauben. Schließlich entschloß sie sich, die Wahlen zu gestatten; teilnehmen konnte, wer das wünschte. Die Tschechen wollten natürlich nicht zur Wahl gehen, die Deutschböhmen schon. Bei den Tschechen kursierten Spottverse über Frankfurt, welche die Stärke des tschechischen Löwen schilderten; die Verse wurden auch ins Deutsche übersetzt:

> Deutschland, — euer ist es;
> Böhmen — unser, wißt es;
> Blast in slavi-
> sche Gerüchte
> Nicht die Haufen Mistes.

> Wirst schon einst im Schrecken
> Uns die Hände lecken,
> Wenn der Löw die
> Mähnen rüttelt,
> Spielt er nicht — Verstecken.
>
> Ha, festina lente,
> Deutsches Parlamente,
> Willst wohl schlucken
> Herbe Pillen
> Als Medikamente.

Das tschechische Original stammte von Havlíček. Die ein wenig freie, aber vor allem ziemlich dürftige deutsche Übersetzung ließ jedoch keinen Zweifel, daß Frankfurt in Prag alles andere als volkstümlich war.

Die deutschen Delegierten aus Österreich erschienen aber doch bei der feierlichen Eröffnung in Frankfurt und zogen gemeinsam mit den anderen in die Paulskirche ein, um das große Werk zu beginnen und die deutsche Einheit zu schaffen. Man hat von einem „Professorenparlament" gesprochen, obwohl von 589 Abgeordneten nur 76 (!) Universitäts- und Hochschullehrer waren; doch gab es darüber hinaus 26 andere Lehrkräfte, 3 Schriftsteller, 5 Redakteure, 68 Advokaten, 12 Ärzte, 12 katholische und 11 evangelische Geistliche, 51 Staatsbeamte — die Vertreter des Bildungsbürgertums machten insgesamt etwa die Hälfte der Nationalversammlung aus. (Einige kleinere Kategorien wie die Richter oder die doctores iuris haben wir noch gar nicht dazugezählt.) Das Besitzbürgertum war kaum vertreten: 18 bürgerliche Grundbesitzer, 24 Kaufleute, 10 Fabrikbesitzer und selbständige Handwerker. Natürlich mögen unter den 136 „Privatleuten" noch einige gewesen sein, die eigentlich zum Besitzbürgertum gehörten. Die adeligen Großgrundbesitzer waren mit 19 Abgeordneten vertreten. Schon von Beginn an war das Parlament in nicht weniger als zehn Parteien oder Richtungen gespalten. Eilends begann man mit der Beratung über eine deutsche Verfassung. Nicht nur der Bundestag, Menschen im gesamten deutschen Gebiet glaubten an die Bedeutung dieser Beratungen. In den ersten Wochen bis zum Sommer hatten bereits etwa 2000 Eingaben das Parlament erreicht (während der Dauer seines Bestehens gingen insgesamt 9319 Zuschriften ein).

Anastasius Grün, der Dichter und Verfasser politischer Flugschriften im Vormärz, schrieb schon beim Einzug der österreichischen Delegation ins Vorparlament am 9. April in ihrem Namen folgende Zeilen:

> Brüder, wir Boten aus Österreich,
> Grüßen euch traulich mit Sang.
> Schlagt ihr mit freudigem Handschlag ein,
> Hat es den rechten Klang.

Grün war selbst Abgeordneter zum Bundestag. Der Dichter Friedrich Hebbel sah am 18. April von Wien aus die Dinge mehr mit Ironie als mit Begeisterung: „Die lieben Österreicher! Sie sinnen jetzt darüber nach, wie sie sich mit Deutschland vereinigen können, ohne sich mit Deutschland zu vereinigen! Das wird schwer auszuführen sein, ebenso schwer, als wenn zwei, die sich küssen wollten, sich dabei den Rücken zuzukehren wünschten."

Frankfurt und die deutsche Einheit stießen indes nicht nur bei den Tschechen auf Ablehnung; auch die Slowenen wandten sich dagegen. Am 16. März war es in Laibach, dieser barocken österreichischen Kleinstadt, von der man bisher kaum gewußt hatte, daß hier und in der Umgebung auch Slowenen lebten, zu Demonstrationen gekommen. Die Regierung mußte dem Druck der von der nationalen Bewegung übrigens völlig unabhängigen Bauern nachgeben und am 11. April für Kärnten und am 25. für die Steiermark die Aufhebung aller Frondienste vom 1. Januar an und am 15. Mai für Kärnten zum selben Datum die Beseitigung aller Dienstleistungen verkünden. Am 22. schließlich mußte sie auch für Krain, wo die meisten Slowenen lebten, die Liquidierung sämtlicher Lasten versprechen, unabhängig von dem Gesetz zur Bauernfrage, das der bisher nur versprochene Reichstag abzufassen haben würde.

Die Slawen in Österreich

Die Führung der slowenischen politischen Bewegung und die slowenischen Studenten organisierten sich nicht in Laibach, sondern in Wien. Unter dem Namen „Slowenia" schufen sie eine Vereinigung, die schon in den letzten Märztagen sehr genau und klar Forderungen formulierte und sie am 1. April dem Kaiser übergab: „Wir Slowenen in Steiermark, Krain, Kärnten, Istrien, im Görzer und Triester Gebiete, eine stammverbrüderte Nation von eineinhalb Millionen [...] bitten um Zusicherung folgender nationaler Interessen: 1. Aufhebung der geschichtlichen Länderbegrenzung und Vereinigung unserer slowenischen Gebiete nach der Sprachgrenze zu Einem Lande und dadurch Concentrierung unserer aller zu einer Nation. 2. Garantie unserer Nationalität und allseitig gleiche Berechtigung der slowenischen Sprache in den slowenischen Gebieten, wie sich derselben die deutsche in den deutschen, die italienische in den italienischen Ländern erfreut, in Schule, Gericht und Amtierung, in Urkunde, Gesetzen, Erlässen etc.; darum auch ihre allmähliche Einführung in die Gymnasien, Real- und Handelsschulen etc. im slowenischen Gebiete — alles nach unserem und unserer Deputierten Ermessen im Interesse der Nationalität; nach Erachten auch die Errichtung einer slowenischen Universität. 3. Ermöglichung einer näheren Verbindung mit unseren, der durchlauchtigsten Dynastie stets loyalen und ritterlichen Brüdern in Croatien, Slawonien und Dalmatien, sei es durch Hebung oder Erleichterung der Zollinien, durch Gemeinschaft höherer Lehranstalten etc. nach gegenseitigem Verständnisse. 4. Als Slawen können wir nicht zum deutschen, auf deutsche Nationalität sich basierenden Bunde gehören, wollen aber mit unerschütterlicher Treue nach der sich erst bildenden Weise [...] an der constitutionellen Regierung Österreichs festhalten und alle Nationen des großen Kaiserreiches als unsere Brüder betrachten und achten."

Betrachtet man nur den letzten Satz, so hätte diese ganze Aufzählung eher im vorigen Kapitel ihren Platz gehabt, wo es um die Konstitutionalität und die vollkommene Einheit der Völker Österreichs ging; die übrigen Ansprüche der Adresse aber gingen weit darüber hinaus. Und eben das war das Bestürzende an dem ganzen Vorgang, daß sich hier eine Nation zu Wort meldete, von der man in Wien amtlicherseits bisher noch nicht einmal Kenntnis genommen hatte, da sie ja keine ständischen Institutionen und keine Abgeordneten besaß. Obendrein wurden hier eine gründliche Veränderung der bisherigen Einteilung der Provinzen und ein einheitliches nationales Territorium verlangt. Zwar hatten auch die Tschechen und die Ungarn solche Forderungen gestellt und die Italiener dafür sogar einen bewaffneten Kampf begonnen, aber diese Nationen hatten auch bisher frei das Wort ergreifen können, wenn sie es dabei nicht an der nötigen Rücksichtnahme fehlen ließen. Aber wer waren diese Slowenen? Die Absender erhielten nicht einmal eine amtliche Antwort. (Einige ihrer Forderungen waren auch nicht besonders realistisch; wo sollte man z. B. den Lehrkörper für eine slowenische Universität hernehmen?) Die slowenischen Forderungen wurden als äußerst ungewöhnlich empfunden. Selbst ein Mann wie Anastasius Grün, der früher ihre Forderungen unterstützt und mit der Bewegung sympathisiert hatte (er übersetzte die Verse des sanftmütigen Franc Prešeren ins Deutsche), wandte sich nun von ihnen ab.

Auch in Galizien war die Lage nicht so ruhig, wie man nach dem geschickten Schachzug von Stadion hatte hoffen können. Die polnischen adeligen Revolutionäre protestierten. Schließlich kam es in Krakau am 25. April, als man den Geburtstag Ferdinands hätte feiern müssen, zu einem größeren Zwischenfall. Unabhängig davon kamen 56 polnische Emigranten aus Preußen, mit der Absicht, nach Krakau zu reisen und auch dort eine polnische Bewegung zu organisieren. An der Grenzstation ließ man jedoch nur die elf Polen einreisen, die österreichische Staatsbürger waren; die anderen wurden festgehalten. Am Nachmittag gegen sechs Uhr trafen die elf Emigranten mit dem Breslauer Zug ein. Die Nachricht von dem Vorgefallenen verbreitete sich sofort in der Stadt. Vor dem Sitz des Nationalausschusses und in der ganzen Innenstadt versammelte sich eine große Menschenmenge und zwang den Vertreter der Regierung, Hofkommissar Baron Wilhelm Krieg-Hochfelden, die Emigranten einreisen zu lassen. Außerdem forderte sie Waffen für die Nationalgarde. Krieg-Hochfelden blieb so lange gefangen, bis die Erfüllung dieser Forderungen versprochen war. Erst als der Befehlshaber des Militärs eingriff, wurde der Baron endlich freigelassen. Am nächsten Tag stieg die Empörung noch; die polnischen Blätter schrieben, daß die Regierung die Bauern wie schon vor zwei Jahren gegen die Grundherren aufwiegeln wolle. Das führte dazu, daß auch in den gemäßigten Kreisen, die sich den Behörden gegenüber bisher loyal verhalten hatten, jetzt viele auf die Seite der Revolutionäre übertraten.

Am Vormittag trafen die zunächst festgehaltenen Emigranten ein. Die Krakauer begannen sich zu bewaffnen. General Józef Grzegorz Chłopicki, der bereits legendäre Heerführer des Aufstandes von 1830, übernahm die Leitung. Auf dem Marktplatz in der Mitte der Stadt, wo man schon am Morgen Barrikaden errichtet hatte, brach der bewaffnete Konflikt aus. Auch aus den Fenstern der Häuser wurde auf die österreichischen Soldaten geschossen. Das Militär zog sich eilig in Richtung auf den Wawel zurück, die einstige Residenz der polnischen Könige und jetzige Festung der Österreicher, und begann von dort aus, die Stadt mit Kanonen zu beschießen. Nachdem eine mit den Aufständischen vereinbarte halbstündige Feuerpause abgelaufen war, begannen die Kanonen ihr Werk von neuem; diesmal dauerte der Beschuß etwa eine Stunde. In den Häusern brach Feuer aus. Auf seiten der Aufständischen rechnete man damit, daß viele Soldaten zu ihnen überlaufen, vor allem aber, daß die Bauern der Umgebung zum Schutz der polnischen Freiheit herbeieilen würden. Doch diese Hoffnung der adeligen Revolutionäre stellte sich als trügerisch heraus. Die Bauern kamen nicht, sie hielten den ganzen Aufstand für eine Angelegenheit der Herren. Ihre Freiheit hatte ihnen der Kaiser schon gegeben. Was konnten sie sich sonst noch wünschen?

Am Abend um 7 Uhr bot der Nationalausschuß die Einstellung der Kämpfe an. Der Militärbefehlshaber verlangte als Gegenleistung die Entfernung der Emigranten, die Beseitigung der Barrikaden und die Säuberung der Nationalgarde von den „Aufständischen". Schließlich forderte er auch noch Schadenersatz für die dem Militär zugefügten Schäden. (Die Frage, wer für die in Flammen aufgegangenen Häuser Schadenersatz leisten solle, wurde nicht gestellt.)

Gegen halb zehn war der Nationalausschuß gezwungen, die Bedingungen anzunehmen. Am nächsten Tag verließen 50 Emigranten mit dem Zug die Stadt, mit der Drohung, bewaffnet zurückzukehren und die Österreicher auf dem Schlachtfeld zu treffen.

Am gleichen Tag, den 26. April, sollte in Lemberg der ständische Landtag Galiziens, der Sejm, zu seiner turnusmäßigen Sitzung zusammentreten. Die Mitglieder des Zentralen Nationalrates hatten aber schon am Tag zuvor die Versammelten zu einem Protest überredet: In der neuen Situation sei die ständische Vertretung nicht mehr geeignet, den Ansprüchen der Nation zu genügen. Der Nationalrat protestierte bei Stadion gegen die Eröffnung des Sejm. Stadion wies den Protest zurück, aber er erlaubte auch nicht, daß der Sejm zusammentrat; ja, er verbot jede Art von Zusammenkunft, selbst in Privaträumen. Die Empörung wurde durch die rasch eintreffenden Nachrichten von den Kämpfen in Krakau noch gesteigert. Die Nationalgarde und die Lemberger Studenten wollten dem Beispiel Krakaus folgen, wurden aber durch militärische Gewalt daran gehindert. Man mußte den Deputationen vertrauen, die sich in Wien aufhielten. Für die Regierung konnte es keinen Zweifel geben, daß die Polen früher oder später versuchen würden, ihren Staat wiederzuerrichten. Auf preußischem Gebiet entwickelte sich ihre Situation sehr ermutigend, die dortige Regierung kam ihren Wünschen entgegen. Galizien würde nicht fernbleiben, wenn der nationale Freiheitskampf von dort seinen Ausgang nahm.

In Krakau, aber auch in Lemberg war jeder polnische adelige Revolutionär davon überzeugt, daß jeder bereit wäre, für den polnischen Staat auch mit der Waffe in der Hand zu kämpfen. Die Ukrainer jedoch waren schon am 19. April bei Stadion erschienen und hatten ihm ein an den Herrscher gerichtetes Gesuch übergeben, das vom unierten Bischof und einigen Domherren zusammengestellt worden war. Die Petition berief sich darauf, daß die Ukrainer als ein Teil des großen slawischen Volkes mehr als die Hälfte der Einwohner von Galizien ausmachten. Einst hatten sie einen eigenen Staat gehabt, Mitte des 14. Jahrhunderts aber ihre Unabhängigkeit verloren. Nun, in der allgemeinen Freude, wollten auch sie sich mit ihren Bitten an den Herrscher wenden: In allen Gebieten Galiziens, wo ausschließlich oder in der Mehrheit Ukrainer lebten, sollte an allen Schulen der verschiedensten Art, auch den oberen, die ukrainische Sprache eingeführt werden. Die Gesetze und Verordnungen sollten nicht nur in der deutschen und polnischen Sprache bekanntgegeben werden wie bisher, sondern auch ukrainisch, damit das Volk sie verstehen könne. Die Beamten, die auf ukrainischem Gebiet tätig waren, sollten die ukrainische Sprache beherrschen. Der unierte Klerus sollte auf eine Stufe mit dem katholischen gestellt werden. Auch die Ausbildung auf theologischem Gebiet sollte verbessert werden. Den Ukrainern sollte die Übernahme staatlicher Amtsstellen wie auch in der städtischen und dörflichen Selbstverwaltung ermöglicht werden.

Verglichen mit den Forderungen selbst der Slowenen wirken diese Wünsche außerordentlich bescheiden; die nationale Bewegung der Ukrainer unter der Führung der eigenen Priester blieb noch hinter dem Entwicklungsniveau der anderen Nationen Österreichs zurück. Auf Vorschlag eines unierten Domherrn versammelten sich am 2. Mai in Lemberg etwa 300 Angehörige der weltlichen und geistlichen Intelligenz, um den Russischen Generalrat zu gründen (das Attribut *ruska* geht im Ukrainischen auf die „Kiewskaja Rus", eine alte Bezeichnung für die ostslawischen Stämme im Kiewer Reich des 9./10. Jahrhunderts, zurück und bedeutete im damaligen Sinne des Wortes natürlich nicht „russisch"). Für diesen Generalrat wurden 66 Mitglieder gewählt, an deren Spitze der Bischof Grigori Jachimowitsch, zwei Vizepräsidenten und zwei Sekretäre standen (nur einer von ihnen gehörte nicht zum höheren Klerus). Von den 66 Mitgliedern waren 16 Priester, 10 unierte Seminaristen, 3 Jusstudenten, 25 Beamte, 10 hatten sonstige Berufe. Es gab nicht einen einzigen Bauern unter ihnen. Auf der ersten Sitzung des Generalrates wurde beschlossen, eine Zeitschrift mit dem Titel „Zorja Galicka" (Galizischer Morgen) herauszugeben, wozu auch die Genehmigung erteilt wurde. In den folgenden Monaten entwickelte sich das Blatt zu einem der Wortführer der nationalen Bewegung.

Das Auffälligste an der Petition der Ukrainer war, daß sie keine Anerkennung als Nation forderten. Das trug dazu bei, daß die Regierung gegen diese bescheidene Bewegung nichts einzuwenden hatte; man konnte sie sogar als geeignetes Gegengewicht gegen die Polen verwenden. Am 9. Mai gab Pillersdorf sein Einverständnis zu allen Punkten der Petition. Eine andere Frage war natürlich, wie rasch man die Wünsche, die sich in erster Linie auf den Unterricht bezogen, wirklich erfüllen konnte. Aber die ukrainischen Führer waren schon für diese Versprechungen außerordentlich dankbar und wandten sich bereits am 10. Mai in einem Aufruf an die Ukrainer, in dem sie zur Treue gegenüber dem Kaiser aufriefen.

Es war sicher, daß der Generalrat nicht mit den Polen zusammenarbeiten wollte. Aus diesem Grund rief eine andere Gruppe von Intellektuellen, in der der weltliche Teil ein großes Übergewicht besaß, am 23. Mai ebenfalls in Lemberg die „Russische Versammlung", die mit den Polen kooperieren wollte, ins Leben. Sie bestand aus 64 Mitgliedern (nur drei von ihnen waren unierte Priester) und gab ebenfalls ein neues Blatt heraus: „Whewnik Ruski" (Russisches Tageblatt), das demonstrativ mit lateinischen statt kyrillischen Lettern gedruckt wurde. Diese Gruppe von Polenfreunden verfügte aber nicht einmal über so viel Unterstützung wie der Generalrat. Ihre Basis war so schmal, daß von ihrem Blatt insgesamt nur neun Nummern erschienen, obwohl der Redakteur Iwan Wahilewitsch war, Mitglied der russischen Trias und großer Organisator der ukrainischen kulturellen, nationalen Bewegung. Wie er später bekannte, hatte er die redaktionelle Tätigkeit hauptsächlich aus materiellen Gründen übernommen. Hinzu kam, daß er auf diese Weise dem großen Ziel seines Lebens, der kulturellen Erziehung seines Volkes, dienen konnte.

Stadion stellte bereits Überlegungen über die Aufteilung Galiziens in einen polnischen und einen ukrainischen Teil an. Die Polen protestierten selbstverständlich, der ukrainische Generalrat stimmte zu, die Versammlung der Polenfreunde wiederum protestierte — eine ewige Diskussion, die auf dem Slawenkongreß in Prag fortgesetzt wurde.

Die Magyaren und ihre Nationalitäten

Wir haben die Mitglieder der ungarischen Regierung bei ihrem Eintreffen in Pest verlassen. Jeder begann sich sofort mit den Angelegenheiten zu beschäftigen, die zu seinem Ressort gehörten, vor allem mit der Ausarbeitung von Plänen. Széchenyi entwarf einen großangelegten Plan zur Entwicklung des ungarischen Eisenbahnnetzes (bisher waren ja nur einige kurze Strecken gebaut worden), das sich vor allem in Pest konzentrieren sollte. Klauzál arbeitete an einem Plan für ein neues Zollgesetz und bezog in die Vorbereitungen auch Pester Großkaufleute ein; zugleich erarbeitete er eine Konzeption für eine Reform des Zunftwesens. Am 9. Juni erschien bereits eine entsprechende Verordnung. Der Kern bestand darin, daß die Rechte der Zunftgesellen gegenüber den Meistern geschützt wurden. Deák bereitete die Weiterführung der Bauernbefreiung vor; es sollte eine Reform werden, die auch den auf Dominikalland lebenden Bauern nicht nur die Freiheit (die persönliche Freiheit hatten sie ohnehin bereits bekommen), sondern auch Grundbesitz bringen sollte.

Das war vielleicht das dringendste Problem, da es gerade wegen dieser ungeklärten Fragen an verschiedenen Stellen Bauernunruhen gab. Die Bauern wollten die Allmende in ausschließlich bäuerliches Eigentum überführen und versuchten an einigen Stellen auch, den Boden der Gutsherren aufzuteilen, was die Regierung unter Einsatz der Armee verhinderte. Schließlich hatte sie im Sinne der sanktionierten Gesetze das Recht dazu.

Für die Zunftgesellen schien die Verordnung von Klauzál ausreichend, für die Arbeiter aber war noch nichts geschehen. Die Drucker traten am 30. April mit Lohnforderungen an die Öffentlichkeit und drohten am 12. Mai mit Streik. Es gelang der Regierung, sich rechtzeitig einzuschalten, und am folgenden Tag kam ein Kompromiß zustande. In einer der größten Industrieanlagen des Landes, in der Schiffswerft in Altofen, kam es ebenfalls zu Aktionen der Arbeiter. Sie forderten aber nicht nur Lohnerhöhungen, sondern sie verlangten auch, daß die Werft nur Arbeiter beschäftigen sollte, die in Ungarn geboren seien. Die nationale Bewegung würgte hier also den Internationalismus der Arbeiterklasse ab, aber wer hätte die Arbeiter ihre internationalistischen Verpflichtungen lehren sollen? Selbst Mihály Táncsics, der diesen Problemen am aufgeschlossensten gegenüberstand und selbst nicht ungarischer Abstammung war, verstand diese Fragen noch nicht.

Ministerpräsident Batthyány bemühte sich in seiner Eigenschaft als provisorischer Kriegsminister auch um den weiteren Ausbau der Nationalgarde nach französischem Vorbild. Sie sollte eigentlich die nicht vorhandene ungarische Armee ersetzen, d. h. sie mußte im Notfall einsetzbar sein, damit man sich nicht der offiziellen Armee bedienen mußte. Der wichtigste Grund war das aber nicht. Die Regierung konnte sich der Tatsache nicht verschließen, daß die Ungarn in der Minderheit waren. Die Führer der anderen Nationen in Ungarn hatten zwar die Errungenschaften der Märzrevolution mit Freude begrüßt, betrachteten aber ihrerseits, ähnlich wie die politische Führungsschicht der Ungarn, das Erreichte ebenfalls nur als einen ersten Schritt. Wenn die Ungarn schon so viel erreicht hatten, war es an der Zeit, daß auch die anderen Nationen ihr nationales Recht erhielten. Die ungarische Regierung und die adelige Führungsschicht mußten sich auch klar darüber sein, daß sie in dieser sehr heiklen Frage nur auf sich selbst rechnen konnten. Der Hof war weit, durch die Verlegung des Regierungssitzes nun auch geographisch, und auf seine Unterstützung konnte man nur sehr bedingt rechnen. Die Wiener Regierung hatte schon am 16. April in verweisendem Ton festgestellt, daß die ungarische Regierung zu weit gehe und nach immer mehr Unabhängigkeit strebe. Vorläufig wurde diese Feststellung nur im Protokollbuch des Ministerrates festgehalten. Wie wir bereits gesehen haben, trat die Regierung noch längere Zeit nicht mit dem Anspruch auf, für das gesamte österreichische Kaiserreich zuständig zu sein, doch mußte man in Pest annehmen, daß diese Frage früher oder später gestellt werden würde. Das war einer der Gründe für die Einladung des Königs nach Pest.

Die österreichische Regierung war allerdings im Augenblick nicht das schwierigste Problem; kompliziert wurde nun die Frage der Nationalitäten. Die Unabhängigkeitsbestrebungen Kroatiens wirkten nicht gerade sehr ermutigend, und auch ohne das Auftreten des Banus Jellačić hatte die ungarische Regierung bereits die Erfahrung gemacht, daß die Kontakte mit den kroatischen und slawonischen Behörden unterbrochen waren. Kroatien hatte zwar auch schon bisher eine gewisse Sonderstellung besessen, nun wagten aber auch die anderen Nationalitäten, ihre Stimme zu erheben.

Am 27. März stellte die politische und geistige Elite der ungarischen Serben, deren Mittelpunkt sich in Neusatz befand, ihre Wünsche zusammen. Die Einleitung ihrer

Petition ist schon für sich genommen von hohem Interesse: „In dieser gegenwärtigen Zeit, da in der Folge der allgemeinen Freiheit und brüderlichen Gleichheit für jede Nation gleichermaßen eine erfreuliche, glückliche Zukunft mit geistiger Gerechtigkeit möglich scheint — in welcher den Nationen die Rechte, die nach Gott und den Menschen der Welt nötig sind, in einem bisher unerhörten Maße zurückgegeben werden, — sei es ebenfalls erlaubt, die Teilnahme daran für den zahlreichen Teil der Patrioten in Ungarn, die für ihre Treue, ihre Tapferkeit und ihren patriotischen Eifer bekannt sind, für die Serben und auch die anderen, dem orthodoxen Glaubensbekenntnis folgenden Patrioten zu hoffen und so mit der ihnen angeborenen Aufrichtigkeit und Tugendhaftigkeit ihre Wünsche und Anliegen vorzutragen [...]

1. Die Serben erkennen die ungarische Nationalität an, sie erkennen die diplomatische Würde der ungarischen Sprache, ihre Vorrangigkeit und Macht in allen gemeinstaatlichen und vaterländischen Verhältnissen innerhalb Ungarns mit herzlicher Bereitwilligkeit an, und sie wünschen dagegen, daß auch ihre eigene Nationalität erkannt wird, und der freie Gebrauch ihrer Sprache in den Angelegenheiten ihres Eigentums, in der Religionsausübung und in deren inneren Verwaltung durch das Gesetz gesichert wird."

In den komplizierten Formeln der zeitgenössischen ungarischen Sprache war das Wichtigste hier bereits enthalten: die Anerkennung der Serben als Nation. Nicht umsonst wurden in den hier nicht zitierten Teilen der Einführung jene serbischen Privilegien breit dargelegt, die sie im Verlaufe von Jahrhunderten von den Königen Ungarns erhalten hatten. Außerdem wurden die Gleichberechtigung der orthodoxen Religion mit den anderen, herkömmlichen Glaubensbekenntnissen und die Zulassung von gemischt konfessionellen Ehen auch für Orthodoxe gefordert. Dann gab es noch einige Punkte, die im Endergebnis als Folge der Anerkennung als Nation, aber auch als bloße Modifikation der bisher gültigen Privilegien betrachtet werden konnten. So wurde etwa die Durchführung einer nationalen Versammlung jährlich am 1./13. September, anläßlich des orthodoxen Jahresbeginns, gefordert. Die erste dieser Versammlungen sollte unverzüglich noch vor der Auflösung des eben tagenden Landtages genehmigt werden, und die Serben sollten dort durch 100 weltliche und 25 geistliche Repräsentanten vertreten sein. Aus der Militärgrenze sollten ferner 50, darunter nur 20 Militärangehörige und 30 bürgerliche Personen, und aus Dalmatien schließlich 10 Abgeordnete kommen. Die nationale Versammlung sollte nicht nur in kirchlichen, sondern auch in Schulangelegenheiten entscheiden. Der serbische Erzbischof und die Bischöfe sollten gleichberechtigt mit dem katholischen Klerus am ungarischen Landtag teilnehmen können. Die verschiedenen höheren staatlichen Behörden sollten auch serbische Beamte einstellen. Ferner hieß es: Die kirchlichen und Schulangelegenheiten der Militärgrenze gehören auch vor die nationale Versammlung. Die Militärgrenze soll in politischer Hinsicht mit den übrigen Gebieten des Landes gleichgestellt werden, die hiesigen feudalen Verhältnisse sollen beseitigt werden (der Text selbst spricht von feudalen Verhältnissen, wenn er sich über die Situation der Militärdienst leistenden Bauern in der Militärgrenze äußert). All das war erschreckend für die ungarischen Politiker, obwohl noch keine Art von territorialer Autonomie gefordert wurde. (Alles andere hatten die Serben 1790 schon einmal verlangt.) Aber der empfindlichste Punkt war doch die erste Forderung, die Anerkennung der serbischen „Nationalität".

Diese Petition aus Neusatz wurde unter der Führung von Djordje Stratimirović von einer umfangreichen Delegation, deren Kleider mit den serbischen und ungarischen Farben geschmückt waren, nach Preßburg gebracht und am 8. April Kossuth übergeben. Lange Zeit hatte die Beratung freundschaftlichen Charakter; die Stimmung verschlechterte sich erst, als Kossuth am nächsten Tag des langen und breiten den ungarischen Standpunkt erörterte: In politischer Hinsicht existiere in Ungarn nur eine Nation, die ungarische. Diese Auffassung erklärte Stratimirović für unannehmbar. Angeblich soll daraufhin Kossuth erwidert haben, dann müsse zwischen den Ungarn und den Serben das Schwert entscheiden.

Nur einen Tag nach der Abstimmung über die Neusatzer Petition und selbstverständlich völlig unabhängig von ihr wandten sich drei rumänische Intellektuelle aus Klausenburg in einer Petition an die siebenbürgischen Stände. Die Rumänen sollten in Zukunft bei allen Behörden vertreten sein, die orthodoxe Kirche sollte unter die „rezipierten" aufgenommen werden, d. h. sie sollte gleichberechtigt mit den anderen sein. Die Gesetze und anderen amtlichen Schriften sollten, da die Amtssprache Ungarisch war (was sie auch akzeptierten), auch in rumänischer Sprache veröffentlicht werden. In den Komitaten, die völlig oder in der Mehrheit rumänisch waren, sollte die amtliche Sprache auf den Komitatsversammlungen rumänisch sein, auch sollten diese Komitate untereinander rumänisch korrespondieren dürfen. Wo die Rumänen in der Minderheit waren, sollte es doch wenigstens Beamte mit rumänischen Sprachkenntnissen geben. Den rumänischen Bischöfen sollte weiterhin erlaubt sein, untereinander und auch mit ihren Priestern rumänisch zu korrespondieren. Die rumänischen Elementarschulen sollten im entsprechenden Verhältnis einen Anteil an den staatlichen Zuschüssen erhalten. Auch in den Mittelschulen sollte das Rumänische Unterrichtssprache bleiben. Ferner ging die Petition auf die allgemeine Steuerpflicht und die Befreiung der Hörigen ein. Über diese Fragen nachzudenken, wären die siebenbürgischen Stände noch bereit gewesen. Aber im ersten Punkt wurde auch hier die Anerkennung der rumänischen Nation gefordert: „Es ist unser heißes Sehnen und so sehr berechtigter, unerschütterlicher Wunsch, daß die verehrten siebenbürgischen Landstände unsere rumänische Nation als organischen Teil des nationalen Körpers Siebenbürgens gemeinsam mit den drei anderen Nationen anerkennen, so daß von nun an auch die rumänische Nation — als eine rezipierte — ihre Abgeordneten haben soll, in allen Versammlungen, die die Angelegenheiten des ganzen Landes berühren, so wie es früher war und namentlich bis Siebenbürgen zur Heiligen Krone Ungarns gehörte."

Und am gleichen Tag, also am 28. März, wandten sich — wieder völlig unabhängig von den beiden anderen Gesuchen — auch die Slowaken des Komitats Liptau mit einer Petition an die Komitatsversammlung. Zunächst brachten sie ihre große Dankbarkeit für die bisher erreichten Ergebnisse zum Ausdruck, besonders dafür, daß der König und der Landtag „endlich freiwillig und großzügig jedem Mitbürger und Landesbewohner die viele Jahre hindurch heiß ersehnte Freiheit und staatsbürgerlichen Rechte gegeben hat". Daraus ergaben sich ihre Wünsche: „Daß die Nation und das Volk dieses Landes im Sinne der nun ihr verliehenen staatsbürgerlichen Rechte tatsächlich und positiv teilnehme an den nationalen Versammlungen dieses Landes. Und so ist es natürlich und folgerichtig, daß Beratung und Beschlußfassung in der ihnen verständlichen slowakischen Sprache erfolge. Dies fordern die Achtung und die Pflichten der Staatsbürgerschaft und der ganzen Öffentlichkeit, die niemals und nirgendwo ihr Ziel erreicht, wenn sie sich nicht auf ein gemeinsames und allgemeines Verständnis stützt." Weiter wurde die slowakische Sprache für Gerichtsverhandlungen, Rechtsangelegenheiten und Bekanntmachungen sowie für den Unterricht gefordert. Die Frage von Wahlen für den Landtag müsse geregelt werden. Und schließlich folgte am Ende der wichtigste Punkt: „...daß die Rechte unserer slowakischen Nationalität, auf die wir nicht verzichten wollen und auch nicht verzichten dürfen, in unserem politischen und gesellschaftlichen Leben heilig gesichert werden und für ewige Zeiten unverletzbar und unberührbar bleiben." Im slowakischen Original der Petition wurde das Wort Nationalität verwendet, im zeitgenössischen Sprachgebrauch hatte es aber immer die Bedeutung von Nation.

Etwa zur gleichen Zeit behandelte Jozef Miloslav Hurban in seinem Aufruf „Slowakische Brüder" die gleichen Probleme, aber in einer für das Volk verständlicheren Form: „Wir dürfen nicht schweigen, wenn andere singen, nicht dienen, wenn andere herrschen, und wir dürfen uns nicht fürchten, wenn andere ihren Kopf erheben, und verzweifeln, wenn andere triumphieren. [...] wir müssen unsere gerechte und berechtigte Stimme erheben für unsere nationale Freiheit, für eine solche Freiheit, die für jeden Slowaken Freiheit ist, also nicht nur für das eine oder andere Dorf, für diese oder jene Stadt, sondern die ganze Freiheit für jeden Menschen, der slowakisch spricht [...] Ihr müßt also jetzt darum Sorge tragen, daß diese Freiheit, die die Zeit Euch bringt, auch für Eure Nachfahren ungeschmälert erhalten bleibt. Diese Freiheit können wir uns nur dann sichern, wenn die ganze slowakische Nation sie behütet." Die Anerkennung der Nation als Kollektiv war der gemeinsame Wunsch, der am stärksten ins Auge fällt. Und wir wissen schon aus der Begegnung zwischen Kossuth und Stratimirović, daß die ungarischen Politiker auf diesem Gebiet zu keinen Zugeständnissen bereit waren.

Die bisherigen Petitionen und Forderungen waren als Aufrufe im Namen einer kleineren Gruppe entstanden oder hatten sogar die Auffassung einer einzelnen Persönlichkeit gezeigt. Mitte Mai aber konnten die Nationen Ungarns bereits größere Massen hinter ihren Wünschen versammeln. Innerhalb einer Woche kam es, wiederum völlig unabhängig voneinander, zu mehreren Versammlungen und nationalen Kongressen, auf denen sie ihre Wünsche formulierten. Und es war noch unmißverständlicher, daß der grundlegende Anspruch überall die Anerkennung der Nation war; alle übrigen Forderungen waren eine bloße Folge davon.

Als erste versammelten sich am 10. Mai die Slowaken in Liptau St. Nikolaus, Führer der Bewegung waren überwiegend geistliche Intellektuelle, wie Ľudovít Štúr, Michal Miloslav Hodža, Jozef Miloslav Hurban und andere. Sie faßten die slowakischen Ansprüche in 14 Punkten zusammen, über die von der in der Stadt durchgeführten Volksversammlung abgestimmt wurde. Die Petition war an den Herrscher, den Landtag, den Palatin, die Regierung, „jeden Freund der Menschheit und der Nation" gerichtet. Nachdem auf die ruhmreiche Geschichte der Slowaken und ihres 900jährigen Staates verwiesen worden war, kamen die Verfasser gleich im ersten Punkt zum Wesentlichen, zur Anerkennung der Nation: „In diesem Augenblick aber, da die slowakische Nation zur Besinnung kommt, will sie ihr beleidigtes und entehrtes Dasein der letzten Jahrhunderte vergessen, sie verzeiht sich und ihren Unterdrückern, nichts anderes bewegt unser erfreutes Herz als die heilige Flamme der Liebe und der heiße Wunsch, unsere Freiheit, unsere Nationalität und unser Land zu sichern. Und als urständige Nation dieses geheiligten Bodens, als ihr ehemals einziger Besitzer, rufen wir unter der Fahne der Gleichheit, dem Zeichen dieses Jahrhunderts, alle Nationalitäten Ungarns zur Gleichheit und Brüderlichkeit auf, und wir erklären von unserer Seite, daß wir keine einzige Nationalität Ungarns kränken, verletzen, beschränken und noch viel weniger ausrotten wollen, — aber wir fordern auch von den Nationen Ungarns, daß sie ihrerseits erfüllt sind von diesem ungarischen Patriotismus und durch die Achtung der slowakischen Nationalität sich der Freundschaft und Liebe der slowakischen Nation würdig erweisen. Denn die slowakische Nation, wie sie einerseits keine andere Nation unterdrücken will, erlaubt auf der anderen Seite ebensowenig, daß sie wieder in das alte Joch gespannt wird, und sie erklärt jetzt und für alle Zeiten, daß sie die ehrende Bezeichnung ungarischer Patriot niemandem zugesteht, der nicht die nationalen Rechte der anderen unter der ungarischen Krone lebenden Nationalitäten achtet."

Die konkreten Forderungen waren folgende: gemeinsamer Landtag der Nationen Ungarns, wo jede Nation ihre Interessen in der eigenen Sprache vertreten kann, darüber hinaus aber gesonderte Versammlungen für jede einzelne Nation innerhalb ethnischer Grenzen (d. h. Provinzialautonomie); die nationalen Delegierten werden verpflichtet, den Weisungen ihrer Wähler zu folgen (d. h. offensichtlich, daß sie sich auf dem gemeinsamen Landtag nicht gegen ihre eigene Nationalität wenden können); in den Komitats- und anderen Ausschüssen ist statt der ungarischen die Muttersprache obligatorisch; Ausbau des Unterrichtswesens bis zur Universität in der nationalen Sprache; in den Schulen der ungarischen Komitate Unterricht in der slowakischen Sprache, in den slowakischen Komitaten in der ungarischen. Weiter wurden die Zulassung der Nationalfarben, das allgemeine Wahlrecht, Pressefreiheit und Pressegesetz ohne Kaution gefordert; dann folgte eine elementar soziale Forderung, nämlich die Befreiung der Hörigen auch auf dem allodialen Rodeland (d. h. auf bedeutenden Teilen des Dominikallandes, das von den Bauern bearbeitet wurde) nach dem Vorbild der auf Rustikalland arbeitenden Hörigen (d. h. Ausdehnung der Befreiung auf alle frühere Kategorien der Hörigen); gefordert wurde die Freilassung des Dichters Janko Kráľ und des Lehrers Michal Rotarides sowie Gerechtigkeit und Gnade für die Polen Galiziens.

Die Petition blieb noch völlig innerhalb des staatlichen Rahmens Ungarns. Sie war an die zuständigen ungarischen Behörden gerichtet, und eine solche direkte Verbindung zu den Wiener Zentralbehörden, wie sie von seiten der Kroaten vorgeschlagen wurde, kam hier überhaupt nicht in Betracht. Beachtenswert ist der 11. Punkt, der sich mit der Weiterentwicklung der Bauernbefreiung befaßte, denn gerade unter den slowakischen Bauern gab es viele, die auf Dominikalland saßen. Die Forderungen gingen in manchem über die realen Möglichkeiten hinaus (gesonderte slowakische Universität, technische Hochschule), waren aber als Verhandlungsgrundlage nicht unannehmbar. Die ungarische Regierung antwortete mit einem Haftbefehl für die Wortführer, die nach Böhmen flohen. Eine offizielle Organisation oder Institution oder eine politische Körperschaft stand nicht hinter ihnen.

Ganz anders war die Lage bei den Serben, die, durch ihre Privilegien dazu berechtigt, vom 13. bis 15. Mai in Karlowitz zu einem legalen serbischen Kongreß zusammentraten und ihn sofort zur Nationalversammlung des serbischen Volkes erklärten. Zugleich gaben sie als Beschluß (von einer Petition ist hier keine Rede!) die Ernennung des Metropoliten von Karlowitz, Josip Rajačić, zum serbischen Patriarchen und von Stevan Šupljikac, Oberst der Militärgrenze, zum serbischen Wojwoden bekannt. Weiter wurde beschlossen, „daß die serbische Nation unter dem Hause Österreich im gemeinsamen Verband mit der ungarischen Krone eine politisch freie und unabhängige Nation ist"; deshalb solle aus dem von Serben bewohnten Gebiet eine Wojwodschaft (Vojvodina) gebildet werden (der Anspruch auf eine territoriale Autonomie ist hier sehr viel eindeutiger formuliert als in der slowakischen Petition). Diese serbische Wojwodschaft solle mit dem kroatisch-slawonisch-dalmatinischen Dreieinigen Königreich einen politischen Bund eingehen. Es müsse ein Verfassungsentwurf ausgearbeitet werden, der die Einzelheiten regle. Der durch die Nationalversammlung gewählte Hauptausschuß (Haupt-Odbor) solle auch die Mitglieder für die Ausarbeitung stellen. Wie die Slowaken für jede Nation Ungarns eine Sonderstellung wünschten, so drängten die Serben darauf, daß die nationale Selbständigkeit der Rumänen anerkannt und gesichert werden solle. Sie erklärten den für den 27. Mai von der ungarischen Regierung ausschließlich für die Beratung von kirchlichen Fragen und Angelegenheiten des Unterrichtswesens einberufenen nationalen Kongreß für überflüssig. Der Hauptausschuß sollte auch über die serbischen Nationaleinnahmen (gemeint sind die kirchlichen und Schulzwecken dienenden materiellen Mittel) frei verfügen können.

Bei all diesen Forderungen war nicht die Rede von einem an die ungarische Regierung gerichteten Gesuch oder von einer Petition; allerdings wurde in Punkt 9 gesagt, daß diese Wünsche durch eine Deputation dem Herrscher unterbreitet und auch dem kroatischen Landtag übermittelt werden sollten. Hinter den Beschlüssen von Karlowitz standen wirklich große Teile des Volkes, und — was das Wichtigste war — diese Nationalversammlung verfügte in den serbischen Grenzerregimentern über eine nicht unbeträchtliche militärische Unterstützung. Und einen Haftbefehl gegen einen Patriarchen, wenn er auch in den Augen der ungarischen Regierung „nur" ein Metropolit war, konnte man doch nicht so einfach erlassen.

Ähnlich selbstbewußt, wenn auch zum Teil von anderem Charakter, war der Beschluß der siebenbürgischen Rumänen auf ihrer Nationalversammlung. Die beiden rumänischen Bischöfe Joan Lemeni und Andreiu Șaguna riefen im Namen der unierten bzw. der orthodoxen Kirche die Delegierten in das geistige Zentrum der Unierten, nach Blasendorf, zusammen. Die Forderungen der intellektuellen Führer wurden von den anwesenden, auf 40 000 geschätzten Bauern unterstützt. Die wichtigste Forderung wurde auch hier gleich im 1. Punkt vorgebracht: „Die rumänische Nation — gestützt auf die Prinzipien der Freiheit, Gleichheit und Brüderlichkeit — fordert ihre nationale Unabhängigkeit in politischer Hinsicht, damit sie in ihrem eigenen Namen auftreten kann, damit die rumänische Nation im Verhältnis zu ihrer Bevölkerung die entsprechende Zahl von eigenen Delegierten im Landtag, eigene Beamte in der Verwaltung, im entsprechenden Verhältnis auch auf allen Stufen der Rechtssprechung und beim Militär besitzt, damit sie ihre eigene Sprache in allen Angelegenheiten verwenden kann, die sie betreffen, in der Gesetzgebung ebenso wie in der Verwaltung. Und sie fordert eine jährlich zusammentretende allgemeine Nationalversammlung." In den weiteren, insgesamt 16 Punkten fordert die Versammlung die Gleichberechtigung der orthodoxen Kirche mit den anderen siebenbürgischen Kirchen und die Wiedererrichtung des zur Zeit der kirchlichen Union aufgehobenen orthodoxen Erzbistums. Danach werden aber eine Reihe von wirtschaftlichen und sozialen Forderungen aufgezählt: die Beseitigung der feudalen Verhältnisse, d. h. der Frondienste, und zwar ohne Entschädigungen durch die Bauern; Freiheit des Handels und der Gewerbetätigkeit; Beseitigung des Zunftsystems; Aufhebung der vorgeschriebenen Steuern für in den benachbarten Fürstentümern gehaltene Rinder; Aufhebung des Kirchenzehentes; Rede- und Pressefreiheit, Freiheit und Unverletzlichkeit der Person; Geschworenengerichte; eine rumänische Nationalgarde (d. h. Bewaffnung der rumänischen Nation); einen aus Rumänen und den anderen Nationen Siebenbürgens bestehenden Ausschuß zur Regelung der Agrarprobleme, besonders auf dem sogenannten Königsboden, d. h. dem Boden der privilegierten sächsischen Städte — der zu dieser Zeit in der Mehrheit schon von rumänischen Hörigen bewohnt war —; Dotierung des rumänischen Klerus auf Staatskosten, wie es bei den anderen Kirchen üblich war; rumänische Schulen und eine rumänische Universität; allgemeine Steuerpflicht, die Beseitigung der bisherigen Privilegien; eine verfassunggebende Versammlung, die eine neue Verfassung für Siebenbürgen vorbereiten sollte, sowie ein bürgerliches und ein Strafgesetzbuch. Der letzte Punkt ist wieder sehr wesentlich: „Die rumänische Nation bittet die mit ihr zusammenlebenden Nationen die Frage einer Union mit Ungarn solange nicht zu verhandeln, bis die rumänische Nation zu einer verfassungsmäßigen und organisierten, im Haus der Gesetzgebung beratenden Nation mit Beschlußstimmrecht wird. Wenn der siebenbürgische Landtag demgegenüber dennoch über eine

Union — aber ohne uns — verhandelte, müßte die rumänische Nation feierlich Protest dagegen erheben."

Die nationalen Forderungen, vor allem die Anerkennung der Nation, stellen keine Überraschung mehr dar; wir sind ihnen bei allen Nationen Ungarns begegnet. Auffällig ist aber, daß die wirtschaftlichen und sozialen Forderungen radikaler und konkreter formuliert sind als die bisher bekannten. Von der Beseitigung des Zunftwesens konnten wir bisher nirgendwo etwas lesen. Im Hinblick auf die bäuerlichen Massen, die sich versammelt hatten, konnte man auf die Forderungen nach Aufhebung der Urbarialdienste natürlich nicht verzichten, sie entsprechen aber im großen und ganzen den bereits am 11. April sanktionierten ungarischen Gesetzen. Hinter den anderen Formulierungen dürfen wir wohl einen der geachtetsten Vertreter der unierten weltlichen Intelligenz, den Journalisten Gheorghe Bariț, vermuten, die kompromißlosen nationalen Forderungen dürften von Simion Bărnuț stammen. Zwei weitere Punkte sind beachtenswert: die in Preßburg schon bestätigte Vereinigung von Siebenbürgen und Ungarn mußte auch noch die Zustimmung des siebenbürgischen Landtages, der für den 29. Mai nach Klausenburg einberufen war, finden. Im Hinblick auf die ungarische Mehrheit in diesem Gremium war das zu erwartende Ergebnis eindeutig, und die rumänische nationale Bewegung erhob schon im vorhinein Einspruch dagegen. Und zweitens: Obwohl auch aus der Moldau, wo im März ein revolutionärer Aufstand ausgebrochen, aber schon am nächsten Tag niedergeschlagen worden war (und auch aus der Walachei, wo ein revolutionärer Ausbruch noch bevorstand) Delegierte anwesend waren, die die liberale nationale Bewegung der beiden Fürstentümer repräsentierten, wurde die Frage der Vereinigung der siebenbürgischen Rumänen mit den Rumänen der Donaufürstentümer nicht aufgeworfen. Für die bäuerlichen Massen wäre dies noch eine ganz unverständliche Forderung gewesen. Die politische Führungsschicht war sich klar darüber, daß die Vereinigung nicht nur eine Trennung von Ungarn, sondern auch einen Bruch mit Österreich bedeutet hätte und daher völlig unrealistisch war. Andere kleinere Nationen des Reiches gaben gerade zu dieser Zeit Erklärungen ab, in denen sie ihre treue Anhänglichkeit an ein erneuertes Österreich bekundeten. Da konnte auch die rumänische Führung nicht gegen die Dynastie politisieren.

Die in Ungarn lebenden Rumänen, eine weitaus geringere Zahl, wandten sich am 21. Mai mit einem Gesuch an die ungarische Regierung, das vor allem die Schaffung einer vom Metropoliten von Karlowitz unabhängigen orthodoxen Kirche, eine gerechte Aufteilung der gemeinsamen kirchlichen und schulischen Fonds zwischen der rumänischen und der serbischen orthodoxen Kirche, den freien Gebrauch der rumänischen Sprache in der Familie, der Schule und in inneren Angelegenheiten und die Einrichtung einer besonderen rumänischen Abteilung im Ministerium für Kultus und Unterricht mit rumänischen Beamten forderte. Außerdem sollten in den Behörden auf rumänischem Gebiet rumänische Beamte und rumänische Offiziere bei den rumänischen Grenzerregimentern tätig sein.

Wie sah es nun bei den Rumänen der Bukowina aus? Sie hatten sich noch früher zu Wort gemeldet, gründeten in Czernowitz einen Nationalausschuß, bildeten eine Nationalgarde und wollten vor allem die Erhebung der Bukowina zu einer autonomen Provinz und damit ihre Trennung von Galizien erreichen. Ferner forderten sie rumänische Schulen und Beamte, Autonomie für die orthodoxe rumänische Kirche und Gleichberechtigung mit den anderen Kirchen. Bei näherer Betrachtung waren es im wesentlichen die gleichen Forderungen wie bei den Rumänen in Ungarn. Nur wenig später (wahrscheinlich im Juni) entstand nach Verhandlungen mit den rumänischen Führern in Siebenbürgen (und im Glauben, die rumänischen Bauernmassen in Siebenbürgen hinter sich zu haben) ein sehr viel ambitiöserer Plan: eine Vereinigung des gesamten Gebietes, das von Rumänen bewohnt war, unter der Habsburgerherrschaft und mit dem Namen Rumänien. Dazu hätten auch die beiden Donaufürstentümer gehört (der Plan entstand noch vor dem Ausbruch der Revolution in der Walachei). In anderer Form werden wir diesen Vorstellungen später noch begegnen.

Wie wir schon wiederholt sehen konnten, gab es eine immer wiederkehrende Gemeinsamkeit all dieser nationalen Forderungen: die Vereinigung des jeweiligen nationalen Gebietes. Die Tschechen und die Slowenen traten damit auf, die Serben wollten eigentlich alle Südslawen des Reiches vereinigen, die Polen dachten letzten Endes an ein selbständiges Polen. Es wäre daher unverständlich gewesen, wenn sich die ungarische politische Elite nicht um die territoriale Wiederherstellung des im Mittelalter einheitlichen Ungarn bemüht hätte. Die Sonderstellung Siebenbürgens war eine Folge aus der Zeit der osmanischen Eroberung, sie war politisch erzwungen, und die österreichische Regierung hielt sie im eigenen Interesse aufrecht. Aber vom Standpunkt der nationalen Freiheit aus hielt die ungarische Führung in Siebenbürgen die Verwirklichung der Union für selbstverständlich, ganz zu schweigen davon, daß der ungarische König, der ja auch gleichzeitig Großfürst von Siebenbürgen war, die Union bereits sanktioniert hatte.

Aber nicht nur die Rumänen, sondern auch die Siebenbürger Sachsen protestierten dagegen. Schon am 25. April sandten sie eine Deputation zum Kaiser, genauer: Die Deputation erschien in Wien, als sie bereits Kenntnis davon hatte, daß der siebenbürgische Landtag für den 29. Mai einberufen worden war. Sie protestierte gegen die Union, weil eine solche Vereinigung Siebenbürgen degradieren und zu einem bloßen Bruchteil Ungarns herabwürdigen würde, obendrein eines Ungarn, das auf schwankendem, durch die Revolution aufgewühltem Boden stehe und das sich immer unabhängiger von Österreich machen wolle. Die siebenbürgische Bevölkerung wünsche aber vom Kaiser regiert zu werden. (Schließlich war das auch ein Deutscher, wenn auch bedauerlicherweise ein Katholik und kein Lutheraner.) Eine Union könne auch nicht im Interesse Österreichs liegen, argumentierte die Delegation weiter, denn damit würde Siebenbürgen mit seinen bedeutenden staatlichen Einkünften an ein Ungarn angeschlossen, das sich eben von Österreich losreiße. Ihre konkrete Forderung ging dahin, daß der Landtag nicht nach Klausenburg, sondern in eine andere Stadt einberufen werden sollte, wo eine freie Beratung gesichert wäre. Eine Union solle unter die königlichen Propositionen (Gesetzesvorschläge) nicht aufgenommen werden. (Mit anderen Worten: Der Großfürst von Siebenbürgen sollte sich gegen den König von Ungarn — beide in einer Person vereinigt — wenden, der diese Union bereits genehmigt hatte. So viele Widersprüche auf einmal wären selbst für einen normalen Menschen zuviel gewesen, geschweige denn für Ferdinand den Gütigen.) Im weiteren versicherte die Delegation übrigens dem Kaiser ihre unverbrüchliche Treue und Anhänglichkeit.

Wie stand es mit den übrigen wirtschaftlichen und sozialen Fragen der bürgerlichen Umgestaltung? Und was konnten die sächsischen Bürger, die — wenn auch eingebettet in eine feudale Umwelt — schon unter bürgerlichen Verhältnissen lebten, von einer bürgerlichen Revolution eigentlich erwarten? Die Beseitigung ihrer Privilegien, die ihre Situation sicherten? Als nüchterne Realpolitiker wußten sie auch sehr genau, daß sie nicht in ein einheitliches Deutschland aufgenommen werden konnten. Die deutsche Rückendeckung bezogen sie natürlich in ihre Berechnungen mit ein, und das mit Recht. Auf Vorschlag von Franz Schuselka forderte das Vorparlament in Frankfurt schon am 5. Mai von dem zukünftigen ungarischen Reichstag: „Ungarn [...] wolle die Sachsen in ihrer Nationalität und Verfassung nicht beeinträchtigen."

Die Ablehnung der Union war allerdings vorläufig unter den Sachsen noch nicht einmal so eindeutig. Der anfängliche Freiheitsrausch blieb auch auf die Sachsen nicht ohne Wirkung. Die Bürger von Kronstadt unterstützten auch später den Gedanken einer Union, weil sie davon eine freiere wirtschaftliche Entwicklung erwarteten, Schäßburg und Reps standen bis zum Herbst zur ungarischen Revolution. Die Mehrheit aber, und vor allem das Zentrum, Hermannstadt, stellte sich immer schärfer dagegen.

Am 29. Mai trat in Klausenburg, noch im alten ständischen Rahmen, der siebenbürgische Landtag zusammen. Die Bauernbefreiung wurde mit Hinblick auf die speziellen Verhältnisse in Siebenbürgen (wo es keine Urbarialreform gegeben hatte) noch in der Form erweitert, daß der Boden als freies bäuerliches Eigentum betrachtet wurde, wenn er nicht eindeutig als Rustikal- oder als Dominikalland zu bestimmen war. Jedenfalls sollte diese Regelung solange gelten, bis ein entgegenstehendes richterliches Urteil etwas anderes verfügte. Das Problem der Entschädigung sollte auf ähnliche Weise gelöst werden wie in Ungarn. Der Landtag verkündete die Aufstellung einer Nationalgarde, die allgemeine Steuerpflicht, die Pressefreiheit und die Gleichberechtigung der Glaubensbekenntnisse. Damit waren zumindest teilweise auch einige Forderungen der rumänischen Nationalversammlung von Blasendorf erfüllt, und zwar gerade die mit sozialem Charakter. In diesem Augenblick galten jedoch diese Forderungen nicht mehr als die wichtigsten. Und wenn die von der Teilnahme ausgeschlossenen Rumänen (nur die beiden Bischöfe in ihrer Eigenschaft als kirchliche Oberhäupter waren anwesend) mit all diesen Gesetzen auch einverstanden waren: in der wichtigsten Frage, in bezug auf die Union, waren sie dennoch anderer Auffassung. Nur hatten sie hier und jetzt im Sinne der Gesetze keine Möglichkeit, Einspruch zu erheben.

Dieses Recht besaßen aber die Sachsen. Nach der Verfassung Siebenbürgens, die jeder Nation eine Stimme einräumte, hätten die Sachsen mit einer einheitlichen nationalen Stimme gegen das Unionsgesetz sogar ein Veto einlegen können. Ein solches Risiko wagten die sächsischen Abgeordneten aber nicht. Klausenburg war zwar keine so große Stadt wie Wien oder Pest, aber man konnte auch hier Volksmassen aufmarschieren und vor dem Gebäude des Landtages für die Union demonstrieren lassen. Die sächsischen Abgeordneten stimmten dafür, ihre Vorschläge, wie unter den neuen Bedingungen die sächsischen Rechte, ihre Nationalität und ihre Sprache geschützt werden mußten, dem bald zusammentretenden ungarischen Reichstag zu unterbreiten. Einige Tage später, am 3. Juni, brachte das sächsische Selbstverwaltungsorgan, die Nationsuniversität, schon sein Bedauern über die Unionspläne zum Ausdruck. Eine neue Petition mit 20 000 Unterschriften wurde nach Wien geschickt, in der der Kaiser ersucht wurde, das Gesetz über die Union nicht zu sanktionieren.

Die Union gab den Ungarn eigentlich nur jene Einheit, die auch andere für sich beanspruchten; allerdings konnte man schon damals hören, daß die Ungarn die Herren seien; fügen wir nachträglich hinzu, daß man sie also z. B. nicht mit den Slowenen vergleichen konnte. Unter dem im März gestürzten System hatten sich aber schließlich alle als Knechte und Unterworfene gefühlt und sich auch entsprechend verhalten, in ihren politischen Ansprüchen wie in ihren Gefühlen. Und das galt auch für die Ungarn. Aber es ist wahr, daß sie gerade jetzt in einer viel günstigeren Position waren als viele andere Nationen Österreichs. Und vermutlich hatte der sächsische Schriftsteller und Politiker Josef Marlin — übrigens ein Anhänger der Union — recht, als er noch in den letzten Tagen vor dem siebenbürgischen Landtag, am 25. Mai, in der „Pester Zeitung" schrieb: „Es ist das Unglück der magyarischen Nationalität, daß sie den verschwisterten Nationalitäten gegenüber keine Mäßigung kennt."

Nun, im Mai wurden plötzlich im östlichen Teil des Reiches zahlreiche Nationen aktiv, die man bisher so gut wie gar nicht zur Kenntnis genommen hatte, und traten mit immer neuen Forderungen auf, gerade als man alle Fragen gelöst glaubte.

Wien und Prag

Im Gegensatz zur Regierung vertraten auch die Wiener Arbeiter und Kleinbürger nicht die Ansicht, daß alle Probleme bereits beseitigt wären. Ende Mai erließ der Sicherheitsausschuß Haftbefehle gegen Graf Montecuccoli und sogar gegen die Professoren Endlicher und Hye, die doch, wie es schien, bis zu einem gewissen Grad im Interesse der Revolution tätig gewesen waren, selbstverständlich nach ihrer liberalen Auffassung von Revolution. Aber der Sicherheitsausschuß war schon darüber hinaus. Besonders die Aristokraten waren in diesen Tagen und Wochen in Wien höchst unbeliebt und verließen in großer Zahl die Residenzstadt. Sie wurden reaktionär genannt, und das mit Recht.

Wien kämpfte zu dieser Zeit mit wachsenden wirtschaftlichen Schwierigkeiten. Viele Bürger waren der Ansicht, daß die Abreise des Hofes und vieler Aristokraten die Wiener Bürger um ihre besten Kunden gebracht habe. Die spätere historische Forschung gibt diesen Vermutungen zum Teil recht, aber selbstverständlich gab es auch andere Gründe für die wachsende Arbeitslosigkeit. Die notwendigen ausländischen Rohstoffe gelangten nicht nach Wien in die Fabriken, weil der Transport von den Häfen am Meer in die Residenzstadt durch das Militär verhindert wurde. Die Silberreserven der österreichischen Nationalbank betrugen nur noch 20 Millionen Gulden, während sich der Banknotenumlauf um 160 Millionen herum bewegte. Die Preise stiegen, mit einem modernen Terminus könnte man fast von einer Inflation sprechen. Die Wiener Bürger verloren ihre Kunden, sie hatten keine Einnahmen mehr und mußten sich gleichzeitig vor den Proletariern fürchten. Ein Arbeiterausschuß bildete sich; sein Vorsitzender, ein Student namens Willner, ließ einen Beschluß verabschieden, nach dem der Staat verpflichtet sei, für die Arbeitslosen zu sorgen. Öffentliche Arbeiten wurden in Gang gesetzt, die Löhne entsprachen denjenigen, die in Betrieben mit hohem Lohnniveau an ungelernte Arbeiter gezahlt wurden. Diese Notstandsarbeiten wurden nur in Wien vergeben, aber als sich die Nachricht davon verbreitete, strömten auch aus den benachbarten Erblanden und aus Böhmen Arbeitslose herbei. Dadurch verstärkte sich die Zahl der linken Kräfte in Wien, zugleich wuchs aber auch der Druck, die deutsche Frage zu lösen. Offensichtlich konnte das nur auf revolutionärem Wege geschehen.

Die Regierung setzte ihre Sitzungen fleißig fort, bemühte sich um ein gutes Verhältnis zum Sicherheitsausschuß und drängte Tag für Tag den Hof zur Rückkehr, der aber nicht einmal daran erinnert werden wollte, sondern im Gegenteil die in Wien akkreditierten Gesandten nach Innsbruck rufen ließ. Die Diplomaten folgten denn auch diesem Ruf, Außenminister Wessenberg kam am 1. Juni und blieb dort. In Innsbruck gab es keine verdächtigen vorstädtischen Gestalten und keine Journalisten, die über die Freiheit räsonierten, dort gab es nur ehrfurchtsvolle, treue Untertanen. Aus den verschiedenen Provinzen kamen ständig Deputationen mit den unterschiedlichsten Wünschen, die sich in der Regel völlig widersprachen; jede suchte das kaiserliche Paar zu sich einzuladen; von Zeit zu Zeit meldeten sich die ungarischen Minister, um über Jellačić zu klagen, dann kam wieder Jellačić mit seinen Beschwerden, und so weiter...

Einige der tonangebenden Persönlichkeiten am Hof sahen aber doch allmählich ein, daß dieses Spiel zu keiner dauerhaften Lösung führen konnte, da der Hof sich nun einmal für die

Konstitutionalität entschieden hatte. Von dieser Grundlage konnte man vorläufig nicht abrücken. Eine konterrevolutionäre Wende war vorläufig nur ein Traum, eine reale Möglichkeit dazu hatte sich noch nicht ergeben. Es war schön, daß die Länder und Provinzen um Ferdinand wetteiferten, aber es ging doch auf Kosten der Einheit des Reiches. Jeder beteuerte seine Treue zu Ferdinand, aber dahinter lockerte sich die Treue zu Wien immer mehr, obwohl es doch das Zentrum war. Einmal hatte man sich am Hof schon entschieden zurückzukehren, der Kaiser erklärte aber im letzten Moment, nicht reisen zu wollen.

In die Sonderstellung der ungarischen Regierung konnte man nicht eingreifen, aber das Beispiel konnte ansteckend werden. Besonders beachtenswert war, was sich auf böhmischem Gebiet entwickelte. Wir haben schon gesehen, daß der Kabinettsbrief vom 8. April eine momentane Beruhigung geschaffen hatte, aber eben nur momentan, da die Zugeständnisse an die Tschechen von den Deutschböhmen immer argwöhnischer beobachtet wurden. In Frankfurt war man dabei, ein einheitliches Deutschland zu schaffen, und hier wollten sich die Tschechen nicht einmal mehr mit der Gleichberechtigung zufriedengeben, sondern gleich den Vorrang haben! Schon am 31. März hatte Rudolf Stadion in einem Privatbrief ein Notsignal für Pillersdorf gegeben: „Wir sind hier in einer kritischen Lage, da sich in der Stadt zwei Elemente feindlich entgegenstehen und ein Konflikt ist nach meiner Überzeugung in der Länge nicht zu vermeiden." Stadion schrieb dies, obwohl sich gerade an diesem Tag der Nationalausschuß mit einer beruhigenden Deklaration an die Deutschen gewandt hatte, die dadurch natürlich noch mehr beunruhigt wurden. Am 11. April versammelten sich die Prager Deutschen und berieten darüber, daß sie im Nationalausschuß nicht proportional vertreten waren (was der Wahrheit entsprach). Der Nationalausschuß wiederum nahm ihnen übel, daß sie die Fahne der deutschen Einheit benutzten. In Wien konstituierte sich ein Verein der Deutschen aus Böhmen, Mähren und Schlesien zur Aufrechterhaltung ihrer Nationalität. Die Delegierten des Vereins erschienen gerade bei Pillersdorf zur Audienz, als sich die tschechische Delegation mit den Versprechungen vom 8. April von ihm verabschiedete. Am nächsten Tag legten sie sofort Protest gegen die genannten Versprechungen ein, denn diese drohten die „bedeutende, rein deutsche Bevölkerung Böhmens und ihre Anhänglichkeit an ihre Sprache" zu gefährden.

Die Probleme mit den Wahlen für Frankfurt sind schon behandelt worden. Auch die Ministerratssitzung vom 23. April befaßte sich mit den ungünstigen Auswirkungen der Wahlen auf die Tschechen, „indem sich unter der dortigen Bevölkerung eine sehr aufgeregte und den Wahlen in das deutsche Parlament ungünstige Stimmung äußere, welche aus der Besorgnis hervorgeht, daß eine innigere Vereinigung Österreichs mit dem deutschen Bunde die slavischen Nationalitäten des Kaiserstaates gefährden könnte". Zur gleichen Zeit ersuchten die Deutschböhmen gerade die Regierung um ihre Unterstützung für die Durchführung der Wahlen, was Pillersdorf aber ablehnte.

Das Vorparlament kannte diese Gegensätze (Havlíček schrieb fast jeden Tag seine Artikel gegen die Großdeutschen; einen seiner Verse haben wir schon zitiert) und entsandte Ende April eine Delegation nach Prag, um hier an Ort und Stelle die Tschechen in irgendeiner Form zu beruhigen. Die Deutschböhmen Ignaz Kuranda, Karl J. von Wächter und der Wiener Arzt Arnold Schilling verhandelten am 29. April im Palais Nostitz mit den Vertretern des Nationalausschusses, kamen aber zu keinem Ergebnis. Noch am gleichen Abend jedoch berichteten die Mitglieder der Delegation auf der Sitzung des deutschen Constitutionellen Vereins in Prag sehr selbstbewußt über ihr Auftreten in Wien in bezug auf die Wahlen, was die anwesenden Tschechen in solche Aufregung versetzte, daß es zu einer Schlägerei kam. Die Frankfurter Delegierten konnten sich nur unter großen Schwierigkeiten von der Sitzung entfernen und reisten tags darauf in aller Stille aus Prag ab. Sie hatten nun mit eigenen Augen gesehen, wie unversöhnlich die Gegensätze waren. Die Deutschböhmen traten reihenweise aus dem Nationalausschuß aus. Eines der radikalen Mitglieder, Uffo Horn, schrieb an Thun: „...ich finde keinen anderen Ausweg. Der Himmel über uns verdüstert sich, die lichten Sterne der Freiheit verbleichen, dafür geht ein drohender Komet auf, der auf Zwietracht und Unglück deutet."

Dieser Brief wurde am 5. Mai geschrieben. Vom 30. April an stand Leo Graf von Thun und Hohenstein, der endlich aus Galizien über Wien nach Hause gelangt war, als Gubernialpräsident an der Spitze der Regierung, ein eher konservativer Denker, aber erfahrener Beamter. Die Ansichten der englischen Liberalen und Alexis de Tocquevilles kannte er gut. Tschechisch begann er erst jetzt zu lernen, aber die Führer der tschechischen Bewegung vertrauten ihm und erwarteten viel von ihm hinsichtlich der Verwirklichung der Versprechungen vom 8. April. Er hatte kaum die Regierung übernommen, als es am 1. und 2. Mai in Prag aufgrund der schlechten wirtschaftlichen Verhältnisse zu judenfeindlichen Demonstrationen kam, bei denen auch Bäckerläden gestürmt wurden. Thun und seine Leute aber — besonders, als sie auch noch ein republikanisches Flugblatt entdeckten, in dem die Prager zum bewaffneten Aufstand aufgefordert wurden — verdächtigten polnische Agitatoren oder Kossuths Agenten, die Unruhen angestiftet zu haben. Seit dem Ausbruch der Revolution waren erst eineinhalb Monate vergangen, und wie weit hatten sich die verschiedenen Länder Österreichs voneinander entfernt! Nachdem man einige Tage später aufgedeckt hatte, wo das Flugblatt gedruckt worden war, wurde der Setzer, Franz Groll, verhaftet, aber am 10. Mai durch die Volksmenge wieder befreit. Am nächsten Tag wandte sich Windischgrätz an Ficquelmont mit dem Ersuchen, Ferdinand möge nach Prag kommen.

In der tschechischen Hauptstadt war Windischgrätz verhaßt. Jeder hielt ihn mit Recht für ein Symbol der Reaktion. Er wußte das auch, genoß aber in seinem aristokratischen Hochmut wahrscheinlich diese Stellung. (Stadion hatte kurz zuvor angeregt, er möge nicht nach Prag zurückkehren, aber der Feldmarschall wies diesen Plan zurück.)

Doch unruhig war es nicht nur in Prag. Die Bauern des Landes bestürmten den Nationalausschuß mit Eingaben und verlangten die Beseitigung der Frondienste ohne Ablöse. Charakteristisch für ihre Haltung ist eine Eingabe vom 2. Mai, in der es hieß: „Gewiß wird jeder Mensch anerkennen, daß es für das Wohl der ganzen Bevölkerung unseres teueren Landes unerläßlich ist, die Verhältnisse auf dem Dorfe zu verbessern. Weiter ist jeder davon überzeugt, daß diese Verbesserung sich auf die Aufhebung der Roboten und des Hörigenwesens gründen muß. Aber wer glaubt, daß der Bauer in eine bessere Lage gelangt, wenn er sich selbst aus den Roboten ablösen muß, der irrt sich sehr. Für die Ablösung muß man Geld haben; die Bauern haben aber erschreckend wenig Bargeld." Deshalb dürfe man sie nicht vergessen, wenn man das Vaterland glücklich machen wolle.

In diese Stimmung schlug am 19. Mai die Nachricht, daß der Kaiser aus unbekannten Gründen die Residenzstadt verlassen habe. In Prag wußte man nicht, wie es nun weitergehen sollte. Die Flucht fand ein breites Echo, und nicht nur Windischgrätz rief Ferdinand nach Prag. Thun und seine Umgebung hielten den Augenblick zu handeln für gekommen. Indem sie sich auf die unsichere Stellung der Wiener Regierung beriefen, wollten sie eine selbständige Prager Regierung schaffen, die eine der ungarischen ähnliche Position einnehmen sollte. Am 28. Mai bildete Thun mit Billigung der beiden führenden

Persönlichkeiten des Justizwesens, Anton Graf Mittrowsky und Baron Hennet, sowie mit Einverständnis von Windischgrätz eine provisorische Regierung. In dem Protokoll, das über das Ereignis aufgenommen wurde, heißt es: „Die bekannten Wiener Ereignisse und der Umstand, daß die böhmische Provinzial-Landesregierung in Folge derselben von dem verantwortlichen Ministerium in Wien keinerlei Weisungen erhält, dagegen eben im gegenwärtigen Augenblicke Verfügungen dringend notwendig werden, welche den Wirkungskreis der Landesbehörden überschreiten, veranlaßte die unterzeichneten Chefs der Behörden zusammenzutreten und in Beratung zu nehmen, welche Maßregeln unter diesen außerordentlichen Umständen zu ergreifen wären." Als Beschluß wurde dann festgehalten: „Es wird der Gubernialpräsident sich einen provisorischen verantwortlichen Regierungsrat bestehend aus 8 Männern des öffentlichen Vertrauens beigesellen, um über alle, den Wirkungskreis der Landesstellen überschreitende innere Angelegenheiten in dringenden Fällen unter seinem Vorsitze zu entscheiden." Von den tschechischen Führern traten Palacký, Rieger, Brauner und der frühere Prager Bürgermeister Anton Strobach in diese Regierung ein, ferner zwei Grafen, Albert Nostitz und Wilhelm Wurmbrand, und als Vertretung der Deutschen ein Buchhändler, Aloys Borrosch, und ein Fabrikbesitzer vom Lande namens Herzig. Am folgenden Tag wandte sich Thun an den Kaiser, um die Genehmigung für die provisorische Regierung einzuholen; er bat um die Bildung einer zentralen Behörde für alle drei Provinzen in Prag unter seiner Leitung. Mit diesen Wünschen schickte er Rieger und Nostitz nach Innsbruck. Sie nahmen auch den Entwurf für einen königlichen Erlaß mit, in dem nicht nur die Regierung genehmigt, sondern ihr auch das Recht eingeräumt werden sollte, auf dem gemeinsamen böhmisch-mährischen Landtag Gesetzesvorschläge einzubringen. Die Wiener Regierung zu verständigen, hielt Thun nicht für notwendig. Übrigens traf er bereits Vorbereitungen für Wahlen zu einem gemeinsamen böhmischen Landtag, so daß in Prag alles zusammenkam, um dem ungarischen Beispiel zu folgen. Das wäre sogar über die Zusagen vom 8. April hinausgegangen.

Am 1. Juni verlangte der Sicherheitsausschuß in Wien von der Regierung Auskunft über die Prager Ereignisse. Die Regierung hatte keine Ahnung davon, was vor sich gegangen war. Am Ende der Sitzung wurde den Mitgliedern die „Prager Zeitung" vom 31. Mai gebracht, aus der die Minister erfuhren, daß sich am 30. Mai in Prag eine provisorische Regierung gebildet hatte. Davon gab es in Österreich nun schon drei.

Die österreichische Regierung schickte selbstverständlich sofort einen Protestbrief nach Innsbruck. Der Schritt Thuns, so hieß es, „kann daher nur als ein voreiliger und unmotivierter Schritt erscheinen, welcher zu einer beklagenswerten Spaltung führen müßte, wenn Euere Majestät diesem Akte in irgendeiner Beziehung die allerhöchste Genehmigung zu erteilen geruhen wollten". Noch am Morgen ging ein Telegramm nach Prag, in dem Aufklärung gefordert wurde. Erst am Abend kam die Antwort, in der Thun die Regierung einfach auf die Bekanntmachung in der „Prager Zeitung" verwies. Der Ministerrat ordnete daraufhin an, daß die böhmischen lokalen Behörden ab sofort direkte Verbindung zum Ministerium zu halten hätten. Da der Präsident des höchsten Prager Rechnungshofes sich dem Schritt Thuns nicht angeschlossen hatte, besaß die provisorische Regierung keine finanziellen Mittel.

Der Hof verhielt sich eine Weile schwankend. Die Wiener Regierung befand sich in der Hand der Revolutionäre, und Thun trat ja im Grunde gegen sie auf. Sein Schritt war eigentlich ein neuer Beweis dafür, daß die Provinz zum Kaiser hielt. Doblhoff erklärte aber in Innsbruck, daß sich hinter der Wien-Feindlichkeit der einzelnen Provinzen doch eher das Bestreben verstecke, sich völlig von der Monarchie loszureißen. Das konnte man denn doch nicht dulden. Ferdinand billigte schließlich die Maßnahmen der Wiener Regierung. Pillersdorf wies Thun an, die Leitung der Geschäfte seinem Stellvertreter zu übergeben. Vor einer Amtsenthebung schreckte Pillersdorf zurück, da er keinen entsprechenden Nachfolger fand. Thun blieb, und bald waren ohnehin alle mit anderen Sorgen beschäftigt.

Prag war nämlich nicht nur der Schauplatz für die eben behandelten Ereignisse gewesen; es bereiteten sich hier auch andere Dinge vor, die das Ganze des Reiches berührten, ja sogar darüber hinausgingen. Schon Ende April war in kroatischen Kreisen der Gedanke aufgetaucht, einen Kongreß der im Reich lebenden Slawen durchzuführen. Auch ihre Stimme sollte — als Gegengewicht gegen die Maßnahmen der ungarischen Regierung — gehört werden. Zugleich sollte damit unter den neuen Bedingungen der Freiheit das politische Gewicht der in Österreich lebenden slawischen Völker gestärkt werden. Am 20. April hatte der Historiker Ivan Kukuljević-Sakcinski diesen Gedanken in der kroatischen Zeitung „Narodne Novine" (Nationalzeitung) erörtert, selbstverständlich mit Wissen von Jellačić. Der Kongreß sollte auch gegen die deutsche Nationalversammlung in Frankfurt auftreten, Kukuljević nannte das sogar als ersten Grund und verwies erst danach auf die Ereignisse in Ungarn.

Die führenden tschechischen Politiker nahmen diesen Plan natürlich mit Freuden zur Kenntnis, schon deshalb, weil die Kroaten als Kongreßort Prag genannt hatten. Das konnte die Position der Tschechen gegenüber den Frankfurtern stärken, die ja Anspruch auf die böhmischen Provinzen erhoben. Selbstverständlich erklärten Palacký und auch Pavel Jozef Šafárik, ein bedeutender slowakischer Historiker, sofort unmißverständlich, daß sie nur dann dem Plan zu einem solchen Kongreß zustimmen könnten, wenn die Teilnehmer eindeutig für Österreich Stellung nahmen. Am 30. April teilte Havlíček in der „Národní Noviny" (Nationalzeitung) mit, daß sich der vorbereitende Ausschuß für den Kongreß bereits konstituiert habe; zum Vorsitzenden sei Josef Matthias Graf Thun gewählt worden (der Bruder des Statthalters Thun). Am 3. Mai hielt der Ausschuß eine Sitzung ab und versandte Einladungen. Die Liberalen hatten eine sichere Mehrheit; sie erklärten erneut, der Kongreß werde eine Vertretung der Slawen in Österreich sein. Teilnehmer aus dem Ausland seien selbstverständlich gern gesehene Gäste (aber nur Gäste).

Am 12. Mai protestierte Esterházy im Namen der ungarischen Regierung bei der Wiener Regierung gegen den Kongreß und bat um eine Garantie, daß nur Tschechen zum Kongreß zugelassen würden. Eine Woche später, am 19. Mai, beriet der Ministerrat in Wien über das Gesuch, wobei bissige Bemerkungen darüber fielen, daß die ungarische Regierung im allgemeinen nicht gerade den Kontakt mit der österreichischen suche. Pillersdorf gab schließlich eine kühle und abweisende Antwort. Gleichzeitig bat er Thun um weitere Informationen, den gleichen Thun, der nach dem Protokollbuch des Ministerrats „mit seinen Berichten sehr zurückhaltend ist" (das war noch lange vor dem Versuch, eine provisorische Regierung zu bilden).

Aber die ungarische Regierung war nicht allein mit ihrem Protest; merkwürdigerweise protestierte auch Kriegsminister Latour, der am 10. Mai aus der Zeitung von dem Kongreßplan erfahren hatte. Pillersdorf dagegen erwartete von dem Kongreß mit Recht eine Unterstützung für Österreich. Vor der Idee des Panslawismus, die die ungarische Regierung erwähnt hatte, fürchtete er sich nicht.

Bei den Vorbereitungen zum Kongreß verursachten die Polen in Galizien einige Probleme. Einige Tage zuvor war es in Krakau, wie erwähnt, zu Unruhen gekommen, und es schien recht ungewiß, ob die Polen den austroslawischen Grundton der Österreichfreunde, wie man sie schon zu nennen begann, akzeptieren würden. Es wurde auch darüber debattiert, ob man sie nicht überhaupt fernhalten sollte. Das schien schon deshalb überlegenswert, weil die Polen wesentlich radikaler waren als Palacký und seine liberalen Freunde. Ausschließen konnte man sie aber doch nicht.

Im übrigen blieb auch nicht mehr viel Zeit zum Grübeln. Am 2. Juni wurde der Kongreß feierlich eröffnet und nahm seine Arbeit in drei bereits vorher vereinbarten Sektionen auf, einer tschecho-slowakischen, einer südslawischen und einer polnisch-ruthenischen. Zum Vorsitzenden wurde der Kandidat der tschecho-slowakischen Sektion, František Palacký, gewählt. Die beiden anderen Kandidaten, Stanko Vraz, der Dichter, der im Namen der südslawischen Einheit aus einem Slowenen zum Kroaten wurde, und Jerzy Fürst Lubomirski wurden Vizepräsidenten. Der Kongreß wurde von Šafárik mit einer großen Rede eröffnet, in der er darauf hinwies, daß die Slawen von den Deutschen, den Ungarn und den Italienern nicht für fähig gehalten würden, einen Staat zu bilden. Jetzt werde überall über die Slawen beraten, aber ohne die Slawen. Die Feinde und Unterdrücker der Slawen seien der Meinung, die eroberte Freiheit gehöre nur ihnen, da allein sie Kultur besäßen, und daß jeder, der Slawe sei, auch ein Barbar wäre. „So wie es ist, kann es nicht bleiben. Das Schicksal der Nationen ist entschieden; auch für uns ist die entscheidende Stunde gekommen, früher, als wir erwartet haben. Wer unschuldig ist vor seinem Gewissen und vor Gott, der ist es noch nicht vor dem Richterstuhl der Welt und der Nationen. Entweder reinigen wir uns durch Taten und beweisen, daß wir der Freiheit würdig sind, oder wir verschmelzen mit den Deutschen, den Ungarn, den Italienern, um nicht länger anderen Nationen zur Last und zum Schaden zu gereichen und unseren Nachfahren unsere Verfolgungen und Demütigungen weiterzuvererben. Entweder wollen wir erreichen, daß wir mit wirklichem Stolz vor den Nationen sagen können: Ich bin Slawe — oder wir wollen nicht länger Slawen sein." Offensichtlich brauchte man die letztgenannte Alternative nicht ernst zu nehmen. Die Slawen Österreichs betraten den Schauplatz der Weltgeschichte.

Die einzelnen Sektionen mußten darüber beraten, ob sie im Interesse des gemeinsamen Schutzes ein stärkeres Zusammenrücken innerhalb des Reiches wünschten und welche Forderungen zur Erreichung dieses Zieles aufgestellt werden müßten. Welche Bedingungen waren die Voraussetzung für ein föderatives Österreich, wie sollten die Beziehungen zu den außerhalb Österreichs lebenden Slawen aussehen, wie sollte die slawische Wissenschaft und Kultur auf einen würdigen Platz gehoben werden, und schließlich: welche Haltung sollte der Kongreß zu den Beschlüssen der Frankfurter Nationalversammlung hinsichtlich der slawischen Provinzen Österreichs einnehmen? Über die Grundprinzipien konnte es keine Zweifel geben, aber über die konkreten Lösungen kam es schon innerhalb der einzelnen Sektionen zu heftigen Debatten. Über die Forderung nach freiem Sprachgebrauch gab es Übereinstimmung. Schwieriger war schon die Frage der Abgrenzung zwischen den slawischen Nationen untereinander. In der ersten Sektion lehnten die slowakischen Führer, obwohl ihnen in der anderen Hälfte des Reiches die Verhaftung drohte, den tschechischen Vorschlag ab, sich innerhalb eines föderativen Österreich zu einem tschecho-slowakischen Kronland zu vereinigen. Sie wollten in dem gegebenen ungarischen Rahmen bleiben. Die südslawische Sektion wünschte die Aufteilung der von mehreren Völkern bewohnten Gebiete, wollte hingegen die südslawischen Provinzen vereinigen, wie das in den kroatischen und serbischen Petitionen schon früher formuliert worden war. In bezug auf Frankfurt versuchte man die Slowenen davon abzubringen, Delegierte in die deutsche Nationalversammlung zu entsenden.

Die beiden ersten Sektionen wollten eine Delegation zum Kaiser schicken, um ihm ihre Wünsche zu unterbreiten und gegen die Maßnahmen der ungarischen Regierung zu protestieren. Damit war aber die dritte Sektion, in der die Polen das Übergewicht hatten, nicht einverstanden. Der ukrainische Generalrat war durch drei Delegierte vertreten, der andere Ausschuß der Polenfreunde hatte mehrere Delegierte geschickt. Die Ukrainer warfen auch hier die Frage der Zweiteilung Galiziens auf. Die Polen und der Teil der Ukrainer, der sie unterstützte, waren selbstverständlich dagegen. Immer mehr entfernte sich die Diskussion von dem ursprünglichen Themenkreis in Richtung auf die Beratung von Problemen, die die einzelnen slawischen Nationen im Moment am stärksten beschäftigten. Die Beobachter des Kongresses nahmen mit Freude wahr, daß die slawische Einheit ins Schwanken geraten war.

Die Teilnehmer aus dem Ausland interessierten sich nicht für die Pläne zur Umgestaltung des Reiches, sondern für die Weiterführung der Revolution. Der Pole Karel Libelt aus Posen versuchte die Delegierten umzustimmen und für die Ungarn einzunehmen, aber nur einige Radikale unterstützten ihn, und auch sie nur mit halbem Herzen.

Die auffälligste Erscheinung auf dem Panslawischen Kongreß war aber der russische Revolutionär Michail Bakunin, der eindeutig gerade das Gegenteil von den Zielen anstrebte, für die sich die Slawen hier versammelt hatten. Seiner Auffassung nach mußte man Österreich vernichten, da es ein Hort der Reaktion sei. Die Mehrheit der Österreichfreunde hörte seine Ausführungen mit Bestürzung.

Libelt versuchte, den Verlauf des Kongresses in eine positive Richtung zu drehen. Abweichend von den ursprünglichen Punkten schlug er vor, drei Fragen zu behandeln: eine Proklamation an die europäischen Nationen, eine Adresse an den Kaiser und einen Bündnisplan für die Zusammenarbeit der Slawen. Damit überschritt der Kongreß bereits seinen ursprünglichen Plan, sich nur mit den Angelegenheiten der Slawen in Österreich zu befassen, und die Anhänger einer austroslawischen Lösung wurden allmählich in den Hintergrund gedrängt. Štúr erklärte, daß man nicht Österreich retten müsse, sondern sich selbst. Bakunin warnte die österreichischen Slawen vor einer Lösung innerhalb Österreichs, sie würden sich damit nur selbst von den übrigen Slawen losreißen und lediglich ein veraltetes Österreich erhalten, das dann eben halbslawisch statt halbdeutsch sei. „Die slawische Einheit, die slawische Freiheit, die slawische Wiedergeburt kann nicht anders erreicht werden, als durch die gleichzeitige Vernichtung des österreichischen Staates."

Schließlich gelang es wenigstens, über den Text der Proklamation an die europäischen Nationen zu einer Einigung zu kommen. Libelts ursprünglicher Vorschlag wurde natürlich vielfach modifiziert. Der wesentliche Inhalt der Proklamation war, daß sich die slawischen Nationen als ebenso wichtig für die europäische Entwicklung betrachteten wie bisher die romanischen und germanischen Nationen. Und sie waren nicht bereit, sich mit den erhaltenen persönlichen Freiheitsrechten zufriedenzugeben. „Für uns ist die Gesamtheit der geistigen Ergebnisse einer Nation nicht weniger heilig als der Mensch in seinem natürlichen Rechtszustand. Obwohl die Geschichte einzelnen Nationen eine vollkommenere menschliche Entwicklung gesichert hat als anderen, stellte sich doch immer wieder heraus, daß auch diese Nationen in ihren Fähigkeiten und Entwicklungsmöglichkeiten keineswegs beschränkt sind. Die Natur, für sich genommen, kennt weder edle noch unedle Nationen, keine Nation ist von der Natur berechtigt, über andere zu herrschen, keine soll gezwungen sein, anderen Nationen als Mittel für deren Zwecke zu dienen; jede einzelne Nation hat gleichermaßen das Recht auf die edelste Menschlichkeit." Die Proklamation enthielt auch den Gedanken der Umgestaltung Österreichs zu einem Bund gleichberechtigter Nationen. „In einem solchen Bund sehen wir nicht nur unser eigenes Heil, sondern das der Freiheit, der Aufklärung und der Menschheit allgemein, und wir vertrauen darauf, daß

Europa mit Freude zur Verwirklichung beiträgt. Wir sind auf jeden Fall dazu entschlossen, für unsere Nation in Österreich alle uns zur Verfügung stehenden Mittel einzusetzen, um die völlige Anerkennung aller Rechte innerhalb des Staates zu erreichen, die die deutsche und die ungarische Nation bereits genießen."

Der Kongreß war noch in vollem Gange, als Graf Thun nach seinem gescheiterten Versuch einer Regierungsbildung wenigstens zu erreichen versuchte, daß ein böhmischer verfassunggebender Landtag noch vor dem Reichstag in Wien einberufen wurde. Seine Beschlüsse sollten vor denen des Reichstags und unabhängig von ihm zustande kommen. Die Wiener Regierung lehnte auch diesen Plan ab. Für sie war der Reichstag nun im Interesse der Stärkung ihrer Legitimität das Wichtigste, verständlich bei ihrer prekären Lage zwischen Sicherheitsausschuß und dem weit entfernten Hof. (Doblhoff witzelte: Es langweile ihn schon, daß er von oben wie von unten in gleicher Weise behandelt werde, nämlich wie ein Hund.)

Viele hielten den Slawenkongreß für reaktionär (die Nichtslawen), viele begrüßten ihn mit Freude (die Mehrheit der Slawen), soweit man sich überhaupt aus den Zeitungen informieren konnte, was eigentlich geschah. Aber nun griff das Volk ein.

Windischgrätz gefiel der Slawenkongreß natürlich nicht. Schon in den ersten Junitagen ließ er in Prag Militär aufmarschieren. Offensichtlich wollte er bewußt einen Zwischenfall provozieren, um einen Vorwand für eine militärische Intervention zu haben. Die Prager Studenten verlangten deshalb Waffen, und das gerade von Windischgrätz. Ihre Forderungen wurden, zusammen mit der entsprechenden Begründung, schon vorher auf zweisprachigen Plakaten mit roten Buchstaben überall in der Stadt aufgehängt. Es konnte nicht überraschend sein, daß Windischgrätz diese Wünsche zurückwies. In der Stadt wuchs die Unruhe.

Am Vormittag des 12. Juni, Pfingstmontag, kam es zur Explosion. Am Wenzelsdenkmal wurde wieder eine feierliche Messe abgehalten, die nur indirekt mit dem Slawenkongreß in Zusammenhang stand; die Studenten hatten sie eher als ein Fest brüderlicher Verbundenheit geplant. Gegen Ende der Messe verbreitete sich die Nachricht, daß die Soldaten anrückten. Die Menge setzte sich in Richtung auf das Gebäude des militärischen Oberkommandos in Bewegung. Windischgrätz empfing gerade eine Delegation der deutschen Bürger Prags, die um die Aufrechterhaltung der Ordnung bat. Die Delegierten waren schon im Begriff zu gehen, als die Volksmenge ankam. Eine Grenadierabteilung schoß in die Menge; damit begann der Prager Aufstand, dessen Führung die Studenten übernahmen. Den Kern der Revolte bildeten tschechische Radikale, aber auch viele Delegierte des Slawenkongresses schlossen sich den Aufständischen an. Zentrum war das Klementinum, das Gebäude der Universität. In Minutenschnelle waren Barrikaden errichtet, und es kam zu Straßenkämpfen, aber infolge der Übermacht des Militärs mußten sich die Studenten bald auf die Verteidigung im Klementinum beschränken.

Für Thun kam der bewaffnete Zusammenstoß ungelegen. Er erschien persönlich im Klementinum, um die Studenten zur Niederlegung der Waffen zu bewegen. Josef Václav Frič, die integerste Gestalt der tschechischen radikalen Demokraten, beschrieb in seinen Erinnerungen, wie der Vertreter der Staatsgewalt im Zylinder über die Barrikaden kletterte. Aber er hatte keinen Erfolg, und die Studenten behielten ihn obendrein als Geisel.

Am 13. Juni morgens um 2 Uhr 45 verständigte Windischgrätz in einer Depesche die Wiener Regierung von dem Aufstand. In Wien vermutete man, daß Windischgrätz die Ereignisse provoziert hatte. (Sie hatten übrigens für ihn persönlich unglückliche Folgen, denn eine Kugel hatte am Tag zuvor seine neugierig am Fenster stehende junge Frau tödlich getroffen.) Die Regierung in Wien schickte General Emanuel Graf Mensdorff und Hofrat Josef Klezansky nach Prag, um persönlich die Situation zu prüfen. Sie hatten die Vollmacht, Windischgrätz zum Rücktritt aufzufordern, falls sich herausstellen sollte, daß der Aufstand nur auf sein Verhalten zurückzuführen war. Pillersdorf war es wichtig, daß möglichst bald wieder Ruhe in Prag eintrat. Der Sicherheitsausschuß verwies auf die slawischen reaktionären Kräfte, die die Revolution stürzen wollten und dabei auf russische Hilfe rechneten.

Am frühen Morgen des 14. Juni kamen die Abgesandten der Regierung in Prag an. Windischgrätz verheimlichte nicht, daß er das Eingreifen der Regierung mißbillige. Die Delegierten suchten Thun auf, der inzwischen von den Studenten freigelassen worden war. (Palacký hatte sie weinend darum gebeten, um die Situation nicht weiter zu verschlimmern. Wir wissen das aus den Schriften von Frič, der auch den deprimierenden Eindruck beschrieb, den die Jammertiraden und die Ängstlichkeit Palackýs und seiner Freunde auf die Revolutionäre machten.) Bei einer Besprechung zwischen Thun, den Wiener Delegierten und Vertretern der Prager Behörden kam man, wie überall, zu dem Ergebnis, daß nur der Rücktritt von Windischgrätz die Situation retten konnte. Das beteuerten selbst seine ihm unterstellten leitenden Offiziere. Windischgrätz blieb zunächst unbeugsam: Der Kaiser habe ihn ernannt, nur er könne ihn entlassen. Aber schließlich gab er doch nach und erklärte sich bereit, seinen Posten als Oberbefehlshaber niederzulegen. Am 15. Juni wurde diese Nachricht der Bevölkerung auf Maueranschlägen mitgeteilt. Eigenartigerweise verlor man aber gerade zu dieser Zeit im Hauptquartier des Aufstandes den Mut, wahrscheinlich, weil man gegenüber der militärischen Übermacht wenig Hoffnung sah. Bakunin drängte selbstverständlich auf die Fortsetzung des Kampfes; allerdings hoffte er auf eine Unterstützung durch die Bauern.

Am 16. Juni morgens um 8 Uhr traf die Depesche über den Rücktritt von Windischgrätz in Wien ein. Pillersdorf atmete auf. Doch gerade an diesem Tag änderte sich die Situation erneut: Die Prager Arbeiter waren nicht bereit, sich zu ergeben, wogegen die Prager Bürger das Ende der Kämpfe kaum noch abwarten konnten. Zwischen beiden Bevölkerungsgruppen kam es bereits zu bewaffneten Zusammenstößen. Wieder, wie schon mehrmals in Wien, gerieten Proletariat und Bourgeoisie in Konflikt miteinander.

Am nächsten Tag übernahm Windischgrätz auf Drängen der Prager Garnison, d. h. des Offizierskorps, erneut die Macht und stellte sofort ein Ultimatum, demzufolge sich die Stadt bis Mittag 12 Uhr zu ergeben habe. Die Regierungsbeauftragten, die schon einmal zur Berichterstattung nach Wien zurückgekehrt waren, hielten sich jetzt wieder in Prag auf. Ihre Weisungen bezogen sich aber auf den Fall, daß Windischgrätz die Macht schon übergeben hatte. Auch sie konnten hören, wie die Stadt beschossen wurde. Auf Drängen der deutschen Bürgerschaft gab der Bürgermeister die Kapitulation der Stadt unter der Bedingung bekannt, daß das Ultimatum verlängert wurde, um die Barrikaden zu entfernen. Das geschah auch, bis abends um 8 Uhr. Im Morgengrauen des 18. Juni verließen die Regierungsbeauftragten zum zweiten Mal Prag; ihre Aufgabe war diesmal noch weniger erfüllt als beim ersten Mal.

Windischgrätz verkündete nun den Belagerungszustand für Prag, und das war auch das Ende des Prager Aufstandes. Die Mitglieder des Slawenkongresses hatten sich schon in den ersten Stunden der Kämpfe eilig aus der Stadt entfernt, mit Ausnahme der wenigen Radikalen, die sich den Aufständischen angeschlossen hatten. Jetzt mußten auch diese fliehen.

Die Ordnung hatte über die Anarchie gesiegt, wie Windischgrätz mit Befriedigung feststellte. Anders gesehen: Die Konterrevolution hatte ihren ersten großen Sieg über die Revolution errungen. Aber was bedeutete dieser Sieg in nationaler Hinsicht? Hatten die

Deutschen über die Tschechen gesiegt oder die Tschechen über die Deutschen? Oder keiner von beiden? Die Regierung, die von der neuen Wendung der Dinge wieder nichts wußte, erfüllte inzwischen noch alle Bitten einer Prager Stadtdelegation. Aber diese Versprechungen waren nun gegenstandlos, und am 20. zog die Regierung sie alle zurück. Windischgrätz hatte noch am 17. unter der Landbevölkerung — die tatsächlich Prag hatte zu Hilfe eilen wollen, aber, das Aussichtslose der Lage erkennend, bereits auf dem Heimweg war — ein Blutbad angerichtet.

Auch Thun wich nun zurück. Sein Verhältnis zur Regierung war wegen seines früheren Versuchs, eine eigene Regierung zu bilden, ohnehin schlecht. Jetzt wandte er sich gegen die tschechischen Ansprüche, die er bisher unterstützt hatte. Am 26. Juni löste er den Nationalausschuß auf und stellte bloß die Wahl eines separaten Landtages in Aussicht. Auch in diesem Fall verhinderte die Regierung aber die Durchführung. Einer der Veteranen der tschechischen nationalen Bewegung, der noch immer in allgemeinem Ansehen stand, Václav Hanka, schrieb damals auf ein Lichtbild von Thun: Wir haben uns in ihm geirrt.

Immerhin mußte man aber doch Wien über die Prager Ereignisse Bericht erstatten; schließlich hatte sich das Militär gegen das aufständische Volk gewandt. Am 17. Juni kamen zwei Depeschen aus Prag, die darüber informierten, daß die Stadt in Flammen stand. Danach brach die telegrafische Verbindung zusammen. Was hatte sich wirklich ereignet? Die Regierung schob Windischgrätz die Verantwortung zu, machte aber gleichzeitig auf die Gefahren aufmerksam, die den Deutschen auf böhmischem Gebiet gedroht hatten. Damit begründete sie schließlich auch, daß Windischgrätz Oberbefehlshaber blieb. In Frankfurt diskutierte die Nationalversammlung bereits darüber, daß man zum Schutz der Deutschen preußische, sächsische und bayerische Truppen nach Prag schicken müsse.

Am 1. Juli beriet der Ministerrat in Wien über den Bericht Thuns, der sehr beruhigend klang. Hier war nicht von einem deutsch-tschechischen Zusammenstoß die Rede, sondern von einem republikanischen Aufstand, der von französischen Emissären und polnischen und Wiener Revolutionären inszeniert worden sei. Es entstand ein langes Hin und Her über die Frage, ob der Belagerungszustand aufrechterhalten oder aufgehoben werden solle. Die Regierung schickte einen neuen Beauftragten nach Prag. Auch der Sicherheitsausschuß wollte Delegierte entsenden, um die Fragen an Ort und Stelle zu prüfen, doch die Regierung verhinderte dieses Unternehmen. Gleichzeitig war sie aber nicht sicher, ob Windischgrätz den Weisungen, die auf die Aufhebung des Belagerungszustandes gerichtet waren, Folge leisten würde. Und tatsächlich dachte er auch gar nicht daran. Inoffiziell stellte er jetzt bereits eine solche Macht dar, daß die Regierung ihm gegenüber völlig hilflos war.

Nationale Bewegungen — bewaffnet und unbewaffnet

Windischgrätz war nicht der einzige, der — gestützt auf die hinter ihm stehenden Truppen — seine eigene Politik betrieb, und die bewegte sich auf ganz anderen Ebenen als die Revolution. Ihm ging es um die Erhaltung des Reiches, die sich ständig streitenden Nationen interessierten ihn nicht. Auch Jellačić war dieser Ansicht, und er trat ebenso selbstbewußt auf und überging, wenn es sein mußte, selbst den Kaiser. Auf Drängen der ungarischen Regierung hatte der Herrscher in einem Brief Jellačić am 6. Mai darüber informiert, daß er eine Lockerung der Beziehungen zwischen den Ländern der Stephanskrone nicht gestatte und Jellačić weiterhin die Anweisungen des Palatins und der ungarischen Regierung zu erfüllen habe. Stephan, der Palatin, hatte Jellačić zur Rücknahme seiner Erklärung vom 19. April aufgefordert; der Banus hatte den Brief ungeöffnet zurückgeschickt. Er war sich der Unterstützung durch Kriegsminister Latour sicher. Am 9. Mai rief er den Banalrat zusammen, eine engere Körperschaft der Regierung, und am 11. sandte er im Namen des Banalrates eine Adresse an den König, in der er die Gesetzesverletzungen und Übergriffe der ungarischen Regierung aufzählte. Der Palatin schickte Generalleutnant János Hrabovszky nach Agram mit dem Auftrag, Jellačić zu einer Rücknahme seiner ungesetzlichen Anordnungen zu veranlassen. Aber Hrabovszky führte seinen Auftrag nicht aus, und in Agram verbrannte die Menge in den Straßen das Bild des Palatins. Für den 5. Juni rief Jellačić den kroatischen Landtag zusammen, der die Beratung der von ihm unterbreiteten Gesetze begann.

Ende Mai erschien der Palatin Stephan in Begleitung von Széchenyi und Eötvös in Innsbruck, um den König für den 2. Juli zur Eröffnung des Reichstags auf der Grundlage der Volksvertretung nach Pest einzuladen. Der Hof lehnte eine persönliche Teilnahme ab, genehmigte aber die Eröffnung des Reichstags; der Palatin sollte die Aufgabe des Königs übernehmen. Jellačić wurde die Einberufung des kroatischen Landtags verboten. Anfang Juni traf auch Ministerpräsident Batthyány mit den Gesetzen des siebenbürgischen Landtags, darunter dem Gesetz über die Union, ein, die am 10. Juni von König Ferdinand sanktioniert wurden. Eine Anordnung vom gleichen Tag enthob Jellačić aller Ämter, eine andere wies die Befehlshaber der Militärgrenze an, den Anordnungen Hrabovszkys Folge zu leisten. Diese beiden Schriftstücke sollten aber nur dann abgesandt werden, wenn Jellačić sein bisheriges Verhalten der ungarischen Regierung gegenüber nicht zu rechtfertigen vermochte.

Jellačić hatte es nicht eilig, nach Innsbruck zu kommen und erschien erst am 18. Juni. Am nächsten Tag wurde er vom Kaiser öffentlich empfangen. Der Banus erklärte umständlich, wie treu Kroatien zum Herrscher halte. (Wir dürfen nicht vergessen, daß die Nachricht von der Niederschlagung des Prager Aufstandes noch nicht nach Innsbruck gelangt war. Erzherzogin Sophie und die anderen Damen des Hofes waren hingerissen von dem braven kroatischen Soldaten, der wenigstens am südlichen Ende des Reiches die Ordnung aufrechterhalten konnte.) Am Abend desselben Tages brachte Fürst Felix Schwarzenberg einen Brief von Radetzky aus Italien, in dem er über günstige Entwicklungen berichtete. Die Situation begann sich auch dort zu verändern. Jellačić gewann schließlich die stillschweigende Unterstützung des Hofes, trotz den Versprechungen, die die ungarische Regierung einige Tage vorher vom Hof erhalten hatte.

Die ungarische Regierung brachte daraufhin die beiden Anordnungen vom 10. Juni an die Öffentlichkeit. Zwar fehlte die Gegenzeichnung von Esterházy, doch war sie durch die des Innenministers Szemere ersetzt. Hrabovszky erkannte sie aber auf dieser Grundlage nicht an. Jellačić wurde auf dem Weg nach Hause von seiner Absetzung informiert, was ihn aber höchstens in seiner Entschlossenheit bestärkte, sich von der ungarischen Regierung unabhängig zu machen. Der kroatische Landtag hatte schon am 5. Juni Jellačić feierlich in seine Würde als Banus eingesetzt und fleißig über die eingebrachten Gesetzesvorschläge abgestimmt. Bei einer der ersten Abstimmungen wurde der Vorschlag der serbischen Nationalversammlung über die engere Verbindung des Dreieinigen Königreichs zur serbischen Wojwodschaft angenommen. Der XI. Gesetzesartikel regelte das Verhältnis zu Ungarn und Österreich: das Dreieinige Königreich sei ein von Ungarn völlig unabhängiger Staat, der von der ungarischen Regierung keinerlei Weisungen entgegennehme. Unter dem Namen Landesstelle müsse eine eigene Regierung geschaffen werden, der der Banus vorstehe. Sie sei dem Landtag verantwortlich und regle die inneren Angelegenheiten des

Dreieinigen Königreichs. Der Landesstelle werde auch das gesamte Gebiet der kroatischen Militärgrenze unterstellt. In bezug auf Österreich verkündete das Gesetz, daß für das Finanzwesen, die Verteidigung und die Handelsangelegenheiten ein für das ganze Reich gemeinsames Ministerium in Wien geschaffen werden solle; diesem Ministerium gehöre ein kroatischer Staatsrat an, der dem kroatischen Landtag verantwortlich sei. Amtssprache des Dreieinigen Königreichs sei das Kroatische. Die Zentralregierung sei im Verkehr mit dem Dreieinigen Königreich verpflichtet, sich ebenfalls dieser Sprache zu bedienen. Das Dreieinige Königreich trete mit den übrigen südslawischen Gebieten Österreichs, mit der serbischen Wojwodschaft und einigen anderen österreichischen Gebieten in engere Beziehungen. Mit den Völkern Ungarns müsse der auf der Grundlage der Pragmatischen Sanktion bestehende freundschaftliche Bund aufrechterhalten werden, die Details blieben einer späteren Ausarbeitung überlassen. Als Dokumentierung der engen Zugehörigkeit zum Gesamtreich hatte der Landtag vier Delegierte gewählt, die im Reichstag das Dreieinige Königreich vertreten sollten.

Neu waren im Verhältnis zu der früheren Deklaration von Jellačić eigentlich zwei Dinge: einerseits die Anerkennung der zentralen Regierung für das ganze Reich und andererseits die Forderung, daß das Recht des Herrschers, Ernennungen vorzunehmen, vorübergehend auf den Banus übergehen solle — mit anderen Worten: uneingeschränkte Vollmacht für Jellačić. Ein anderes Gesetz schrieb vor, in einer Deklaration müsse öffentlich erklärt werden, daß das Dreieinige Königreich in jeder Weise treu zum Gesamtreich stehe (das war um so notwendiger, als in einem weiteren Gesetzesartikel von der Unterstützung des Slawenkongresses in Prag die Rede war). Der XXVI. Gesetzesartikel bezog sich auf die Militärgrenze; die Lage der dortigen Soldaten sollte verbessert werden, gleichzeitig sollte aber auch die Sonderstellung der Militärgrenze beseitigt werden, was man allerdings nicht so deutlich aussprach. Der XXVII. und XXVIII. Artikel legten die Details der Bauernbefreiung fest, im wesentlichen in der gleichen Form wie in dem genannten ungarischen Gesetz. Einige Artikel bezogen sich auch auf die Pazifizierung mit Ungarn und die einzuleitenden Verhandlungen mit Erzherzog Johann, der vom Kaiser für die Vermittlung bestimmt war.

Der ganze Tonfall und die Formulierungen der 35 Gesetzesartikel zeigen deutlich, daß es sich eher um politische Vorstellungen, um Programme und Pläne handelte. Konkrete Bestimmungen enthielten eigentlich nur die Artikel, die sich auf die Bauernbefreiung und auf die Militärgrenze bezogen, sowie einige kleinere Artikel, die die lokale Verwaltung modifizierten.

Die kroatische Landesstelle wäre die vierte, einer gewählten Körperschaft verantwortliche Regierung gewesen. Natürlich hätte der Hof das nicht gern gesehen. Aber die Sanktionierung dieser Gesetze kam jetzt ohnehin nicht in Frage, schon deshalb nicht, weil sie sich mit den bereits durch Ferdinand unterzeichneten Gesetzen (vom 11. April) in scharfem Gegensatz befanden, vor allem aber, weil Kroatien jetzt wirklich nicht die wichtigste Angelegenheit war. Es gab mehrere Fragen, die wichtiger waren, gleichgültig, ob von Wien oder von Innsbruck aus betrachtet.

Um eine Übersicht über die kroatischen Ansprüche zu gewinnen, wollen wir noch einen weiteren Blick auf den östlichen Teil der Monarchie werfen. Wir haben uns ja schon vor der Darstellung des tschechischen Intermezzos mit diesen Fragen beschäftigt. Am 12. Juni, am gleichen Tag, als der Prager Aufstand begann, trat auch dort eine wichtige Wende ein. Die Beschlüsse der serbischen Nationalversammlung in Karlowitz blieben nicht nur auf dem Papier. Stratimirović warb über die normale Stärke der Grenztruppen hinaus mindestens

10 000 Freiwillige an, bewaffnete sie und ordnete am 10. Juni die allgemeine Bewaffnung der Serben an. Am 12. brach auch hier der bewaffnete Kampf aus. Wie die Aufständischen verkündeten, verteidigten sie den Thron Ferdinands und die serbische Nation. Aus Serbien kamen in ständig wachsender Zahl Freiwillige. Ihnen standen ungarische Nationalgardisten und kleinere militärische Einheiten gegenüber. Von beiden Seiten wurde der Kampf mit großer Entschlossenheit und Grausamkeit geführt. War es ein Krieg, oder war es ein Bürgerkrieg? Die Serben kämpften für ihre nationalen Rechte, die Ungarn verteidigten ihre nationalen Rechte. Fast genau drei Monate nach dem Ausbruch der Revolution sprachen erneut die Waffen, diesmal an einem anderen Punkt des Reiches. In allen Fällen bisher waren die Kämpfe nach einigen Tagen wieder zu Ende gegangen, zunächst zugunsten der Revolution, später zu ihrem Schaden. Diesmal war kein Ende abzusehen. Und Schauplatz der Ereignisse war nun das engere Gebiet Ungarns, nicht Kroatien oder Siebenbürgen.

Hinzu kam, daß für das ganze Land bereits seit Monaten eine verantwortliche Regierung existierte, daß Gesetze erlassen und vom König sanktioniert waren. Es gab Wahlen, aus denen der Reichstag mit einer wirklichen Volksvertretung hervorgehen sollte. Wir haben schon gesehen, daß der Wahlzensus recht niedrig lag, doch aufgrund der vorangegangenen politischen Entwicklung traf im Reichstag unvermeidlich zumeist dieselbe politische Elite wieder zusammen, die früher auf dem ständischen Landtag die untere Tafel besetzt hatte: der mittlere Adel und die adelige Intelligenz. Wir können sagen: die Ungarn. Zweifellos gab es unter den gewählten Vertretern (die nicht selten von bürgerlicher Herkunft waren) auch solche, die sich nicht oder nicht eindeutig zur ungarischen Nation rechneten, aber es waren weit weniger, als dem Verhältnis von Nichtungarn zu Ungarn entsprochen hätte, selbst von den Kroaten abgesehen. Außerdem war von den früheren Führern der einzelnen Nationalitäten, die gerade jetzt während der Revolution mit noch größerem Nachdruck aufgetreten waren, nicht ein einziger in das neue Parlament gewählt worden. Es fanden sich höchstens ein oder zwei Abgeordnete, die früher auf einer unteren Ebene mit der nationalen Bewegung in Verbindung gestanden waren, aber kein einziger, der bei der Formulierung der nationalen Ansprüche im April oder Mai beteiligt gewesen wäre oder der sich wenigstens mit ihnen identifizierte. Aber auch von den Führern der ungarischen Linken, der sogenannten Märzjugend, konnten sich nicht viele durchsetzen, und Sándor Petőfi fiel bei den Wahlen ebenfalls durch. Wenn manche von ihnen trotzdem in das Parlament gelangten, so bildeten sie doch im Verhältnis zur Mehrheit, die die Führung durch den mittleren Adel unterstützte, nur eine winzige Minorität. Das würde man ihnen später auch zum Vorwurf machen. Die Mehrheit aber stellten jene Abgeordneten, die nach der abgeschlossenen, der durchgefochtenen, der siegreichen Revolution im Parlament sozusagen zum Alltag der Staatsverwaltung übergehen, die Details ausarbeiten, die Ergebnisse ausbauen und stabilisieren wollten. Selbst die „Empörung in der Südprovinz", wie sie die serbische Bewegung nannten, schien kein grundlegendes Problem zu sein. Es war ja mit einer verantwortlichen Regierung und einer gesetzgebenden Körperschaft aus Volksvertretern eigentlich gelöst, Ungarn war ein unabhängiger Staat geworden. Nur sehr wenige vertraten die Auffassung, daß die Probleme noch keineswegs beruhigend abgeschlossen wären.

Zu einer solchen Ansicht konnte man schon Ende Juni kommen, als die österreichische Regierung der ungarischen zwei außerordentliche Noten überreichen ließ. In der ersten brachte sie ihren Wunsch zum Ausdruck, daß Ungarn unter allen Umständen zu einer Verständigung mit Jellačić kommen müsse (den der Kaiser kurz zuvor aller seiner Ämter enthoben hatte, ohne daß das jemand ernst nahm). Die österreichische Regierung fügte hinzu, daß sie gezwungen sei, auf ihre Neutralität gegenüber Ungarn zu verzichten, falls eine solche Verständigung nicht zustande käme. Obwohl diese Mitteilung den Charakter einer diplomatischen Note zwischen zwei völlig unabhängigen Regierungen hatte, klang sie doch ziemlich drohend, denn was sollte man unter Verzicht auf Neutralität verstehen? Offensichtlich betrachtete sich die Wiener Regierung doch als zuständig für das ganze Reich, als eine gesamtösterreichische Regierung. Es war ja noch gar nicht lange her, daß man den Spaltungsversuch Thuns hatte vereiteln können. In der zweiten Note wurde obendrein gefordert, daß die ungarische Regierung an Jellačić 150 000 Gulden für die Streitkräfte zu überweisen habe (die sich gerade gegen die ungarische Regierung in Marschbereitschaft setzten).

Die völlig mittellose ungarische Regierung unternahm Mitte Juni erste Schritte, um zu Geld zu gelangen. Kossuth unterzeichnete als Finanzminister mit der Pester Ungarischen Handelsbank, dem größten ungarischen Geldinstitut, einen Vertrag über die Emission von Banknoten. Anfang August erschienen die ersten 2-Gulden-Banknoten. Die österreichische Regierung protestierte in einer besonderen Note dagegen; sie berief sich darauf, daß damit das Banknotenmonopol der Österreichischen Nationalbank verletzt sei.

Dennoch sahen die meisten Zeitgenossen die Lage keineswegs besonders düster. Am 5. Juli wurde im Nationalmuseum zum ersten Mal ein Reichstag auf der Grundlage der Volksvertretung, ein repräsentatives Parlament, feierlich eröffnet. Erzherzog Stephan verlas die beiden Erlasse des Königs vom 26. Juni. Im ersten versicherte er dem Parlament, daß der Herrscher fest entschlossen sei, die Einheit der Länder der Stephanskrone zu bewahren und die am 11. April sanktionierten Gesetze getreulich einzuhalten. (Das bedeutete freilich die Zurückweisung der Forderungen aller anderen Nationen Ungarns, einschließlich der kroatischen, sowie die Anerkennung der Union mit Siebenbürgen.) Der zweite Erlaß gab dem Palatin alle Vollmachten für die Vertretung des Königs und die Gerichtsbarkeit über alle zur ungarischen Krone gehörenden Gebiete, auch über die Militärgrenze; das bedeutete, daß alle lokalen und provinzialen Behörden ihm unterstellt waren. Die nichtungarischen Nationen fanden die Rede des Palatins beleidigend, da er nur über die ungarische Nation sprach, ihr eine Lobrede hielt, ihren uralten Ruhm, ihre Tugenden und ihre ungebrochene Treue gegenüber dem Thron hervorhob. Allerdings erwähnte er in seiner Rede auch die anderen Nationen Ungarns und bemühte sich so, wenn auch in geringem Maße, die durch den ersten Erlaß hervorgerufene Unzufriedenheit zu mildern. Innerhalb des Parlaments mußte man also in dieser Hinsicht keine besonderen Befürchtungen hegen.

Vom 1. Juli an gab Kossuth eine eigene Tageszeitung heraus, die „Kossuth Hirlapja" (Kossuth-Zeitung), in der er seine eigene Politik darlegte und von anderen erläutern ließ, eine Politik, die mit den Auffassungen der Regierung nicht identisch war. Aber die Volkstümlichkeit Kossuths sicherte ihm jetzt eine solche Macht, daß auch die anderen Minister mit ihm rechnen mußten. Sie verständigten sich auch darüber, daß Kossuth im Parlament und konkret besonders vor dem Abgeordnetenhaus als Sprecher der Regierung auftreten solle.

Die Regierung war bemüht, sich von den dauernden Beanstandungen der Wiener Regierung nicht beeinflussen zu lassen; sie blieb in Kontakt mit Innsbruck, der derzeitigen Residenz des ungarischen Königs. Damit war auch Kossuth einverstanden; wie die anderen Regierungsmitglieder auch, wollte er den Kontakt mit dem Hof aus Legalitätsgründen um jeden Preis aufrechterhalten. Darin lag ja die wichtigste Trumpfkarte gegen die Serben und Kroaten. Die Armee war ein unsicherer Faktor und konnte auch nur über das Verhältnis zum Hof beeinflußt werden. Die eigenen militärischen Kräfte bestanden nur aus der Nationalgarde, und so sehr Batthyány um ihren weiteren Ausbau bemüht war, so wenig konnte sie der Armee des Reiches gegenüber eine gleichwertige Kraft darstellen.

Im Sinne dieses guten Verhältnisses um jeden Preis bot der ungarische Ministerpräsident von dem für das laufende Jahr neu anzumusternden Rekrutenbestand 40 000 Rekruten für den italienischen Kriegsschauplatz an. Es war ein heikles Problem und ein hoher Preis, denn diese Soldaten mußten nun gegen die für die nationale Einheit und Unabhängigkeit ihres Vaterlandes kämpfenden italienischen Truppen in den Kampf geworfen werden. Die ungarischen Radikalen hörten nicht auf, diese Frage immer von neuem auf die Tagesordnung zu setzen. Warum sollten ungarische Soldaten gegen die italienische Freiheit kämpfen, wenn ihnen die eigene Freiheit doch auch teuer war? (Man hätte die Fragen fortsetzen können: Warum sollten rumänische oder slowakische Soldaten die ungarische Freiheit verteidigen? Aber gerade eine solche Fragestellung kam den Radikalen am allerwenigsten in den Sinn.)

Die „Empörung in der Südprovinz" konnte dagegen nicht von der Tagesordnung abgesetzt werden. Es war auch in Pest nicht ganz unbekannt, daß Jellačić in Agram sehr aktiv war und daß sich seine Vorbereitungen gegen die Ungarn richteten, gegen die ungarische Regierung, gegen die politische führende Schicht in Ungarn und gegen die im April sanktionierte Ordnung.

Am 11. Juli hielt Kossuth eine große Rede vor dem Abgeordnetenhaus. Seine Losung „Das Vaterland ist in Gefahr" hatte er aus der Französischen Revolution entliehen, doch in der gegebenen Situation war sie keine bloße Phrase. „Als ich hier zum Rednerpult schritt, um Sie aufzurufen: Retten Sie das Vaterland! da wirkte die ungeheure Großartigkeit dieser Minute beklemmend auf mein Herz. Mir ist, als habe Gott mir jene Trompete in die Hand gegeben, mit der man die Toten anruft, auf daß sie in den ewigen Tod versinken, wenn sie schwach und schuldig sind; aber auf daß sie zum ewigen Leben erwachen, wenn in ihnen Lebenskraft ist. Meine Herren! So liegt in dieser Minute das Schicksal der Nation in ihrer Hand. Und Gott hat Ihnen mit den heutigen Entscheidungen das Leben der Nation in die Hand gegeben, aber in Ihrer Hand liegt auch der Tod der Nation." Mit seiner erzen klingenden Stimme (um einen zeitgenössischen Ausdruck zu gebrauchen), mit der er schon seit Jahrzehnten auf Politiker wie auf patriotisch gesinnte Frauen gleichermaßen zu wirken verstand, verlangte er von den Abgeordneten, über die Aufstellung von 200 000 Rekruten und die Bewilligung eines Kredits in Höhe von 42 Millionen Gulden abzustimmen. In der Begründung dafür wurde nicht nur auf die serbische und kroatische Gefahr, sondern auch auf die Tschechen und die panslawistische Bewegung hingewiesen — schließlich hatten sich erst kürzlich die Slawen in Prag versammelt. Sinngemäß wies die Rede auch auf die Verantwortung des Hofes bei der Organisierung einer ungarnfeindlichen Haltung hin. Beide Anträge wurden vom Abgeordnetenhaus angenommen. „Ich wollte Sie darum bitten, aber Sie haben sich bereits erhoben, und ich verbeuge mich vor der Größe dieser Nation, ich sage nur: so viel Energie bei der Ausführung, wie ich Patriotismus bei der Bewilligung erfahren habe, und selbst die Pforten der Hölle können Ungarn nicht umstürzen!" (Nicht nur Kossuth, sondern der Zeitgeist überhaupt begeisterte sich für Phrasen.) Die Regierung entschied, daß die Mehrheit der bewilligten Rekruten in Bataillone eingereiht werden müsse, die unter ungarischem Kommando stünden; formal wurde noch von der Nationalgarde gesprochen, aber in Wahrheit konnten diese Einheiten schon als Kern einer selbständigen ungarischen Armee angesehen werden, für die bald die Bezeichnung Honvéd allgemein gebräuchlich wurde.

Der Tradition gemäß mußte auf die königliche Proklamation, mit der das Parlament eröffnet wurde, eine Antwortadresse verfaßt werden, die eine Erwiderung des Parlaments auf die durch den König unterbreiteten Gesetzesvorschläge darstellte. In dieser Antwort war das Problem der 40 000 Rekruten, die nach Italien geschickt werden sollten, nicht zu umgehen. Es war aber deutlich, daß nicht nur die Radikalen, sondern auch die große Mehrheit des Abgeordnetenhauses sich nur sehr ungern mit der Frage beschäftigten, um es sehr vorsichtig auszudrücken. Wenn die Abgeordneten überhaupt zur Zustimmung zu bewegen waren, dann konnte das nur Kossuth erreichen, weshalb er auch vom Ministerium mit dieser Aufgabe betraut wurde. Kossuth ergriff am 20. Juli das Wort zu dieser Angelegenheit, fügte aber aus eigener Initiative hinzu, daß Österreich als Gegenleistung für die Rekruten die Lombardei an Italien abtreten müsse. In dieser Form stimmte das Abgeordnetenhaus schließlich zu. Kossuths Ministerkollegen in der Regierung waren sich aber klar darüber, daß diese Bedingung für den Hof und die Armee, bzw. die Armeeführung, unannehmbar war. Auf ihr Drängen revidierte Kossuth seine ursprüngliche Erklärung und forderte nun, vorsichtiger geworden, bloß eine Sonderstellung für das Königreich Lombardo-Venetien, die es praktisch — ähnlich wie Ungarn — durch eine bloße Personalunion mit den übrigen Ländern Österreichs verbunden hätte.

Die Batthyány-Regierung beschäftigte sich auch schon seit langem mit der Frage der deutschen Einheit, da sie von einer Lösung dieses Problems eine Stärkung ihrer eigenen Position und eine Unterstützung für die Sonderstellung Ungarns erwartete. Schon am 14. Mai hatten die beiden bekannten Vertreter der adeligen Reformbewegung, László Szalay und Dénes Pázmándy jun., vom Palatin unterzeichnete Beglaubigungsschreiben mit dem Auftrag erhalten, Ungarn auf der Frankfurter Nationalversammlung zu vertreten. Die Nationalversammlung verhielt sich zwar zurückhaltend, aber die beiden Gesandten blieben in Frankfurt. Aus den Zeitungen konnte man im Juli auch schon etwas über die Bedingungen erfahren, mit denen die Verwirklichung einer engeren deutschen Einheit verknüpft war. Eine der wichtigsten war etwa folgendermaßen formuliert: Die zum Deutschen Bund gehörenden Staaten sollten in den zukünftigen Bund nur mit ihren deutschen Gebieten eintreten können; mit ihren übrigen Ländern sollten sie in Personalunion verbleiben. (Es ist nicht uninteressant, daß Böhmen und Mähren in Frankfurt ganz selbstverständlich als deutsche Provinzen galten. Palacký erhielt auf seinen offenen Brief vom 11. April nicht einmal eine Antwort.)

Die ungarischen Gesandten in Frankfurt sollten sich darum bemühen, ein Bündnis zwischen Ungarn und einem vereinten Deutschland (das es allerdings noch gar nicht gab) zustande zu bringen, das dem gegenseitigen Beistand gegen das slawische Element bzw. gegen einen Angriff einer mit den Slawen verbündeten fremden Macht dienen sollte. Es konnte für niemanden zweifelhaft sein, daß die mit dem slawischen Element verbündete fremde Macht weder England noch Frankreich, sondern nur Rußland sein konnte. Die politische Führungsschicht in Ungarn konnte zu dieser Zeit freilich nicht wissen, daß gerade dieses Rußland seit 1833 (Konferenz von Münchengrätz) mit Österreich einen Beistandspakt unterhielt, um eventuelle umstürzlerische Bewegungen zu unterdrücken. Man fürchtete zwar eine solche Möglichkeit, aber selbst die Radikalen hatten keinen konkreten Verdacht. Da inzwischen auch der Reichstag seine Sitzungen in Wien begonnen hatte, war die Frage der deutschen Einheit auch dort ein ständiges Thema, und die Schwierigkeiten waren ebenfalls klar. Das ungarische Parlament beschloß am 3. August — wieder auf Vorschlag Kossuths —, daß die österreichische Regierung, wenn sie mit der deutschen Zentralmacht in Frankfurt wegen der Frage der deutschen Einheit in Konflikt geraten sollte, auf keinen Fall mit der Unterstützung Ungarns rechnen könne. Ein solcher Beschluß war fast mit einer Unabhängigkeitserklärung gleichbedeutend. Er hinterließ sowohl beim Hof wie bei der Wiener Regierung einen unangenehmen Eindruck, und selbst die Wiener Radikalen, die mit Ungarn sympathisierten, aber gleichzeitig auf die großdeutsche Einheit drängten, konnten sich damit nicht anfreunden.

Bevor wir von Pest — das sich uns triumphierend und besorgt zugleich darbot — nach Wien eilen, um dort die Tätigkeit des Reichstags näher in Augenschein zu nehmen, können wir uns kurz mit einem friedlichen Intermezzo in all diesen Streitigkeiten beschäftigen. Es ist charakteristisch für den Zusammenhang, der zwischen dem Entwicklungsniveau der verschiedenen Nationen Österreichs und den sich daraus ergebenden inneren Problemen bestand. Wir haben schon gesehen, daß der ukrainische Generalrat in Lemberg auch Delegierte zum Prager Slawenkongreß schickte und daß es unter eifriger Mithilfe der Tschechen gelang, dort die Zustimmung der Polen zu einer Zweiteilung Galiziens zu erlangen. Aber fast noch wichtiger schien ein am 29. Mai von Iwan Hurkewitsch aus den Kreisen der kulturellen Bewegung eingebrachter Vorschlag zu werden, demzufolge auch die Ukrainer — nach dem Vorbild der anderen slawischen Nationen — eine *Matica* gründen sollten, eine Vereinigung, die sich mit den kulturellen Angelegenheiten der Nation, vor allem mit der nationalen Sprache, beschäftigen sollte. Der Generalrat ernannte eine Kommission, die am 9. Juni einen Entwurf vorlegte; am 15. beschloß der Generalrat die Gründung und am 2. Juli erfolgte die Gründungsversammlung. Für den 19. Oktober wurde ein Kongreß der ukrainischen Gelehrten nach Lemberg einberufen. Diese Körperschaft sollte mit ihrer Autorität die ukrainische Sprache und Rechtschreibung einheitlich kodifizieren, wofür es bereits vorbereitende Verhandlungen gegeben hatte. Zum Kongreß erschienen dann 99 Delegierte, zwei Drittel waren unierte Priester, unter den weltlichen Teilnehmern gab es außer den Volksschullehrern kaum jemanden, der die ukrainische Sprache wirklich beherrscht hätte. Der Kongreß bildete zahlreiche Sektionen und begann seine Tätigkeit zur Erarbeitung einer nationalen Literatursprache. (In Wien war es gerade zu einem neuen Ausbruch der Revolution gekommen, in Ungarn gab es bewaffnete Kämpfe.) Ein Teil der Sprachwissenschaftler wollte die gesprochene Sprache auf ein literarisches Niveau heben und die Orthographie der Aussprache gemäß festlegen, wie sie das von anderen Slawen, vor allem von dem Serben Vuk Karadžić, gelernt hatten. Die Konservativen dagegen schlugen die Kodifizierung der altslawischen, im Gottesdienst gebräuchlichen Sprache vor. Das erschien in der gegenwärtigen revolutionären Situation aber doch als zu rückständig, und man entschied sich deshalb für die gesprochene Sprache. Die Rechtschreibung sollte sich an phonetische Richtlinien halten, aber die Etymologie berücksichtigen. Gewiß waren nicht die Ukrainer verantwortlich dafür, daß ihnen die nationale Sprache in dieser weltgeschichtlichen Zeit zur wichtigsten Sache wurde.

Für die ukrainischen Bauern hatte sie allerdings nicht diese Bedeutung, das sollte sich in Wien bald herausstellen.

Der Reichstag in Wien — die Nationalversammlung in Frankfurt

Mitte Juni sah die Kamarilla um Ferdinand ein, daß der Dualismus Innsbruck—Wien nicht aufrechterhalten werden konnte, wenn Österreich nicht in seine Bestandteile zerfallen sollte. Allerdings wollte man nicht in das vom Sicherheitsausschuß beherrschte Wien zurückkehren. Aber man war bereit, den selbst in Wien volkstümlichen Erzherzog Johann dorthin zu senden, um im Namen des Kaisers die Sitzung des Reichstags zu eröffnen (eine ähnliche Lösung wie in Pest). Am 24. Juni kam er in der Residenzstadt an; die Reichstagswahlen waren noch im Gange. Alexander Bach, eine der führenden Persönlichkeiten der Märztage, hielt am 27. im Wahlbezirk Mariahilf eine Wahlrede, ging aber dabei so übervorsichtig zu Werke, daß er nicht gewählt wurde. In Wien waren die Linken noch stark. Das wußte auch Erzherzog Johann genau und bekannte sich sogleich nach seiner Ankunft in einer Erklärung zur Konstitutionalität. Wahrscheinlich meinte er es sogar ehrlich damit; Sophie wenigstens war mit seiner Entsendung nicht einverstanden (ihrer Meinung nach hatte er zu viele Kontakte mit zu vielen Menschen und zu wenige mit den höchsten Kreisen).

Im Hinblick auf die Wahlen forderte der Sicherheitsausschuß schon seit Wochen dringend die Erweiterung des Wahlrechts; ferner sollten Windischgrätz und Thun wegen der Prager Ereignisse zur Verantwortung gezogen werden. Am 30. Mai hatte Pillersdorf ein Zugeständnis gemacht: Auch die Arbeiter erhielten das Wahlrecht, jedoch nur für ihren zuständigen Wohnort. Das bedeutete, daß die in Wien beschäftigten Arbeiter, die dort kein Heimatrecht besaßen — und das war wohl die Mehrheit — ausgeschlossen waren. Und wegen einer Bestrafung von Windischgrätz und Thun wagte er schon überhaupt keine Schritte zu unternehmen, obwohl er doch, wie wir gesehen haben, während der Prager Ereignisse durchaus nicht auf der Seite Thuns gestanden hatte. Das konnten die Linken in Wien allerdings nicht wissen.

Der Sicherheitsausschuß faßte daher am 8. Juli einen Beschluß, in dem es hieß: „Die Träger des alten Systems sind unbedingt aus dem Kabinett zu entfernen. Doblhoff ist mit der Bildung eines neuen Ministeriums zu betrauen, in welchem außer Wessenberg kein Mitglied des bestehenden einen Sitz haben soll." Der Beschluß richtete sich eindeutig gegen Pillersdorf, obwohl der Sicherheitsausschuß ihn doch erst sechs Wochen zuvor gebeten hatte, im Amt zu bleiben. Pillersdorf dankte noch am selben Tag ab; Erzherzog Johann nahm seinen Rücktritt an. Er mußte zwar eilig nach Frankfurt reisen, war aber am 17. wieder zurück in Wien, wo schon am nächsten Tag die Zeitungen die Nachricht von der Bildung der neuen Regierung brachten. Nicht alle Wünsche des Sicherheitsausschusses wurden erfüllt, der Hof bestand auf seinen eigenen Anhängern. Doblhoff bildete zwar die Regierung, übernahm das Amt des Ministerpräsidenten aber nicht, sondern wurde Innenminister. Wessenberg wurde somit Ministerpräsident, blieb aber zugleich Außenminister. Auch Kriegsminister Latour und Finanzminister Krauß behielten ihre Portefeuilles. Der Held der Märzbarrikaden, Alexander Bach, wurde Justizminister, Theodor Hornbostel, ein bekannter Liberaler, Handels-, Industrie- und Landwirtschaftsminister, der Journalist Ernst von Schwarzer Minister für Öffentliche Arbeiten (er war einer der fünf von der Akademischen Legion in den Reichstag entsandten Abgeordneten). Die Zusammensetzung der Regierung war jetzt „deutscher" als die der vorangegangenen, nur noch Latour repräsentierte eindeutig das alte System, die anderen waren überzeugte „Deutsche". Die Wiener Linke nahm diese Veränderung zur Kenntnis, obwohl ihre Forderungen im ganzen nicht erfüllt waren.

Am 10. Juli versammelten sich bereits die ersten Reichstagsabgeordneten in Wien und traten in der Hofreitschule, die für den Reichstag zur Verfügung gestellt und für seine Zwecke entsprechend umgestaltet worden war, zu einer ersten inoffiziellen Sitzung zusammen. Langsam trafen dann auch die übrigen Abgeordneten ein, am spätesten die Tschechen, die zuletzt gewählt hatten; darum fanden sie nur noch auf den Bänken der Rechten Platz.

Hinsichtlich der Klassen und Nationen, die hier versammelt waren, bot der Reichstag ein recht buntes Bild, er war bei weitem nicht so einheitlich wie der ungarische. Es gab 160 deutsche gegenüber 225 slawischen, italienischen und rumänischen Abgeordneten. Zahlreiche bekannte Vertreter des deutschen politischen Lebens in Österreich, deren Platz im Reichstag gewesen wäre, hielten sich zu dieser Zeit gerade als Abgeordnete in Frankfurt auf, nur einige linke Radikale ragten aus der Menge hervor. Die Tschechen erschienen dagegen in großer Zahl und mit ihren besten Kräften. Unter den Liberalen befanden sich z. B. Palacký, Rieger, Brauner, Havlíček, um nur die wichtigsten zu nennen. (Havlíček kam direkt aus dem Gefängnis, in das er wegen des Prager Aufstandes geraten war. Aber Windischgrätz mußte ihn gegen eigene Überzeugung freilassen.) Die Slowenen entsandten 16 Delegierte, ebenfalls Führer der nationalen Bewegung. In Galizien und der Bukowina kam es zu einer eigenartigen Aufteilung: Von den 96 Abgeordneten Galiziens waren 37 Ukrainer und etwa ebenso viele Polen. Ein Drittel der Abgeordneten waren Kandidaten der Regierung, meistens Beamte (Stadion wurde in zwei Wahlbezirken gewählt). Aus der Bukowina kamen fünf ukrainische und zwei rumänische Bauern und ein deutscher Intellektueller als Abgeordnete in das Parlament.

Damit haben wir schon die klassenmäßige Zusammensetzung des Reichstags berührt. Insgesamt saßen 94 Bauern (meistens wohlhabende Landwirte) in diesem Gremium, davon allein aus Galizien 31, von denen 26 Ukrainer und 5 Polen waren. Verschiedenen bürgerlichen Beschäftigungen gingen der amtlichen Statistik zufolge 22 nach, sie stammten wahrscheinlich aus unteren bürgerlichen Schichten, denn die Statistik weist außerdem 18 Großindustrielle und 9 Kaufleute aus. Die Intelligenz war zwar nicht so stark vertreten wie in Frankfurt, aber immerhin überstieg die Zahl ihren Bevölkerungsanteil: 48 Rechtsanwälte, 76 Beamte, 22 Ärzte, 13 Lehrer und 9 Journalisten muß man hierzu rechnen, vielleicht auch noch 20 Priester, denn sie gehörten nicht dem höheren Klerus an. Aus der Hocharistokratie stammten 19, aus dem niederen Adel 27 Abgeordnete — die feudalen Herren drängten sich nicht nach den Reichstagssitzen. Die Bauern machten fast ein Drittel des Hauses aus, aber zweifellos nahm ein Teil von ihnen keinen Einfluß auf die Beratungen. Böse Zungen behaupteten schon damals, daß die galizischen Abgeordneten sich bei den Abstimmungen nach den anwesenden Grundbesitzern richteten. Das ist aber nur zum Teil wahr. Lukjan Kobilica aus der Bukowina etwa hatte schon in der ersten Hälfte der vierziger Jahre eine Rolle in der Führung der lokalen Bauernbewegungen gespielt. Iwan Kapuschtschak aus Galizien wandte sich in einer großen Rede anläßlich der Beratung der Gesetzesvorlage zur Bauernbefreiung gegen die einstigen Grundherren, um zu verhindern, daß der Entschädigung der Grundherren zugestimmt würde.

Die Frage der Beratungssprache bildete ein Problem; nicht jeder der gewählten Abgeordneten konnte deutsch, es wäre auch gar nicht im Sinne der nationalen Gleichberechtigung gewesen, Deutsch zur alleinigen Konferenzsprache zu erklären. Die praktischen Schwierigkeiten konnten aber bis zum Schluß nicht überwunden werden, und die Diskussion über die nationale Sprache nahm viel Zeit der Wiener Sitzungen in Anspruch.

Die offizielle Eröffnung fand am 22. Juli statt. Die Arbeit des Reichstags wurde in Vertretung des Kaisers von Erzherzog Johann inauguriert. Als er im Saal erschien, konnte man von der Straße her die deutsche Hymne hören, Arndts Verse „Was ist des Deutschen Vaterland", und nicht das „Gott erhalte". Das Parlament beschäftigte sich vor allem mit zwei Problemen, mit der Bauernfrage und mit der Ausarbeitung einer Verfassung. Aber bis Anfang Oktober konnte man nur in der ersten Frage ein Ergebnis erzielen.

Schon auf der dritten Sitzung des Reichstags, am 26. Juli, brachte der jüngste Abgeordnete, der 25jährige schlesische Bauernsohn Hans Kudlich, einen Gesetzesvorschlag zur Aufhebung der Hörigkeitsverhältnisse ein und begründete ihn in einer langen Rede. „Es herrscht hier in der Versammlung eine bedeutende Anomalie; es ist eine Ironie, wenn man hört, daß ein souveränes österreichisches Volk sich selbst eine auf demokratischen Grundlagen zu erbauende Verfassung gibt, und daß in allen Provinzen ein Zustand herrscht, der im wesentlichen von der alten Leibeigenschaft nicht sehr verschieden ist. Wenn auch der Umfang dieser Freiheitsbeschränkung vielleicht jetzt minder ist als damals, so ist es im Widerspruche, wenn wir Untertanen neben Staatsbürgern sitzen haben [...] Es ist notwendig, daß unser Ausspruch so schnell wie möglich vor sich gehe, nach welchem die Bauern sich nicht mehr den willkürlichen Bestimmungen der Untertansgesetze unterwerfen müssen [...]" Kudlichs Vorschlag sah die Beseitigung aller Dienstleistungen der Bauern vor, unabhängig von der Bewilligung von Entschädigungen. Die Vertreter der Bauern und die Radikalen sprachen sich natürlich gegen eine Entschädigung aus, die Grundbesitzer waren gegen eine summarische Aufhebung der Dienste. Schließlich kam in gewissem Sinne ein Kompromiß zustande. Für die Bauern war die Übereinkunft zweifellos in dem Sinne günstig, daß sie dem ursprünglichen Vorschlag gemäß die Aufhebung aller Dienstleistungen vorsah bzw., was auf das Gleiche hinauslief, allen Bauern das von ihnen bearbeitete Feld zu freiem Eigentum übergab. Der Unterschied zwischen Rustikal- und Dominikalland sollte dabei keine Rolle spielen. Die Rechte der Grundherren wurden in drei Gruppen eingeteilt: Für die erste sollten sie keinerlei Entschädigung erhalten (das berührte ihre Rechte in der Justiz und andere Rechte), für den zweiten Teil sollte ihnen lediglich eine „billige Entschädigung" zustehen (das waren die wichtigsten Dienstleistungen), und nur für den dritten Teil sollten sie schließlich vollständig entschädigt werden. Die Ausarbeitung der Details erfolgte erst 1851. Nach der kaiserlichen Sanktionierung wurde das Gesetz dann in der Form einer Proklamation Ferdinands verkündet. Damit sollte erreicht werden, daß es im Bewußtsein der Bauern als Gnadenerweis des Kaisers und nicht als Reichstagsgesetz lebte.

Die zweite Frage war die Ausarbeitung einer Reichsverfassung. Die Verfassung vom 25. April kam schon deshalb nicht in Betracht, weil sie von oben oktroyiert worden war; man mußte eine andere auf einer ganz neuen Grundlage ausarbeiten. Am 31. Juli wählte der Reichstag einen Verfassungsausschuß, in den jedes autonome Gebiet drei Mitglieder entsenden konnte (also für Tirol die gleiche Anzahl wie etwa für Böhmen oder für Galizien). Da die Mehrheit der Provinzen deutschsprachig war, sicherte dieses Verfahren von vornherein den Deutschen das Übergewicht. Dieser Ausschuß — der für eine wirkliche Arbeit noch immer viel zu groß war — bildete zwei Unterausschüsse. Der erste bestand aus drei Mitgliedern: Ritter Ernst von Violand vertrat die deutsche Linke, der Rechtsanwalt Franz Hein das deutsche Zentrum und Rieger die Tschechen. Ihre Aufgabe bestand darin, eine genaue Festlegung der Freiheitsrechte in den Verfassungstext einzuarbeiten. Der zweite Unterausschuß, der aus fünf Mitgliedern bestand, mußte die wichtigste Frage lösen: eine gerechte Vertretung der einzelnen Provinzen, Nationen und Klassen; hier ging es also um das Problem der Struktur des Reiches. In diesen Unterausschuß wurden zwei Deutsche gewählt, Cajetan Mayer vom Zentrum und Joseph Goldmark, der zur Linken gehörte, ferner der Pole Franciszek Smolka, der Tscheche Palacký und der Italiener G. Gobbi.

Die Aufteilung des Parlaments in die politische Rechte, das Zentrum und die Linke entsprach auf eigentümliche Weise der nationalen Zugehörigkeit, und letzten Endes wurde die letztere dann zum bestimmenden Faktor. Die böhmischen Tschechen fanden, wie wir schon gesehen haben, nur auf der rechten Seite freie Bänke, die mährischen Tschechen und die Ukrainer nahmen im Zentrum Platz, die Polen, Italiener und Südslawen auf der linken Seite. Nur die Deutschen, die sich den anderen Nationen gegenüber in der Minderheit befanden, waren mehr nach dem politischen Spektrum aufgeteilt, die Radikalen selbstverständlich auf der linken Seite, die Gemäßigteren im Zentrum. Nur auf die rechte Seite ging kein einziger. Im Grunde war diese Aufteilung freilich von untergeordneter Bedeutung und stellte bei weitem kein Spiegelbild der wirklichen politischen Haltung dar. Um nur ein Beispiel zu nennen: Die auf der rechten Seite sitzenden Polen waren (mit Ausnahme der Bauern) meist viel konservativer als die ebenfalls rechts sitzenden Tschechen. Das zeigt sich auch daran, daß für die anwesenden Bauern die Bauernbefreiung die wichtigste Frage war; nach deren Lösung interessierten sie sich für die anderen Fragen, besonders für die verwickelten nationalen Probleme der Verfassung, herzlich wenig. Für die Mehrheit dagegen war das der entscheidende Punkt. Den Deutschen bereitete es im Augenblick wenig Sorgen, daß sie in der Minderheit waren; eine wirkliche Lösung erwarteten sie ohnehin von Frankfurt. Rieger betonte selbstbewußt, daß die Slawen die Mehrheit in Österreich ausmachten, darum müßten sich die Verfassung und der ganze Staat nach ihnen richten. Für die Tschechen war diese Frage darum noch wichtiger, weil der besondere, gemeinsame tschechische Landtag, wie wir gesehen haben, trotz aller Bemühungen Thuns nicht zustande gekommen war. Darum mußten die Tschechen versuchen, ihre Interessen hier im Reichstag durchzusetzen.

Thun wurde übrigens eine Woche nach der Ernennung Doblhoffs zum Innenminister seines Amtes enthoben. Doblhoff bewies damit sozusagen auch seine deutsche Gesinnung. Als vorläufige Lösung betraute er den stellvertretenden Präsidenten des Guberniums, Baron Karl Mecséry, mit den Regierungsgeschäften. Diese „vorläufige Lösung" dauerte immerhin ein Jahrzehnt, obwohl die Behauptung, daß in Österreich die vorläufigen Lösungen die dauerhaften seien, erst eine ganze Reihe von Jahren später zur allgemeinen Redewendung wurde.

Der Reichstag kam mit der Ausarbeitung der Verfassung nicht recht voran, obwohl einzelne Punkte bereits im Plenum diskutiert wurden. Unter anderem wurde die Frage aufgeworfen, ob die beschlossenen Gesetze durch den Reichstag selbst als eine völlig souveräne, gewählte Körperschaft in Kraft gesetzt werden sollten. An dieser Sitzung vom 2. September nahm gerade Justizminister Bach teil (obwohl er seit einiger Zeit nicht mehr so oft zu erscheinen pflegte, nachdem er sich schon am 22. August entschieden gegen den Republikanismus ausgesprochen hatte). Bach wies die Gesetzesautonomie des Reichstags heftig zurück und erklärte, daß die Gesetze erst durch die Sanktionierung durch den Kaiser zu wirklichen Gesetzen würden (so wie das einige Tage später mit dem Gesetz zur Bauernbefreiung tatsächlich geschah).

Am 12. August kehrte der Hof endlich nach Wien zurück. Wir haben gesehen, daß Pillersdorf schon lange vorher darauf hingearbeitet hatte, Doblhoff drängte noch stärker. Die Veränderungen in Italien gaben nun den letzten Anstoß; auf diese Ereignisse werden wir später zurückkommen. Die Akademische Legion demonstrierte zwar gegen den Kaiser, aber die Wiener Bevölkerung empfing ihn freundlich, und Ferdinand der Gütige sprach auch einige Sätze darüber, daß die Zusammenarbeit der freien Völker und des konstitutionellen Herrschers ein neues Österreich schaffen werde.

Inzwischen hatte die Regierung schon einige Schritte zur Versöhnung der Tschechen unternommen. Die Prager Aufständischen wurden zunächst dem Zuständigkeitsbereich der Sondergerichte entzogen, die Windischgrätz für sie geschaffen hatte, und schon am

18. August unterschrieb Ferdinand die Anordnung über ihre Begnadigung. Bach gab diesen Schritt aber erst am 15. September öffentlich bekannt, als die tschechischen Abgeordneten im Reichstag in der Diskussion über die Bauernbefreiung für den Standpunkt der Regierung stimmten. Die Versöhnung war damit so weit fortgeschritten, daß am 17. September die Prager Grenadiere (die bewaffneten Kräfte der Stadt) nach Wien in Marsch gesetzt werden konnten, um von Zeit zu Zeit die Ehrenwache des Kaisers zu übernehmen (und es waren nicht wenige unter ihnen, die noch zwei Monate zuvor in Prag auf der Seite der Aufständischen gekämpft hatten). Sie nahmen sogar ein Geschenk für die Wiener mit: eine Fahne, auf der der tschechische Löwe in den drei deutschen Farben ausgestickt war.

In Wien waren diese Farben zwar nicht mehr so stark in Mode wie noch vor einigen Monaten, aber Frankfurt und die deutsche Frage nahmen bei radikalen Revolutionären und kaisertreuen Ministern gleichermaßen immer noch einen wichtigen Platz ein. Schließlich war Österreich ein deutscher Staat, ja sogar der führende deutsche Staat. Und gerade in diesem Sommer erwies sich das wieder von neuem. Am 19. Juni wurde in Frankfurt mit der Bildung einer zentralen deutschen Macht begonnen. Der erste Vorschlag lautete, daß an die Spitze eines einheitlichen Deutschland ein dreiköpfiges Direktorium zu treten habe, dessen Mitglieder von den deutschen Regierungen ernannt werden sollten. Dagegen protestierten die Linken heftig. Es begann die übliche lange Diskussion; 45 Sprecher trugen ihre Ansichten vor, die meisten sprachen sich gegen den Vorschlag aus, weitere 157 Delegierte meldeten sich noch zu Wort. Heinrich von Gagern, der Präsident der Nationalversammlung, schlug daraufhin vor, einen interimistischen Reichsverweser zu wählen und schlug als Kandidaten dafür Erzherzog Johann vor, der auch hier volkstümlich war. Einen Habsburger zum Reichsverweser zu wählen, bedeutete, daß man in Frankfurt die Traditionen des einstigen Heiligen Römischen Reiches Deutscher Nation berücksichtigte und Österreich eine führende Rolle zuerkannte. Der Vorschlag wurde von der Nationalversammlung mit 403 gegen 135 Stimmen angenommen. Als Gagern das Ergebnis verkündete, brachen die Delegierten in tosenden Beifall aus, und von draußen war Kanonendonner zu hören.

Auch in Frankfurt zeigte sich also jene Vielschichtigkeit und Mehrdeutigkeit, wie sie in Österreich zu beobachten war und in Zukunft sein würde. Denn die Wahl des Habsburger Erzherzogs war schließlich auch eine Stellungnahme für die großdeutsche Alternative, „das ganze Deutschland soll es sein", wie Ernst Moritz Arndt schon vor langem gesungen hatte. Österreich war auch ein organischer Teil Deutschlands, das war ja schon seit Wochen und Monaten der einmütige Standpunkt aller Linken. Nur stellten sich die Linken als ideale Lösung eine einheitliche deutsche Republik vor, natürlich unter Einschluß Österreichs. Aber die Wahl Erzherzog Johanns bedeutete auch, daß die Frankfurter Mehrheit, die ein einheitliches Deutschland zusammenschmieden wollte, zwar für ein Großdeutschland war, zugleich aber auch für die Monarchie.

Erzherzog Johann begann mit der Regierungsbildung und wählte als Kanzler Anton Ritter von Schmerling, einen bekannten, gemäßigt liberalen österreichischen Politiker, gerade turnusgemäß als Vertreter Österreichs Präsident des Deutschen Bundes, welcher der Form nach noch immer existierte, wenn er auch von niemandem mehr ernst genommen wurde. Die Ernennung dieses Österreichers war also eine Geste gegenüber den Fürsten, aber vor allem gegenüber Österreich. Selbstverständlich durfte man aber Preußen nicht übergehen, darum wurde General Eduard von Peuker, seinem Beruf gemäß als Kriegsminister, vorgeschlagen. Aus der Nationalversammlung selbst kam auch ein Vorschlag: Johann Gustav Moritz Heckscher wurde Justizminister. Erzherzog Johann reiste zurück nach Wien, um sein verfassungsmäßiges Amt in Österreich, die Vertretung des Kaisers im

Reichstag, niederzulegen, das er mit der Eröffnung im wesentlichen bereits erfüllt hatte, und kehrte danach wieder zurück, um die Regierung zu vervollständigen. Zum Ministerpräsidenten ernannte er Franz Fürst von Leiningen, (dieser gab aber sein Amt vier Wochen später an Schmerling ab, der ja ohnehin Kanzler war). Arnold Dukwitz aus Bremen wurde Handelsminister, Hermann von Beckerath aus Krefeld (also ein preußischer Untertan) Finanzminister, der Heidelberger Robert von Mohl Justizminister statt Heckscher, der das Amt des Außenministers übernahm. Unter den Staatssekretären war noch ein österreichischer Untertan, Joseph von Würth.

Die Nationalversammlung setzte danach ihre Arbeit fort. Heftig und weitschweifig wurde die deutsche Verfassung diskutiert, die Regierungsmitglieder trafen organisatorische Vorbereitungen für ihre Tätigkeit, und auch der Reichsverweser begann, sein Amt einzurichten. Alle Zeichen sprachen dafür, daß die Monarchisten das einheitliche Deutschland gestalten würden. Wie hatte es der Dichter des Vormärz, Moritz Hartmann, formuliert?

> Das ist der Zeiten schwere Not,
> Der Widerspruch, der schwer zu heben,
> Daß wohl die Monarchie schon tot,
> Und daß noch die Monarchen leben.

In Frankfurt mag etwa ein Fünftel der Delegierten, oder im besten Falle ein Viertel, Republikaner gewesen sein. Im österreichischen Reichstag gab es wohl so gut wie gar keine, selbst unter den Bauern nicht, denn sie hatten ja, wie sie glaubten, alles dem guten Kaiser zu verdanken. In der Wiener Bevölkerung sah es dagegen anders aus. Die Schwierigkeiten, die gesellschaftlichen Widersprüche, die Probleme des kapitalistischen Systems während einer wirtschaftlichen Depression waren nicht beseitigt. Frankfurt und die deutsche Frage bildeten auch für die Wiener Arbeiter eine aufregende Angelegenheit, aber die Schwierigkeiten des täglichen Lebens waren doch aufregender. Die öffentlichen Arbeiten mußten fortgesetzt werden. Nach der Regierungsbildung im Juli fiel diese Aufgabe völlig dem Ministerium zu; bis dahin hatte der Wiener Stadtrat sie organisiert und finanziert. Das wurde aber immer kostspieliger, weshalb die Regierung eingreifen mußte; aber auch sie hatte damit schwere Lasten zu tragen. Das ganze System der öffentlichen Arbeiten war ein wenig nach dem Muster der nationalen Werkstätten in der neuen französischen Republik aufgebaut, aber in Paris hatte man sie schon Ende Juni wieder aufgelöst und den bewaffneten Aufstand der Arbeiter nach einigen Tagen Straßenkampf niedergeschlagen. Sollte man diesem Beispiel nicht wenigstens in einigen Punkten auch in Wien folgen?

Die Wende in Wien

Am 2. August forderte Schwarzer, der Minister für Öffentliche Arbeiten, die Facharbeiter auf, zu ihren ursprünglichen Beschäftigungen zurückzukehren, die Regierung werde ihnen dabei jede Hilfe leisten. Doch die Zahl der bei öffentlichen Arbeiten Beschäftigten ging dadurch nicht zurück. Am 19. ließ Schwarzer den Arbeitslohn für Männer von 25 auf 10 Kreuzer herabsetzen, Frauen und Jugendliche bekamen überhaupt nichts mehr. Bei der gleichzeitigen allgemeinen Teuerung wurde damit die Lage der Arbeiter brutal verschlechtert. Die Arbeiter strömten in Massen in die Innenstadt, um zu protestieren; diesmal gelang es noch, die Massen zu zerstreuen. Am 23. August jedoch versammelten sie sich erneut in der Wiener Innenstadt. Wenn bei der ersten Ansammlung der Arbeiter das Auftreten der Nationalgarde gegen sie (wie weit waren jene Tage entfernt, da sie gemeinsam Metternich gestürzt hatten!) noch ausgereicht hatte, so war das nun anders. Das Militär wurde vorgeschickt, es eröffnete das Feuer, 22 Tote und fast 300 Verwundete waren das Ergebnis. Der schwerste Zusammenstoß ereignete sich im Prater. Aus vielen Wunden blutend zogen sich die Arbeiter zurück.

Der blutige Zusammenstoß bewirkte selbst bei der rechten Presse ein gewisses Schuldbewußtsein, obwohl sie die Wiederherstellung der „Ordnung" begrüßte. Die linken Blätter waren sich in der Verurteilung der Ereignisse einig. Zu der Art und Weise, wie das Blutbad im Reichstag zur Sprache kam, erklärte die „Constitution" klipp und klar: „Der Minister hat den Brudermord verteidigt, die Vertreter des souveränen Volkes haben ihn durch ihre stürmische Zustimmung geheiligt. Wir sind wieder vor dem 13. März. Es ist gleichgültig, ob der Tyrann Reichstag oder Metternich, sein Helfershelfer verantwortliches Ministerium oder Sedlnitzky heißt..." Eine andere Zeitung, der „Charivari", schrieb: „Die Sicherheitswache hat sich beim Kampf gegen die Arbeiter wie Kannibalen benommen, und es ist die Pflicht der Regierung, diese blutdürstige Bande zu purifizieren..." Die Regierung handelte aber genau entgegengesetzt und benutzte die blutige Niederschlagung der Arbeiter eher zur Stärkung ihrer Macht. Die Nationalgarde, die doch gegen die Arbeiter Stellung genommen hatte, wurde trotzdem der Regierung unterstellt. Minister Schwarzer dankte nach den Augustereignissen ab, das Innenministerium unternahm die öffentlichen Arbeiten, obwohl das Ministerium für Öffentliche Arbeiten formell erst am 23. September aufgelöst wurde. 30 000 Arbeiter wurden zum Eisenbahnbau in die Provinz geschickt, weit weg von Wien.

Den schwersten Schlag erhielten die revolutionären Kräfte aber durch die erzwungene Selbstauflösung des Sicherheitsausschusses, die noch am 23. August erfolgte. Der Sicherheitsausschuß selbst war gezwungen, sie auf Maueranschlägen der Bevölkerung Wiens bekanntzugeben: „Die Ereignisse der letztverflossenen Tage haben den gefertigten Ausschuß veranlaßt, seine freiwillige Auflösung mit der feierlichen Erklärung auszusprechen, daß er an den Ursachen und Wirkungen der Arbeiter-Unruhen durchaus keinen Theil habe, indem ihm:

Erstens. Angeblich aus Mißverständnis, die Herabsetzung der Arbeiterpreise nicht bekannt gegeben wurde, und

Zweitens. Der Gemeinde-Ausschuß der Stadt Wien, wie dessen Placat vom 21. August l. J. nachweiset, im Einvernehmen mit dem Nationalgarde-Obercommando, unerwartet alle Anordnungen für Ruhe, Ordnung und Sicherheit getroffen hat, dadurch aber jene Verpflichtung freiwillig übernahm, welche dem vereinten Ausschusse, unabhängig von jeder anderen Behörde, durch Ministerial-Erlaß vom 27. Mai übertragen wurden.

Sein Abtreten dem hohen Ministerium erklärend, hat der Ausschuß mit Ministerial-Erlaß vom 23. August, Zahl 2366, hierzu die Bewilligung erhalten, und die Mitglieder dieses Ausschusses treten nun im Bewußtsein erfüllter Bürgerpflicht ins Publikum zurück.

Während sie aber diesen ihren Beschluß ihren Mitbürgern bekannt geben, und für das ihnen erwiesene Vertrauen danken, bitten sie gleichzeitig die Gesammtbevölkerung, dem Gesetze immerfort die unumgänglich nöthige Achtung zu zollen."

Am 11., 12. und 13. September kam es wiederholt zu Handwerkerdemonstrationen. Auch ihre wirtschaftliche Lage war durch die schwache Konjunktur schwer betroffen. Wenn sie nun aber die völlige Wiederherstellung des Zunftwesens und die Rücknahme der auf dem Gebiet der Gewerbefreiheit durchgeführten Maßnahmen verlangten, so wandten sie sich in der Tat gegen die Entwicklung. Aber im Augenblick war das gar nicht ihre wichtigste Forderung, sondern sie wollten nur auf irgendeine Weise Kredite erhalten, um ihr Gewerbe fortführen zu können. Die Demonstrationen waren konkret gerade dadurch ausgelöst worden, daß eine erst kürzlich gegründete Sparkasse in Konkurs gegangen war, in die zahlreiche Handwerker kleine Geldbeträge eingezahlt hatten, wofür ihnen Kredite zugesichert worden waren. Innerhalb von wenigen Wochen war das Unternehmen zusammengebrochen. Die Auflösung der Demonstrationen war jetzt nicht mehr so schwierig wie am 23. August, aber die Vorgänge gaben der Regierung Gelegenheit, gegen die Studenten vorzugehen. Die Universität wurde geschlossen, die Studenten für eine längere Ferienzeit nach Hause geschickt. Der Mannschaftsbestand der Akademischen Legion, vor einigen Wochen noch 6000 Bewaffnete, sank auf ein Viertel der ursprünglichen Zahl. Es schien, als wären die Kräfte der Wiener Revolution, einer Revolution, die in gewisser Weise schon über die bürgerliche Ordnung hinauswies, endgültig gebrochen. Die bisherigen Bundesgenossen der Arbeiterschaft hatten sich gegen sie gewandt oder waren selbst unglaublich geschwächt worden.

Am 27. August, abends um 18 Uhr, stieg in Wien ein bärtiger Herr nach 31stündiger Reise aus dem Zug. Er kam aus Köln. Einige Tage später teilte die „Wiener Zeitung" seinen Namen mit, wenn er auch nicht ganz richtig geschrieben war: Der Herr hieß Karl Marx. In Köln war er in den letzten Monaten sehr tätig gewesen, hatte eine Zeitung herausgegeben und wollte die einheitliche großdeutsche Republik schaffen. Jetzt kam er, um sich persönlich von der Situation in Wien einen Eindruck zu verschaffen und vor allem, um Verbindung mit den Wiener Arbeitern aufzunehmen.

Am 30. August hielt er auf der Sitzung des Ersten Wiener Arbeiterbildungsvereins einen Vortrag über die bisherige Entwicklung der deutschen, englischen und französischen Arbeiterbewegung, über die blutigen Pariser Ereignisse vom Juni und über den Aufstand der Arbeiter. Die Niederschlagung der Arbeiterbewegung habe überall zu einem verschärften Auftreten gegen die Revolution geführt, in Mailand, in Ungarn und in einzelnen deutschen Staaten. Die Arbeiter hörten mit Interesse zu, ebenso den anderen Vorträgen, die folgten. Auch über die Beerdigung der Opfer vom 23. August wurde gesprochen. Ein liberaler Redner drängte auf eine verstärkte Zusammenarbeit mit den Bauern.

Am 2. September, an einem Samstag, hielt Marx einen weiteren Vortrag im gleichen Verein. Diesmal wählte er ein theoretisches Thema: Er erläuterte die Rolle der Lohnarbeit im kapitalistischen System und verwies auf den Gegensatz zwischen Arbeitern und Kapitalisten, die zwei gegensätzlichen Klassen angehörten und deren Interessen völlig entgegengesetzt seien. Auch dieser Vortrag wurde mit Interesse gehört, obwohl ihn viele nicht verstanden. Die Presse berichtete über beide Vorträge, besonders über den zweiten, und erörterte Marx' Gedanken. Unter den Arbeitern jedoch erzielte der große Revolutionär damals noch keine wesentliche Wirkung. Sie fühlten höchstens, daß er irgendwie recht habe, aber als er einige Tage später wieder nach Köln zurückreiste, konnte er nicht die Gewißheit mitnehmen, daß die Wiener Proletarier ihn völlig verstanden hätten. Die Entwicklung war noch nicht so weit. Im besten Falle waren bestimmte Arbeiterschichten zu der Erkenntnis fähig, welche elementaren, ihre Situation konkret berührenden Forderungen gestellt werden müßten. So wandten sich etwa die Arbeiter im Postdienst mit einem Gesuch an den Reichstag, das von zweihundert Arbeitern unterschrieben war, und forderten Lohnerhöhungen, die genaue Festlegung der Arbeitszeit und einen Ruhetag. Auch andere Arbeiterschichten gelangten über Forderungen dieser Art nicht hinaus.

Der Frühlingsrausch der Revolution begann schon im Sommer in ganz Europa der Ernüchterung zu weichen. Das zeigte sich nicht nur an der Niederlage der Pariser Arbeiter im Juni; auch in einigen deutschen Staaten erlangten die Kräfte der „Ordnung" die Oberhand. Der polnischen Bewegung in Preußen hatte die Armee ein Ende bereitet. In der Walachei brach zwar die Revolution erst im Juni aus, aber innerhalb von wenigen Wochen stellte sich heraus, daß die Bauernfrage, die auch hier das wichtigste Problem bildete, nicht gelöst werden konnte; die adeligen Revolutionäre, die die Bewegung ausgelöst hatten, wurden zurückgedrängt. Die osmanische Regierung bereitete sich schon auf ein Eingreifen vor, und die russische wartete nur auf einen Vorwand, um durch militärische Maßnahmen Ordnung schaffen zu können.

Die Wende in Italien

Die auffälligste Wende neben Paris trat aber in Italien ein, und sie bestimmte grundlegend die Entwicklung in Österreich. Die Herrscher in Italien schreckten trotz der Anfangserfolge vor der Weiterführung des Krieges gegen Österreich zurück. Mit Recht konnten sie annehmen, daß eine Niederlage des Kaiserreiches nur dazu führen würde, die Macht des Königreiches Sardinien zu stärken, während ihre kleinen Länder in einem einheitlichen Italien aufgehen würden. Papst Pius IX. erklärte schon am 29. April, daß er keinen Krieg führen werde. Die Bevölkerung von Rom, die so viele Hoffnungen an das Auftreten des Papstes geknüpft hatte, nahm die Nachricht mit Empörung auf, aber vorläufig geschah hier weiter nichts.

Anfang Mai näherten sich die piemontesischen Truppen in der Lombardei bereits dem Festungsviereck, am 6. Mai griffen sie bei Verona an und nahmen bald darauf Santa Lucia ein, eine der Befestigungen, die die Stadt schützten. Sie befanden sich Radetzky gegenüber, der über etwa 19 000 Mann verfügte, in der dreifachen Übermacht. Auch König Karl Albert war anwesend. In einer eintägigen Schlacht aber konnten die österreichischen Truppen Santa Lucia zurückerobern. Der Krieg nahm nun eine Wende zugunsten Radetzkys, und damit unweigerlich zum Schaden der österreichischen Revolution. Bereits am 15. Mai siegte weit im Süden, im Königreich Beider Sizilien, die Konterrevolution.

Radetzky hatte schon Ende April Truppenverstärkungen erhalten, und die Wiener Regierung drängte Windischgrätz, einen Teil der tschechischen Streitkräfte ebenfalls auf den italienischen Kriegsschauplatz zu schicken, wozu dieser aber selbst nach der Niederschlagung des Prager Aufstandes nicht bereit war. Er berief sich auf die Unruhen auf böhmischem Gebiet, es scheint aber, daß er im geheimen mit Radetzky und Jellačić eine Übereinkunft getroffen hatte, daß mit Hilfe der Armee, die im allgemeinen gefügig blieb, die Lage grundlegend verändert und die gewohnte Ordnung wiederhergestellt werden sollte. Diese Ordnung bestand für sie in der Herrschaft des Kaisers und in der Einheit des Reiches, das von einem Zentrum aus regiert werden sollte. Die Fragen der bürgerlichen Umgestaltung waren ihnen ganz unverständlich. Aber sie verstanden auch die Bestrebungen der österreichischen Nationen nicht, da sich auch diese gegen die „Ordnung" richteten. Wenn es die Situation gerade ergab, benutzte man die Armee auch zur Realisierung der eigenen Ziele, wie zum Beispiel Jellačić, und wenn es sich so ergab, wandte man sich gegen die nationale Bewegung, wie Windischgrätz. Das war keine prinzipielle Frage; die prinzipielle Frage war die Einheit des Reiches.

Diese Einheit schienen jetzt Radetzky und seine Anhänger zu sichern. Am 8. Juni erschien ein Gedicht von Grillparzer:

Glück auf, mein Feldherr, führe den Streich!
Nicht bloß um des Ruhmes Schimmer,
in deinem Lager ist Österreich,
wir andre sind einzelne Trümmer.

Zwei Wochen darauf erschien anonym ein anderer Vers, „An Grillparzer", in dem Grillparzer der Vorwurf gemacht wurde, er habe jenen Heerführer begrüßt, der gegen die Freiheit, gegen die Freiheit aller kämpfte:

Aus Thorheit und aus Eitelkeit
Mußten nach Wälschland wir wallen,
Die Freiheit zu würgen im blutigen Streit,
Die uns geworden, uns allen!
Slaven, Magyaren, wie Gott sie schuf,
Die streiten um Worte nicht hämisch;
Sie hören der Freiheit Weckerruf,
Weil Vorwärts ist ung'risch und böhmisch.
Gemeinsame Hilf' in gemeinsamer Noth,
Hat Reiche und Staaten gegründet.
Was schmähst Du Österreichs Morgenroth?

Am 11. Juni nahmen die österreichischen Truppen Vicenza ein, zwei Tage später Treviso, also einen bedeutenden Teil der Provinz Venetien. Am 22. Juli begann der Angriff aus dem Festungsviereck heraus in Richtung Lombardei; am 23. schlugen die Österreicher bei Sommacampagna die piemontesische Vorhut und stießen dann am folgenden Tag bei Custozza weiter vor zur entscheidenden Schlacht, die am 25. mit dem völligen Sieg Radetzkys endete. Zwei Tage später gab es neuerlich Gefechte bei Goito und Volta, in denen die Österreicher siegten. An ein Übereinkommen, an gebietsmäßige Zugeständnisse, war nun nicht mehr zu denken. Ende Mai hatte die österreichische Regierung in London noch um Vermittlung gebeten und die ganze Lombardei angeboten; Außenminister Palmerston war aber nur zur Vermittlung bereit gewesen, wenn Österreich bereit sei, auch Venedig und Südtirol abzutreten. Nach Santa Lucia schien ein solches Zugeständnis schon zu groß. Aber die Regierung wiederholte ihr Angebot in bezug auf die Lombardei, nun aber direkt über die provisorische Regierung in Mailand an den König von Sardinien. Es wurde jedoch zurückgewiesen. Da forderte die Regierung Radetzky auf, einen Waffenstillstand zu schließen. Der Feldmarschall war aber nicht bereit, dieser Aufforderung Folge zu leisten; auf dem Weg über Schwarzenberg teilte er dies dem Hof in Innsbruck mit. Durch Custozza wurde der greise Heerführer bestätigt. Am 6. August zog er in Mailand ein. Am nächsten Tag erklang in Wien bereits der eben frisch komponierte Radetzky-Marsch von Johann Strauß Vater (der damit vergessen ließ, daß er einige Zeit zuvor der Nationalgarde einen Marsch komponiert hatte). Am 9. August unterschrieb Karl Albert in Vigevano ein Waffenstillstandsabkommen. Das war das Ende der Revolution in der Lombardei und damit auch das Ende der italienischen Einheit; so schien es wenigstens.

Aber vielleicht war damit sogar das Ende der ganzen Revolution gekommen? Die Armeeführung rechnete bereits damit. Der Hof, der, ermutigt durch die Nachrichten aus Italien, nach Wien zurückgekehrt war, wartete noch ab. Doch diese abwartende Haltung konnte ja offensichtlich nicht lange dauern. Am Hof war man der Ansicht, daß im westlichen Teil des Reiches die Ordnung bereits wiederhergestellt sei. Die Truppen, die man nach Italien geschickt hatte, konnte man nun bei Bedarf wieder anderswo einsetzen. Anderswo — das konnte jetzt nur noch Ungarn bedeuten.

Die Wende in Ungarn

Nach den schweren Schlägen im August war dieses Ungarn für die Wiener Revolutionäre nun zur letzten Hoffnung geworden. Und wieder zeigte sich die spezifische österreichische Konstellation: Für die österreichische Regierung mit ihrer liberal-konstitutionellen Auffassung hätte die ungarische Regierung der richtige Partner sein können, sie wollten ja beide das gleiche. Aber gerade jetzt zeigte sich die Wirkung vor allem von Bachs ständigen Bemühungen: Die österreichische Regierung änderte ihren Standpunkt. Bisher hatte sie sich streng an den Grundsatz gehalten, daß auch Ungarn eine eigene verantwortliche Regierung besitze und die österreichische Regierung daher nicht zuständig für das gesamte Gebiet des historischen Ungarn sei. Nun aber hielt die Regierung die Einheit des Reiches ebenfalls für das oberste Prinzip. Am 27. August ließ sie eine Denkschrift für den Kaiser verfassen, in der detailliert ausgeführt wurde, daß die Selbständigkeit Ungarns, so wie sie durch die Aprilgesetze festgelegt worden war, gegen die Pragmatische Sanktion verstoße, in der von der Einheit des Reiches ausgegangen worden sei. Die Aufrechterhaltung der Reichseinheit fordere aber die einheitliche Führung der Armee und eine einheitliche Außenpolitik; um das zu sichern sei wiederum eine einheitliche Regelung der Finanzfragen notwendig. Die Denkschrift wurde am 31. August dem Palatin Stephan übergeben. Batthyány hatte schon vorher, und zwar gerade aufgrund der Pragmatischen Sanktion, die österreichische Regierung zum Einschreiten gegen Jellačić aufgefordert, denn seine persönliche Begegnung mit ihm am 26. Juli war ergebnislos verlaufen. Die österreichische Regierung berief sich bei ihrer Ablehnung ebenfalls auf die Pragmatische Sanktion und erklärte, daß eine weitere Untersuchung notwendig sei. Als Ergebnis dieser Untersuchungen entstand dann die Denkschrift vom 27. August.

Am 22. August zog der König die Vollmacht für den Palatin Stephan zurück und behielt sich ab sofort die Sanktionierung der Gesetze wieder selbst vor. Eine Woche später erschienen Batthyány und Deák in Wien. 200 000 Soldaten sollten rekrutiert werden, und sie wollten die Bewilligung der entsprechenden Gesetze erreichen. Aber Ferdinand verweigerte sie, da sie die Position der ungarischen Regierung gestärkt hätten. Die Vorschläge der ungarischen Regierung in bezug auf die kroatische Frage, die von Deák und Szemere ausgearbeitet worden waren, gelangten nicht einmal bis an den Hof. Diese Vorschläge sahen eine Anerkennung der Ämter Jellačić' als Banus und militärischer Oberbefehlshaber vor; die ungarische Regierung sollte durch einen kroatischen Minister ergänzt werden und zusätzlich zum Minister um die Person des Königs sollte ein kroatischer Staatssekretär ernannt werden. Die Amtssprache in Kroatien sollte Kroatisch sein. Für den Fall, daß diese Angebote den Kroaten nicht weit genug gingen, wollte die ungarische Regierung auch mit einem Bündnis zwischen Ungarn und Kroatien zufrieden sein. Natürlich standen diese Vorschläge nicht mehr auf dem Boden der Pragmatischen Sanktion.

Am 31. August erhielt der Palatin Stephan gleichzeitig mit der österreichischen Denkschrift auch einen Brief Ferdinands, der aufgrund der österreichischen Ansichten sämtliche Aprilgesetze für illegal erklärte, da die österreichische Regierung ihnen nicht zugestimmt habe. Der Palatin sollte die ungarische Regierung auffordern, auf der

Grundlage der Denkschrift in Verhandlungen mit der österreichischen Regierung einzutreten, an denen auch Jellačić teilnehmen sollte. Die Militärgrenze sollte dem Wiener Kriegsministerium unterstellt und jeder ungarische Angriff gegen Kroatien und die Militärgrenze (in Wahrheit betraf dies den Kampf der Serben in Südungarn) eingestellt werden. Am gleichen Tag besetzten die kroatischen Truppen Fiume und erklärten den Anschluß der Stadt an Kroatien. Daß Fiume direkt in ungarischer Hand bleiben sollte, war der einzige Punkt gewesen, auf dem die ungarische Regierung in der kroatischen Frage noch bestanden hatte.

Die Regierung stellte jetzt eifrig neue Honvédbataillone auf. Es stellte sich jetzt heraus, daß die Besorgnisse der Linken sehr begründet gewesen waren. Der militärische Angriff gegen Ungarn stand unmittelbar bevor, es sei denn, man gab alle bisherigen Errungenschaften auf. Dazu gehörten die verantwortliche ungarische Regierung mit der weitgehenden Lösung von Österreich ebenso wie die schon verwirklichten oder wenigstens im Prinzip festgelegten Maßnahmen zur bürgerlichen Umgestaltung. Aus der Perspektive des Hofes oder auch der Wiener Regierung konnte an eine Zurücknahme dieser letzteren Maßnahmen kaum gedacht werden, es konnte nur um eine Liquidierung der tatsächlichen Sonderstellung gehen. Der Angriff richtete sich aber gegen die gesamte Gesetzgebung vom April; man mußte sie also auch im ganzen verteidigen. Und obendrein mußte man möglichst auch jetzt und bis zum letzten Augenblick die Legalität wahren.

Der Reichstag schickte eine hundertköpfige Deputation nach Wien, die dem König eine Petition mit folgenden Wünschen überreichen sollte: Der König solle sofort nach Pest kommen, aus seiner Umgebung alle Angehörigen der Kamarilla entfernen und die in Ungarn stationierten Truppen aufrufen, die Weisungen der ungarischen Regierung zu befolgen und gegen die Empörer zu kämpfen. Die Deputation kam am 6. September in Wien an, wo Batthyány auf sie wartete. Am 12. März war schon einmal eine Deputation des ungarischen Landtags nach Wien gekommen, wenn sie auch nicht aus so vielen Mitgliedern bestand. Aber wie anders waren diesmal die Umstände! Diesmal wurde sie nicht mit Hochrufen empfangen, an den Häusern wehten schwarz-gelbe Fahnen, und die Menschen trugen schwarz-gelbe Kokarden.

Ferdinand empfing die Deputation erst am 9. September und gab nur eine nichtssagende Antwort. Dagegen konnte man am gleichen Tage in den Morgenzeitungen lesen, daß der Kaiser Jellačić wieder in alle seine früheren Ämter, die ihm durch das ungarische Eingreifen verlorengegangen waren, eingesetzt hatte.

Inzwischen hatte Széchenyi einen psychischen Zusammenbruch erlitten, versuchte Selbstmord zu begehen und wurde in Döbling, in der Nähe von Wien, in eine Nervenheilanstalt eingeliefert. Er sollte sie bis an sein Lebensende 1860 nicht mehr verlassen. Eötvös reiste ins Ausland, und Esterházy trat zurück. In der Nacht vom 10. zum 11. September entschloß sich die Regierung zum Rücktritt; bei der Sitzung des Parlaments am 11. nahmen die Minister schon nicht mehr auf der Regierungsbank Platz. Die Mehrheit des Parlaments fand sich aber mit diesem Rücktritt nicht ab. Kossuth kehrte auf seinen Ministersessel zurück und erbat die Genehmigung, auch ohne königliche Zustimmung das Gesetz über die Rekrutenaushebungen durchführen zu dürfen. In Anbetracht der außergewöhnlichen Lage gab das Abgeordnetenhaus seine Einwilligung, und Kossuth suchte die nahe gelegenen Städte in der Tiefebene, die von Ungarn bewohnt waren, auf, um Rekruten zu werben. Seine rednerischen Fähigkeiten waren derart, daß die Menschen geradezu bezaubert waren und sich zu Hunderten und Tausenden meldeten. Allerdings waren sie weder militärisch ausgebildet noch besaßen sie Waffen.

Der Palatin Stephan bat auch Batthyány, sein Rücktrittsgesuch zurückzunehmen und eine neue Regierung zu bilden. Das geschah am 12. September. Neben den schon früher ausgeschiedenen Regierungsmitgliedern waren nun auch Kossuth, Deák und Szemere nicht mehr vertreten. Der Palatin unterbreitete die neue Regierungsliste in Wien, doch der König ließ sich Zeit mit der Antwort.

Inzwischen war nämlich eine neue Wende eingetreten, die man allerdings nicht unerwartet nennen kann. Am 11. September hatte Jellačić an der Spitze seiner Truppen die Drau überschritten. Bis an die Grenze hatten die Grenzertruppen die Fahnen mit den kroatischen Nationalfarben wehen lassen, nachher trugen sie jedoch nur noch die schwarz-gelben kaiserlichen Fahnen. Jellačić rechnete damit, daß sich ihm in Transdanubien, seinem nächsten Ziel, die dort stationierten kaiserlichen Truppen anschließen würden. Am Vorabend des Angriffs erließ er eine Proklamation an die ungarische Nation, in der er die Ungarn Brüder nannte und ihnen versicherte, daß er nicht gegen sie kämpfe, sondern nur die rechtmäßigen Ansprüche der eigenen Nation gegenüber jener Partei sichern wolle, die nur für sich selbst Freiheit wünsche, anderen aber Fesseln anbiete.

„Brüder! Nicht gegen Euch ziehen wir, sondern gegen jene Partei, welche in ihrem Eigensinne uns alle an den Rand des Abgrundes gebracht hat. Wir wollen die Idee der Freiheit, Gleichheit und Brüderlichkeit zur Wahrheit machen, nicht Unterdrückte, nicht Unterdrücker sein, und glücklich und gleichberechtigt nebeneinander leben, ob wir uns Magyaren, Slaven, Deutsche oder Romanen nennen."

Auf die revolutionäre Terminologie konnte selbst Jellačić nicht verzichten, nicht einmal in diesem Augenblick, als er eigentlich für die österreichische Gesamtmonarchie und gegen die ungarische Revolution in den Kampf zog. Vom linken Ufer der Donau aus schickte Kossuth rasch seine ersten Freiwilligen gegen ihn. Aber wie würden diese Freiwilligen gegen die gut ausgebildeten (wenn auch nicht sehr disziplinierten) Berufssoldaten bestehen?

Von der Regierung selbst wurden die Truppen in Transdanubien, also kaiserliche Truppen, gegen Jellačić in Marsch gesetzt; sie zogen sich aber unter allerlei Vorwänden zurück: kaiserliche Truppen könnten nicht gegen kaiserliche Truppen kämpfen. Jellačić konnte praktisch ungehindert vordringen und war rasch am Plattensee. Nach Pest war es von dort aus nicht mehr weit.

Aber auch Pest blieb nicht untätig. Das Parlament, das die Sitzungen unverändert fortsetzte, beorderte am 15. September drei Mitglieder zur Verfügung des Palatins, der sich persönlich mit dem kroatischen General treffen wollte, um den Zusammenstoß zu verhindern. Auf Vorschlag Kossuths hatte sich schon früher ein außerordentlicher ministerieller Ausschuß gebildet, der die Arbeit Batthyánys unterstützen sollte. An diesem Tag benannte er sich in Landesverteidigungsausschuß um; er wollte die Verteidigung des Vaterlandes und der Revolution sichern. Der Ausschuß bestand aus sechs Männern, darunter Kossuth. Er war natürlich die Seele des Ganzen, und von diesem Moment an bis zu den letzten Tagen des Kampfes hing alles von seiner unermüdlichen Tätigkeit und seiner erstaunlichen Organisationsfähigkeit ab. Praktisch war er von diesem Tage an der Führer der Bewegung, wenn es auch noch lange dauerte, bis er formal Staatsoberhaupt wurde.

Der Palatin wollte sich mit Jellačić auf einem Dampfer auf dem Plattensee treffen. Als Mitglied der herrschenden Dynastie und als Palatin stand der Erzherzog dem Rang nach unermeßlich hoch über Jellačić; aber Jellačić wußte, daß er im Augenblick sogar gegen ein Mitglied der Dynastie auftreten konnte — im Interesse der Dynastie. Er erschien einfach nicht zu der Begegnung. Stephan reiste gedemütigt und ohne Ergebnis nach Pest zurück, wo er Batthyány vorschlug, persönlich die Macht übernehmen zu wollen. Das verhinderte

Kossuth. Der Erzherzog reiste nach Wien und stellte sein Amt als Palatin zur Verfügung; dann ging auch er nach Deutschland. Bis zu seinem Tode durfte er nur noch einmal zu einem kurzen Besuch nach Österreich zurückkehren. Man konnte ihm nicht verzeihen, daß Kossuth ihm in diesen erregten Tagen, Anfang September, die ungarische Krone angeboten hatte. Davor war der Erzherzog aber zurückgeschreckt.

Am 19. behandelte das Parlament den schon früher von Deák ausgearbeiteten Plan, die Dienstleistungen der früheren nichturbarialen Hörigen aufzuheben. Deáks Plan sah vor, daß die Bauern selbst die Entschädigung der Grundherren zahlen sollten (im großen und ganzen das gleiche Prinzip, das das entsprechende österreichische Gesetz für die Dominikalbauern vorgeschrieben hatte). Für diesen Schritt konnte mit einer breiten Unterstützung durch die bäuerlichen Massen gerechnet werden, aber bedeutende, politisch ins Gewicht fallende Schichten des Adels hätten sich gegen das Parlament und die Regierung gewandt, zu einer Zeit, als schon viele an der Legalität dieser Institutionen zu zweifeln begonnen. Das Parlament hob schließlich nur den Zehent, der vom Wein zu entrichten war, auf.

Gleichzeitig wollte sich das Parlament direkt an den österreichischen Reichstag wenden und um Vermittlung beim König bitten, um einen bewaffneten Zusammenstoß zu vermeiden. Schon im Juli hatte der kroatische Landtag eine ähnliche Delegation zum Reichstag geschickt; damals hatten die Linken und die Polen gemeinsam einen Empfang verhindert. Diesmal verbündeten sich die Rechten mit den Tschechen und verhinderten den Versuch, eine Verbindung zu schaffen. Auch die Regierung war gegen den ungarischen Vorschlag. Die Linken, die Polen und der Ukrainer Lukjan Kobilica stimmten für den Empfang der ungarischen Deputation, aber sie blieben in der Minderheit. Mit 186 gegen 108 Stimmen wurde die Kontaktaufnahme abgelehnt.

Der Hof ernannte den Grafen Franz Philipp Lamberg, einen Freund Batthyánys, zum Bevollmächtigten in Ungarn, da es ja nun keinen Palatin mehr gab, mit dem man korrespondieren konnte. Lamberg wurde zum Oberkommandierenden sämtlicher in Ungarn stationierter Truppen ernannt und sollte den Frieden wiederherstellen. Er brachte eine Proklamation mit, die auch die Ernennung von Baron Miklós Vay zum Ministerpräsidenten enthielt. Ein ungarischer Drucker in Wien, der den Text der Proklamation gesetzt hatte, setzte aber Ferenc Pulszky davon in Kenntnis, der sich als Unterstaatssekretär im Ministerium um die Person des Königs noch immer in Wien aufhielt. Pulszky verständigte die ungarische Regierung, und die Nachricht von der Ankunft Lambergs verbreitete sich blitzschnell in ganz Pest. Lamberg sollte Batthyány aufsuchen, um das königliche Reskript gegenzeichnen zu lassen; auf der Kettenbrücke wurde er erkannt, aus seinem Wagen gezerrt und gelyncht. Zu diesem Zeitpunkt hatte das Parlament schon eine Anordnung erlassen, die den Truppen verbot, ihm zu gehorchen. Der Landesverteidigungsausschuß wurde am 1. Oktober durch zwei Mitglieder des Abgeordnetenhauses (Szemere und Lázár Mészáros) und vier Mitglieder des Oberhauses ergänzt. Nach dem Rücktritt Batthyánys übernahm diese Organisation die Exekutivgewalt.

Einen Tag später, am 29. September, stand Jellačić mit seinen Truppen bereits am Velencze-See, etwa 40 Kilometer vor Pest, wo die gegen ihn entsandten Truppen den Kampf aufnahmen. Die ungarische Geschichtsschreibung berichtet seitdem, daß die Ungarn in der Schlacht von Pákozd gesiegt hätten, die kroatische dagegen, daß in der Schlacht am Velencze-See Jellačić siegreich gewesen, bzw. daß die Auseinandersetzung unentschieden ausgegangen wäre. Tatsache ist, daß Jellačić danach um einen Waffenstillstand bat und sich mit dem größeren Teil seiner Truppen in raschen Märschen in Richtung Wien entfernte. Ein kleinerer Teil der Grenztruppen, etwa 10 000 Mann, traf am nächsten

Tag auf eine bäuerliche Partisanentruppe, die zur Waffe gegriffen hatte, und legte bei Ozora die Waffen nieder, obwohl die Bauern nur halb so stark waren. Es blieb ihnen allerdings auch nicht viel anderes übrig, denn sie hätten sich Jellačić anschließen müssen und waren nun durch dessen Abmarsch isoliert.

Am 3. Oktober erließ Ferdinand eine neue Proklamation, die Baron Ádám Récsey, ein alter kaiserlicher General und stellvertretender Befehlshaber der ungarischen Leibgarde, als Minister um die Person des Königs gegenzeichnete. Der ungarische Reichstag wurde aufgelöst, alle von ihm beschlossenen Gesetze für illegal erklärt und Jellačić mit der Statthalterschaft und dem Oberbefehl über alle in Ungarn stationierten Truppen beauftragt. In Wien wußte man aber nicht, daß Jellačić sich nicht mehr auf ungarischem Territorium befand; seit dem 11. September war jede Verbindung mit ihm abgebrochen, und man konnte sie erst erneuern, als er mit seinen Truppen vor Wien erschien.

König, Regierung und Reichstag hatten zu dieser Zeit gleichermaßen die Legalität bereits aufgegeben, wenn auch beide Seiten weiterhin am Prinzip festhielten. Der König, also der Hof, oder vielmehr die kaiserlichen Heerführer beriefen sich auf die Hoheitsrechte des Herrschers. Das ungarische Parlament, die Regierung, also der Landesverteidigungsausschuß, berief sich seinerseits auf die Legalität, die der König mit der Ernennung von Lamberg und dann von Jellačić verletzt hatte. Zwischen beiden Seiten war der bewaffnete Kampf bereits ausgebrochen. Welche würde die stärkere sein?

Am 29. September schrieb der englische Außenminister Palmerston einen Brief an den englischen Konsul in Belgrad, in dem er sich über allgemeine Verhaltensrichtlinien äußerte: „Although Her Majesty's Government do not in any way interfere in the differences and contests going on between the different populations in Hungary, Croatia, Transsylvania and other neighbouring provinces of the Austrian Empire, yet that Her Majesty's government consider it to be an object of paramount importance to Europe that the Austrian Empire should be kept together in a condition of strength, and Her Majesty's Government therefore view with great regret those dissensions between the Hungarians, Croatians, Illyrians and others, which seem to threaten to break up the Austrian Monarchy". Der Konsul in Belgrad war nicht der wichtigste Vertreter der britischen Diplomatie, und es war auch nicht seine Aufgabe, die vertrauliche Anweisung in die Welt zu posaunen; doch die englische Stellungnahme erwies sich im weiteren Verlauf als ein wichtiger Faktor.

Die Informationen Palmerstons waren vielleicht nicht besonders genau. Gewiß waren bewaffnete Kämpfe im Gange, aber wer wollte eigentlich Österreich auseinanderreißen? Die Deutschen wollten es nur wirklich deutsch machen, wenigstens den westlichen Teil. Die Ungarn wollten den Schwerpunkt direkt nach Pest verlegen, die Serben und Kroaten hatten für die Einheit Österreichs schon zu den Waffen gegriffen. Am 15. und 16. September hatten in Wien sogar slowakische Politiker, die auch bis jetzt eine führende Rolle gespielt hatten, den Slowakischen Nationalrat gegründet und Freiwillige für den nationalen Freiheitskampf geworben. Hurban war am 17. September mit einigen slowakischen Freiwilligen von Mähren auf slowakisch bewohntes Gebiet vorgedrungen, und viele slowakische Bauern, die mit der Bauernbefreiung unzufrieden waren, hatten sich ihm angeschlossen. Aber auch er wollte nur Unabhängigkeit von den ungarischen Herren, noch dazu mit Hilfe des Kaisers in Wien, der die Freiwilligen bezahlte. Auf einer Volksversammlung kündigte er der ungarischen Regierung demonstrativ den Gehorsam auf.

Wollten die Italiener Österreich auseinanderreißen? Allerdings, aber sie waren ja schon besiegt. Und die Wiener Revolutionäre? Aber die hatte man doch schon bei mehreren

Gelegenheiten ins Messer laufen lassen. Oder Frankfurt, wo man erst vor kurzem den Habsburger Johann zum Reichsverweser gewählt hatte? Vielleicht waren die Informationen Palmerstons nicht sehr genau, das Wesentliche aber hatte er doch verstanden: Die verschiedenen Nationen Österreichs waren in Konflikt geraten, verwickelt in ein höchst verworrenes, undurchschaubares Geflecht, und dieses Gegeneinander drohte, zum Ende Österreichs zu führen, obwohl Österreich eine europäische Notwendigkeit war. Wahrscheinlich hatte der Ministerpräsident den offenen Brief Palackýs nicht gelesen, und den Kampf der österreichischen Nationen untereinander sah er wohl als eine bedauerliche Episode an, die ihn nicht ernsthaft beunruhigte. Von London aus hatte man eine andere Sicht auf den Kontinent und das österreichische Kaiserreich.

1. Ferdinand I. Kaiser von Österreich, als
V. König von Ungarn

2. Clemens Lothar Wenzel Fürst Metternich

3. Franz Freiherr von Pillersdorf

4. Alfred Fürst Windischgrätz

5. Straßenkampf in Wien am 6. Oktober 1848

6. General Józef Bem in Wien, Oktober 1848

7. Der Herrscher flieht am 17. Mai 1848
aus Wien

8. Erzherzog Stephan

9. Blutige Niederschlagung
des Arbeiteraufstandes in Wien
am 23. August 1848

10. Barrikadenkampf in Prag, Juni 1848

11. Feierlicher Empfang der Deputation des Preßburger Landtags in Wien am 15. März 1848

12. Volksversammlung vor dem Pester Nationalmuseum

13. Lajos Kossuth

14. Lajos Graf Batthyány

15. Andreiu Şaguna

16. František Palacký

17. J. V. Frič

18. Radetzkys Einzug in Mailand
am 6. August 1848

19. Daniele Manin

20. Zusammenstoß der Venezianer mit den österreichischen Truppen, die den Markusplatz
besetzten, 18. März 1848

27. Die Eröffnungssitzung der ersten ungarischen Nationalversammlung auf der Grundlage der Volksvertretung am 5. Juli 1848

28. Die Schlacht bei Pákozd

18. Radetzkys Einzug in Mailand
am 6. August 1848

19. Daniele Manin

20. Zusammenstoß der Venezianer mit den österreichischen Truppen, die den Markusplatz
besetzten, 18. März 1848

21. Djordje Stratimirović

22. Baron Josip Jellačić

23. Jellačić' Einzug in Agram am 5. Juni 1848

24. Jozef Miloslav Hurban

25. Ľudovít Štúr

26. Slowakische Deputation vor dem Kaiser in Olmütz

27. Die Eröffnungssitzung der ersten ungarischen Nationalversammlung auf der Grundlage der Volksvertretung am 5. Juli 1848

28. Die Schlacht bei Pákozd

29. Artúr Görgey

30. Józef Bem

31. Die Waffenniederlegung bei Világos am 13. August 1849

32. Die Nationalversammlung in der Frankfurter Paulskirche

33. Franz Joseph

34. Erzherzogin Sophie

35. Erzherzog Franz Karl

36. Ferdinand I. (V.) überläßt seinen Thron Erzherzog Franz Joseph, 2. Dezember 1848

37. Felix Fürst Schwarzenberg

38. Alexander Bach

39. Julius Freiherr von Haynau

40. Anton Ritter von Schmerling

41. Die dreizehn Generäle, die am 6. Oktober 1849 in Arad hingerichtet wurden

42. Die Hinrichtung von Lajos Graf Batthyány am 6. Oktober 1849 in Pest

LÖSUNGSVERSUCHE

Die Nachrichten über die Situation in Ungarn lösten in Wien ein starkes Echo aus. Die Linke erwartete, wie schon gesagt, von den Ungarn Hilfe im Kampf gegen die Kamarilla, gegen die Reaktion, gegen die Aristokraten. Obwohl ihre Kräfte innerhalb des Reichstags im Schwinden waren, konnte sie doch noch manchmal die Mehrheit an sich reißen. Am 13. September noch verwarf der Reichstag den Vorschlag, daß das hohe gesetzgebende Haus Radetzky für seinen Sieg in Italien feierlich seinen Dank aussprechen solle; sechs Tage darauf aber kam keine Mehrheit dafür zustande, die Deputation des ungarischen Reichstags anzuhören. Außerhalb der Mauern des Reichstags war aber trotz allem Blutvergießen und allen Mißerfolgen die revolutionäre Stimmung noch immer wach. So verhandelte der Ministerrat am 3. Oktober darüber, daß der Radikale Karl Tausenau aus dem Kreis der linken Demokraten in bezug auf den Kriegsminister Latour ausgerufen hatte: „Nieder mit dem Aristokraten! Nieder mit dem Verräter!" Latour war ein ebenso selbstbewußter Aristokrat wie Windischgrätz, die Stimme der „Kanaille" interessierte ihn nicht. Er war sich bereits klar darüber, daß die wirklichen Herren des Reiches, die Generäle, im Hintergrund schon die weitere Marschordnung festgelegt hatten.

Am 28. August teilte Windischgrätz in einem vertraulichen Brief seine Vorstellungen Joseph Fürst Lobkowitz mit, den er als Generaladjutanten in die nähere Umgebung des Kaisers geschickt hatte. Für Windischgrätz war selbst Latour verdächtig, da er sich doch manchmal durch den Reichstag irreführen ließ, obwohl er gewiß nur das Beste wollte. Von den Anweisungen, die Windischgrätz gab, sind die folgenden besonders wichtig: „Sobald Du bemerken solltest, daß man auf eine Konzession dringt, oder daß die Person des Kaisers auf irgendeine Art in Gefahr kommt, so nehme so viele Truppen wie möglich zusammen und führe Seine Majestät mit der ganzen kaiserlichen Familie unter dem Schutze seiner Armee, und nicht als Flucht, über Krems nach Olmütz. Dann werde ich Wien erobern, Seine Majestät wird zu Gunsten seines Neffen, Erzherzog Franz Joseph, abdizieren und dann werde ich Pest erobern." Diese Marschordnung hielt Windischgrätz dann auch genau ein, obwohl einige unerwartete Momente den Ablauf zu stören drohten.

Die Oktoberrevolution in Wien

Das erste Moment war das Wiener Volk. Kriegsminister Latour ordnete am 5. Oktober an, daß ein Teil der Wiener Truppen als Hilfe für Jellačić nach Ungarn geschickt werden solle. Am Morgen des 6. Oktober wurde das erste Regiment in die Eisenbahn verladen. Die italienische Mannschaft weigerte sich jedoch, gegen Ungarn zu marschieren. Andere Truppen wurden herangeführt, Schüsse fielen. Die Wiener Bevölkerung, die Akademische Legion (jedenfalls der Teil, der nach der amtlichen Auflösung noch übriggeblieben war) und ein großer Teil der Nationalgarde stellten sich an die Seite der Soldaten, die den

Gehorsam verweigert hatten. Innerhalb von Stunden war Wien wieder in der Hand der Revolutionäre. Die Menge suchte in höchster Erregung nach Latour und Bach, die sich gerade im Gebäude des Kriegsministeriums am Hof aufhielten. Bach zog sich die Jacke eines Dieners an, setzte dessen Mütze auf und floh aus Wien. (Er hatte sich zuerst Frauenkleider anziehen wollen, war aber dann darauf aufmerksam gemacht worden, daß sein stattlicher Bart die Verkleidung wenig glaubhaft erscheinen ließe. Bis nach Salzburg unterbrach er seine Flucht nicht ein einziges Mal.) Einen Monat lang gab es keine Nachricht von ihm. Latour versuchte, sich in dem Gebäude zu verstecken, doch er wurde gefunden und totgeschlagen, seine Leiche hängte man an einen Laternenpfahl. Aus dem Zeughaus der Innenstadt holten sich die Aufständischen 30 000 Gewehre und einige Kanonen. Die Kämpfe waren sehr heftig, selbst im Inneren des Stephansdomes kam es zu einem Feuergefecht, da die Nationalgarde das Sturmläuten verhindern wollte. Mittags gegen 1 Uhr hatten die Revolutionäre gesiegt, am Nachmittag waren die Kämpfe bereits zu Ende. Ein Studentenausschuß versuchte, den Reichstag dazu zu bewegen, eine Delegation zum Kaiser zu entsenden, um eine Zurücknahme seiner Proklamation vom 3. Oktober (Ungarn betreffend) zu erreichen. Die unverantwortlichen Ratgeber sollten vom Hof entfernt und eine neue Regierung ernannt werden, die das Vertrauen der Öffentlichkeit besäße. Zugleich sollte die Delegation den Kaiser ihrer unveränderten Loyalität versichern. Seit dem 13. März wissen wir, daß Ferdinand in solchen Situationen immer in alles einwilligte; so auch diesmal. Ferdinand der Gütige versprach die Ernennung der neuen Regierung.

Schon am nächsten Tag allerdings wurde der erste Schritt in die Marschrichtung eingeschlagen, die Windischgrätz ausgearbeitet hatte. Der Kaiser und seine Familie begaben sich unter starker militärischer Bedeckung am frühen Morgen über Krems nach Olmütz. Ob es dabei wirklich eindeutig gelungen war, den Weisungen des Feldmarschalls entsprechend die Reise nicht als Flucht erscheinen zu lassen, ist nicht ganz sicher. Minister, Reichstagsabgeordnete, Aristokraten, die sich ausnahmsweise in Wien aufhielten, vermögende Wiener Bürger verließen jedenfalls — gewiß ohne sichere militärische Begleitung — die Stadt. 20 000 Personen sollen geflohen sein. Am gleichen Tag zog der Stadtkommandant das Militär aus der Innenstadt ab. Auf diese Weise schien es leichter, die Stadt wieder zu erobern. Radetzky in Mailand und Windischgrätz in Prag hatten schon Beispiele dafür gegeben. Ferdinand hinterließ jedenfalls eine weitere Proklamation, in der er jeden, der Österreich und die Freiheit liebe, aufforderte, sich um ihn zu scharen. (Wer sich daran hielt, wie Wessenberg oder Hübner, Schwarzenberg oder Stadion, liebte vielleicht Österreich, die Freiheit jedenfalls sehr viel weniger.)

Nur eine Minderheit des Reichstags, Rumpfparlament genannt, blieb in Wien, und zwar gerade die Linke, die Anhänger der Revolution. Sie wählten einen neuen Präsidenten, den Polen Franciszek Smolka, und einen 25köpfigen Ausschuß, der sich in Permanenz erklärte (wieder kommen die Muster der großen Französischen Revolution zum Vorschein). In den ersten Tagen waren auch noch drei Minister anwesend, Doblhoff, Hornbostel und Krauß. Die beiden ersteren traten aber rasch zurück, nur Krauß blieb, da er der Meinung war, für den Staatsschatz verantwortlich zu sein. Täglich ging er in sein Amt, ohne von den Revolutionären behindert zu werden, und verließ erst unmittelbar vor dem Sturm die Stadt, zusammen mit einer Delegation, die mit den Revolutionären verhandelt hatte. Zwischendurch war er sogar mehrmals in Olmütz (die Züge verkehrten bis zur Belagerung Wiens fahrplanmäßig). Die Revolutionäre schätzten den Minister auch deshalb, weil er nicht bereit war, die Proklamation Ferdinands vom 7. Oktober zu unterschreiben. Hingegen unterbreitete er dem Rumpfparlament den Haushaltsvorschlag für 1848 zur Debatte.

Die Macht war nun allerdings nicht in den Händen des Rumpfparlaments, auch der Wiener Stadtrat war machtlos. Alle demokratischen Vereinigungen bildeten einen Zentralausschuß, der die politische Leitung fest in der Hand hielt. Die bewaffnete Macht war bei der Nationalgarde, der sich auch die Akademische Legion anschloß. Zu ihrem Oberbefehlshaber wurde am 12. Oktober der Dichter und ehemalige kaiserliche Offizier Wenzel Georg Messenhauser ernannt, ein aufrichtiger Demokrat, aber ungeheuer naiv. (Nach der Niederschlagung der Revolution meldete er sich freiwillig beim Militärgericht, in der festen Überzeugung, daß ihm nichts geschehen könne, da er nur seine Pflicht erfüllt habe.)

Die Mitglieder des Zentralausschusses besaßen ein feines politisches Gespür. Sie wußten, daß sie die Revolution repräsentierten, genauer: die Revolution der großdeutschen Einheit gegenüber der wieder erstarkenden Reaktion. Aber sie wußten auch, daß der Stadtkommandant, Karl Graf Auersperg, seine Truppen nicht darum aus Wien zurückgezogen hatte, um der Revolution einen Gefallen zu erweisen. Ein großer Teil des Monats Oktober wurde darauf verwendet, sich auf die Verteidigung vorzubereiten. Man bat überall und jeden um Hilfe. Aus einigen österreichischen Städten brachen Freiwillige nach Wien auf, wenn auch nicht in großer Zahl; im allgemeinen erreichten sie die Residenzstadt nicht, die kaiserlichen Truppen beorderten sie zurück. Einem aber gelang es, bis nach Wien zu kommen: General Józef Bem, dem Veteranen des polnischen Freiheitskampfes, der in der polnischen Revolution von 1830 eine führende Rolle gespielt hatte und sich auf die Kriegskunst sehr gut verstand. Nach 1831 hatte er zum rechten Flügel der polnischen Emigration gehört. In Wien glaubte er nun, der polnischen Sache dienen zu können. Bem wurde mit dem Oberbefehl über die Mobilgarde, die schlagkräftigste bewaffnete Einheit der Wiener Revolution, betraut.

Am 11. Oktober erschien im „Charivari" das „Wiener October-Lied":

> Ob von Süden, ob von Norden,
> Ob in Herden, ob in Horden,
> Schönes Wien, wer dich will morden,
> Such' den Weg durch uns're Brust! [...]

> Gott der Herr, der sah's von oben,
> Wie das Netz war eng gewoben;
> Gott der Herr hat uns erhoben,
> Netz und Kette muß entzwei!

> Hand in Hand für Tod und Leben!
> Eins die Tath, weil Eins das Streben!
> Gott der Herr wird Sieg uns geben:
> Wien ist nicht mehr — oder frei.

Die Wiener Revolutionäre und das Rumpfparlament wollten sich nur gegen die Generäle zur Wehr setzen; sie waren der Meinung, daß ihr Kampf gerecht und berechtigt sei, daß sie die Freiheit, die Verfassung und die deutsche Einheit gegen das Militär verteidigten. Auch in Frankfurt vertrat man diese Auffassung, und nicht nur deshalb, weil die tschechischen Liberalen gerade den deutschen Charakter der Wiener Revolution kritisierten. Der Bundestag beauftragte die Abgeordneten Robert Blum und Julius Fröbel, nach Wien zu reisen und mit den Wienern in Verbindung zu treten. Zuerst gingen sie zu Windischgrätz, der ihnen mit seiner üblichen Arroganz mitteilte, daß sie hier nichts zu suchen hätten. Am 17. Oktober kamen sie in Wien an, verhandelten mehrere Tage mit den Revolutionsführern und versicherten sie der Verbundenheit der Frankfurter Nationalversammlung, oder richtiger der dortigen Linken. Aber weder die deutsche Nationalversammlung noch die zentrale deutsche Regierung konnten jetzt wirkliche Hilfe leisten, es blieb nur bei einer moralischen Unterstützung. Blum fand die Stadt und die Revolutionäre großartig, wenn er sie auch nicht ohne Kritik sah: „Wien ist prächtig, die liebenswürdigste Stadt, die ich gesehen; dabei revolutionär in Fleisch und Blut. Die Leute treiben die Revolution gemütlich, aber gründlich. Die Verteidigungsanstalten sind furchtbar, die Kampfbegier grenzenlos [...] Nur eines fehlt: wahrhaft revolutionärer Mut in den Behörden, man zerrt sich dort gar zu sehr mit Halbheiten herum und laviert immer, um auf dem gesetzlichen Boden zu bleiben. Energie dort im ersten Augenblick, und die Sache wäre schon entschieden. Hoffentlich bekommt man unter dem Kanonendonner auch dieses Fehlende noch", schrieb er schon am Tage seiner Ankunft an seine Frau. Am 20. Oktober wollten Blum und Fröbel nach Frankfurt zurückkehren, aber man überredete sie, noch zu bleiben, da die Soldaten sie nicht passieren lassen würden.

Zu dieser Zeit hatte man nämlich schon begonnen, die kaiserlichen Truppen um Wien zusammenzuziehen. Die Truppen von Auersperg waren ja, wie wir gesehen haben, nach dem Abzug aus der Stadt ohnehin in der Nähe geblieben. Am 13. Oktober war Jellačić mit seinen Kroaten dazugestoßen und hatte sich in Schönbrunn festgesetzt. Das war aber noch nicht ausreichend. Auch Windischgrätz setzte sich in Bewegung, um gewissermaßen zur zweiten Etappe seiner Marschrichtung überzugehen. Bisher hatte er die Befehle, Truppen nach Italien in Marsch zu setzen, konsequent zurückgewiesen und sich immer wieder darauf berufen, daß die Situation in Prag noch ungewiß sei. Doch nun erwies sich plötzlich auch ein Drittel der Garnisonsstärke, das Windischgrätz zurückließ, als völlig ausreichend, um die Sicherheit der Stadt zu gewährleisten: Mit dem Gros brach er in Richtung Olmütz auf, wo er am 15. Oktober ankam (am gleichen Tag erhielt er seine Ernennung zum Feldmarschall). Unter der Mitwirkung von Josef Alexander Hübner, zu dieser Zeit Sekretär von Schwarzenberg, verfaßte er selbst den Text der kaiserlichen Proklamation, die mit dem Datum vom 16. die Revolution in Wien verurteilte und Windischgrätz beauftragte, mit allen Vollmachten ausgestattet die Ordnung im Reich wiederherzustellen, mit allen Mitteln, die er dafür für notwendig halte. Der Feldmarschall rückte nun mit etwa 70 000 Mann und 200 Geschützen gegen die Residenzstadt vor. Außer der Prager Garnison hatte er auch andere böhmische und mährische Garnisonen in seine Truppen eingegliedert.

In Olmütz gab es Bedenken wegen der Proklamation vom 16. Oktober. Besonders Stadion, dessen Rolle immer bedeutender wurde, fand sie zu scharf und entwarf eine auf den 19. Oktober datierte neue Version, die der Kaiser auch unterschrieb. Ferdinand bezeichnete sich darin wieder als konstitutionell und versprach, daß jedermann im ungestörten Genuß der verfassungsmäßigen Rechte bleiben werde. Windischgrätz nahm wenig Rücksicht darauf; am nächsten Tag richtete er in seinem eigenen Namen eine Proklamation an Wien und forderte die Stadt auf, seinen Befehlen zu gehorchen und sich zu ergeben. Am 20. Oktober kehrte die Delegation des Wiener Stadtrates aus Olmütz zurück. Wessenberg hatte den Delegierten nur mitgeteilt, daß sie sich in allen Angelegenheiten an Windischgrätz wenden sollten. Zwei Tage darauf erschien in der „Wiener Zeitung" die Proklamation Ferdinands vom 19. Oktober, aber auch die erste sowie die von Windischgrätz erreichten die Stadt. Am 20. Oktober schlug der Feldmarschall bei Hetzendorf sein Hauptquartier auf. Mehrere Delegationen suchten ihn auf, aber Windischgrätz teilte ihnen mit, daß er nur den Rat der Stadt als gesetzmäßige Behörde anerkenne. Diesem übermittelte er auch am 23. das auf 24 Stunden befristete Ultimatum über eine bedingungslose Kapitulation.

Die Konzentration kaiserlicher Truppen konnte natürlich auch in Wien nicht unbemerkt bleiben. Am 20. schickte Blum seiner Frau einen neuen Brief: „Wir haben hier jetzt etwa 100 000 Bewaffnete, gegen uns stehen etwa 72 000, aber freilich dort geübte Soldaten, hier Bürger. Nun, dafür auch dort nur Sold, hier Begeisterung und Bewußtsein des Kampfes. Besonders die Arbeiter sind bewundernswert; für die Bourgeoisie, die ihnen nie etwas gab oder gönnte, stehen sie bereit, in den Tod zu gehen. Nein, es ist doch für etwas Höheres, denn in Wien entscheidet sich das Schicksal Deutschlands, vielleicht Europas. Siegt die Revolution hier, so beginnt sie von neuem ihren Kreislauf; erliegt sie, dann ist wenigstens für eine Zeitlang Kirchhofsruhe in Deutschland."

Das Ultimatum lief ab. Am 24. Oktober griffen die Truppen an, obwohl die Umzingelung der Stadt erst am 26. abgeschlossen war. Der konzentrierte Sturm begann am 28. Oktober. Jetzt konnte tatsächlich nur noch von ungarischer Seite Hilfe kommen, von den Tschechen konnte man nicht einmal moralische Unterstützung erwarten, da sogar die tschechischen Radikalen in der Wiener Revolution eine antislawische Bewegung sahen. Karel Sabina war der Auffassung, daß die deutschen Linken von den rebellischen Ungarn bezahlt würden. Am 26. Oktober erklärte er in der Vereinigung *Slovanská lipa* (Slawische Linde), in der sich die Radikalen zusammengeschlossen hatten, daß die Tschechen keine Republik wünschen dürften, sondern eine Monarchie mit einer Dynastie, die ihren Wünschen entspräche. Österreich müsse in eine slawische Monarchie umgestaltet werden. In der Perspektive Sabinas konnte in diesem Moment selbst Jellačić, der das häßliche deutsche Wien belagerte, noch als liberal gelten.

Auch mit der Hilfe aus Ungarn gab es Probleme. Die revolutionären Behörden in Wien verhandelten mehrmals über ein Hilfegesuch. Oberbefehlshaber Messenhauser war entschieden gegen eine Hilfeleistung, da die Ungarn Rebellen seien, die sich gegen den Kaiser empörten. In seiner Gutgläubigkeit kam es ihm überhaupt nicht in den Sinn, daß er auch ein Rebell war; wenigstens hielt man ihn gewiß in Olmütz dafür.

Die ungarische Regierung, bzw. der Landesverteidigungsausschuß, erklärte am 8. Oktober die Ernennung von Jellačić für das ungarische Gebiet für gesetzwidrig und gab den Truppen, die Jellačić nachsetzten, den Befehl, die Leitha, den österreichisch-ungarischen Grenzfluß, zu überschreiten, um die kroatischen Truppen weiter zu verfolgen. Der Oberbefehlshaber, Generalleutnant János Móga, zögerte jedoch, und ein großer Teil seiner Offiziere schreckte ebenfalls vor diesem Schritt zurück. Wenn man die Leitha überschritt, beging man eine Gesetzwidrigkeit. Schließlich überschritten die Truppen den Fluß, kehrten aber sofort wieder um. Kossuth gab den Befehl zur Verfolgung, fügte aber hinzu, daß das Offizierskorps verantwortlich gemacht werden würde, wenn die Truppe verlorengehe. Dieser orakelhafte Befehl wurde nicht verstanden. Am 16. Oktober ersuchte das Rumpfparlament in Wien um Hilfe, die ungarischen Truppen setzten sich erneut in Marsch und zogen sich wieder zurück. Zwischen das revolutionäre Wien und die Grenze hatten sich verschiedene kaiserliche Truppeneinheiten geschoben. Kossuth erschien persönlich im Feldlager, um die Offiziere zum Angriff zu bewegen. Artúr Görgey, ein junger Offizier, ehemaliger kaiserlicher Berufssoldat, der schon durch sein entschlossenes revolutionäres Verhalten aufgefallen war (er ließ aufgrund des Urteils eines Militärgerichts einen ungarischen Grafen hinrichten, der einen Brief von Jellačić befördert hatte), übernahm die Verantwortung dafür, die Truppe auch im Falle einer Niederlage auf ungarisches Gebiet zurückzuführen. Am 28. Oktober überschritt Moga mit seiner Truppe zum dritten Mal die Leitha, also an dem Tag, an dem Windischgrätz den allgemeinen Sturm befohlen hatte. Am 30. Oktober standen die ungarischen Truppen (zum großen Teil unausgebildete und in aller Eile ausgerüstete Nationalgardisten) bei Schwechat in der Nähe von Wien, wo die kaiserlichen Truppen einen leichten Sieg über sie erlangten. Die Ungarn flohen über die Leitha zurück, Kossuth setzte Móga an Ort und Stelle ab und ernannte Görgey an seiner Stelle zum Befehlshaber der transdanubischen Armee. Aber das konnte nicht mehr viel helfen.

Tage-, ja wochenlang erwarteten die Wiener die von Osten anrückenden Ungarn, allmählich immer mutloser. Am 25. Oktober erschien in der „National-Zeitung" ein Gedicht von Adolph Stößel, „Das Lied von den Ungarn".

> „Sie kommen, die Ungarn, sie rücken heran!"
> So schallt es durch Thor und Gassen,
> Und jeder sich fraget: Wo sind sie? und wann
> Durchreiten sie siegreich Wiens Straßen?
> Man fragt sich hier, man fragt sich dort:
> Wo sind sie denn? Auf welchem Ort?
> Doch weiß es gar niemand zu sagen,
> Und sollte auch tausend mal fragen...
>
> „Die Ungarn sind da, sie rücken heran!"
> O fraget nicht: wo? O fraget nicht: wann?
> Denn wenn ihr auch tausend wollt' fragen,
> So weiß euch's doch niemand zu sagen.

Gegen die erfahrene Übermacht der Truppen konnten aber auch der Heldenmut der Arbeiter und Studenten, die militärische Erfahrung Bems und die Entschlossenheit Messenhausers nichts ausrichten. Der Dichter Moritz Hartmann, der mit Blum zusammen in Wien angekommen war, schilderte die letzten Stunden so: „Auf dem Bauernmarkt hörten wir plötzlich die Lärmtrommel, die durch den Donner der Kanonen, das Platzen der Bomben und fallenden Schutt einen wahrhaft unheimlichen und zugleich sehr aufregenden Schall hören ließ. Auf dem Hohen Markt sahen wir, woher der Schall kam. Dieser Platz war leer und öde, wie um diese Zeit alle Gassen und Plätze; die Einwohner hatten sich in die Keller geflüchtet oder hielten sich in den innersten Räumen der Häuser, wo sie sich vor den Kugeln sicher wähnten. Über den großen menschenleeren Platz schritt ein einziger, ungefähr fünfzigjähriger Proletarier; vor ihm ging ein kleiner, vielleicht zehnjähriger Proletarierjunge. Der Junge trug eine große, schwarzrotgoldene Fahne, der Alte schlug die Trommel. Er sah nicht rechts, er sah nicht links, die Bomben flogen über seinen Kopf, sie platzten vor ihm, hinter ihm: er schritt vorwärts, gemessenen Ganges, und schlug den Generalmarsch, und er schlug, als wollte er eine gestorbene Welt aus dem Totenschlaf wecken. Und der Junge mit der Fahne ging ruhig vor ihm, und der Alte schlug und schlug. Wir blieben starr bei diesem Schauspiel, und Tränen traten uns in die Augen. ‚Lieber Freund', sagten wir endlich, ‚lassen Sie das, es ist alles aus!' — ‚Nein', antwortete der Alte, ‚sie müssen heraus, die Sache darf nicht verloren sein!' — So sprechend, ging er immer weiter und schlug die Trommel, und der Knabe trug ruhig seine Fahne und sah nach allen Seiten, ob sie nicht kommen. Sie kamen nicht."

Die Vorbereitungen waren also nicht ausreichend gewesen, und es mag auch Verrat im Spiel gewesen sein. Die beiden Frankfurter Delegierten Blum und Fröbel nahmen an den Kämpfen teil, sie führten je eine Kompanie, deren Aufgabe es war, die innere Ordnung aufrechtzuerhalten. Fröbel wies in seinem Bericht an die Frankfurter Nationalversammlung auf Verrat hin: „Robert Blum stand den Kroaten gegenüber. Er hatte fünf Kanonen, aber den strengsten Befehl in der Tasche, sie nicht zu gebrauchen. An der Barrikade, wo ich stand, hatte man meinen Leuten Patronen ohne Kugeln ausgeteilt. Ich selbst habe Kanonenpatronen abgeliefert, die mit Sägespänen gefüllt waren." Am 29. Oktober sahen die Verteidiger die Situation als aussichtslos an und ließen Windischgrätz wissen, daß sie am nächsten Tag die Stadttore öffnen würden. Blums Bericht über 100 000 Verteidiger war übrigens übertrieben, tatsächlich waren es etwa 25 000 Kämpfer. Die Zahl der Gefallenen betrug ungefähr 2000, und etwa ebensoviele fielen den siegestrunkenen kaiserlichen Truppen als Gefangene in die Hände.

Blum und Fröbel wagten sich bis zum 4. November nicht aus dem Gasthof, in dem sie abgestiegen waren. Am 4. wurden sie verhaftet, am 8. legten sie Protest dagegen ein. Als Antwort darauf wurde Blum am folgenden Tag hingerichtet, obwohl er als Delegierter der deutschen Nationalversammlung Immunität genoß, ein Recht, das Österreich gerade dann streng beachten mußte, wenn es sich auch als deutschen Staat betrachtete. Wahrscheinlich war die Hinrichtung Blums ein sehr genau berechneter Schritt gegen Frankfurt. Fröbel wurde später freigelassen; am 17. November kam er in Frankfurt an, wo er über die Niederschlagung der Revolution in Wien berichtete. Jeder war sich klar darüber, daß diese Niederlage auch für Frankfurt einen schweren Verlust darstellte.

Im Namen der Wiener Bürgerschaft begab sich eine große Delegation von Kaufleuten und Gewerbetreibenden zu Windischgrätz, um ihm ihren Dank auszusprechen: „Mit innigster Verehrung erscheinen wir, die Vertreter der sämtlichen Handels- und Gewerbekorporationen dieser Residenzstadt, vor Eurer fürstlichen Durchlaucht, um Hochderselben unserer und unserer Kommittenten tiefgefühlten Dank für die Herstellung der gesetzlichen Ordnung und Ruhe darzubringen, wodurch des Bürgers Sicherheit an Person und Eigentum allein gewährleistet wird." Aber war das nicht das Wesen der bürgerlichen Revolution?

Wenn man unter Revolution nur Demonstrationen und Forderungen, Barrikaden und bewaffnete Auseinandersetzungen versteht, dann war in der westlichen Hälfte des Reiches, genauer in den Erblanden, mit der Niederlage in Wien die Revolution überhaupt beendet. Das Bürgertum war schon seit Mai darüber besorgt gewesen, wohin das alles führen sollte. Die Bauernschaft hatte nach vielen Versprechungen im September endlich ihre Freiheit und ihren Grund und Boden erhalten, und damit war von ihrem Standpunkt aus die Revolution beendet. Die Prager Arbeiter hatten schon im Juni ihr Blut hingegeben, die Wiener im Oktober wie schon zuvor im März und August. Die Deutschen schreckten wegen der Slawen vor der Revolution zurück, die Tschechen wegen der Deutschen. Wien schlug sinngemäß eine demokratische — und deutsche — Lösung vor; das wollten aber nur sehr wenige, und damit stand diese Lösung nicht mehr auf der Tagesordnung. Nur Venedig hielt sich noch, doch sah auch dort die Lage entmutigend aus. In der westlichen Hälfte des Reiches geschah noch sehr viel, womit wir uns beschäftigen müssen, doch Waffenlärm war nicht mehr zu hören.

Der Feldzug in Ungarn

Nun galt es, Ungarn niederzuwerfen; die dritte Etappe des Marschplanes von Windischgrätz stand noch aus. Nach Prag und Wien kam jetzt Pest an die Reihe, das allein noch die Revolution verkörperte. Nach der kaiserlichen Proklamation war deutlich, daß die Kamarilla, der Hof, die Konterrevolution, die Reaktion — oder wie immer wir diese Kräfte

135

benennen — jede verlorene Position zurückgewinnen wollte. Das mußte man also verhindern. Die Errungenschaften der Revolution waren vom König sanktioniert worden, jetzt mußte man sie gerade gegen diesen König wieder verteidigen. Aber war diese Verteidigung denn vom Gesetz dazu berechtigt?

Eine überflüssige Grübelei, könnte man meinen, da die bewaffnete Verteidigung schon begonnen hatte. Nicht nur die Nationalgarde und die Bauernpartisanen, sondern auch reguläre Truppen kämpften bereits gegen Jellačić. Diese Truppen gehörten zwar auch zur kaiserlichen Armee, doch im Sinne der Verfassung, d. h. der Aprilgesetze, unterstanden sie auf ungarischem Gebiet der ungarischen Regierung. Andererseits war diese ungarische Regierung, bzw. der Landesverteidigungsausschuß, nicht mehr vom König ernannt. Für die Berufsoffiziere der in Ungarn stationierten Truppen war nach dem Zusammenstoß von Schwechat die Frage aktuell, ob sie dem König gehorchen sollten, der befohlen hatte, auf die ungarische Verfassung zu schwören, oder dem Kaiser, der jetzt befahl, sich gegen Verfassung und Regierung in Ungarn zu wenden. Die Antwort war selbst für Offiziere ungarischer Nationalität nicht leicht, geschweige denn für Angehörige anderer Nationalitäten. Viele verließen die Armee und flohen, viele fühlten sich aber durch ihren Eid gebunden und blieben trotz aller Zweifel und Bedenken. Für manche bedeutete die Entscheidung geradezu ein existenzielles Problem: wovon sollten sie leben, wenn sie die Offizierslaufbahn aufgaben? Wenn sie nach Österreich wechselten, um dort ihre Karriere fortzusetzen, konnten sie eines Tages ihren früheren Kameraden gegenüberstehen. Es gab auch nicht wenige, die aus Begeisterung für die Verfassung und die Freiheit bei der Armee blieben. Sogar Angehörige anderer Nationen kamen von weit her, um sich der ungarischen Armee, die wir jetzt schon so nennen können, anzuschließen. Nach der Niederschlagung Wiens waren die Reste der Akademischen Legion auf ungarisches Gebiet geflohen und gründeten die freiwillige Wiener Legion, die mutig kämpfte. Die Organisation dieser Einheit hatte aber schon früher begonnen: Am 14. September war folgender Aufruf an die Wiener Studenten erschienen: „Auf! Zum Kampfe nach Ungarn. Auf, ihr Musensöhne, Brüder der akademischen Legion, auf, auf ihr Jünger der Freiheit, auf Brüder zum Kampfe.

Schon sind uns vorangeeilt die freien Männer Polens, sie wissen nur zu gut, daß es sich nicht mehr um Nationalitäten handle, sondern es gilt die Freiheit oder Knechtung der Völker; die kleine Legion der Polen wirkt bereits Wunder der Tapferkeit auf dem Felde der wahren Menschenehre, auf dem Blutfelde für Freiheit und Gerechtigkeit, denn Jeder Einzelne ist beseelt von dem Geiste Kościuszko's [!] und Sobieski's.

Säumen wir nicht einen Augenblick uns in eine eigene Waffenschaar zu sammeln; lauter freie Männer, Männer der wackeren Nationalgarde, Söhne der erhabenen Musengeister.

Glück auf! freie Brüder!"

Auch Bem gelang es, aus Wien zu entkommen, und es blieb ihm nur noch die Möglichkeit nach Ungarn zu fliehen, wenn er für ein freies polnisches Vaterland weiterkämpfen wollte. Kossuth empfing ihn mit offenen Armen. Und Bem blieb nicht der einzige Pole; rasch konnte man auch eine freiwillige Polnische Legion bilden. Man mußte sich dort in die Revolution eingliedern, wo es noch eine gab. Viele Soldaten und Husaren aus den ungarischen Regimentern, die außerhalb Ungarns stationiert waren, eilten entgegen strengen Befehlen nach Hause, um dort für das Vaterland zu kämpfen.

In Ungarn war das Vaterland nun gegen viele Feinde zu verteidigen. Jellačić war zwar im Augenblick nicht in Sicht, aber im Süden gingen die serbisch-ungarischen Auseinandersetzungen unvermindert weiter, die fast schon den Charakter eines Stellungskrieges angenommen hatten. Im Osten machten sich zum ersten Mal die Sachsen bemerkbar, Hermannstadt erklärte am 29. September die Loslösung von Ungarn, die Stadt unterstellte sich direkt der österreichischen Regierung und dem Kaiser. Innerhalb von wenigen Tagen schlossen sich die anderen sächsischen Städte an. Sechs sächsische Delegierte hatten übrigens schon am 19. September den ungarischen Reichstag verlassen, weil er in der nationalen Frage nichts getan habe.

Der Ausschuß für Siebenbürgen im Reichstag hatte schon darauf gedrängt, den Rumänen Zugeständnisse zu machen. Die ungarischen Grundherren in Siebenbürgen forderten jedoch mit selbstmörderischer Kurzsichtigkeit Frondienste von den Bauern und vertrieben sie vom Dominikalland, das sie bisher bewirtschaftet hatten. Im September ordnete die Regierung Rekrutierungen an — das war durch die militärische Lage für die Führung in Pest völlig gerechtfertigt, doch für die siebenbürgischen Bauern, vor allem die rumänischen, war das keineswegs selbstverständlich. Die rumänische Intelligenz, die sich schon einmal in Blasendorf versammelt hatte, berief im September erneut eine landesweite Versammlung ein. Von hier aus wandte sie sich am 25. September mit folgenden Wünschen an den Herrscher: Er möge dem ungarischen Terrorismus Einhalt gebieten, in den rumänischen Dörfern die Aufstellung einer rumänischen Nationalgarde genehmigen, ebenso die Bildung eines aus ungarischen, sächsischen und rumänischen Bauern, Bürgern und Intellektuellen bestehenden Ausschusses, der die bisherigen ungerechten Maßnahmen überprüfen und einen weiteren Ausschuß, der die sich aus der Bauernbefreiung ergebenden Probleme regeln solle. Die Rumänen erkannten weder die Union noch die Zuständigkeit der ungarischen Regierung an; sie wollten nur dem Kaiser unterstehen, sie würden die österreichische Verfassung anerkennen und wünschten ihre Ausdehnung auf Siebenbürgen sowie die Ernennung einer interimistischen Regierung für Siebenbürgen, die sich aus ungarischen, sächsischen und rumänischen Mitgliedern zusammensetzen solle. Der Befehlshaber der kaiserlichen Truppen in Siebenbürgen, Generalleutnant Baron Anton Puchner, unterstützte die Rumänen, die außerdem auf Karl Urban, Oberstleutnant der Grenztruppen von Nußdorf, rechnen konnten. Die rumänische Intelligenz begann, den bewaffneten Kampf gegen die Ungarn zu organisieren.

Am 18. Oktober erklärte Puchner in einer Proklamation an die Bevölkerung von Siebenbürgen die von der ungarischen Regierung ernannten Beamten für außerhalb des Gesetzes stehend; die Rumänen forderte er auf, freiwillige Verbände zur Unterstützung der Armee aufzustellen. Es war nicht schwierig, die rumänischen Bauern gegen die ungarischen Grundbesitzer zu den Waffen zu rufen. Der Aufstand begann. Die ungarischen Adeligen flohen in die Städte, doch die Bauern verfolgten sie, steckten die Städte Kleinschlatten und Groß-Enyed in Brand und ermordeten Menschen. Im November nahmen sie auch Klausenburg ein. Siebenbürgen war für die ungarische Revolution verloren. Nur das Komitat Háromszék hielt stand, und auch die Székler beschlossen auf der Versammlung in Agyagfalva, sich zu verteidigen. Die Nationen Siebenbürgens begannen sich gegenseitig umzubringen. Jede Nation wollte letzten Endes die Freiheit, aber jede ihre nationale Freiheit.

Auch die Serben hielten in Karlowitz eine zweite Nationalversammlung ab. Sie gaben die politische und verwaltungsmäßige Macht in die Hand des Patriarchen Rajačić, Šupljikac wurde mit den militärischen Angelegenheiten betraut. Damit war praktisch die Serbische Wojwodschaft gegründet.

Im Nordwesten dagegen war eben der Angriff der ersten slowakischen Freischar zum Stillstand gekommen, nur der nordwestliche Teil des slowakischen Gebietes war in ihren Händen. Aber sie konnte ihre Kampfoperationen jederzeit wieder aufnehmen. Von

Galizien her drang Generalleutnant Franz Graf von Schlick mit seinen Truppen ein. Und im Westen setzte sich nach seinem Sieg in Wien Windischgrätz, der noch immer über alle Vollmachten verfügte, in Marsch, um Pest einzunehmen.

Die ungarische Regierung, die wir jetzt einfach mit Kossuth identifizieren können, unternahm riesige Anstrengungen, um sich gegen diesen Angriff, der von fünf Seiten her begonnen hatte, zu behaupten. Es gelang, den Mannschaftsbestand der ungarischen Armee schon bis Mitte Dezember in bedeutendem Maße zu erhöhen. Statt der bisherigen 35 standen nun 64 Bataillone unter Waffen, statt 4 Husarenregimentern jetzt 10, und die Zahl der Geschützbatterien stieg sogar von 4 auf 32. Die Székler gossen selbst Kanonen.

Kossuth entsandte in die gefährdeten Gebiete (und welche waren das nicht?) Regierungskommissare (entsprechend den Kommissaren des Konvents in der Französischen Revolution), die mit allen Vollmachten ausgestattet waren, um die Verteidigung zu organisieren und die Versorgung der Armee zu sichern. Für alle diese Aufgaben mußte man natürlich Geld haben. Kossuth ließ 100-Gulden-Banknoten herausgeben, die übrigens in allen Sprachen Ungarns bedruckt waren, obwohl Kossuth nur die ungarische Nation anerkannte. Das sollte eine pragmatische Maßnahme sein, gleichzeitig wurde damit aber auch zur Kenntnis genommen, daß außer der ungarischen auch noch andere Nationen in diesem Land lebten.

Nach Schwechat suchte Görgey Ordnung in seine zurückweichenden Truppen zu bringen. Kossuth befahl wieder anzugreifen, bevor Windischgrätz sich in Marsch setzte. Görgey war einerseits Soldat, der genauer sah, was vom militärischen Standpunkt aus möglich war, andererseits aber einer jener selbstbewußten Adeligen, die im Sinne der politischen Traditionen der Reformära die ungarische Konstitutionalität, besonders jetzt in ihrer ausgebauten Form, auf jeden Fall für erhaltenswert ansah. Er hielt es für unvorstellbar, daß Ungarn als eine Provinz — oder sogar aufgesplittert in mehrere Provinzen — einfach mit Österreich verschmolzen werden sollte, was übrigens bisher niemals gelungen war. Aber als ein ebensolches Grundprinzip erkannte er an, daß sich Ungarn nicht völlig von Österreich trennen konnte, denn das würde die Auflösung des historischen Ungarn nach sich ziehen. Die anderen Nationen hatten sich ohnehin schon gegen die Ungarn gewandt und flohen unter den Schutz des Kaisers. Dabei bildeten nicht sie das wesentliche Problem, sondern es ging hauptsächlich um den Kaiser, den man dazu bringen mußte, wieder ungarischer König zu sein. Wenn es nicht anders ging, mußte man ihn mit Waffengewalt dazu zwingen. Es ist nicht sicher, ob dieser Gedankengang im Spätherbst 1848 schon so klar und eindeutig formuliert war; dem Wesen nach galt er bereits.

Man mußte also kämpfen, konnte sich aber einstweilen nur auf die Verteidigung beschränken. Görgey zog sich zurück und ließ bloß in Komorn, einer der größten und stärksten ungarischen Festungen, eine entsprechende Verteidigungsmannschaft zurück. Windischgrätz rückte langsam in Richtung Pest vorwärts. Er hatte keine Eile, nach seiner Meinung konnte sich Ungarn gegen das Reich und gegen seine eigenen Nationalitäten ohnehin nicht lange halten. Die ungarische Rebellion würde innerhalb von wenigen Wochen erfolgreich niedergeschlagen sein, und dann konnte man sich mit dem Ausbau des einheitlichen Reiches beschäftigen.

Völlig unerwartet kam es aber plötzlich in Galizien zu Unruhen. Nicht die noch immer mit ihrer Rechtschreibung beschäftigten Ukrainer waren die Störenfriede, sondern die Polen, die nun versuchten, die Revolution fortzusetzen. An der Spitze der Verwaltung stand Hofrat Baron Wacław Zaleski, sein Stellvertreter war Agenor Graf Gołuchowski, beide sehr nationalstolze Polen. Die Verordnung über die Zweiteilung Galiziens ließen sie praktisch verschwinden, an der Lemberger Universität und an den Gymnasien führten sie an Stelle des Deutschen Polnisch als Unterrichtssprache ein (ein deutsches Gymnasium wurde gestattet), und sie genehmigten überall die Aufstellung von Nationalgarden, die aus Polen bestanden. Das betraf besonders Lemberg, wo die Studenten den Großteil der Nationalgarde stellten. Als die Nachrichten von der Wiener Revolution hierher drangen, begannen erneut die Vorbereitungen zu einem bewaffneten Aufstand. Windischgrätz hatte auch aus Galizien Truppen für den Kampf gegen Wien abgezogen, die Aussichten waren also günstig; die Vorbereitungen hingegen schlecht. Es dauerte bis zum 2. November, bis der Aufstand in Lemberg begann. Mit der Umgebung konnte man nicht rechnen, dort lebten ukrainische Bauern, die sich jetzt schon sehr bewußt dem Freiheitskampf der Polen fernhielten. Und die kaiserliche Armee hatte bereits einen erprobten Schlachtplan: die Truppen aus der Stadt abziehen und dann mit der Beschießung beginnen. So ging die Armee auch hier vor. Die Zahl der Aufständischen war aber derart gering, daß die Soldaten den Widerstand innerhalb eines Tages brachen. Die Behörden ordneten für ganz Galizien den verschärften Belagerungszustand an. Ein Teil der Aufständischen floh nach Ungarn, um dort in der Polnischen Legion den Kampf für die Befreiung Polens fortzusetzen. Andere setzten sich auf deutsches Gebiet ab. Die Nachricht von der Existenz einer Polnischen Legion bewirkte, daß die Ukrainer — aus Gründen der Selbstverteidigung — auch eine Ukrainische Legion bildeten. Sie sollte verhindern, daß die Polen und die ungarischen Revolutionäre in Galizien eindrangen.

Regierungs- und Thronwechsel

Schon am 22. Oktober hatte der Kaiser angeordnet, daß die wegen der „Unruhen" in Wien unterbrochenen Sitzungen des Reichstags am 15. November im mährischen Kremsier fortgesetzt werden sollten. Angeblich mußten viele der Abgeordneten den kleinen Ort erst einmal auf der Landkarte suchen (wenn ihnen die Schlacht von Austerlitz 1805 eingefallen wäre, hätten sie ihn leichter gefunden, denn er lag in der Nähe). Auf dem Hauptplatz der hübschen Kleinstadt verkünden noch heute Gedenktafeln, in welchem Haus welcher tschechische Abgeordnete gewohnt hat. Die Sitzungen fanden im Sommerpalais des Erzbischofs von Olmütz statt; Kremsier lag nicht weit von Olmütz (das nun sozusagen zur Residenzstadt erhoben worden war), aber dennoch etwas abseits, und die Kamarilla mußte sich nicht in dieselbe Stadt bequemen wie die Mitglieder des Reichstags, die doch irgendwie verdächtige Leute waren; schließlich hatte sie ja nicht der Kaiser ernannt.

Die Macht hatte also ihren Sitz in Olmütz. Auch Wessenberg kam hierher, er hoffte, Ministerpräsident zu bleiben, schon im Interesse der Sicherung einer Art Kontinuität, auch wenn man jetzt eine neue Regierung bilden mußte. Der Hof hatte sein Augenmerk aber schon auf einen anderen Mann gelenkt. Nach den Ereignissen von Wien hatte eine österreichische Regierung ganz andere Aufgaben. Die Allerhöchste Gunst war Fürst Felix Schwarzenberg zugefallen, einem Offizier und Schwager von Windischgrätz, der jahrelang hauptsächlich in diplomatischen Diensten im Ausland gestanden hatte. Er war ein Aristokrat, aber von der Notwendigkeit einer Art bürgerlicher Umgestaltung überzeugt (natürlich einer völlig von oben durchgeführten Umgestaltung, in die gewählte Vertreter nicht hineinzureden hatten). In der gegebenen Situation wußte er dagegen ganz genau, daß man mit einer offenen Wiederherstellung des Absolutismus noch warten mußte. Windischgrätz erwartete von ihm, daß er die Situation aus der Zeit vor 1848 wiederherstellen und die

139

führende Rolle der Aristokratie noch verstärken würde. Schwarzenberg erklärte ihm (er war bekannt dafür, daß er sich sehr zynisch ausdrücken konnte), daß es in der ganzen österreichischen Aristokratie keine zehn Leute gebe, die für eine verantwortliche Stellung geeignet seien.

Felix Schwarzenberg selbst dagegen war für sein Amt zweifellos sehr geeignet. Zwar war er wesentlich weniger gebildet als der aristokratische Durchschnitt, aber er verstand etwas von Politik, und er war sich klar darüber, was die Aufrechterhaltung der Einheit des Reiches in diesem Augenblick erforderte. Mit echtem aristokratischem Hochmut konnte er nicht nur völlig über Menschen hinwegsehen, sondern sie auch absolut kalt niedertreten, wenn er das für richtig hielt; sein eigener Schwager mußte es schließlich selbst erfahren. Das Amt des Ministerpräsidenten nahm er nicht gern, aber schließlich doch an, da er der Ansicht war, nur er selbst könne die Aufgaben klar erkennen. Selbst vom Kaiser hielt er nicht besonders viel (weder von Ferdinand noch später von dessen Nachfolger).

Im Augenblick war allerdings noch Windischgrätz der starke Mann des wiedererstehenden Regimes. Seine Erfolge von Prag und Wien hatten ihm eine solche Position gesichert, daß die Kamarilla ihm versprach, ihn in allen staatlichen Angelegenheiten anzuhören, was fast gleichbedeutend damit war, seinen Vorschlägen entsprechend zu entscheiden. Windischgrätz bestand darauf, daß eine neue Regierung notwendig sei, Wessenberg könne nicht im Amt bleiben, er habe sich zu sehr an die verfassungsmäßigen und liberalen Veränderungen gebunden.

Am 21. November bestätigte Ferdinand die neue Regierungsliste. Schwarzenberg wurde nicht nur Ministerpräsident, sondern behielt sich auch das Außenministerium vor, besonders mit Rücksicht auf die deutsche Frage; außerdem glaubte er, etwas von diesen Dingen zu verstehen. In Wahrheit verstand er nur etwas von diplomatischen Intrigen, so wie Metternich. Aber noch 1848 sah er die internationale Lage so, wie sie Metternich einst zu Napoleons Zeiten gesehen hatte: Die Außenpolitik sei Sache der Herrscher und der Fachminister. Daß die Völker auch ihre eigenen Vorstellungen und Ansprüche hatten, daß die Nationen in die Weltgeschichte eingreifen konnten, das war für ihn selbst nach den welterschütternden Ereignissen des Revolutionsjahres völlig unverständlich, und er kümmerte sich auch nicht darum.

Franz Graf Stadion, den wir schon mehrfach erwähnt haben, ein sachkundiger Administrator, aber vielleicht auch derjenige, der in diesem Augenblick die Konstitutionalität und die bürgerliche Umgestaltung am meisten ernst nahm, wurde Innenminister. Er hatte gute Vorstellungen und war ein ehrenhafter Mann, aber damals schon krank und nur noch einige Monate arbeitsfähig. Doch in dieser Zeit bereitete er einige gesetzliche Maßnahmen gründlich vor. Es gab noch einen weiteren Mann in der neuen Regierung, der ein überzeugter Anhänger einer bürgerlichen Entwicklung war, Karl Ludwig (später Freiherr von) Bruck, der das Ministerium für Handel und Verkehr übernahm. Bruck war übrigens, ähnlich wie Kübeck, ein Mann, der — als Sohn eines Buchbinders — von unten gekommen war und in seiner Jugend sogar am griechischen Freiheitskampf teilnehmen wollte. Eine günstige Eheschließung ermöglichte es ihm aber, statt dessen ein wohlhabender Kaufmann in Triest zu werden, wo er unter dem Namen „Österreichischer Lloyd" eine Schiffahrtsgesellschaft gründete. Metternich hatte ihm den Weg zu einer raschen Karriere geebnet; 1849 wurde er Baron.

Am 22. Oktober meldete sich Alexander Bach schriftlich aus Salzburg, am 5. November war auch er schon in Olmütz. Schwarzenberg behielt ihn an der Spitze des Justizministeriums; auch Finanzminister Krauß blieb in seinem Amt. Das Landwirtschaftsministerium übernahm Ferdinand von Thinnfeld, das Kriegsministerium Generalleutnant Anton

Freiherr Csorich von Monte Creto. Das Ministerium für Kultus und Unterricht wurde Joseph Alexander von Helfert angeboten, der aber im Hinblick auf sein Alter (ausnahmsweise war er zu jung) ablehnte; Stadion übernahm das Amt vorübergehend, es wurde aber bald eine Sektion des Innenministeriums und stand unter der Leitung von Helfert. Hier wurde die Unterrichtsreform für die Universitäten und Mittelschulen vorbereitet.

Inzwischen waren in Kremsier schon etwa 250 Abgeordnete eingetroffen. Am 27. November gab Schwarzenberg sein Regierungsprogramm bekannt. Er betonte, die Regierung wollte nicht hinter der Zeit zurückbleiben, sondern sich im Gegenteil an die Spitze der konstitutionellen Umgestaltung stellen und „aufrichtig und ohne Rückhalt" die verfassungsmäßigen Regierungsaufgaben in Angriff nehmen. Stadion bestand auch auf dem Satz: „Die freie Gemeinde ist die Grundlage des freien Staates." Das klang alles sehr gut, und hinzu kam noch, daß die Regierung sich auch weiterhin zur Gleichheit vor dem Gesetz und sogar zur Gleichberechtigung der Nationen bekannte. Bei flüchtigem Zuhören konnte man glauben, daß noch immer der Geist der Märzzeit herrsche, daß die bisherigen Schritte in Prag und Wien nur unangenehme, wenn auch notwendige Episoden gewesen wären. Das, worin damals jeder übereinstimmte, die Konstitutionalität, das schien auch jetzt das wichtigste Ziel der Regierung zu sein.

In bezug auf Frankfurt und die deutsche Frage erinnerte das Regierungsprogramm nicht mehr so eindeutig an den März. Allerdings hatten sich in Frankfurt auch schon manche Veränderungen ergeben, man konnte von ihnen natürlich schon im Sommer wissen. Am 19. Oktober hatte die Nationalversammlung über den ersten Teil eines Verfassungsentwurfs für das deutsche Reich abgestimmt. Der zweite Artikel enthielt Punkte, die für die österreichischen Verhältnisse sehr wesentlich waren: „2. Kein Teil des Deutschen Reiches darf mit nichtdeutschen Ländern zu einem Staate vereinigt werden. 3. Hat ein deutsches Land mit einem nichtdeutschen Land dasselbe Staatsoberhaupt, so ist das Verhältnis zwischen beiden Ländern nach den Grundsätzen der reinen Personalunion zu ordnen. 4. Das Staatsoberhaupt eines deutschen Landes, welches mit einem nichtdeutschen Lande in dem Verhältnis der Personalunion steht, muß entweder in seinem deutschen Lande residieren, oder in demselben eine Regentschaft niedersetzen, zu welcher nur Deutsche berufen werden dürfen." Der Paragraph 5 schloß die erwähnte Möglichkeit für die Zukunft überhaupt aus, da er festlegte, daß ein nichtdeutsches Staatsoberhaupt nicht Staatsoberhaupt eines deutschen Staates sein könne.

Schwarzenberg hatte in seinem Regierungsprogramm auch dafür eine Antwort parat: „Nicht in der Zerreißung der Monarchie [liegt] die Größe, nicht in ihrer Schwäche die Kräftigung Deutschlands [...] Österreichs Fortbestand in staatlicher Einheit ist ein deutsches wie ein europäisches Bedürfnis. Von dieser Überzeugung durchdrungen, sehen wir der natürlichen Entwicklung des noch nicht vollendeten Umgestaltungsprozesses entgegen. Erst wenn das verjüngte Österreich und das verjüngte Deutschland zu neuen und festen Formen gelangt sind, wird es möglich sein, ihre gegenseitigen Beziehungen staatlich zu bestimmen. Bis dahin wird Österreich fortfahren, seine Bundespflichten treulich zu erfüllen." Im Endergebnis enthielt diese Erklärung eine Absage an die großdeutsche Einheit oder konnte wenigstens in diesem Sinne verstanden werden. Die Frankfurter Rechte und das Zentrum hätten die kleindeutsche Einheit und besondere staatsrechtliche Beziehungen des einheitlichen Deutschlands zu dem einheitlichen Österreich akzeptieren können; natürlich war notwendige Voraussetzung dafür, daß auch Österreich wirklich ein einheitlicher Staat war. In diesem Augenblick aber war die österreichische Einheit — um es vorsichtig zu formulieren — noch nicht ganz vollständig.

Das Regierungsprogramm beschäftigte sich daher auch mit der italienischen und der ungarischen Frage, und zwar eindeutig im Sinne der österreichischen Einheit. Den Italienern versicherte Schwarzenberg, daß die beste Sicherheit für die Existenz ihrer Nationalität die enge Verbindung mit dem konstitutionellen Österreich darstelle. Die ungarische Frage berührte er nur kurz. Der Krieg (damit meinte er den Krieg in Ungarn, der kurz vor seinem Ende stand) werde nicht gegen die Freiheit geführt, sondern ausschließlich gegen jene, die die Völker ihrer Freiheit berauben wollten; die Regierung werde eben diese Völker unterstützen (also gegen die ungarische Revolution), damit endlich alle Provinzen und alle Völker in einer großen politischen Einheit zusammengefaßt werden könnten.

In Olmütz, Kremsier und Frankfurt, überall nahm die Mehrheit, die sich nach Ordnung sehnte, das Programm mit Befriedigung zur Kenntnis. Vielleicht erfüllten sich die Hoffnungen vom März doch noch; vielleicht werden jene Verfassung und jene Freiheit Wirklichkeit, die Ferdinand der Gütige seinen Völkern versprochen hatte und zu denen er sich auch später wiederholt bekannte, obwohl die Völker (oder richtiger: deren falsche Führer) sich so oft gegen ihren gütigen Kaiser gewandt hatten.

Nur fünf Tage nach der Verkündigung des Regierungsprogramms, das so ermutigend klang und viele mit so großer Befriedigung erfüllte, war Ferdinand der Gütige von der Bildfläche verschwunden. Am 2. Dezember nahm sein Neffe, Erzherzog Franz Joseph, den Thron ein. In diesem konstitutionellen Staat, in diesem freien Staat, in diesem liberalen System wechselte der Thron auf eine Weise seinen Herrn, die die konstitutionellen Faktoren nicht einmal der Form nach irgendwie einbezog. Der kaiserliche Thron war erblich, und sein Besitzer konnte frei über ihn verfügen.

Der Absolutismus ohne absoluten Herrscher hatte schon seit 1835 Schwierigkeiten bereitet; auch in noch relativ friedlichen Zeiten war das Problem immer wieder aufgetaucht. Durch die seit März nicht abreißenden Unruhen war die Lage noch beträchtlich erschwert, wobei besonders zu berücksichtigen war, daß Ferdinand seine Rolle als konstitutioneller Monarch manchmal durchaus gefiel, oder jedenfalls das, was er davon überhaupt verstand. Schon vor 1848 hatten sich Metternich und Sophie darüber verständigt, daß Ferdinand zugunsten von Franz abdanken solle, sobald dieser volljährig war (das wäre am 18. August 1848 eingetreten). Die Ereignisse vom Frühjahr 1848 ließen aber auch diesen Plan zunichte werden, und das große Verfassungsgehabe danach ließ weder im Frühjahr noch im Sommer Zeit, wieder daran zu denken. Windischgrätz hatte aber schon im Mai die Frage wieder aufgeworfen und war seitdem wiederholt darauf zurückgekommen. Nach den Siegen in Italien und der Niederschlagung der Wiener Revolution konnte man sich ihrer in der beinahe idyllisch wirkenden Situation in Olmütz erneut annehmen. Aber sie war nicht so leicht zu lösen. Ferdinand machte Schwierigkeiten, seine Rolle als konstitutioneller Herrscher gefiel ihm immer besser. Als noch ärgeres Hindernis erwies sich der Bruder des Kaisers, Franz Karl; schließlich galt er seit vielen Jahren als Thronerbe. Also warum sollte nicht er der Kaiser werden? Sophie erklärte es ihm schließlich, und Franz Karl verstand. Die feierliche Zeremonie fand im Festsaal des erzbischöflichen Palais in Olmütz statt. Franz Joseph kniete vor Ferdinand nieder, der hob ihn zu sich empor und sagte leise: „Gott segne dich, sei nur brav, Gott wird dich schützen; es ist gerne geschehen."

Alle verfassungsrechtlichen Hindernisse waren bis dahin geschickt umgangen worden; der Schein mußte unter allen Umständen noch gewahrt bleiben. Bach erwies sich in diesen komplizierten Fragen als genial und unentbehrlich. Ferdinand entsagte dem Thron, Franz Karl seinen Rechten als Thronerbe. Schwarzenberg verlas die betreffenden Urkunden, die entsprechenden Herren unterzeichneten sie. Eine Proklamation des neuen Kaisers Franz

Joseph wurde ebenfalls von Schwarzenberg verlesen. In den Grundsätzen des Textes hatten Bach und Stadion auf einer modernen Konzeption bestanden (Windischgrätz wünschte eine Proklamation im Geiste etwa eines patriarchalischen Absolutismus — der Ausdruck stammt von Friedjung). Es hieß darin: „Das Bedürfnis und den hohen Wert freier zeitgemäßer Institutionen aus eigener Überzeugung erkennend, betreten Wir mit Zuversicht die Bahn, die Uns zu einer heilbringenden Umgestaltung und Verjüngung der Gesamtmonarchie führen soll. Auf den Grundlagen der wahren Freiheit, auf den Grundlagen der Gleichberechtigung aller Völker des Reiches und der Gleichheit aller Staatsbürger vor dem Gesetze, sowie der Teilnahme der Volksvertretung an der Gesetzgebung wird das Vaterland neu erstehen, in alter Größe, aber mit verjüngter Kraft, ein unerschütterlicher Bau in den Stürmen der Zeit, ein geräumiges Wohnhaus für die Stämme verschiedener Zunge, welche unter dem Zepter Unserer Väter ein brüderliches Band seit Jahrhunderten umfangen hält. Fest entschlossen, den Glanz der Krone ungetrübt und die Gesamtmonarchie ungeschmälert zu erhalten, aber bereit, Unsere Rechte mit den Vertretern Unserer Völker zu teilen, rechnen wir darauf, daß es mit Gottes Beistand und im Einverständnis mit den Völkern gelingen werde, alle Lande und Stämme der Monarchie zu einem großen Staatskörper zu vereinigen."

Das klang alles wunderbar, die Verfassung war enthalten, die Volksvertretung, die Gleichheit der Individuen und der Nationen, alles das, wofür die Revolution im März gekämpft hatte. Oder sagen wir bescheidener: alles das, womit damals sehr viele Menschen wirklich einverstanden waren. Aber man konnte, oder man mußte, darunter auch etwas anderes verstehen, und damit waren schon viel weniger Menschen einverstanden.

Die kaiserliche Proklamation war selbstverständlich als Propaganda gedacht; das wußten alle, die im Palais des Erzbischofs anwesend waren. Für diese Propaganda wurden bald auch andere Mittel eingesetzt. Leopold Kupelwieser, der beliebte und nicht unbegabte Maler des Wiener Biedermeier, fertigte eine Zeichnung von der großen Szene an. Auf dem Thron liegen die von Kaiser Rudolf II. aus dem 17. Jahrhundert stammende Krone (die seit 1804 kaiserliche Krone war) und das Zepter. Auf der rechten Seite des Thrones steht Feldmarschall Radetzky (Franz Joseph ist nun der fünfte Kaiser, dem er dient) und zeigt auf den Thron; auf der linken Seite Windischgrätz, die Rechte auf sein Schwert gestützt, um es im Geist der Zeit auszudrücken. Hinter ihm steht Jellačić, die rechte Hand ans Herz gelegt. Der junge Leutnant (so nannte man Franz Joseph schon seit Monaten) schreitet zum Thron, an seiner rechten Seite die Mutter, die ihn an der Hand führt, an seiner anderen Seite die bisherige Kaiserin, Maria Anna, die ihm den Weg zum Thron weist, falls etwa die Geste von Radetzky nicht klar und eindeutig genug wäre. Im Hintergrund sehen wir zwei nachdenklich blickende Männer in mittlerem Alter: Ferdinand und Franz Karl. Kupelwieser meinte die Zeichnung sehr ernst, er glaubte, so am stärksten auf die Betrachter zu wirken. Es interessierte ihn wenig, daß Radetzky bei der Zeremonie in Olmütz gar nicht anwesend war. Die Zeichnung verrät aber tatsächlich etwas von dem, was hier vor sich ging: die drei Heerführer, die den Thron sicherten, die aufopferungsvolle Mutter, die der Möglichkeit entsagt, selbst Kaiserin zu werden, nur damit der Sohn es werden kann, ihn aber weiterhin an der Hand führt, und schließlich die ehemalige Kaiserin (fast kommt man in Versuchung, von der Kaiserin-Witwe zu sprechen). Sophie war klug genug, die ungewollte Karikatur im Bild zu erkennen, und zürnte dem braven Kupelwieser sehr, der doch wirklich nur das Beste gewollt hatte.

Dort, wo mit der Kraft der Bajonette und Kanonen die Ordnung schon wiederhergestellt worden war, empfing man den Thronwechsel amtlich mit Freude, in Wahrheit mit

Gleichgültigkeit. Vielleicht gab es auch einige Hoffnungen, denn viele hatten sich doch über die Regierungsfähigkeit Ferdinands keine Illusionen mehr gemacht. Diejenigen aber, die solche hegten (und möglicherweise war das sogar die Mehrheit der gesamten Bevölkerung), konnten sich jetzt neuen Illusionen hingeben. Wo die Lage noch nicht konsolidiert war, kümmerte man sich nicht um den Thronwechsel oder lehnte ihn unter Berufung auf seine Verfassungsfeindlichkeit ab. Allerdings gab es im ungarischen Parlament schon eine Minderheit, die sich zu organisieren begann und bereit gewesen wäre, die Veränderung anzuerkennen. Die Mehrheit jedoch hielt Ferdinand V. nach wie vor für ihren gesetzlichen König. Kossuth vertrat — sehr weise — vor der Öffentlichkeit ebenfalls diesen Standpunkt, weniger mit Rücksicht auf die bäuerlichen Massen oder die ehrerbietigen städtischen Bürger als vielmehr mit Hinblick auf die führende politische Schicht. Die republikanische Minderheit aber durfte frei ihre Witze über die Ereignisse in der weit entfernten mährischen Stadt machen, Kossuth hinderte sie nicht daran.

Und die ermüdeten Revolutionäre? Sie wiesen die Veränderung zurück, so wie sie das ganze monarchistische System ablehnten. Aber sie konnten höchstens in der Emigration ihre Stimme frei erheben. Zu ihnen gehörte z. B. Bakunin, der Anfang Januar 1849 einen Aufruf an die Slawen erließ:

„Brüder!

Die entscheidende Stunde hat geschlagen. Jetzt müssen wir uns entweder offen und entschieden zu den Ruinen der alten Welt bekennen und sie noch eine gewisse Zeit lang stützen oder wir treten in die neue Welt ein, deren Licht uns bereits überflutet, die die Welt der zukünftigen Generation ist und der die kommenden Jahrhunderte gehören.

Die Welt ist in zwei Lager aufgespalten. Es gibt zwischen ihnen keinen Mittelweg...

Hier die Revolution — dort die Konterrevolution — das sind die Losungen. Zwischen diesen Gegensätzen muß sich jeder entscheiden, wir, Ihr, Brüder...

Was taten nun die Tyrannen? Sie sagten sich, der Aufstand der Slawen droht uns zu vernichten; suchen wir nach Mitteln, um diesen Aufstand der Slawen zu unseren Gunsten zu wenden! Welche können diese Mittel sein? Hetzen wir die Slawen auf die Deutschen und die Deutschen auf die Slawen [...]

Welche Aufgaben stellte sich die Verschwörung der Tyrannen?

Die Aufrechterhaltung Österreichs. Österreich ist das Zentrum des Kampfes.

Worauf muß also unser Wollen gerichtet sein?

Auf das Gegenteil von dem, was die Tyrannen wollen: die völlige Auflösung des österreichischen Kaiserreiches. Die Tyrannen hatten recht, als sie Österreich zum Mittelpunkt des Kampfes machten, denn so wie der russische Zarismus nach außen hin die Stütze der Despotie ist, so ist Österreich ihre systematische Verwirklichung im Herzen Europas; Österreich, das ist die versteinerte Ungerechtigkeit, der Felsen, an dem die Wellen der europäischen Freiheit immer gebrochen wurden. Darum haben wir recht, wenn wir im Namen der Freiheit die Desorganisierung und Vernichtung des österreichischen Kaiserreiches verlangen; denn die Vernichtung dieses Österreichs bedeutet für die in der österreichischen Einheit unterjochten Nationen ein Entkommen und eine Erhebung und für das Herz und das Zentrum Europas die Befreiung. Wer für Österreich ist, der ist gegen die Freiheit. Wir also, die wir für die Freiheit kämpfen, wir müssen gegen Österreich sein. Wir müssen das Verderben dieses Kaiserreichs beschleunigen.

Wie wird das geschehen?

Indem wir die jetzigen, umfangreichen Pläne des österreichischen Hofes vereiteln.

Wie werden wir diese Pläne kennenlernen?

Wir müssen beobachten, was die Diener Österreichs tun.

Wer ist der wichtigste Diener des Staates?

Windischgrätz.

Wohin ist er jetzt gegangen?

Nach Ungarn. Zuerst hat er Prag beschossen und die Freiheit vernichtet, dann hat er Wien beschossen und die Freiheit vernichtet, jetzt ist er auf dem Weg nach Ungarn, um dort die Freiheit zu vernichten.

Was müssen wir also tun?

Es ist klar, daß wir in Ungarn gegen Windischgrätz und für die Ungarn kämpfen müssen [...]

Slawische Nationen in Österreich, vereinigt Euch! Vereinigt Euch alle und knüpft einen heiligen Bund zur gemeinsamen Verteidigung und zum Widerstand! Keinen Bund unter dem Schutz der österreichischen Dynastie, sondern einen Bund gegen sie, einen Bund zur Vernichtung Österreichs, einen Bund zur Gründung einer Föderation, die bald alle slawischen Völker vereinigt. Seid alle, so wie es sich im goldenen Prag schon einmal ereignet hat, seid für uns alle, für Slawen des Nordens und für Slawen der Türkei, Vorläufer der Revolution, die uns alle mit ihren Sturmwolken befreit.

Dann wird sich das Slawentum wieder erheben und erneut aufblühen."

Als diese Zeilen erschienen, war der serbisch-ungarische Krieg in Südungarn mitten im Gange, im Nordwesten belagerten slowakische Freiwillige im Gefolge österreichischer Truppen die Burg Budatin, eine andere Gruppe stand in der Umgebung von Myjava. Und Palacký wies in der „Prager Zeitung" vom 26. Januar 1849 den Aufruf Bakunins an die Slawen und sein gegen Palacký geschriebenes Flugblatt zurück. Er kannte den Aufruf schon seit Weihnachten, hatte „ihn zwar nach Inhalt und Tendenz schlecht, aber durchaus nicht so wichtig und so gefährlich gefunden, daß es nothwendig gewesen wäre, meine Landsleute davor zu warnen". Bakunin verkündete die Zusammenarbeit mit den Deutschen und den Ungarn, obwohl er die Ungarn „die wüthenden Feinde unserer Race" nenne und sich die Auflösung Österreichs zum Ziele setze. Er berufe sich auch auf den Slawenkongreß, doch wer ihn beobachtet habe, erklärt Palacký weiter, könne klar sehen, „wie viel die durch jenen Congress ins Bewußtsein der slawischen Völker verpflanzten Ideen zur Erhaltung Oesterreichs als einer Großmacht in den kritischen Momenten des letzten Jahres beigetragen haben. Freilich hatten die Mitglieder des Slawencongresses schon damals, wie jetzt, ein neues, gerechtes, naturwüchsiges Oesterreich im Sinne, einen Bund freier und gleichberechtigter Völker unter einem erblichen, mächtigen Kaiser, aber keinen Herd des alten Absolutismus, kein Nest der Reaction, kein Eldorado der Bureaukratie." Die Wege der Liberalen und der Revolutionäre hatten sich schon lange getrennt, Palackýs vorsichtiges Eintreten für die Ordnung bildete nur einen neuen Beweis dafür.

Der Reichstag in Kremsier und die deutsche Frage

Nach dem Thronwechsel begann die Regierung, einige grundlegende Reformen vorzubereiten und arbeitete auch einen Verfassungsentwurf aus. Bei den Planungen spielte Stadion noch eine bedeutende Rolle, Schwarzenberg vertraute ihm die innenpolitischen Fragen an. Stadions Grundgedanke bestand darin, eine lokale Selbstverwaltung zu schaffen, und zwar auf drei Ebenen: in der Gemeinde, im Kreis und im Bezirk. Die einzelnen Teile des Reiches betrachtete er nur als Provinzen, an deren Spitze sollten seinem Plan gemäß Statthalter gestellt werden. Die verwaltungsmäßige Gliederung sollte unter Beibehaltung der bisherigen Grenzen erfolgen; dafür sprachen die historischen Traditionen. Der Wirkungsbereich der Statthalter sollte ziemlich genau vorgegeben werden. Der konstitutionelle Rahmen des politischen Lebens sollte durch die lokale Selbstverwaltung einerseits und das Parlament des Gesamtreiches andererseits ausgefüllt werden. Seine Vorstellungen von der lokalen Selbstverwaltung wurden durch ein Gesetz vom 17. März realisiert. Im Verhältnis zu allen damals bekannten Systemen auf dem Kontinent wurde den lokalen gewählten Organen sehr viel mehr Verwaltungskompetenz übertragen; freilich wurde damit auch die demokratische Macht zersplittert. In diesen Organen war den besitzenden Schichten das Übergewicht gesichert. Den institutionellen aristokratischen Einfluß wollte Stadion überall beseitigen; er war der erste österreichische Innenminister, der an die Spitze einer Provinz einen Statthalter bürgerlicher Herkunft stellte. In bezug auf die wirtschaftlichen Fragen des Reiches arbeitete Bruck Pläne aus, nach denen die noch bestehende Zollgrenze zwischen Österreich und Ungarn aufgehoben und damit die gesamte Monarchie zu einem einheitlichen Zollgebiet zusammengefaßt werden sollte. Das erschien im Interesse der wirtschaftlichen Entwicklung notwendig. Seine langfristigen Pläne sahen vor, diese große wirtschaftliche Einheit mit den anderen deutschen Staaten oder einem einheitlichen Deutschland in einem Zollbündnis zu verwirklichen.

Den Verfassungsentwurf mußte man aber zunächst Windischgrätz vorlegen. Bruck selbst brachte ihn nach Ofen, wo Windischgrätz im Verlaufe seines ungarischen Feldzuges eben sein Hauptquartier aufgeschlagen hatte. Der Feldmarschall war ein überzeugter Anhänger des aristokratisch-föderalistischen Systems aus der Zeit vor 1848 und schreckte vor allen Veränderungen bürgerlichen Charakters zurück; natürlich lehnte er daher den Verfassungsentwurf ab. Es schien, als sei dies das letzte Wort; Stadion, Bach, wahrscheinlich auch Krauß und Thinnfeld reichten ihren Rücktritt ein. Schwarzenberg aber, vor allem aus außenpolitischen Erwägungen und im Hinblick auf die Deutschen, stellte sich hinter seine Minister und veranlaßte sie, ihre Rücktrittsgesuche zurückzunehmen. Bach verfaßte außerdem eine besondere Denkschrift für Windischgrätz, in der er ihn davon zu überzeugen suchte, daß die Begünstigung der Aristokratie wie überhaupt des ganzen Adels „das Vorwiegen des separatistischen und nationalen Elements" vorantreiben würde. Windischgrätz beugte sich schließlich. Sein Wirken in Ungarn war, wie wir sehen werden, nicht so erfolgreich, wie er sich das vorgestellt hatte, und das schwächte seine noch vor einigen Wochen für unerschütterlich gehaltene Position.

Die meisten Minister hielten sich bereits in Wien auf und leiteten von dort ihre Ressorts. Von Zeit zu Zeit erschienen sie in Olmütz, um dem Herrscher Bericht zu erstatten. Sehr selten gingen sie sogar nach Kremsier, um den Abgeordneten des Reichstags Anfragen zu beantworten. Der Reichstag nämlich, der von der durch die Regierung vorbereiteten Verfassung nichts wußte, verhandelte unermüdlich weiter, die Kommissionen berieten Tag für Tag, der Verfassungsausschuß setzte seine Arbeit in den beiden Unterausschüssen fort, die fertigen Abschnitte wurden auch im Reichstag diskutiert. Die Vorbereitung einer neuen österreichischen Verfassung war die wichtigste Aufgabe des Reichstags, denn er war ja vor gut einem halben Jahr gerade als verfassunggebende Körperschaft einberufen worden.

Eines der Probleme bildete die Fassung der Grundrechte. Der Entwurf behandelte auch das Verhältnis zwischen dem Herrscher und der gewählten gesetzgebenden Körperschaft. Die bekannten liberalen Freiheitsrechte, die — wenigstens formal — in keiner einzigen Verfassung dieser Zeit fehlen durften, wurden in den Entwurf aufgenommen. Die Mitglieder des Unterausschusses schöpften ihre Einfälle für die Ausarbeitung der Paragraphen aus dem Studium der ausländischen Verfassungen; so war es für sie selbstverständlich, daß es in der Präambel zur Verfassung heißen sollte: Alle Souveränität geht vom Volke aus (so wurden auch andere Verfassungen eingeleitet). Als aber am 4. Januar 1849 auf der gemeinsamen Sitzung des Reichstags die Diskussion über die Formulierung der Grundrechte eröffnet werden sollte, stand Innenminister Stadion sofort auf und erklärte, daß diese Formulierung selbstverständlich unannehmbar sei, da die Quelle der Souveränität und der Macht in Österreich nicht das Volk, sondern die erbliche Monarchie sei. Stadions Erklärung löste einen großen Sturm aus. Am Ende gaben die Abgeordneten aber nach, und der beanstandete Paragraph wurde gestrichen. Gegen die übrigen Punkte der Grundrechte erhob die Regierung keine Einwände. So wurde neben den persönlichen Rechten auch in den Entwurf aufgenommen, daß der Herrscher gegen die vom Parlament beschlossenen Gesetze nur ein aufschiebendes, aber kein absolutes Vetorecht besitze. Die adeligen Titel wurden im Entwurf gestrichen, neue Adelsverleihungen verboten. Auf außenpolitischem Gebiet war für den Herrscher eine fast unumschränkte Macht gesichert, er konnte in der Frage Krieg oder Frieden entscheiden, ihm war es vorbehalten, Verträge mit anderen Staaten zu schließen, und nur diejenigen Abkommen mußten nachträglich dem Reichstag zur Bestätigung vorgelegt werden, die finanzielle oder andere Verpflichtungen für die Staatsbürger mit sich brachten.

Der Entwurf sah vor, daß die Minister vom Monarchen ernannt und entlassen werden sollten, d. h. die Minister mußten nicht die Mehrheit des Parlaments repräsentieren (worin sich deutlich der Unterschied zwischen konstitutioneller und parlamentarischer Monarchie zeigte). Die Minister waren aber nicht nur dem Kaiser, sondern auch dem Parlament gegenüber verantwortlich. Der Herrscher konnte den Reichstag höchstens auf einen Monat vertagen, er konnte ihn auch vorzeitig auflösen, mußte ihn aber in diesem Fall innerhalb von drei Monaten erneut zusammenrufen. Die katholische Kirche hörte auf Staatskirche zu sein, die bürgerliche Ehe sollte eingeführt werden.

Das komplizierteste Problem war natürlich die Frage nach dem Verhältnis von Reich und Nationen, jenen Nationen, die — wie wir schon gesehen haben — in ihrer großen Mehrheit zum Reich standen, aber zu einem Reich, das ihre Gleichberechtigung sicherte. Aber was bedeutete eigentlich Gleichberechtigung in der Praxis? Zu Beginn waren die nationalen Bewegungen in erster Linie Sprachbewegungen gewesen — einzelne waren es bis zu diesem Zeitpunkt geblieben. Deutlichstes Zeichen der Gleichberechtigung konnte also der Sprachgebrauch sein, darin zeigte sich das Recht der Nationalität, da die individuellen Freiheitsrechte jedem Individuum schon durch die vorangegangenen Paragraphen zugesichert worden waren. Der erste Entwurf sprach sich zunächst für die Gleichberechtigung im sogenannten äußeren Sprachgebrauch, also im Verkehr zwischen Behörden und Staatsbürgern aus. Der Sprachgebrauch innerhalb der Behörden war damit nicht berührt; die Behördensprache hätte offensichtlich das Deutsche bleiben sollen. Das wurde vom Reichstag verworfen. Schließlich wurde der Text durch eine Erweiterung des Textes der Verfassung vom 25. April in dem Sinne verändert, daß jetzt nicht mehr einfach die Gleichberechtigung der Sprachen, sondern der „Volksstämme" (der Nationen) ausgesprochen wurde. Ferner wurde zum Grundsatz erhoben, daß es das unveräußerliche Recht jeder Nation sein sollte, ihre Nationalität zu bewahren und zu entwickeln, im allgemeinen wie in ihrer Sprache im besonderen. Der Staat solle die Gleichberechtigung der „landesüblichen" (also der am jeweiligen Ort gebräuchlichen) Sprache in der Schule, in der Verwaltung, im öffentlichen Leben sichern. (Der „innere", zwischenbehördliche Sprachgebrauch war auch durch diese Formulierung nicht betroffen.)

Dieser Grundsatz warf aber weitere Probleme auf. Was sollte geschehen, wenn an einem Ort mehrere Sprachen „landesüblich" waren, wie waren also die Verwaltungseinheiten zu gliedern, damit die einzelnen Sprachgebiete präzise voneinander getrennt werden konnten? Daraus ergab sich eine weitere Frage: Wurde die Gültigkeit der Verfassung auf das ganze Reich ausgedehnt, also auch auf die Länder der Stephanskrone und die beiden italienischen Provinzen, oder sollte sie auf die Gebiete beschränkt werden, die ihre Abgeordneten in den Reichstag gewählt hatten? Und sollten im letzteren Fall die bisherigen Grenzen der Provinzen beibehalten oder den ethnischen Grenzen entsprechend radikal verändert werden? (Nur wenige waren sich klar darüber, daß das völlig konsequent überhaupt nicht durchführbar war, weil die ethnischen Grenzen gar nicht eindeutig gezogen werden konnten.)

Offensichtlich konnte für die kleineren Nationen nur der letztere Weg eine ihren Forderungen entsprechende Lösung darstellen. Die Slowenen im Reichstag wollten natürlich ein einheitliches Slowenien, die Ukrainer bestanden auf der Verwirklichung der Zweiteilung Galiziens, und so weiter. Palacký arbeitete einen Plan aus, der anstelle der historischen Provinzen die Aufteilung Österreichs in nationale Einheiten vorsah, und zwar im gesamten österreichischen Gebiet, einschließlich der italienischen und ungarischen Landesteile. Er war nun auch bereit, auf die staatsrechtliche Einheit Böhmens zu verzichten (noch vor einigen Monaten war er ein begeisterter Anhänger dieser Einheit gewesen); die tschechisch-deutschen Gegensätze waren ihm eine Lehre gewesen. Für seinen Verzicht auf die böhmischen und mährischen Deutschen wollte er im Gegenzug den Zusammenschluß mit den Slowaken erreichen. Darum war für ihn die Einbeziehung ganz Österreichs eine Grundfrage. Palackýs Plan unterschied acht verschiedene „nationale" Gebiete Österreichs. In das deutsche gehörten seinem Plan nach Nieder- und Oberösterreich, Nordtirol, Nordsteiermark, Nordkrain, Salzburg, Vorarlberg und die von Deutschen bewohnten Gebiete Böhmens, Mährens und Schlesiens. In das tschechische sollten die tschechischen Gebiete der drei zuletzt genannten Länder und die Slowakei (also Nordungarn) gehören; in das polnische Galizien, die Nordbukowina und die nordöstlichen Bezirke Ungarns; in das illyrische die Südsteiermark, Südkrain, Kärnten und das Küstengebiet; in das italienische die Lombardei, Venetien und Südtirol; in das südslawische Dalmatien, Kroatien, Slawonien und Südungarn (das war die bereits existierende Wojwodschaft Serbien); in das ungarische Ungarn und die von Ungarn bewohnten Gebiete Siebenbürgens; schließlich in das rumänische die von Rumänen bewohnten Gebiete Ungarns, Siebenbürgens und der Bukowina.

Es mag gestattet sein, gewissermaßen in Klammern noch hinzuzufügen, daß Palackýs Plan die Ukrainer einfach nicht zur Kenntnis nahm (die Karpato-Ukrainer schlug er den Polen zu), er dachte auch überhaupt nicht an die Deutschen in Ungarn. Die Sachsen in Siebenbürgen wären schwerlich mit seinem Plan zufrieden gewesen, ganz zu schweigen davon, daß die Vorstellungen Palackýs hinsichtlich der tatsächlichen neuen Grenzen noch gar nicht ausgearbeitet waren. Er selbst bekannte auf einer der Sitzungen: „Ich bin keineswegs gegen die Trennung Deutschböhmens und Tschechens; wäre diese nur praktisch möglich, dann würde ich sie vorschlagen. Böhmen ist ein Kesselland, einen Kessel aber kann man, ohne ihn zu vernichten, nicht teilen." Worauf jemand respektlos dazwischen rief: „Wohl aber flicken."

Palackýs Plan wurde nicht angenommen. Die Diskussionen verliefen sehr heftig, die Polen behaupteten wieder, daß die Nation der Ukrainer nur von der Regierung erfunden worden wäre. Schließlich nahm die Mehrheit des Unterausschusses den Plan des Deutschen

Cajetan Mayer aus Schlesien an, der Ungarn und die italienischen Provinzen unberücksichtigt ließ. Er blieb bei den historischen Staatsgrenzen, sah aber innerhalb der einzelnen Länder und Provinzen Gebiete (Kreise) vor, mit denen er den nationalen Minderheiten entgegenkommen wollte. Dieses Prinzip übernahm schließlich später auch Palacký; in seiner Rede vom 23. Januar hatte er aber noch den ursprünglichen Plan unterbreitet. Bei dieser Gelegenheit brachte er seine prinzipiellen Motive zum Ausdruck:

„Bisher wurde nur im Interesse der einzelnen Provinzen gesprochen; ich will nun im Interesse der Gesamtheit sprechen. Man hat die Trennung aus historischen Gründen gefordert; erlauben Sie mir, daß ich als Historiker für die Vereinigung spreche. — Es geht eine Kraft durch die Welt, man nennt sie den Weltgeist. In der historischen Entwicklung unserer Zeit tauchte ein Prinzip auf, welches vor wenigen Jahren in die Geschichte Österreichs eintrat, es ist die Gleichberechtigung der Nationalitäten; selbe wurde bis zum Jahre 1848 theoretisch und praktisch geleugnet. Mit diesem Prinzip ist die Emanzipation der Slawen und Wallachen in Österreich ausgesprochen. Sie ist jedoch noch nicht durchgeführt. Wir müssen Österreich so konstruieren, daß die Völker gerne in Österreich existieren, das sei uns die leitende Idee."

Der Plan, der schließlich angenommen wurde, schloß die ungarischen und italienischen Provinzen aus und verkündete die Aufrechterhaltung der bisherigen historischen Gliederung, gleichzeitig aber auch die Einrichtung von sogenannten Kreisen. Galizien wurde in 10, Böhmen in 9, Mähren in 4, Niederösterreich in 3, Tirol ebenfalls in 3, die Steiermark in 2 Kreise eingeteilt (die übrigen Provinzen bildeten als Ganzes je einen Kreis). Die Gliederung erfolgte nach dem Prinzip, daß die Grenzen der Kreise in erster Linie im Hinblick auf die Nationalitäten festgelegt werden sollten.

Unter den gegebenen Umständen, da die Festlegung genauer ethnischer Grenzen eine Unmöglichkeit darstellte, hätte dieser Plan wirklich eine verhältnismäßig sinnvolle und befriedigende Lösung sein können. Es stellte sich nur die Frage, wie sich Platz und Rolle der zentralen Macht und der einzelnen Länder, Provinzen und Kreise in der Gesetzgebung gestalten sollten. Nach langer Diskussion kam auch darüber eine Einigung zustande. Das zentrale Parlament sollte danach aus zwei Häusern bestehen; in das Oberhaus sollten die einzelnen Provinzen je 6 Mitglieder entsenden, aber auch jeder Kreis je 1 Mitglied, was bis zu einem gewissen Grade ausgeglichen hätte, daß das Gebiet und die Bevölkerungszahl der einzelnen Provinzen sehr unterschiedlich waren. Die 360 Mitglieder des Unterhauses sollten aufgrund des direkten Wahlrechts gewählt werden. Wahlberechtigt war jeder, der jährlich wenigstens 6 Gulden direkte Steuern zahlte; das bedeutete einen ziemlich niedrigen Wahlzensus. Darüber hinaus hätte jedes „Land" seinen eigenen Landtag gehabt. Die Grenzen der Zuständigkeit zwischen dem zentralen Parlament und den Landtagen wurden nur in Umrissen festgelegt, den einzelnen Landtagen wurde eine große Selbständigkeit zugesichert, ja, es wurde sogar verlautbart, daß die Statthalter der Provinzen den Landtagen in bezug auf die im Landtag eingebrachten Gesetze ebenso verantwortlich seien wie die Minister dem zentralen Parlament. Palacký wollte den gesamten Bereich des Justizwesens und der Verwaltung dem Wirkungsbereich der Landtage zuweisen, dieser Vorschlag wurde jedoch von der Mehrheit abgelehnt. Rieger wollte den Tätigkeitsbereich der Landtage um die Kompetenzen des Unterhauses erweitern, so daß im zentralen Parlament nur das ursprüngliche Oberhaus erhalten geblieben wäre.

Das Verfassungswerk von Kremsier, das niemals in Kraft gesetzt wurde (dieses Schicksal teilte es 1848 mit anderen Verfassungen), wurde später von vielen als jene Möglichkeit betrachtet, wo es den Völkern in Abwesenheit der Vertreter des hohen Klerus und der

Aristokratie hätte gelingen können, sich zu einigen. Manchmal wird die Auffassung vertreten, daß dies die letzte geschichtliche Möglichkeit war, die Probleme des Reiches einer dauerhaften Lösung zuzuführen. Es gibt aber auch die gleichfalls nicht unbegründete Ansicht, daß es schwer wäre, hier von einer Übereinstimmung der Völker zu sprechen; schließlich hatten sie Wochen und Monate hindurch erbittert miteinander diskutiert. Das ist zweifellos wahr, aber es ist auch wahr, daß nach dem radikalen und revolutionären Ansatz vom Oktober in Wien dies der zweite, liberale und konstitutionelle Versuch war, das österreichische Staats- und Reichsproblem zu lösen, um auf den Titel des grundlegenden Buches von Josef Redlich hinzuweisen. Ein liberaler, reformerischer und zweifellos nicht revolutionärer Versuch, aber ein Versuch, der das ganz spezielle, brennendste Problem Österreichs, die nationale Frage, auf verhältnismäßig akzeptable Weise zu lösen versuchte. Wien war revolutionär gewesen, aber im großdeutschen Taumel der Oktobertrage war man über Allgemeinheiten nicht hinausgekommen.

Den dritten Lösungsversuch unternahm die Regierung mit ihrem eigenen Verfassungsentwurf. Der Reichstag diskutierte noch lebhaft die einzelnen Punkte seines Entwurfs, genaue und unmißverständliche Begriffe oder Formulierungen, die mehrere Deutungen zuließen, als die Regierung am 20. Januar bereits beschloß, dem ganzen Reichstag ein Ende zu machen. Schwarzenberg hatte ohnehin bis jetzt nur schwer verheimlichen können, wie sehr er diese Institution von Volksvertretern verachtete, die zusammen nicht so klug waren wie er allein. Es war ihm sehr schwergefallen, sich mit einem entschlossenen Auftreten zu gedulden, weil es in zwei Fragen noch abzuwarten galt.

Die erste Frage betraf Frankfurt. Die Rede Schwarzenbergs vom 27. November war von der Frankfurter Mehrheit positiv aufgenommen worden, was gleichzeitig bedeutete, daß diese Mehrheit bereits immer stärker einer kleindeutschen Lösung zuneigte. Heinrich von Gagern, der für eine kleindeutsche Lösung eintrat, legte am 16. Dezember sein Amt als Präsident der Nationalversammlung nieder, um anstelle von Schmerling den Posten des Ministerpräsidenten („Vorsitzender des Reichsministeriums") übernehmen zu können. Zwei Tage später bat er bereits die Nationalversammlung um eine Bevollmächtigung für Verhandlungen mit Österreich als einer äußeren Macht. Selbst Arndt wandte sich nun gegen eine großdeutsche Lösung, die Österreich eingeschlossen hätte. Nur die linken Republikaner bestanden auch weiterhin auf einer eindeutig großdeutschen Lösung, wenn sie sich auch schon im klaren darüber waren, daß dieses Ziel nur mit einer republikanischen Staatsform verwirklicht werden konnte. Aber war es realisierbar?

Gagern hatte einmal darauf verwiesen, daß es unter den österreichischen Delegierten in Frankfurt keine drei gebe, die darin übereinstimmten, wie die deutsche und die österreichische Frage befriedigend gelöst werden könnten. Darum sei die kleindeutsche Einheit die einzige Lösung. Dies wiederum wollte die österreichische Regierung vorläufig nicht akzeptieren. Eine großdeutsche Einheit mit Halbösterreich, das war unannehmbar, aber eine kleindeutsche Einheit unter preußischer Führung — und innerhalb einer kleindeutschen Einheit war das die einzige Alternative — ebenso, dann schon lieber Krieg! Schwarzenberg wandte sich am 27. Dezember in einer Note an die Nationalversammlung. In dieser erklärte er, daß Österreich auf seine historischen Rechte in der deutschen Frage nicht verzichten könne. Er schickte Schmerling, den er übrigens persönlich nicht leiden konnte, jetzt als österreichischen Bevollmächtigten wieder zurück nach Frankfurt.

Der preußische König, Friedrich Wilhelm IV., hatte nicht nur unmittelbar, nachdem Franz Joseph den Thron bestiegen hatte, eine Begrüßungsdelegation gesandt, sondern sich auch gleichzeitig mit einer persönlichen Botschaft an die österreichische Regierung gewandt und sie aufgefordert, Verhandlungen über die Lösung der deutschen Frage zu beginnen; dem Kaiser versicherte er, daß er nicht die alleinige Führung anstrebe, sondern in der deutschen Frage das Einverständnis Österreichs wünsche. Auch Friedrich Wilhelm IV. nahm die konstitutionellen Einschränkungen seines Königtums nicht sehr ernst. Seine Regierung bemühte sich gerade, durch eine kleindeutsche Lösung Preußen an die Spitze eines einheitlichen deutschen Staates zu stellen; Österreich ermutigte er allerdings zum Gegenteil: Es möge nicht aus dem Bund austreten.

Schwarzenberg antwortete dem König am 13. Dezember, aber er bewegte sich in Gemeinplätzen: Man brauche keinen Bundesstaat zur Lösung der deutschen Einheit, sondern nur einen Staatenbund, aber mit einer starken zentralen Gewalt. Die ganze deutsche Frage müsse man im Einverständnis mit den übrigen deutschen Herrschern lösen und jeden Aufstandsversuch unterdrücken. Das war die reinste Metternichsche Diplomatie, aber zu einer Zeit, als schon überall wenigstens dem Prinzip nach verfassungsmäßige Regierungen im Amt waren.

Die geheimen Verhandlungen wurden intensiv fortgesetzt. Der preußische König bot durch seinen persönlichen Beauftragten Franz Joseph sogar schon die römisch-deutsche Kaiserkrone an; er selbst wolle der Erzfeldherr des Reiches sein (als Protestant betete er geradezu das mittelalterliche Reich an und dachte gern in seinen Begriffen). Mit den übrigen vier deutschen Königen zusammen hätten sie an der Spitze eines in sechs Teile gegliederten deutschen Staates stehen sollen; Graf Brühl, sein persönlicher Beauftragter, hatte sogar schon den Einfall gehabt, diese Gebiete, an deren Spitze jeweils ein König stehen sollte, Wehrherzogtümer zu nennen (das fand auch er sehr mittelalterlich). Inzwischen war aber am 21. Dezember in Wien eine Note des preußischen Außenministers übergeben worden, aus der klar hervorging, daß die Regierung sich gegen die königlichen Pläne stellte; Schwarzenberg setzte den Briefwechsel daher lieber mit König Friedrich Wilhelm fort.

Nach der österreichischen Note vom 27. Dezember wurde auch Frankfurt aktiver. Man sandte sofort eine Delegation mit auf den üblichen Grundprinzipien aufgebauten Vorschlägen nach Olmütz: kleindeutsche Lösung, die zentrale deutsche Regierung hält nur das Äußere, die Kriegs- und Handelsfragen in ihren Händen, alles andere gehört auch weiterhin in den Zuständigkeitsbereich der einzelnen deutschen Staaten. Und dieses (von oben) locker gefügte, einheitliche Deutschland sollte einen Bund mit Österreich knüpfen, der durch eine Unionsregierung mit Sitz in Wien regiert würde. Diesen Plan hingegen wies man in Olmütz zurück. Auf den deutschen Verfassungsentwurf gab die österreichische Regierung nicht einmal eine Antwort. Schwarzenberg hüllte sich in Schweigen, obwohl Schmerling fortwährend drängte, etwas im Interesse der österreichischen Führungsrolle zu tun. Die Großdeutschen arbeiteten inzwischen einen neuen Verfassungsentwurf aus, der vorsah, daß an die Spitze eines großdeutschen einheitlichen Staates ein siebenköpfiges Direktorium treten sollte, mit einem Reichsstatthalter, den Preußen und Österreich abwechselnd einsetzen würden. Diesen Plan überbrachte eine neue Frankfurter Delegation dem Kaiser in Olmütz und der Regierung in Wien. Aus der Zeitung erfuhr sie von der geplanten neuen Verfassung Österreichs.

Schwarzenberg allerdings mußte außer Frankfurt noch einem zweiten Problem seine Aufmerksamkeit schenken, bevor er gegen den Reichstag in Kremsier vorgehen konnte: Ungarn. Dort sah es Ende Februar so aus, als ob die Wende schon eingetreten wäre und es Windischgrätz gelingen würde, die Rebellen in die Knie zu zwingen.

Noch einmal Ungarn

Wir haben Ungarn nach dem Fall von Wien verlassen, als von allen Seiten der Angriff gegen die ungarische Regierung begann. Am 6. Dezember drang Schlick von Galizien her ein und besetzte sehr rasch auch Kaschau. Eine Woche darauf, am 13. Dezember, fand es auch Windischgrätz endlich an der Zeit, den Angriff zu beginnen (es konnte ohnehin nur noch von einem Gnadenstoß die Rede sein); mit 40 000 bis 45 000 Mann setzte er sich in Richtung Pest in Bewegung. Görgey zog sich mit seinen 25 000 Mann langsam zurück. Er war nicht bereit, sich mit der Übermacht in eine entscheidende Schlacht einzulassen, obendrein verfügte Windischgrätz über wesentlich erfahrenere Truppen.

Kossuth versuchte erneut, Schritte einzuleiten, um die Kampfbereitschaft der Honvéd-armee zu erhöhen. So erließ er eine Verordnung, wonach die Angehörigen von Gefallenen oder Kriegsinvaliden 1000 Gulden oder 10 Joch Land (etwa 4 Hektar) erhalten sollten (mit der Durchführung eilte es nicht, es kam nur auf die Wirkung der Verordnung an). Windischgrätz näherte sich mit seiner Armee aber bereits Pest. Im Parlament bekam die Friedenspartei immer mehr Anhänger. Sie drängte auf eine Art Übereinkommen mit der österreichischen Regierung, da sie eine militärische Konfrontation letzten Endes für hoffnungslos hielt. Natürlich sollte ein solches Übereinkommen die Sonderstellung Ungarns innerhalb des Reiches nicht gefährden und auch alle übrigen revolutionären Errungenschaften erhalten. Als man sich Ende Dezember entscheiden mußte, was geschehen sollte, da Pest in Kürze in die Hand der kaiserlichen Truppen zu fallen drohte, schlug die Friedenspartei vor, daß die Regierung nach Debreczin gehen, das Parlament aber in Pest bleiben sollte. Die Sitzungen fanden zu dieser Zeit im Gebäude der Redoute in Pest statt. Rings um das Haus versammelten sich viele Menschen und warteten auf Nachrichten; ihr Verhalten wirkte bedrohlich. Die Friedenspartei neigte deshalb schließlich einem Kompromiß zu: Das Parlament sollte gemeinsam mit der Regierung nach Debreczin gehen, vorher aber eine Delegation zu Windischgrätz zu schicken, um vielleicht doch eine friedliche Einigung zustande zu bringen, auch wenn man einzelne Institutionen der Sonderstellung aufgeben müßte (wozu Batthyány schon im September bereit gewesen war). Die Delegation, der auch Batthyány und Deák angehörten, begab sich tatsächlich zum Feldmarschall, dessen Antwort aber kurz und bündig lautete, mit Rebellen verhandle er nicht. Er wollte also eine völlige Kapitulation, die völlige Aufgabe aller bisher erreichten Ergebnisse. Darauf konnten selbst die engagiertesten Anhänger der Friedenspartei nicht eingehen, aus prinzipiellen Gründen nicht. (Übrigens wurde Batthyány einige Tage später verhaftet.)

Wenn die militärische Situation im Westen Ungarns auch ziemlich deprimierend war, so kamen aus Siebenbürgen doch sehr ermutigende Nachrichten. Bem hatte dort den Oberbefehl über die Honvédeinheiten übernommen. Am 20. Dezember war er von Frauenbach aufgebrochen, am 25. hatte er Klausenburg eingenommen, und Ende des Monats marschierte er schon Richtung Thorenburg und Bistritz.

Nach der Antwort, die Windischgrätz gegeben hatte, gab es keine andere Möglichkeit, als den Kampf fortzusetzen. Am 2. Januar wurde in Pest ein Kriegsrat abgehalten, der entschied, daß Görgey mit seinen Truppen am linken Donauufer in Richtung Komorn vorstoßen solle, das sich bis jetzt noch halten konnte. Perczel sollte sich mit seiner 10 000 Mann starken Truppe an der Theiß verteidigen und Debreczin sichern. Der Landesverteidigungsausschuß und das Parlament brachen am 1. Januar nach Osten auf, bis Szolnok mit dem Zug. Kossuth nahm die Krone, die Reichsinsignien und die Ausrüstung der

Notenbank mit sowie alles, was von den Pester Waffenfabriken irgend beweglich war. Am 4. Januar zog sich auch die Armee aus der Hauptstadt zurück, und zwei Tage später zogen die kaiserlichen Truppen ein. Windischgrätz schlug sein Hauptquartier in Ofen auf, in der Annahme, der Kriegszug nach Ungarn hätte mit der Einnahme der Hauptstadt sein Ende gefunden; schließlich hatte er in Prag und in Wien diese Erfahrungen gemacht. Im Winter konnte man ohnehin keinen Krieg führen.

Diese Ansicht wurde aber durch die militärischen Operationen Bems widerlegt, der Urban mit seinen Truppen aus Siebenbürgen vertrieb; dieser floh in die Bukowina. Am 15. Januar besiegte Bem bei Gálfalva eine andere, größere österreichische Armee unter Puchner und versuchte auch, Hermannstadt einzunehmen, was ihm aber nicht gelang. Ohne von höheren Instanzen bevollmächtigt zu sein, bat Puchner die russischen Truppen, die seit September 1848 die Walachei besetzt hielten, um Unterstützung, die er auch erhielt. Daraufhin zog sich Bem zurück, errang aber am 9. Februar bei Piski erneut einen großen Sieg. Der größere Teil Siebenbürgens war damit in der Hand der ungarischen Honvéd-armee. Bem besaß auch ein feines Gespür dafür, daß nach dem blutigen Bürgerkrieg vor einigen Monaten nun auch etwas zur Befriedung des Hinterlandes getan werden mußte. Mit seinen Verordnungen versuchte er, die Wunden der Rumänen und Sachsen zu heilen, gleichzeitig aber dafür zu sorgen, daß die Ungarn sich nicht von der Revolution abkehrten. Das war eine außerordentlich schwierige und heikle Aufgabe, aber Bem ging mit geradezu schlafwandlerischer Sicherheit seinen Weg zwischen den einander widersprechenden Ansprüchen. Für die aufständischen Rumänen verkündete er eine Amnestie, und er gewährte ihnen sogar nationale Rechte, z. B. den freien Gebrauch der Sprache; um die Bevölkerung zu gewinnen, ließ er auch den Salzpreis herabsetzen. Aber er konnte nicht verhindern, daß die Grundherren wieder Frondienste von den rumänischen Bauern forderten und sie auch auf andere Weise schikanierten. Dagegen begann er die Ansiedlung von Széklern anstelle rumänischer Grenzsoldaten; damit sollten zuverlässige Truppen an der Südgrenze Siebenbürgens stationiert werden.

Die fortschrittlichen Maßnahmen Bems wurden nicht immer sofort wirksam. Am 20. Februar wandte er sich daher von Mediasch aus mit folgender Proklamation an die Bevölkerung von Siebenbürgen: „Mit wahrem Schmerz habe ich ersehen, daß meine an die Bevölkerung Siebenbürgens gerichteten mehrfachen Proclamationen, in welchen ich Vergessenheit des Geschehenen versprach, wenn sich die widerstrebenden Völker der ungarischen Regierung unterwerfen und ihre Waffen abliefern würden, noch an vielen Orten wirkungslos geblieben sind. Ja ich habe sogar hie und da die Feindseligkeiten, die in nationale Erbitterung ausgeartet sind, sich zur größten Grausamkeit und unzubeseitigenden Verheerungswuth steigern gesehen.

Ich will daher noch zum letzten Male allen Jenen Vergessenheit des Geschehenen, d. i. eine vollkommene Amnestie für alle Vergehen, die sie sich gegenüber der ungarischen Regierung zu Schuld kommen liessen, angedeihen lassen, wenn sie ihre Waffen ausliefern, und die ungarische Regierung anerkennen. Den Civil-Beamten und Militär-Officieren aber garantiere ich ihre Charge, wenn sie sich den Anordnungen der ungarischen Regierung fügen wollen."

Die ungarische Regierung richtete sich in Debrezin, östlich der Theiß-Linie, ein, Kossuth vollbrachte wieder Wunder an Organisationstalent. Finanzminister Ferenc Duschek hatte die Bestände an Edelmetall in Pest zurückgelassen, weshalb Kossuth neues Papiergeld drucken ließ. Der Mangel an kleineren Noten verursachte dennoch Schwierigkeiten, auch die Versorgung der Armee geriet ins Stocken, aber es gelang Kossuth mit bewunderungswürdiger Energie, alle Schwierigkeiten früher oder später zu überwinden. Die Selbstsicherheit von Windischgrätz ließ ihm relativ viel Zeit, um Atem zu schöpfen, und er nutzte diese Zeit restlos aus.

Am besten gelang es, mit den wirtschaftlichen Schwierigkeiten fertig zu werden. Schlechter stand es mit der Unzufriedenheit der Bauern — breite Schichten waren nicht in den Genuß der Ergebnisse der Bauernbefreiung gekommen. Immer wieder kam es vor, daß sie sich mit Beginn der Frühjahrsarbeiten Boden von Großgrundbesitzern aneigneten. Auch die politischen Schwierigkeiten waren nicht gering. Von den Abgeordneten des Unterhauses erschien bis Ende März nur etwa ein Viertel in Debreczin, die anderen meldeten sich krank oder blieben einfach fern. Von den 801 Mitgliedern des Oberhauses waren insgesamt nur 28 anwesend. Die politische Führungsschicht wandte sich in wachsender Zahl von der Revolution ab und wurde als „Vaterlandsverräter" von der Regierung für gesetzlos erklärt. In den ersten Wochen machte die Linke fast die Mehrheit in Debreczin aus; sie forderte, diejenigen vor Sondergerichte zu stellen, die mit dem Feind zusammenarbeiteten, und die Abgeordneten, die bis zum 10. Februar nicht in Debreczin erschienen waren, ihrer Mandate für verlustig zu erklären. Nachdem sich die Friedenspartei eingeschaltet hatte, wurde die Aufhebung der Mandate bis Ende März verschoben. Zu diesem Zeitpunkt waren drei Viertel der Abgeordneten in Debreczin eingetroffen und erreichten, daß das Gesetz über die Sondergerichte aufgehoben wurde. Im Prinzip hing es von den lokalen Behörden ab, was man als begründeten Fall betrachten konnte, jemanden gerichtlich zu verfolgen.

Auch mit der Armee gab es Schwierigkeiten, besser gesagt mit Görgey und dem höheren Offizierskorps, das sich aus ehemaligen kaiserlichen Offizieren und Adeligen, die mit der Friedenspartei sympathisierten, zusammensetzte und gemeinsam mit Görgey die Politik eben dieser Friedenspartei zu verwirklichen suchte. Görgey hielt sich zunächst auch nicht an den Befehl des Kriegsrates und stieß mit seinen Truppen nicht nach Westen, sondern nach Norden vor. Am 5. Januar erließ er in Waitzen eine Proklamation, in der er erklärte, er kämpfe nur für die Einhaltung der Aprilgesetze, entsprechend den Weisungen des Kriegsministers. Er verurteilte die „Aufwiegler", die eine Republik verlangten, d. h. die linken Radikalen. Er wolle nur solange kämpfen, bis es gelänge, einen Frieden zu schließen, der die Verfassung und die militärische Ehre der Armee nicht antaste. Was Verfassung in diesem Zusammenhang bedeuten sollte, blieb im Text unklar, aber so viel war bemerkbar, daß eine gewisse Sonderstellung Ungarns innerhalb Österreichs gemeint war. Mit einem vom militärischen Gesichtspunkt außerordentlich geschickten Marsch wandte er sich dann plötzlich nach Osten; nur bei der Eroberung des Passes von Branyiszkó mußte er seine Truppen einem ernsthaften Gefecht aussetzen. Damit gelang es ihm, sich vor Kaschau mit den Truppen Klapkas zu vereinigen. Bedeutende Kräfte der Honvédeinheiten waren erhalten geblieben. Illusionen über den Frieden konnte sich Görgey allerdings kaum machen; schon während seines oberungarischen Feldzuges war ihm zur Kenntnis gelangt, daß Windischgrätz nur eine bedingungslose Kapitulation annehmen würde.

Die Bemühungen Kossuths zur Gewinnung der Bauern brachten keine großen Erfolge. Er wagte sich auch nicht an radikale Lösungen, um die Adeligen nicht abzuschrecken. Im Januar verbot er die „Munkások Újsága" (Arbeiterzeitung), die von Mihály Táncsics herausgegeben wurde. Er hatte Táncsics schon vorher kritisiert, weil der vorgeschlagen hatte, das Land der Vaterlandsverräter, d. h. der Grundherren, die auf die Seite der Kaiserlichen übergelaufen waren, unter den Bauern aufzuteilen. Im Februar unternahm Kossuth aber doch neue Schritte, ordnete die Registrierung der Invaliden an, die gemäß seiner früheren Verordnung Boden erhalten sollten, und gab noch im selben Monat Szemere, der als Regierungskommissar für Nordungarn eingesetzt war, die Anweisung, den Boden des Landesverräters Szirmay unter den dortigen Bauern aufzuteilen. Szemere bewies ihm jedoch, daß die Parzellierung nicht durchgeführt werden könne, und Kossuth nahm es zur Kenntnis.

Neben den ermutigenden Nachrichten aus Siebenbürgen kamen auch aus dem Herzen des Landes günstige Berichte. Windischgrätz hatte eine kleinere Armeeinheit gegen die Truppen von Perczel geschickt, die bis nach Irsa zurückgeworfen wurden, das auf halbem Wege zwischen der Theiß und Pest liegt.

Aus dem westlichen, besetzten Teil des Landes gab es dagegen Alarmierendes zu berichten. Die Kaiserlichen setzten sich hier gründlich fest und stellten an die Spitze der Komitate kaiserliche Kommissäre. Kossuth war klar, daß der mittlere Adel, der bis jetzt die Revolution unterstützt hatte, nun einen Ausgleich suchte, und er vermutete, daß auch Görgey danach strebte. Seit seiner Proklamation von Waitzen konnte das nicht mehr zweifelhaft sein. Gerade deshalb war Kossuth nicht bereit, Görgey eine führende militärische Rolle zu übertragen (übrigens waren sie sich auch persönlich nicht gerade sympathisch). Angeregt durch Bems Erfolge, ernannte Kossuth Henryk Dembiński, einen General des polnischen Aufstands von 1830, zum Oberbefehlshaber. Das verletzte nicht nur Görgey, sondern auch die anderen Generäle, die sich alle für würdig gehalten hatten, selbst ernannt zu werden. Kossuth dagegen wollte gerade damit die ständige Rivalität zwischen ihnen beenden.

Im Februar war Kossuth zu der Ansicht gekommen, das Wichtigste sei nun, die Honvédtruppen selbst zu einem Gegenangriff übergehen zu lassen. Ein Sieg sollte Begeisterung beim Volk erwecken und es zugleich leichter machen, neue Rekruten einzuziehen. Er ließ die Truppen Görgeys, György Klapkas und Mór Perczels am mittleren Lauf der Theiß zusammenziehen. Aus der Batschka wurden Károly Vécsey, der deshalb den Kriegsschauplatz in Südungarn verlassen mußte, aus dem Temesch-Zwischenstromland General János Damjanich, serbischer Abstammung, aber seiner Gesinnung nach begeisterter Ungar, mit ihren Truppen hierher beordert. Etwa 50 000 Mann waren konzentriert.

Der Kriegsplan sah vor, daß Vécsey und Damjanich die Hauptkräfte von Windischgrätz auf sich ziehen sollten. Der Großteil der ungarischen Truppen jedoch sollte sich inzwischen über einen Umweg von Norden her der Stadt nähern und sie nach Möglichkeit einnehmen. Windischgrätz hatte in der Zwischenzeit mehrere erfolglose Angriffsversuche unternommen. Er maß dem aber keine Wichtigkeit bei, da seine Spione ihm wohl gemeldet hatten, daß der militärische Widerstand Ungarns in Kürze von selbst zusammenbrechen würde.

Am 26. Februar stießen die ungarischen Hauptkräfte unerwartet — die Aufklärung der Ungarn war sehr schlecht — bei Kápolna, relativ nahe bei Pest, auf die Truppen von Windischgrätz. Die zweitägige Schlacht endete mit einem Sieg der Kaiserlichen. Obwohl sich die Honvédarmee in völliger Ordnung zurückzog, wertete Windischgrätz den Sieg als Ende des Krieges. Das amtliche Blatt hatte übrigens schon am 22. Januar die siegreiche Beendigung des ungarischen Feldzuges bekanntgegeben, aber mit deutlicher propagandistischer Absicht. Auch Schwarzenberg vertrat nun die Auffassung, daß damit auf militärischem Gebiet die Wende eingetreten sei; nun könne die politische Wende folgen. Weitere Nachrichten aus Ungarn erreichten ihn nicht; sie hätten ihm vielleicht zu denken gegeben.

Die erste Folge der Niederlage von Kápolna war, daß die Honvédgeneräle sich gegen Dembiński auflehnten. Zur Verteidigung Dembińskis müssen wir hinzufügen, daß der alte

General ganz unerwartet in die Rolle des Oberbefehlshabers geraten war; er kannte weder die Soldaten noch das Terrain und hatte nur nach den Vorstellungen Kossuths gehandelt. Als Heerführer war er weniger begabt als Bem. Auf einem Kriegsrat am 3. März in Tiszafüred erklärten die Honvédgeneräle, daß sie nicht bereit seien, länger unter der Führung von Dembiński zu bleiben. Kossuth war gezwungen, persönlich einzugreifen und aus Debreczin anzureisen. Er entließ Dembiński, ernannte aber zunächst keinen neuen Oberbefehlshaber; Görgey erkannte er nur als rangältesten kommandierenden General an. Einige Tage später wurde Antal Vetter, ein älterer kaiserlicher Offizier, zum neuen Oberbefehlshaber ernannt.

Diese Nachrichten hätten für die österreichische Regierung sehr vielversprechend klingen können, wenn nicht zur gleichen Zeit Damjanich, den Kossuth quasi als Gegengewicht zu Görgey gleichfalls zum Befehlshaber eines selbständigen Armeekorps ernannt hatte, am 5. März Szolnok eingenommen hätte, eine wichtige Übergangsstelle über die Theiß. Es war auch keine gute Nachricht, daß Bem, der im Februar Urban wieder in die Bukowina gejagt hatte, sich zwar Anfang März vor Puchner nach Schäßburg zurückziehen mußte, aber am 11. März eine Unvorsichtigkeit Puchners ausnützen und Hermannstadt erobern konnte, den Sitz des militärischen Oberkommandos für Siebenbürgen und gleichzeitig Zentrum des sächsischen Widerstandes. Jetzt waren nur noch zwei Festungen, Schloßberg und Karlsburg, in der Gewalt der Kaiserlichen; außerdem befand sich das siebenbürgische Erzgebirge in der Hand der rumänischen Aufständischen. Puchner zog sich mit seinen Truppen in die Walachei zurück.

LÖSUNG DURCH GEWALT

Die oktroyierte Märzverfassung

Der Reichstag in Kremsier bereitete sich darauf vor, am 7. März die bereits vollständig ausgearbeitete Verfassung zu debattieren, aber das konnte die Regierung nicht mehr gestatten, die übrigens bereits ihren eigenen Plan fertig hatte. Schwarzenberg entschied sich für ein gewaltsames Eingreifen. Stadion hatte zwar Bedenken und hätte eine friedlichere Lösung vorgezogen, aber schließlich erkannte er die Entscheidung an: Der Reichstag sollte aufgelöst und die durch die Regierung ausgearbeitete, von oben oktroyierte Verfassung verkündet werden. Es war bis zu einem gewissen Grade die Wiederholung von Pillersdorfs Kunststück vom 25. April 1848, aber unter welch völlig anderen Umständen und mit welch anderem Charakter!

Stadion und Unterstaatssekretär Helfert erschienen am Abend des 6. März in Kremsier, ließen die vertrauenswürdigen Abgeordneten, die zur Regierung standen, zusammenrufen, und Stadion erläuterte ihnen die für den nächsten Morgen zu erwartende Wende. Aber selbst im Kreise dieser regierungtreuen Abgeordneten rief die Mitteilung Bestürzung, ja sogar Empörung hervor. Schließlich waren sie die gesetzlich gewählten Volksvertreter, die seit Monaten dafür arbeiteten, eine Lösung für (unlösbare) Probleme zu finden. Und nun hatte sich ihre ganze Tätigkeit in nichts aufzulösen, das ganze Verfassungsspiel war nur ein böser Scherz der Regierung.

Stadion sah seine früheren Bedenken bestätigt und wurde schwankend. Einer der Abgeordneten schlug vor, der Reichstag möge einen neuen Verfassungsausschuß wählen, der mit der Regierung darüber verhandeln solle, wie die beiden Verfassungsentwürfe miteinander in Einklang gebracht werden könnten. Dann seien Gewalt und ein Putsch nicht notwendig, dann gäbe es keinen Skandal im Ausland.

Es war spät am Abend, aber Stadion eilte nach Olmütz zurück. Am frühen Morgen gegen 3 oder 4 Uhr betrat er mit einer Kerze das Schlafzimmer Bachs, um ihm seine Besorgnisse und Vorbehalte mitzuteilen und über die Ratschläge der Abgeordneten zu sprechen. Bach aber, der ehemalige Barrikadenminister, der noch nach dem Oktober zeitweise Stadion und seinen Vorstellungen nahegestanden hatte, war nun ganz ein Mann Schwarzenbergs. Er wußte genau, daß der Fürst recht behalten würde. Ziemlich respektlos antwortete er Stadion (der ja immerhin ein Graf war, er hingegen nur ein kleiner bürgerlicher Advokat): „Eure Exzellenz wissen ja ohnehin, daß es schon zu spät ist." Und damit drehte er sich auf die andere Seite, um weiterzuschlafen.

Am Morgen des 7. März wurde die Anordnung über die Auflösung des Reichstags telegrafisch nach Kremsier übermittelt und von den Abgeordneten zur Kenntnis genommen. Schwarzenberg ging davon aus, daß mit der Reichstagsauflösung die Immunität der Abgeordneten aufgehoben sei (selbst bei diesem harten Konservativen zeigt sich hier eine Ahnung von konstitutionellem Denken), so daß er nun die Verhaftung einiger führender linksgerichteter Abgeordneter anordnen konnte. Über das Ziel dieser Maßnahme hatte Stadion seine eigenen Vermutungen; vor einigen Monaten hatte ja Schwarzenberg auch auf der Hinrichtung Blums und Fröbels bestanden. In seiner Eigenschaft als Innenminister wies Stadion den Polizeikommissar in Kremsier an, die Verhaftungen erst am Abend vorzunehmen. Bis dahin konnten Violand, Anton Füster, Kudlich und Goldmark, die vor allem gefährdet waren, fliehen. Schwarzenberg war außer sich vor Wut und befahl dem Kommandanten der Garnison, sofort eine Fahndung nach den Entflohenen einzuleiten, es war aber bereits zu spät. Drei Abgeordnete waren nicht bereit zu fliehen, unter ihnen Fischhof; sie wurden verhaftet und monatelang in Gefangenschaft gehalten, schließlich aber doch freigelassen.

Die Anordnung zur Auflösung des Reichstags wurde auf den 4. März datiert. Die Begründung lautete, daß er sich in gefährliche spekulative Diskussionen eingelassen habe, statt die Verfassung auszuarbeiten. (In Wahrheit waren sogar schon Einzelheiten wie die neue Staatsflagge, in Weiß-Rot-Gold, entworfen worden. Am 2. März waren die Mitglieder des Verfassungsausschusses mit Kokarden in diesen Farben zu ihrer Sitzung erschienen.) Deshalb habe der Kaiser selbst die neue Verfassung geben müssen, und zwar für das ganze Reich.

Die größte Neuerung dieser übrigens in der Praxis niemals realisierten oktroyierten Verfassung im Verhältnis zu dem fertigen Entwurf von Kremsier war nämlich, daß sie für das gesamte österreichische Gebiet gültig sein sollte, daß sie also die Sonderstellung Ungarns, seine durch Gesetze gesicherte Unabhängigkeit, mit einem Federstrich liquidierte. (Nur Lombardo-Venetien wurde nicht einbezogen.) Die Rechte des Herrschers wurden genau und außerordentlich großzügig beschrieben. Er mußte zwar auf die Verfassung schwören, besaß aber in der Außenpolitik und hinsichtlich der Armee eine fast unumschränkte Macht, er war Oberbefehlshaber und konnte frei Verträge schließen (das war auch im Kremsierer Entwurf so vorgesehen); wenn sie Lasten für den Staat mit sich brachten, mußte der Reichstag allerdings zustimmen. Der Kaiser ernannte und entließ die Minister und andere hohe Staatsbeamte (auch das entsprach dem Kremsierer Entwurf). Die Verantwortlichkeit der Minister war durch die Verfassung nicht festgelegt, das sollte die Aufgabe eines späteren Gesetzes sein. Darüber hinaus sollte der österreichische Kaiser auch gekrönt werden (das war seit 1804 noch nie vorgekommen).

Die Gesetzgebung war als gemeinsame Aufgabe des Kaisers, des Reichstags und der Landtage vorgesehen. Abweichend aber vom Kremsierer Entwurf hatte der Kaiser ein absolutes Vetorecht gegen die Gesetze des Reichstags, den er auch jederzeit auflösen konnte. In diesem Falle mußte er ihn allerdings innerhalb von drei Monaten erneut zusammenrufen. Sonst sollte der Reichstag jährlich einberufen werden. Zwischen seinen Sitzungen aber konnte der Kaiser bei Gegenzeichnung durch die Minister vorläufige Gesetze erlassen, die er dann in der nächsten Sitzung dem Parlament unterbreiten mußte, zusammen mit den Gründen, die den Herrscher dazu bewogen hatten. Der Reichstag bestand aus zwei Kammern: Das Oberhaus wurde von den einzelnen Landtagen gewählt, das Unterhaus in offener Abstimmung von den Wählern. Das Wahlrecht war durch einen Wahlzensus eingeschränkt und abhängig von einer direkten Steuerleistung von 6 bis 20 Gulden jährlich (d. h. der Kreis der Wähler war wesentlich kleiner als nach dem Kremsierer Entwurf, und es wurden darüber hinaus noch andere Beschränkungen eingeführt).

Die historischen Einheiten blieben von der Verfassung unberührt, aber es war für jede einzelne ein Landtag vorgeschrieben. Die unteren Verwaltungseinheiten waren Bezirke, Kreise und schließlich Gemeinden. Die Anweisungen der Minister gingen direkt an die obersten Beamten der Bezirke, die Bedeutung der einzelnen Länder für die Staatsführung war also gering. Die Funktion der Landtage wurde durch die Verfassung nicht geregelt.

Stadion begann im März, einen Entwurf dafür auszuarbeiten; doch im April war er bereits arbeitsunfähig, und der Entwurf kam niemals zustande. Die Selbstverwaltung der Gemeinden war aber eine bedeutsame Tatsache; gewählte Räte übten eine verantwortungsvolle Tätigkeit aus. Diese Räte wählten die Räte der Kreise und diese die Räte der Bezirke.

Die Verfassung beinhaltete entsprechend der Kremsierer Formulierung die Gleichberechtigung der Völker (d. h. der Nationen) und ihre freie nationale Entwicklung, obwohl sie deren staatliche Garantie preisgab. Sie verkündete die Gleichheit vor dem Gesetz und gleiche Möglichkeiten für alle, ein Staatsamt zu bekleiden. Klar wurden alle Verpflichtungen der Hörigen aufgehoben und die patrimoniale Gerichtsbarkeit völlig beseitigt; das gesamte Justizwesen kam völlig in die Hand des Staates.

Gleichzeitig mit der Märzverfassung, gültig aber nur für die österreichischen Erblande (d. h. unter Ausschluß Ungarns und der italienischen Provinzen) wurde ein Patent veröffentlicht, das die Gewissensfreiheit und die Freiheit aller Bekenntnisse sicherte. Diese Urkunde enthielt auch die individuellen Freiheitsrechte, wobei hinzugefügt wurde, daß sie im Interesse der Sicherheit des Staates eingeschränkt werden könnten.

Im § 7 der Verfassung wurde festgelegt, daß das Reich ein einheitliches Zollgebiet bilde. Auf die geringe Bedeutung der Landtage weist die Bestimmung hin, daß die von ihnen gefaßten Beschlüsse durch die Regierung außer Kraft gesetzt werden könnten. Schließlich bestimmte die Märzverfassung auch, daß die Verfassungen, die früher in einzelnen Ländern bereits existiert hatten, nur so weit gültig bleiben sollten, als sie nicht gegen die neue Märzverfassung verstießen — diese allgemeine Formulierung konnte praktisch bedeuten, daß alle älteren Verfassungen außer Kraft gesetzt werden konnten, was sich im Augenblick vor allem auf die ungarische Verfassung bezog. Der § 71 nahm darauf noch besonders Bezug: „Die Verfassung des Königreichs Ungarn wird insoweit aufrechterhalten, daß die Bestimmungen, welche mit dieser Reichsverfassung nicht im Einklange stehen, außer Wirksamkeit treten, und daß die Gleichberechtigung aller Nationalitäten und landesüblichen Sprachen in allen Verhältnissen des öffentlichen und bürgerlichen Lebens durch geeignete Institutionen gewährleistet wird." Den Ländern der Stephanskrone blieb das Recht der Gesetzgebung in bezug auf das bürgerliche und das Strafrecht, mit der Auflage, die Gesetze möglichst rasch mit den entsprechenden Verordnungen des Gesamtreiches in Einklang zu bringen. Im übrigen wurde die Aufteilung in das engere Ungarn, Siebenbürgen und Kroatien, wie sie vor 1848 bestanden hatte, aufrechterhalten, die Militärgrenze wurde wieder hergestellt und entsprechende Institutionen für die Serbische Wojwodschaft in Aussicht gestellt. Die ungarischen Gesetze von 1848 wurden also ebenso wie die Union mit Siebenbürgen außer Kraft gesetzt.

Die Liste der individuellen Freiheitsrechte in dem gesonderten Patent war recht großzügig, aber in der Praxis durch die Interessen der staatlichen Sicherheit doch stark eingeschränkt. Ebenso wurde die Pressefreiheit zwar verkündet, aber gleichzeitig durch die Forderung nach hohen Kautionen und andere Methoden beschränkt. Bei Pressevergehen sollten zwar Geschworenengerichte urteilen, doch konnten diese Urteile durch das Höchste Gericht aufgehoben und durch seine eigenen Urteile ersetzt werden. Auch die Versammlungsfreiheit wurde beschränkt (in Erinnerung an die Ereignisse des vergangenen Jahres): Sollte die Menge die Erfüllung einer Forderung durch eine drohende Haltung zu erzwingen versuchen, dann konnte jeder Teilnehmer mit einer strengen Haft von bis zu sechs Monaten bestraft werden.

Ein anderes, gleichfalls vom 4. März datiertes Patent schrieb die Durchführung der Bauernbefreiung vor. In diesem Fall entsprach die Verordnung den Gesetzen, die von den

159

Parlamenten in Wien und Pest verabschiedet worden waren. Die Regierung legte viel Wert darauf, sich überall das Wohlwollen der Bauern oder wenigstens ihre Neutralität zu erhalten; in den meisten Gebieten gelang das auch.

Obwohl die Märzverfassung nur auf dem Papier blieb, gab es zusammen mit den sie begleitenden Patenten doch manche Bestimmungen, die letzten Endes verwirklicht wurden. Damit trugen sie zweifellos zur bürgerlichen Umgestaltung des ganzen Reiches bei, vor allem durch die Maßnahmen auf wirtschaftlichem und sozialem Gebiet. (Für die ungarische Revolution war die Gleichberechtigung der Nationen eine Schulaufgabe von besonderer Bedeutung.) Die Regierung nahm es formal sehr ernst. Vom 2. April an erschien als amtliche Zeitung das „Reichsgesetzblatt" in den neun nationalen Sprachen des Reiches, der Gesetzestext war in allen neun Nationalsprachen gleichermaßen verbindlich. Am 1. August bildete sich in Wien unter dem Vorsitz von Šafárik sogar ein Ausschuß, der die Aufgabe hatte, die amtliche Terminologie für die einzelnen Sprachen auszuarbeiten. In mehreren Sprachen fehlte es an entsprechenden, genau kodifizierten Begriffen; es erwies sich auch als nicht ganz leicht, die deutschen Texte präzise wiederzugeben.

Die Oktroyierung der Verfassung von oben für die Gebiete Österreichs, die als konsolidiert betrachtet werden konnten, und besonders die schmachvolle Auflösung des Parlaments in Kremsier hatten nicht gerade ungeteilte Begeisterung hervorgerufen, aber zahlreiche Paragraphen der Märzverfassung wurden dennoch als Zusammenfassung der im Laufe des Jahres 1848 erreichten Ergebnisse empfunden. Dagegen konnte es nicht zweifelhaft sein, daß trotz aller nationalen Gleichberechtigung die nationale Frage an sich auch durch diese Verfassung nicht gelöst wurde, weder aus deutscher noch aus ungarischer Sicht, aber auch nicht in bezug auf die italienischen Provinzen. Was die anderen Nationen nun wirklich für Vorteile davon haben würden, hätte die Praxis erweisen müssen, doch zur praktischen Erprobung kam es nie.

Die deutsche Linke, selbstverständlich außerhalb Österreichs, reagierte mit großer Empörung und tiefer Enttäuschung. Der Leipziger „Grenzbote" erklärte deutlich, daß diese Verfassung die Erneuerung des Metternichschen Systems darstelle, „auf schlechterem Papier und mit schlechterem Druck".

Die österreichische Regierung wollte jetzt auch die deutsche Frage nach ihren eigenen Vorstellungen lösen. Am 9. März ließ Schwarzenberg der Frankfurter Nationalversammlung eine Note übermitteln, worin er kategorisch erklärte, daß das einheitliche und konstitutionelle (das betonte der Fürst auch jetzt mit besonderem Nachdruck) Österreich sich nicht einem deutschen Parlament unterwerfen werde, wie man sich das in Frankfurt ausgedacht habe. Aber es werde auch nicht aus dem Bund austreten. Im Gegenteil: Dieses einheitliche Österreich werde sogar gemeinsam mit all seinen Provinzen im Bund bleiben, der auf diese Weise einen Staat mit 70 Millionen Menschen bilden werde. Zu den letzten Vorschlägen aus Frankfurt bezog Schwarzenberg nur in wenigen Fällen eine positive Haltung. Er stimmte zu, daß an der Spitze des Bundes ein Direktorium stehen solle, das allerdings nur in der Frage Krieg oder Frieden und in wirtschaftlichen Angelegenheiten mitzusprechen hatte. Der Vorsitz des Bundes gebührte nach Meinung Schwarzenbergs Österreich. Das geplante Oberhaus, in dem die einzelnen Staaten vertreten sein sollten, sollte 70 Mitglieder haben, Österreich allein würde dafür 38 Abgeordnete delegieren, die übrigen deutschen Staaten zusammen 32; das Übergewicht Österreichs wäre also offensichtlich gewesen.

Das widersprach direkt der bereits angenommenen Verfassung für den geplanten deutschen Staat, nach der die Aufnahme nichtdeutscher Gebiete verboten war. Die übrigen deutschen Staaten wären zu Hilfstruppen der Großmacht Österreich degradiert worden. Obwohl die österreichischen Delegierten mit Ausnahme von zwei, die sofort zurücktraten, in Frankfurt blieben, erlangten nun die Anhänger einer kleindeutschen Lösung eindeutig das Übergewicht. Die Stellungnahme der Linken konnte nun noch das Zünglein an der Waage sein, weswegen sich die Vertreter der kleindeutschen, d. h. der preußischen Lösung darum bemühten, die Linken dadurch zu gewinnen, daß sie in umfangreichem Maße individuelle Freiheitsrechte in die Verfassung aufnahmen. Sie versuchten auch, die kaiserliche Macht als lediglich nominell hinzustellen (auch Schmerling, der erst am 12. März auf seine Stellung als österreichischer Abgesandter verzichtete, bestärkte sie in diesem Gedanken). Am 27. März fand die Abstimmung darüber statt, ob an der Spitze eines einheitlichen deutschen Staates ein Erbkaiser stehen solle. 267 Abgeordnete stimmten dafür, 263 dagegen. Die vier Stimmen, die die Entscheidung brachten, wurden von den österreichischen Delegierten abgegeben. Am nächsten Tag wurde mit 290 gegen 248 Stimmen beschlossen, dem preußischen König Friedrich Wilhelm IV. die deutsche Kaiserkrone anzubieten. Drei preußische Minister empfahlen die Annahme, die Mehrheit der Regierung sprach sich für eine Kompromißlösung aus: Sie wollte eine kleindeutsche Einheit, aber ohne Kaisertitel. Am 3. April lehnte Friedrich Wilhelm IV. die Kaiserwürde ab, da sie ihm von der Revolution angeboten worden sei. Aber in einem Nebensatz ließ er durchblicken, daß er eine andere Haltung einnehmen könne, wenn ihm die Krone von den Staaten bzw. den Herrschern angeboten würde, wenn also die anderen „gekrönten Häupter", einschließlich des Kaisers von Österreich, damit einverstanden wären. Am 28. April lehnte er das Angebot endgültig ab.

War Schwarzenbergs Note eine Kriegserklärung an Frankfurt, so war die Nominierung Friedrich Wilhelms IV. eine Kriegserklärung an Österreich. Am 5. April rief Schwarzenberg die österreichischen Delegierten mit sofortiger Wirkung aus Frankfurt zurück; nur etwa 20 Abgeordnete widersetzten sich dieser Anordnung. Am 30. Mai verlegte die Nationalversammlung ihren Sitz nach Stuttgart, am 17. Juni wurde sie durch württembergisches Militär mit Gewalt aufgelöst. Die großdeutsche Einheit mit Österreich war unmöglich geworden, aber auch die kleindeutsche Einheit mit Preußen an der Spitze konnte nicht verwirklicht werden. Die Wiener Hoffnungen von 1848 auf die deutsche Einheit gehörten schon lange der Vergangenheit an, und nach Kremsier wurde nun auch Frankfurt durch nackte Gewalt aufgelöst. Für die österreichische Regierung war die deutsche Frage schon am 7. März mit der Erkenntnis erledigt gewesen, daß sie sich auf keine Weise lösen ließ, und auch die revolutionären Anhänger der deutschen Einheit mußten dies nun zur Kenntnis nehmen.

In Frankreich war seit dem 10. Dezember Prinz Louis Napoleon, ein Neffe Napoleon Bonapartes, Präsident der Republik. In den einzelnen deutschen Staaten gewann der Reihe nach in irgendeiner Form die alte Ordnung, die Reaktion, die Oberhand. In Baden versuchten die Radikalen noch einen bewaffneten Aufstand, der aber aufgrund der großen Übermacht in ein paar Tagen zusammenbrach. Die österreichische Revolution war zuerst in Prag, dann in Wien und schließlich auch in Lemberg zusammengeschossen worden, in Ofen hatte sich Windischgrätz eingerichtet. Die Revolution war in Olmütz, Kremsier und Wien begraben worden. War das das Ende?

In zwei Ländern aber war der Kampf noch nicht beendet: in Ungarn und in Italien. Am 15. November brach in Rom erneut die Revolution aus. Der einst vergötterte Papst Pius IX. floh in Frauenkleidern aus der Ewigen Stadt, wo unter Führung von Giuseppe Mazzini ein Triumvirat die Leitung übernahm und die Republik ausrief. Auch das Königreich Sardinien hatte den Kampf für die Verwirklichung eines einheitlichen italienischen Königreichs noch nicht aufgegeben. Venedig hielt ebenfalls noch aus, wenn auch unter immer größeren Schwierigkeiten. Es schien vorerst aussichtslos, die Stadt einzunehmen. In Italien war also noch manches offen. Die Regierung in Piemont nahm Verbindung mit den Ungarn auf (wenn schon die Slawen dem Rat Bakunins nicht gefolgt waren, sollten sich wenigstens die Italiener mit den Ungarn gegen den gemeinsamen Feind zusammenschließen). Auch die Polen hatten trotz der erlittenen Niederlagen den Kampf noch nicht aufgegeben.

Am 13. März kündigte Karl Albert, König von Sardinien-Piemont, den Waffenstillstand des vorangegangenen Jahres auf. Von seiten der italienischen Staaten konnte er nun weniger auf Hilfe rechnen als im vergangenen Jahr, weshalb er sich an den Präsidenten der französischen Republik um Hilfe wandte. Von dort bekam er jedoch nur zur Antwort, daß Frankreich nicht bereit sei, Österreich um Piemonts willen zu beleidigen. Die französische Regierung wollte nicht einmal einen General zur Führung der piemontesischen Armee zur Verfügung stellen; Adalbert Chrzanowski, ein Pole, nahm diese Position ein. Aber er besaß noch weniger Fähigkeiten als Dembiński in Ungarn. Am 23. März wurden die piemontesischen Truppen bei Novara von Radetzky schwer geschlagen. Selbst der Thronfolger Viktor Emanuel geriet in Gefangenschaft. Karl Albert dankte am nächsten Tag ab, weswegen die Österreicher gezwungen waren, ihren Gefangenen freizulassen, da er nun der König, Viktor Emanuel II., war und man ihn brauchte, um mit ihm einen neuen Waffenstillstand abzuschließen. Die Unterzeichnung erfolgte drei Tage später, am 26. März. Danach begannen Verhandlungen über einen endgültigen Friedensschluß. (Nach Ungarn geflüchtete Italiener bildeten, ebenso wie die Polen und die Wiener, eine eigene Italienische Legion innerhalb der Revolutionsarmee.) Es dauerte noch bis zum 6. August, bis in Mailand Frieden geschlossen wurde, in jener Stadt, die ein Jahr zuvor Karl Albert gehuldigt hatte, nun aber denselben Karl Albert für die Niederlage verantwortlich machte. Schwarzenberg wollte die Ergebnisse des Sieges nicht zu sehr ausnützen und stellte nicht einmal Gebietsforderungen; er verlangte nur Kriegskontributionen und die Zusicherung, daß die Abdankung Karl Alberts endgültig sei.

Der ungarische Gegenschlag

„Europa schweigt schicksalsergeben./Revolution — wen kümmert's noch", fragte Petőfi. Jetzt war wirklich nur noch Ungarn übriggeblieben. Und selbst dieses Ungarn war innerlich gespalten. Man braucht hier gar nicht an die verschiedenen Nationen in Ungarn zu denken, die auch bisher eine feindselige Haltung gegenüber den Ungarn eingenommen hatten, sondern das Staatsvolk selbst war zerstritten. Die Rebellion in Tiszafüred war nur ein deutliches Zeichen dafür. Die Zahl der Anhänger der Friedenspartei wurde immer größer. Sie waren allein überzeugt, daß die Ungarn, völlig auf sich gestellt, sich nicht behaupten könnten.

Kossuth war unter den wenigen, die die Hoffnung noch nicht aufgegeben hatten, aber das mußte für die Fortführung des Kampfes reichen. Im Grunde ging es noch immer um die Verteidigung der Sonderstellung und der Verfassung Ungarns und der im April sanktionierten Gesetze, bald aber um eine völlige Unabhängigkeit Ungarns. Auch um eine bürgerliche Umgestaltung? Hatte denn die oktroyierte Märzverfassung das nicht auch verwirklicht? Aus Debreczin gesehen, erschien die neue Verfassung als das, was sie war: als leeres Versprechen. Und ein einheitliches Zollgebiet wirkte eher abschreckend. Für die Zeitgenossen waren aber nicht diese die ins Auge springenden Fragen, sondern die Aufhebung der ungarischen Verfassung, die Gleichberechtigung der Nationen, die die Vorstellung einer einzigen ungarischen Nation unmöglich machte. Daraus folgte, daß man in der bürgerlichen Umgestaltung einen Schritt weiter gehen und im Interesse der Bauern wenigstens bis an den Punkt gelangen mußte, an dem man im westlichen Teil des Reiches bereits angekommen war. Auch in der nationalen Frage mußten Zugeständnisse gemacht werden, wenn auch nicht sehr weitgehende, um zu erreichen, daß die Nichtungarn ihren bewaffneten Kampf gegen die Revolution aufgaben. Aber vor allem mußte man selbst den bewaffneten Kampf weiterführen, und darin war man sich weitgehend einig. Dem stimmte auch Kossuth zu, der nun mit dem perfiden Österreich brechen wollte, ebenso Görgey und die Friedenspartei, die sich mit dem gleichen perfiden Österreich einigen wollten, weil man es benötigte. Man mußte also den bei Kápolna mißlungenen Angriff erneuern.

Windischgrätz stand mit den Hauptkräften der kaiserlichen Armee zwischen Pest und Szolnok, diese galt es zu vernichten oder wenigstens zu schlagen und aus dem Land zu vertreiben. Über die weitere Entwicklung gingen die Vorstellungen wieder stark auseinander. Die neuen Kämpfe hatten noch gar nicht begonnen, als der neu ernannte Oberbefehlshaber Vetter schwer erkrankte und seinen Posten zur Verfügung stellte. Die Mehrheit des Offizierskorps sah nach wie vor in Görgey den einzig vorstellbaren Oberbefehlshaber; für Kossuth dagegen war Görgey inzwischen unannehmbar geworden. Schließlich wählte er einen Kompromiß: Görgey wurde zum stellvertretenden Oberbefehlshaber ernannt.

Am 30. März trat in Erlau der Kriegsrat zusammen und faßte den Plan, ein ungarisches Armeekorps in Richtung auf Gyöngyös und Pest vorstoßen zu lassen (dem früheren Plan gemäß hätten die Hauptkräfte dorthin marschieren sollen). Gleichzeitig sollten drei Armeekorps, das heißt die überwiegende Mehrheit des ungarischen Heeres, südlich davon auf der Linie Jászberény und Isaszeg in den Rücken und die rechte Seite von Windischgrätz marschieren. Bei Gödöllő, also schon ganz nahe bei Pest, sollte die Armee vereinigt auf die Kaiserlichen losschlagen.

Der österreichische Oberbefehlshaber besaß auch weiterhin keine sicheren Informationen über die Positionen und die Marschrichtung der ungarischen Truppen, oder er war sich vielleicht noch immer seiner Sache so sicher, daß er solche Informationen für überflüssig hielt, weil es sich ohnehin um einen Kampf von Fachleuten gegen Dilettanten handelte. Er ließ eine Division nordöstlich von Pest bei Balassagyarmat Stellung beziehen, um den ungarischen Truppen den Weg nach Komorn zu verlegen. Die Festung an der Donau, von ungarischen Truppen besetzt, war uneinnehmbar, und wenn neue ungarische Truppen hierher gelangten, konnte sogar eine Umzingelung der kaiserlichen Hauptmacht drohen. Zwei Divisionen stellte er bei Pest und nördlich davon bei Waitzen auf, eine setzte er in Richtung Gyöngyös in Marsch, von wo er den Angriff der ungarischen Hauptkräfte erwartete. Das hier heranziehende Armeekorps griff am 2. April das von Oberst András Gáspár geführte Korps an und nahm Hatvan ein, aber Damjanich eilte zu Hilfe, und gemeinsam eroberten sie Hatvan zurück. Die Hauptkräfte zogen unter der Führung von Klapka, dem ursprünglichen Plan entsprechend, in Richtung Pest. Zwei Tage nach dem Zusammenstoß bei Hatvan, am 4. April, kam es bei Tápióbicske zu einem Zusammenstoß mit Jellačić und seinen Truppen. Die Kaiserlichen glaubten, den Sieg schon errungen zu haben, als Damjanich auf Weisung von Görgey erneut eingriff und das Dorf besetzte. Jellačić zog sich in Richtung Pest zurück. Bei Isaszeg versuchte er, die ungarische Armee aufzuhalten; wieder schien sich ein Sieg der Kaiserlichen zu entwickeln, der linke ungarische Flügel wandte sich bereits zur Flucht. Diesmal griff General Lajos Aulich mit seinen Truppen ein und brachte die Wende zu einem neuen ungarischen Sieg. Windisch-grätz zog sich eilig bis nach Pest zurück. Waren die Gegner vielleicht doch nicht solche Dilettanten? Als die Kämpfe vorüber waren, wurde viel davon gesprochen, daß in diesen Schlachten (es würde noch einige mehr geben!) die jungen, ehemals kaiserlichen Offiziere, die in der ungarischen Armee zu Generälen befördert worden waren, die alten Generäle, die in ihrer militärischen Routine versteinert seien, geschlagen hätten. Die Grundprinzipien waren auf beiden Seiten die gleichen, sie waren in der gleichen Schule aufgewachsen, vor einigen Jahren hatten die jungen Offiziere von den alten Generälen noch die Kriegskunst erlernt; aber die jungen erwiesen sich nun als geschickter und beweglicher.

Die ersten Siege erweckten die verschiedensten Hoffnungen; gleichzeitig traten in der ungarischen politischen Führung neue Gegensätze und Schwierigkeiten auf. Die ungarischen Truppen kämpften gut, aber die Mannschaftsbestände sanken infolge der laufenden Kämpfe ständig, und mit ihrer Ergänzung gab es immer größere Schwierigkeiten. Im Interesse der Bauern und der Weiterführung der bürgerlichen Umgestaltung mußte ein neuer Schritt getan werden. In Flugblättern (Kossuth hatte ja seine Zeitung verboten) brachte Táncsics zum Ausdruck, was er für die wichtigste Aufgabe hielt: die Liquidierung noch vorhandener feudaler Überreste. Wenn Kossuth dazu bereit war, dann sanken die Aussichten der Friedenspartei, die nun — durch die ermutigenden Siege in ihrer Auffassung von einer Lösung durch einen Ausgleich bestärkt — in Debreczin einen Angriff gegen die linken Radikalen auslöste. Ihr wichtigstes Ziel war der Minister László Madarász, der für die Angelegenheiten der Polizei verantwortlich war. Die Friedenspartei vermutete (nicht ganz zu Unrecht) in ihm eine Art ungarischen Jakobiner, der mit grausamem Terror gegen alle auftrat, die einen Ausgleich erhofften. Er bot ein leichtes Ziel. Monate vorher waren die Diamanten des Grafen Ödön Zichy, den Görgey hatte hinrichten lassen, konfisziert worden. Die Friedenspartei beschuldigte nun Madarász, den Schmuck unterschlagen und für eigene Zwecke verwendet zu haben. In Wahrheit wollte Kossuth die Steine für die Finanzierung der ausländischen Verbindungen der ungarischen Revolution verwenden, aber das konnte Madarász nicht offen bekennen. Kossuth war gezwungen, ihn zu entlassen.

Die Radikalen durchschauten klar, welche Ziele die Friedenspartei mit diesem Schritt verfolgte. Am 24. März — die Nachricht von den Ereignissen in Kremsier war bereits nach Debreczin gedrungen — schlugen die Radikalen Kossuth Maßnahmen vor, die eine linke Wende bedeutet hätten: Das Parlament solle vertagt werden, und damit wäre das politische Forum der Friedenspartei liquidiert gewesen. Görgey solle vor ein Kriegsgericht gestellt, Bem zum Oberbefehlshaber ernannt werden. Die Folgen wären eindeutig gewesen: eine revolutionäre Diktatur und der völlige Bruch mit Österreich; gleichzeitig eine radikale Politik auf gesellschaftlichem Gebiet, neue Maßnahmen im Interesse der Bauern und damit unweigerlich gegen die Grundbesitzer. Kossuth schwankte, nicht so sehr wegen Österreich — auf diesem Gebiet war auch er bereit, endgültige Konsequenzen zu ziehen —, sondern wegen der inneren Auswirkungen. Ein solcher Schritt hätte die Abkehr der führenden ungarischen adeligen Schicht nach sich gezogen. Ende März wagte Kossuth dieses Risiko noch nicht.

Am 5. April schlossen sich der linke Flügel des Abgeordnetenhauses und die außerparlamentarischen Linken zur Radikalen Partei zusammen (der kompromittierte Madarász und sein Bruder wurden aus taktischen Gründen nicht aufgenommen). Dem Namen der neuen Partei entsprechend vertraten sie eine radikale Politik, wünschten die Ausrufung einer ungarischen Republik und selbstverständlich die Fortführung des bewaffneten Kampfes. Letzteres hielt nach den ersten Siegen und unter der Wirkung des

Schocks, der durch die oktroyierte Märzverfassung verursacht worden war, selbst die große Mehrheit der Friedenspartei für notwendig. Die Siege waren ihr schon fast zu viel des Guten, da sie Kossuths Position stärkten, der nicht mehr zu einem Ausgleich bereit war. — Ebenso wie die Radikalen hegte auch die Friedenspartei Putschpläne, allerdings gegen Kossuth.

Kossuth hielt sich gerade wieder bei der Armee auf, um die miteinander streitenden und aufeinander eifersüchtigen Generäle auszusöhnen und sie auf weitere Siege hin zu orientieren. Am 12. April kam er nach Debreczin zurück und rief noch in derselben Nacht die Mitglieder des Landesverteidigungsausschusses zusammen, um ihnen seine Entscheidung mitzuteilen: Als würdige Antwort auf die oktroyierte Märzverfassung und die Eingliederung Ungarns müßten die Absetzung der Habsburger und die Unabhängigkeit des Landes proklamiert werden. Am folgenden Tag erläuterte er seinen Plan auch vor dem Parlament. Wie zu erwarten war, stellte sich die Mehrheit, die Friedenspartei, gegen diesen radikalen Schritt; Kossuth war aber nicht bereit, zurückzutreten. Die nächste Sitzung des Parlaments berief er für den 14. April in die Große Kirche ein, um in der Frage der Absetzung zu entscheiden. In der Sitzung befanden sich mehr Außenstehende als Abgeordnete (worauf sich die Friedenspartei nachträglich berief), aber niemand wagte es, offen gegen Kossuth und die versammelte Menge, die seine Vorschläge bejubelte, aufzutreten. So erklärte das Parlament die Habsburger auf ewig ihres Thrones für verlustig. Einige Tage später erschien die Unabhängigkeitserklärung, die vor dem Inland, vor allem aber vor dem Ausland diesen Schritt begründete, indem sie die jahrhundertelangen Niederträchtigkeiten und die gegen die ungarische Nation begangenen Verbrechen der fluchbeladenen Dynastie der Reihe nach aufzählte:

„Wir, die wir den ungarischen Staat als Nationalversammlung gesetzmäßig repräsentieren, indem wir durch unsere gegenwärtige feierliche Deklaration Ungarn in seine unveräußerlichen natürlichen Rechte wieder einsetzen und es zusammen mit allen seinen Teilen und Provinzen eingliedern in die Reihe der selbständigen, unabhängigen europäischen Staaten und das treubrüchige Haus Habsburg-Lothringen vor Gott und der Welt seines Thrones für verlustig erklären: Wir halten es für unsere moralische Pflicht, die Gründe für unsere Entscheidung offen darzulegen, denn es soll vor der ganzen gebildeten Welt kund und zu wissen sein, daß die auf Leben und Tod verfolgte ungarische Nation zu diesem Schritt nicht durch maßlose Überheblichkeit und nicht durch den Kitzel der Revolution, sondern durch die äußerste Erschöpfung unserer Geduld und die Notwendigkeit der Selbsterhaltung geführt wurde [...]

1. Ungarn wird gemeinsam mit dem gesetzlich mit ihm vereinigten Siebenbürgen und mit allen dazu gehörenden Teilen und Provinzen als freier, selbständiger europäischer Staat deklariert und die territoriale Einheit des ganzen Staates für unauflöslich und für unverletzbar erklärt.

2. Das Haus Habsburg-Lothringen wird durch seinen Verrat, Treubruch und bewaffneten Kampf gegen die ungarische Nation sowie durch das Wagnis, die territoriale Einheit des Landes zu zerstückeln [...] und das selbständige Staatsleben des Landes mit bewaffneter Gewalt auslöschen zu versuchen, weswegen es nicht davor zurückschreckte, auch bewaffnete Kräfte fremder Mächte zur Vernichtung unserer Nation einzusetzen [...] von der Herrschaft über Ungarn und damit über Siebenbürgen und alle zu ihm gehörende Teile und Provinzen, hiemit im Namen der Nation auf ewig ausgeschlossen und enterbt, des Gebrauchs aller Titel, die zur ungarischen Krone gehören, beraubt und aus dem Gebiet des Landes und dem Genuß aller bürgerlichen Rechte verbannt."

Kossuth wurde zum Reichsverweser, also zum Staatsoberhaupt gewählt, wenn man auch davon absah, die Republik der Form nach zu proklamieren. (Er ließ die Komitate auffordern, entsprechende Begrüßungsschreiben an den Reichsverweser zu schicken.) Kossuths neues Amt machte es notwendig, die gesamte obere Regierungsebene umzugestalten. Der Landesverteidigungsausschuß wurde aufgelöst. Einige Mitglieder waren den Sitzungen schon lange ferngeblieben, in der Praxis hatte Kossuth diese Institution allein gebildet; seinen Platz nahm nun das Ministerpräsidium ein. Kossuth beauftragte Szemere mit der Bildung der neuen Regierung, der selbst das Innenministerium beibehielt und einige Minister aus den bisherigen Regierungskommissaren auswählte. Sebő Vukovics (so wie Damjanich serbischer Abstammung) wurde Justizminister; einer der treuesten Anhänger Kossuths, László Csányi, der als Regierungskommissar in Siebenbürgen neben Bem geradezu Wunder vollbracht hatte, Verkehrsminister; Ferenc Duschek blieb Finanzminister (es war noch niemandem bewußt geworden, daß er zur Friedenspartei gehörte, ja in der Annäherung an die Kaiserlichen vielleicht sogar noch weiter ging). Die Unterrichtsangelegenheiten übernahm Mihály Horváth, ein katholischer Bischof, der übrigens auch ein ausgezeichneter Historiker war. Das selbständige Ungarn brauchte natürlich auch einen Außenminister; Kázmér Graf Batthyány, ein Verwandter des ehemaligen ersten Ministerpräsidenten, erhielt dieses Portefeuille. Die Regierung war kein unvergleichliches Ensemble wie das erste verantwortliche Ministerium, verkörperte aber doch ein hohes Niveau mit viel Sachverstand, und — was die Hauptsache war — es bestand in der überwiegenden Mehrheit aus Männern, die für die Fortsetzung des Kampfes eintraten. Natürlich gab es unter ihnen auch Personen, deren Vorstellungen sich von denen der Friedenspartei nicht mehr stark unterschieden. Die Umgruppierung sah auf den ersten Blick wie ein persönlicher Sieg Kossuths aus, wie eine Stärkung seiner Macht, in Wahrheit trat aber gerade das Gegenteil ein. Die Energie des Reichsverwesers war auch jetzt erstaunlich, er entfaltete eine unermüdliche Tätigkeit, sein Ansehen nach außen hin war unvermindert groß — nur bewegte er sich immer mehr in einem luftleeren Raum. Als Staatsoberhaupt mußte er jede Anordnung durch den entsprechenden Minister gegenzeichnen lassen, am häufigsten vom Ministerpräsidenten, zu dem er ein sehr schlechtes Verhältnis hatte. Das war auch nicht im entferntesten jene revolutionäre Diktatur, die erst vor wenigen Wochen von der Linken vorgeschlagen worden war. Kossuth, der bis jetzt gerade durch die Zusammenarbeit mit der Linken die Revolution am Leben erhalten und den bewaffneten Kampf weitergeführt hatte, brach nun eigentlich mit dieser Linken, weil er die Unterstützung durch die führende adelige Schicht nicht verlieren wollte, obschon er selbst erkannte, daß die Mehrheit ohnehin nicht mehr hinter ihm stand.

Der ungarische Staat, umgeben von vielen Feinden, kämpfte unverdrossen weiter. Man mußte nun um jeden Preis Bundesgenossen finden, besonders seit man mit dem Herrscherhaus gebrochen hatte. Vielleicht hätte man auch im Land selbst, unter den Nichtungarn, Bundesgenossen gefunden, aber Kossuth vertraute schon lange vor der Absetzung der Habsburger eher ausländischen Mächten und der öffentlichen Meinung, die die ausländischen Mächte zwingen sollte, den Ungarn in irgendeiner Form zu helfen. Und es bestand auch kein Zweifel, daß bei aller Kritik an der ungarischen Nationalitätenpolitik (selbst innerhalb der polnischen Emigration) die westliche öffentliche Meinung doch die liberalen, fortschrittlichen, ja sogar die revolutionären Züge der ungarischen Politik positiv bewertete. Besonders seit der oktroyierten Märzverfassung hielt man sehr viel von diesem Ungarn, das der Reaktion und der Konterrevolution mit Waffengewalt entgegentrat. In der westlichen Presse erschienen viele Artikel, die Partei für die ungarische Sache, nicht nur von liberaler Seite, ergriffen. Auch Marx und Engels fanden die ungarischen Ereignisse vom Frühjahr 1849, den erfolgreichen Kampf gegen die finstere europäische Großmacht, bewundernswert.

Kossuth vertraute darauf, daß diese öffentliche Meinung auch die Regierungen in seinem Sinn beeinflussen würde. In Piemont und Venedig war das tatsächlich der Fall, aber moralische Unterstützung brachte noch keine Kanonen, kein Schießpulver und nicht einmal Geld. Ferenc Pulszky reiste bis nach London, aber Palmerston war jetzt nicht mehr bloß im geheimen der Meinung, daß das Weiterbestehen Österreichs eine europäische Notwendigkeit sei. Äußerten sich Palacký und später Schwarzenberg nicht ähnlich? László Teleki wurde in Paris nicht einmal zu einem Gespräch empfangen, konnte aber mit Hilfe des ungekrönten Königs der polnischen Emigranten, des Fürsten Adam Czartoryski, immerhin eine Vereinbarung mit dem Tschechen Rieger unterzeichnen. Eine eigenartige Konstellation: Rieger, auch nach der Oktoberrevolution ein eifriges Mitglied des Reichstags, war neben Palacký der zweite Freund Österreichs, hatte aber nach den Ereignissen von Kremsier seine Meinung gründlich geändert. Früher war er ein heftiger Gegner der deutschen Pläne gewesen, jetzt war gerade er es, der erklärte, die Tschechen würden Abgeordnete für Frankfurt wählen. Ende März hielt er sich schon in Paris auf. Die Vereinbarung, die bei dem Treffen der drei Emigranten zustande kam, war zwar wieder eine schöne Geste, half aber wenig. Czartoryski hatte zwar wenigstens Geld und unterhielt überall Agenten, die er nun in Bewegung setzte, um ein Übereinkommen zwischen den Ungarn und den Südslawen zustande zu bringen; Rieger aber hatte höchstens Ansehen und einen guten Ruf zu Hause; Teleki repräsentierte damals noch (die Vereinbarung wurde im Mai abgeschlossen) eine tatsächlich existierende Staatsmacht. Und Teleki war es, der gerade aus der Entfernung erkannte, daß das Ungarn des heiligen Stephan zu Ende ging. An Kossuth schrieb er:

„Es gibt eins, was mir besonders am Herzen liegt, denn die Zukunft Ungarlands hängt meiner Ansicht nach davon ab. Wir sollten gegenüber unseren verschiedenen Nationalitäten mit der Vergabe von Rechten möglichst großzügig sein. Nicht nur Österreich ist gestorben, auch das Ungarn des heiligen Stephan [...]

Ungarn hat die Wahl zwischen zwei Möglichkeiten. Die erste: Es stellt sich auf das Corpus juris, und versucht, seine Grenzen so zu erhalten, wie sie waren, und berücksichtigt nicht die Eifersucht der einzelnen Stämme, auf diesem Wege kann man viel Lorbeer gewinnen, aber nur kriegerisches, ein Leben haben, aber ein beengtes, es wird ungeheure Opfer an Blut und Gut kosten; und der Lohn? Einige Jahre einer unsicheren Zukunft. Und wenn wir unterliegen, werden sich die Historiker unserer erinnern, aber in Europa wird niemand um uns weinen. Die andere Möglichkeit, die wir wählen können: von dem Corpus juris etwas opfern und nicht nur im Hinblick auf Kroatien...“

Teleki warf in diesem Brief, angeregt durch die Ideen der polnischen Emigranten, auch den Plan einer breiteren Konföderation auf, einer Donaukonföderation, zu der auch die Walachei, Serbien und Bulgarien gehören sollten. „Und was erfordert dieser Weg? Etwas Selbstüberwindung, deren Lohn unerhörter Ruhm und zukünftiges Leben wären [...]

Auf diesem Wege werden wir nicht hinschmelzen, sondern wir werden uns ausdehnen eher als auf dem anderen. Die Sympathie der Völker, unser moralisches Übergewicht, unsere intellektuelle Beweglichkeit werden hinsichtlich der nationalen Interessen mit verdoppelter Kraft für uns wirken. Das Interesse der Völker wird es erfordern, daß sie unsere Sprache erlernen, und auch die Welt wird sich mit ihr bekannt machen, denn unsere Sprache wird von Weltinteresse sein, und wir werden mächtiger sein als irgendwann

167

irgendein Volk, denn gegen Eroberungen kann es auch keine Feinde geben." Der Brief wurde am 14. Mai geschrieben, als die russische Intervention schon an die europäische Öffentlichkeit gelangt war.

Nach Ansicht Telekis mußte man also mit der bisherigen Auffassung von der einen, einzigen ungarischen politischen Nation brechen, wenn man die Revolution fortsetzen wollte. Von Paris aus war das natürlich klarer zu sehen als von Debreczin oder Pest aus, und Kossuth war zu dieser Zeit eben nicht in Paris.

Die Führer der nichtungarischen Nationen waren gerade durch die Versprechungen der oktroyierten Märzverfassung dazu angeregt worden, erneut Deputationen zum Kaiser zu entsenden, damit die Bestimmungen der Verfassung für ihre eigene Nation konkretisiert würden, bzw. um möglichst viele Wünsche für die eigene Nation vortragen zu können (von Forderungen war keine Rede mehr). Die Deputation der slowakischen Intellektuellen wurde am 19. März von Franz Joseph empfangen. In ihrer Petition wünschten sie die Anerkennung der drei Millionen Slowaken als Nation innerhalb festgelegter Landesgrenzen, die Abtrennung des Gebietes unter dem Namen Slowakei (was ihrer Ansicht nach nur die Anerkennung der früheren historischen Realität gewesen wäre), die Gleichstellung der slowakischen Nation mit allen anderen Nationen Österreichs, Schutz vor der Möglichkeit, daß die Herrschaft der ungarischen Nation über sie wiederhergestellt würde, die Einrichtung von Institutionen, die den slowakischen Besonderheiten entsprachen, einen slowakischen Landtag und eine eigene slowakische Verwaltung mit slowakischer Sprache (gerade Windischgrätz war es, der auf den Rat seiner Freunde aus der ungarischen Hocharistokratie in den nordungarischen Gebieten das Ungarische als Amtssprache wieder eingesetzt hatte).

Die Kroaten wandten sich am 25. April mit einer Petition an den Herrscher, um die im vorangegangenen Jahr vom kroatischen Landtag gefaßten Beschlüsse sanktionieren zu lassen, vor allem jene hinsichtlich der kroatischen Regierung und der Militärgrenze, des Gebrauchs der kroatischen Sprache, der nationalen und politischen Union mit der serbischen Wojwodschaft, der Vereinigung Dalmatiens mit Kroatien. Andreiu Şaguna hatte noch im Februar den langen Umweg über Galizien nach Olmütz auf sich genommen, um dem Herrscher dort die Wünsche seines Volkes unterbreiten zu können, das hieß die Vereinigung aller unter der Oberhoheit des Kaisers lebenden Rumänen in einer Provinz und deren Gleichstellung mit allen anderen Provinzen des Reiches. Der wichtigste Punkt dieser Forderungen, die Bildung besonderer nationaler Provinzen, stand allerdings im Gegensatz zu den entsprechenden Bestimmungen der oktroyierten Verfassung, zumindest was die Rumänen und Slowaken betraf. In bezug auf die Südslawen war das nicht so eindeutig. Aber in den Petitionen sah man eine Möglichkeit, sich Bundesgenossen gegen die Ungarn zu verschaffen. Der Kampf war noch immer nicht entschieden.

Der stattliche Leutnant, nun Kaiser, empfing die Deputationen gnädig und versprach, daß ihre Wünsche nach Möglichkeit erfüllt würden, sobald der ungarische Aufstand mit der Wurzel ausgerottet sei. Das wiederum ging nicht so einfach, wie man sich das in Olmütz und in Wien vorgestellt hatte.

Kossuth unternahm nun tatsächlich einen Schritt zur Vervollständigung der bürgerlichen Umgestaltung. Am 19. April traf er folgende Anordnung: Dort, wo sich der Boden tatsächlich in der Hand der Bauern befand, es aber unklar war, ob es sich um Rustikal- oder Dominikalland handelte, mußte der Boden bis zur Entscheidung dieser Frage in der Hand der Bauern bleiben. Da das praktisch nur Dominikalland betraf, aber in einer beträchtlichen Größenordnung, konnte die Verordnung der Befriedigung bedeutender bäuerlicher Massen dienen.

Am 2. Mai stellte Szemere dem Parlament sein Regierungsprogramm vor. Es war entschieden und radikal, seine Regierung nannte er revolutionär, republikanisch und demokratisch; gleichzeitig ließ er aber die Führer der Friedenspartei insgeheim wissen, daß solche Reden nicht ernst zu nehmen wären. Die Friedenspartei ließ sich dadurch beruhigen. Einige Tage nach der Bekanntgabe, daß das Haus Habsburg abgesetzt sei, war übrigens ein Beauftragter Görgeys nach Debreczin gekommen und hatte der Friedenspartei Görgeys Mißfallen über diesen Schritt mitgeteilt. Der bewaffnete Kampf müsse aber fortgesetzt werden.

In den höchsten Kreisen Wiens wurde man der Untätigkeit Windischgrätz' langsam müde. Wo waren sein Nimbus, sein Ansehen, seine Macht? An dem Tag, als die Absetzung Habsburgs verkündet wurde, erhielt Windischgrätz die Nachricht, daß er als Oberbefehlshaber der ungarischen Truppen durch Franz Ludwig von Welden abgelöst sei. Aber auch Welden erwarb sich keine besonderen Lorbeeren.

Einem neuen Kriegsplan der Honvédtruppen entsprechend, sollte Aulich von Gödöllő in Richtung Pest vorrücken, um einen Hauptangriff vorzutäuschen und die Kaiserlichen dadurch irrezuführen. Drei Armeekorps sollten aber mit 26 000 Mann am linken Ufer der Donau zum Entsatz von Komorn vorstoßen und dort auf das rechte Ufer übersetzen, um Welden zu umzingeln. Am 10. April hatten Damjanich' Truppen Waitzen eingenommen; die Hauptkräfte überquerten am 17. den Fluß Gran, kamen nördlich der Donau, bei Nagysalló, zu einem neuen Sieg und erreichten am 22. Komorn. Kossuth verlangte die sofortige Überquerung der Donau auf das rechte, südliche Ufer, Görgey aber ließ die nach den langen Märschen und den Kämpfen ermüdeten Truppen zunächst ausruhen und begann den Übergang erst am 26. Bei Welden funktionierte die Aufklärung jedoch besser als bei Windischgrätz, und so war er über die Truppenbewegungen der Ungarn informiert. Darum entschloß er sich zum Rückzug und ließ nur ungefähr 4000 Mann unter dem Befehl von General Heinrich Hentzi von Arthurm in der Burg von Ofen zurück. Am 23. April zog General Aulich in Pest ein. Beim Donauübergang bei Komorn stießen die Honvédtruppen bei Szőny, am rechten Ufer der Donau, auf die schon vereinigten kaiserlichen Truppen, konnten aber deren Rückzug nicht aufhalten, da sich ein Teil der Ungarn noch am jenseitigen Ufer befand.

Im übrigen gestaltete sich die militärische Situation aber günstig. Bis Mitte April hatte Perczel mit Ausnahme eines Kreises die Batschka von den serbischen Grenztruppen gesäubert, Bem bis Mitte Mai auch das Banat, nur in den Festungen Temesvár und Arad hielten sich noch kaiserliche Truppen; im südlichen Teil von Transdanubien gab es keine Honvédtruppen. Gáspár Noszlopy konnte etwa 10 000 Mann Landsturm um sich scharen und die Kaiserlichen in das durch den Zusammenfluß der Donau und der Drau gebildete Baranyaer Dreieck zurückdrängen.

Der Widerstand der ungarischen Revolution einerseits und die oktroyierte Märzverfassung andererseits erweckten neue Hoffnungen bei den Radikalen innerhalb und außerhalb des Reiches. Unter den kroatischen Politikern gab es einige (vor allem Milan Kušlan), die mit Jellačić unzufrieden waren und mit Pest Verhandlungen aufnahmen, die aber an der starren Haltung der ungarischen Regierung scheiterten. Kossuth versuchte mit Hilfe von Perczel, mit den serbischen Aufständischen in Verbindung zu treten, um ihnen Zugeständnisse hinsichtlich des Gebrauchs der serbischen Sprache zu machen, aber es kam zu keiner Vereinbarung, obwohl Czartoryski diese Bemühungen mit allen Mitteln unterstützte.

Auch in Böhmen änderte sich die Stimmung. Im Frühjahr 1849 berichtete die Polizei von ungarnfreundlichen Flugblättern. Der unermüdliche Bakunin hatte schon früher, nach der

169

Veröffentlichung seiner Proklamation, eine umfangreiche Organisationstätigkeit begonnen. Er wollte eine Verbindung zwischen den deutschen Demokraten und den Problemen der Slawen, konkret der Tschechen, herstellen und begann, die Fäden einer Verschwörung zu ziehen. Ende März reiste er persönlich nach Prag, natürlich illegal, und mußte mit Erschrecken feststellen, daß es trotz aller Versprechungen mit der Organisation nicht voranging. Im April kam er in Dresden, wo er ebenfalls einen Aufstand vorbereitete, mit Frič überein, daß der Aufstand in Dresden und Prag zur gleichen Zeit ausgelöst werden sollte. Das fiel wenigstens zeitlich mit den Erfolgen der ungarischen Truppen zusammen, auch wenn es sonst zu keiner Zusammenarbeit kam. Frič kehrte nach Hause zurück, um in Prag die deutschen und tschechischen Studenten zu organisieren. Sabina, der andere radikale Demokrat, bemühte sich im April, ein Blatt herauszubringen, in dem er für den Sozialismus Stellung nahm. Am 3. Mai brach der Aufstand in Dresden aus, der bald vom sächsischen Militär niedergeschlagen wurde. In Prag war man mit den Vorbereitungen noch nicht fertig gewesen, und im Morgengrauen des 10. Mai verhaftete die gut informierte österreichische Polizei die Führer der Verschwörung in Prag, unter ihnen Frič. Wieder war ein Revolutionsversuch mißglückt. Dabei hatten die österreichischen Behörden im Frühjahr auch in Galizien noch mit Schwierigkeiten zu kämpfen gehabt, da die Bauern nicht bereit waren, sich in der Agrarfrage mit den angebotenen Lösungen zufriedenzugeben. Nun aber war der Augenblick, der so günstig schien, verflogen.

Pest, die Hauptstadt der Revolution, war inzwischen befreit, aber Ofen befand sich noch in der Hand der österreichischen Truppen. Kossuth, der mehr Gefühl für effektvolle Ergebnisse als für militärische Notwendigkeiten besaß, hielt die Einnahme von Ofen nun für wichtiger als die Verfolgung der zurückweichenden kaiserlichen Truppen, da deren Einkreisung ohnehin nicht gelungen war. So gelang es Welden, seine Truppen hinter die Leitha zurückzuführen (Jellačić war das einige Monate zuvor ebenfalls gelungen), wo sie jederzeit wieder gegen die ungarische Revolution einsetzbar waren.

Einen Sturm auf Ofen hielt auch Görgey für einen glänzenden Einfall; er befreite ihn von dem Zwang, die österreichischen Truppen über die Leitha hinweg verfolgen und vielleicht aufreiben zu müssen. Die Belagerung zog sich aber in die Länge, General Hentzi beschoß Pest mit Kanonen und verursachte dadurch viele Zerstörungen. Es war die Ironie der Geschichte, daß die österreichischen Kanonen das Gebäude des deutschen Theaters in Pest in Brand schossen; es wurde ebenso wie andere Gebäude nie wieder aufgebaut. — Erst am 31. Mai konnte Görgey die Festung Ofen stürmen. Die uralte Hauptstadt des Landes war wieder in der Hand der Revolution, der Sieg war vollständig. Sogar der führende österreichische General war gefallen.

Inzwischen liefen aber an anderen Stellen sehr wichtige Ereignisse ab, die das Schicksal der Revolution höchst verhängnisvoll beeinflußten.

Das Ende in Ungarn

Die russische Regierung, die seit 1833 durch eine besondere Vereinbarung mit Österreich verbunden war, hatte schon zu Beginn der Unruhen nicht verheimlicht, daß sie gegen die Revolution war, einerseits aus prinzipiellen Gründen, die sehr achtunggebietend waren, andererseits wegen der Polen, was weniger achtunggebietend, dafür aber um so wichtiger war. Unter der Führung des Feldmarschalls Fürst Iwan Fjodorowitsch Paskiewitsch wurde ein größeres russisches Armeekorps an der Grenze zu Galizien stationiert, um ein

Übergreifen der Revolution zu verhindern, was auch gelang. Die russische Regierung ließ die Österreicher auch wissen, daß sie bereit sei, Franz Joseph mit Rat und Tat zu unterstützen (dieses Angebot wurde seit der Thronbesteigung mehrmals wiederholt). Im Februar 1849 wurde, wie wir gesehen haben, diese Unterstützung auf Bitte von Puchner von der Walachei her auch in die Praxis umgesetzt. Aber dies war nur eine lokal begrenzte Initiative. Schwarzenberg widerstrebte es, russische Hilfe zu erbitten, schließlich durfte eine Großmacht bei der Bekämpfung ihrer aufrührerischen Untertanen nicht auf fremde Hilfe angewiesen sein. Unter dem Eindruck der ungarischen Siege vom April erklärten jedoch die österreichischen Generäle, daß sie ohne russische Hilfe mit den Ungarn nicht fertig würden. Nikolaus I. wiederum ließ mitteilen, die einzige Bedingung für die russische Hilfe sei ein offizielles österreichisches Ansuchen. Schwarzenberg war auch bald gezwungen, darauf einzugehen; er ordnete dabei, wie er betonte, seine persönlichen Gefühle den staatlichen Notwendigkeiten unter.

Am 1. Mai erging die offizielle Bitte um Hilfe; zwei Stunden später schon ordnete Nikolaus I. das Eingreifen der russischen Truppen an. Am 9. Mai wurde dies auch amtlich bekanntgegeben. Zuvor hatte die russische Diplomatie aber auch die Haltung der englischen Regierung erkundet. Palmerston stellte als einzige Bedingung, daß die Aktion rasch durchgeführt werden müsse. Es wurde Mitte Juni, bis die russischen Truppen, 204 000 Mann, unter der Führung von Paskiewitsch von Galizien aus an drei Stellen die Grenze überschritten und sich im Tal des Flusses Hernád in südwestlicher Richtung bewegten.

Obwohl die Kriegsoperationen in Ofen als militärischer Fehler einzuschätzen waren, trat die erwartete Wirkung tatsächlich ein: Die Stimmung besserte sich, vor allem die Stimmung jener, die glaubten, daß die Siege nach innen für eine Art Konsolidierung und im Interesse eines Ausgleichs mit Österreich ausgenützt werden könnten. Das betraf vor allem Szemere und seine Regierung. Nach der Entfernung von Madarász folgte mit der Auflösung der Polizei ein weiterer Schritt gegen die Radikalen, die dort noch feste Positionen innegehabt hatten. Die mit revolutionären Vollmachten ausgestatteten Regierungskommissare wurden zurückgerufen. Anfang Juni wurden die Standgerichte im Feld, später auch die anderen aufgelöst. Für die Abgeordneten, die an den Sitzungen des Parlaments nicht mehr teilgenommen hatten, wurden nun endlich neue gewählt; der Friedenspartei gelang es nahezu überall, ihre eigenen Kandidaten durchzubringen; damit konnte sie ihre Mehrheit im Parlament ausbauen. Zuvor hatte sich die Friedenspartei an Görgey gewandt, er möge durch einen militärischen Putsch die Macht ergreifen. Görgey wies diesen Vorschlag zwar zurück, griff ihn aber wenig später selbst wieder auf; nun aber hielten die Führer der Friedenspartei den Zeitpunkt nicht für geeignet. Die Radikalen dagegen versuchten, Perczel für den Gedanken einer linken militärischen Diktatur zu gewinnen; aber er konnte sich nicht dazu entschließen.

Kossuth ernannte Görgey zum Kriegsminister, um ihn aus der tatsächlichen militärischen Führung zu entfernen und die festen Beziehungen, die er zu den Truppen unterhielt, zu lockern. Als Nachfolger wurde Damjanich bestimmt, der sich jedoch ein Bein brach und die Aufgabe nicht übernehmen konnte. Die Frage der militärischen Führung war damit erneut offen, obwohl eine Klärung immer wichtiger wurde.

Im Frühling kam es in den westlichen Komitaten zu Bauernunruhen. Die Verordnung Kossuths vom April hatte hier keine wesentlichen Veränderungen gebracht; die Bauern nahmen Weideland und Rodungen, die Dominikalland gewesen waren, in Besitz. An anderen Stellen kündigten sie auf den großen Gütern, die wegen der Abschaffung der

Frondienste zur Vergabe von Lohnarbeit gezwungen waren, die für die Frühjahrsarbeiten abgeschlossenen Verträge. Auf einem der großen Herrschaftsgüter kam es Ende Juni zu einem Erntestreik.

Im Justizministerium, das von Vukovics geleitet wurde, waren die Linken in der Überzahl. Sie sahen die sozialen Probleme klarer und bereiteten deshalb ein neues Agrargesetz vor, das den Kreis der Bauern, die Grundeigentümer wurden, noch mehr erweitern sollte. Táncsics unterbreitete wieder den radikalsten Vorschlag: Der Boden der Kirche sollte ebenso unter die Bauern verteilt werden wie der des Staates; darüber hinaus sollten auch alle Güter über 2000 Joch (etwas weniger als 1000 Hektar) aufgeteilt werden. So weit wollte Vukovics aber nicht gehen. Sein Gesetzesvorschlag hätte die auf Dominikalland sitzenden Bauern von allen Diensten befreit, die zum Dominikalland gehörenden Rodungen und den gärtnerisch genutzten, also intensiver bearbeiteten Boden den Bauern als Eigentum übergeben und die noch vorhandenen adeligen Vorrechte beseitigt. Dieser Gesetzesentwurf zielte darauf ab, der Kampfbereitschaft der Bauern neuen Auftrieb zu geben.

Kossuth regte vertrauliche Verhandlungen mit einzelnen Vertretern der nichtungarischen Nationen an. In März bereits kam es zu einer serbischen Initiative. Kossuth war bereit, das Gebiet Slawoniens zwischen Drau und Save zu nationalem serbischem Gebiet zu erklären, was von seiner Seite aus ein unerhörtes Zugeständnis bedeutete; die Verhandlungen wurden jedoch unterbrochen. In Belgrad gelang es einem Beauftragten Kossuths, sich mit einem kroatischen Vertreter darüber zu einigen, als Gegenleistung gegen die Anerkennung der kroatischen Forderungen (dazu war Kossuth übrigens ausnahmsweise schon im Sommer des vorangegangenen Jahres weitgehend bereit gewesen) kroatische Unterstützung zu erhalten. Das bedeutete aber keine Wende; in Kroatien war die Macht fest in der Hand von Jellačić, und die politische Elite unterstützte ihn nach wie vor, ungeachtet aller inneren Vorbehalte.

Kossuth hätte auch mit Avram Iancu, der nach wie vor das siebenbürgische Erzgebirge beherrschte, gern ein Übereinkommen erzielt und entsandte Joan Dragoş, einen rumänischen Abgeordneten im ungarischen Reichstag, zu Verhandlungen. Der Reichsverweser war allerdings nur zu kleineren Zugeständnissen bereit und erteilte Vollmacht nur für Verhandlungen über freien rumänischen Sprachgebrauch in der Kirche und in den Schulen. Dragoş ging schon darüber hinaus, als er auch eine allgemeine Amnestie für die rumänischen Aufständischen dieses Gebietes versprach. Als Folge einer ganzen Reihe von beklagenswerten Mißverständnissen griff unterdessen eine ungarische Freischar die Rumänen an; auch Dragoş selbst fiel in diesem Kampf. Die Stadt Großschlatten wurde zerstört.

Mitte Mai aber erschien in Debreczin Nicolae Bălcescu, eine der führenden radikalen Persönlichkeiten der im September des vorangegangenen Jahres in der Walachei niedergeschlagenen Revolution, und präsentierte einen neuen Plan: Gegen die entsprechenden Zugeständnisse gegenüber der rumänischen Nation sollte den Ungarn die Unterstützung nicht nur der Rumänen in Ungarn, sondern auch derjenigen in der Walachei zugesichert werden. Beide Seiten erwarteten etwas von einem solchen Abkommen: Kossuth eine Übereinkunft mit dem gefährlichsten Gegner zu Hause, den Rumänen, Bălcescu Hilfe für die Revolution in der Walachei. Die Verhandlungen wurden zwar durch die Veränderungen in der militärischen und politischen Situation mehrmals unterbrochen, aber dann immer wieder fortgeführt.

Mittlerweile änderte sich die militärische Lage erneut; die Kaiserlichen erhielten in der Person des Generalleutnants Julius Freiherr von Haynau einen neuen Oberbefehlshaber.

Schon auf dem italienischen Kriegsschauplatz war er berüchtigt für seine Grausamkeit gewesen: In Brescia z. B. hatte er selbst ehrbare Damen der vornehmen Gesellschaft auspeitschen lassen, weil sie die Sache der Italiener unterstützt hatten. Er erhielt dafür den Namen „Hyäne von Brescia". Als Heerführer war er nicht unfähig, aber sein Vorgesetzter Radetzky sagte über ihn: Er ist wie ein Rasiermesser, nach Gebrauch muß man ihn sofort in den Behälter zurückstecken. Im Moment wurde er gerade gebraucht.

Haynau zog an der westlichen Grenze Ungarns 83 000 Mann zusammen. Görgey, der sich früher aus Prinzip immer auf Verteidigung eingestellt hatte, ging diesmal zum Angriff über, mußte aber Mitte Juni bei zwei kleineren Zusammenstößen Niederlagen hinnehmen. Da die russischen Truppen von Nordosten her bereits im Anmarsch waren, beschloß der Kriegsrat, die Honvédtruppen am östlichen Rand der Tiefebene an der Mieresch zusammenzuziehen. Man konnte etwa mit 173 000 Soldaten rechnen, während die österreichischen und russischen Truppen zusammen etwa 370 000 Mann zählten. Der Plan war, die beiden Gegner einzeln zur Schlacht zu zwingen. Görgey allerdings verweigerte den Gehorsam und teilte mit, er werde mit seinen Truppen in der Burg Komorn bleiben. Als Antwort darauf setzte Kossuth ihn am 2. Juli ab, war aber infolge der Proteste des Offizierskorps neuerlich zu einem Kompromiß gezwungen. Nominell wurde zwar der ehemalige Kriegsminister Lázár Mészáros zum Oberbefehlshaber ernannt, tatsächlich aber blieb die Führung in der Hand von Görgey.

Am 11. Juli erlitten die Ungarn bei Komorn eine neue Niederlage. Nun sah auch Görgey ein, daß im Plan des Kriegsrats, die Truppen zu konzentrieren, gewisse reale Aussichten wenn nicht auf den Sieg, so doch auf einen Ausgleich lagen. Er ließ zwei Armeekorps unter dem Befehl von Klapka in Komorn zurück und brach mit drei Armeekorps in nordöstlicher Richtung auf, um unter Umgehung der russischen Truppen an die Mieresch zu gelangen.

Nach der Wiedereroberung Ofens waren die Sitzungen des Parlaments in Debreczin eingestellt worden, da sie nun wieder in Pest stattfanden. Am 2. Juli wurde hier auch die neue Sitzungsperiode eröffnet, aber inzwischen hatte sich die militärische Lage so sehr verschlechtert, daß man an eine neue Flucht denken mußte. Zehn Tage später nahm Haynau Ofen und Pest ein; sie fielen ihm ohne Kampf zu.

Nach Debreczin konnte das Parlament diesmal nicht flüchten wie beim ersten Mal im Winter; der Weg war durch russische Truppen bereits versperrt, ihre Vorhut agierte schon in der Nähe von Pest. Regierung und Parlament flohen in Richtung Süden, nach Szegedin. Dort sollte der Gesetzesentwurf von Vukovics endlich verabschiedet werden. Obwohl er ja nur eine Umgestaltung der Agrarverhältnisse im bürgerlichen Sinn vorsah, riet Szemere, ihn wegen der ausländischen öffentlichen Meinung, die darin kommunistische Tendenzen vermuten könne, nicht auf die Tagesordnung zu setzen. Diese öffentliche Meinung war es, auf die alle, auch Kossuth, vertrauten; sie sollte eine Fortsetzung des Kampfes möglich machen. Statt sich weiter mit dem Agrargesetz zu beschäftigen, konnte man sich nun wieder der Nationalitätenfrage zuwenden.

Am 14. Juli gelang es, sich mit Bălcescu zu einigen. Ein gemeinsames Schriftstück in französischer Sprache, *Projet de pacification*, enthielt die vereinbarten Grundsätze. Gleich zu Beginn war — wenn auch dank des französischen Textes ein wenig versteckt — die Anerkennung der Rumänen als besondere Nation („une nationalité à part") festgelegt, also jener Grundsatz, auf dessen Durchsetzung die nichtungarischen Nationen mehr als ein Jahr lang gedrängt hatten und wovon die ungarische politische Führungsschicht bisher nicht einmal hatte hören wollen. Im weiteren enthielt die Vereinbarung noch folgende Bestimmungen: In den Verwaltungseinheiten, Komitaten, Gemeinden mit rein oder überwiegend rumänischer Bevölkerung wird der Gebrauch der rumänischen Sprache in der Justiz und im Verkehr mit den Behörden gestattet; die orthodoxe Kirche wird gleichberechtigt, an ihrer Spitze steht ein Patriarch; in den Ortschaften mit rumänischer Bevölkerungsmehrheit wird die Nationalgarde rumänischer Führung unterstellt; in Fragen der Religion und des Unterrichts können die Rumänen unter Aufsicht eines (ungarischen) Regierungskommissars jährlich auf verschiedenen Ebenen Versammlungen durchführen (das waren im wesentlichen Möglichkeiten, über die die Serben schon lange Zeit verfügten); die Rumänen können auch staatliche Ämter bekleiden; für die Aufständischen wird eine allgemeine Amnestie verkündet, sie legen innerhalb von zwei Wochen die Waffen nieder und schwören auf die Unabhängigkeit Ungarns. In drei Punkten wurden Maßnahmen in Aussicht gestellt, die an den Gesetzesentwurf von Vukovics in bezug auf die Agrarfrage erinnerten; ferner wurde versprochen, daß die rumänischen Bauern in Siebenbürgen, denen ihr Boden weggenommen worden war, ihr Eigentum zurückerhalten sollten.

Bălcescu schwebte in einem Freudenrausch. In einem Brief an einen Freund schrieb er, daß die rumänische Revolution in der Walachei gerettet und die Freiheit schon verwirklicht sei.

Für die Behandlung des Gesetzesentwurfes über die Nationalitätenfrage stand dem Abgeordnetenhaus nicht die den parlamentarischen Gepflogenheiten entsprechende Zeit zur Verfügung; so erhielt er schließlich am 28. Juli nur als Beschluß Gesetzeskraft. Darauf berief man sich auch, wenn es hieß, daß es sich hier nur um vorläufige Regeln handeln könne, die Details müßten später ausgearbeitet werden. Im 1. Punkt hieß es: „Allen Völkern des ungarischen Reiches wird mit den folgenden Bestimmungen die freie nationale Entwicklung gesichert" — und danach folgend die konkreten Ausführungen: Ungarisch bleibe zwar auch weiterhin die amtliche Sprache des Landes, aber jeder könne seine Muttersprache auf allen Ebenen der lokalen Selbstverwaltung und der Schwurgerichte frei gebrauchen; die Dienstsprache der Nationalgarde; die Unterrichtssprache in den Elementarschulen richte sich nach der Sprache der Mehrheit, die Eintragungen in den Kirchenbüchern erfolgten ebenfalls in dieser Sprache; die orthodoxe Kirche könne in ihren eigenen Angelegenheiten, einschließlich der Unterrichtsfragen, auf ihren Synoden frei entscheiden, sie sei also den anderen Kirchen gleichgestellt; in den staatlichen Behörden könnten auch Nichtungarn eingestellt werden „ohne Berücksichtigung von Sprache und Religion, im allgemeinen nach Verdienst und Fähigkeit". Für die Aufständischen werde eine Amnestie ausgesprochen, wenn sie den Schwur auf die Unabhängigkeit ablegten. Deutlich sichtbar werden hier die Grundsätze des *Projet de pacification* in wesentlichen Punkten auf alle nichtungarischen Nationen ausgedehnt.

Der erste Punkt wurde auch hier sehr versteckt und verschämt formuliert; dennoch bedeutete er im wesentlichen die Anerkennung der nichtungarischen Nationen als Nation. Übrigens sicherte selbst dieser Beschluß des Abgeordnetenhauses nicht alles das zu, was die Führer der nichtungarischen Nationen seit mehr als einem Jahr forderten, vor allem war nirgends von einer territorialen Sonderstellung die Rede (auf Kroatien bezog sich das Gesetz nicht), er enthielt aber mindestens so viele Rechte, wie sie in der Verfassung vom April 1848 für die westlichen Teile Österreichs oder in der oktroyierten Märzverfassung enthalten waren. Dennoch hatte der Beschluß einen schlimmen Schönheitsfehler: Er wurde am 28. Juli 1849 gefaßt, auf der Flucht vor den österreichischen und russischen Truppen, als sich bereits niemand mehr in der Illusion wiegen konnte, daß sich irgend etwas davon in naher Zukunft verwirklichen lassen würde. Ein Jahr früher wäre der Beschluß vielleicht ausreichend gewesen, oder er wäre wenigstens von den führenden Politikern der nichtungarischen Nationen als Verhandlungsgrundlage anerkannt worden. Jetzt versprach der Kaiser mindestens ebensoviel, wenn nicht mehr. Und er war der Stärkere.

Im Juni setzten die Slowaken ihre dritte Freischärlertruppe in Marsch, obwohl das im wesentlichen an der Situation nicht mehr viel ändern konnte (keine von ihnen hatte übrigens Erfolg). Die Rumänen im Erzgebirge bedeuteten eine größere Gefahr, doch hatte Iancu nach dem Beginn der russischen Intervention die Neutralität erklärt. Dabei fielen die denkwürdigen Worte, daß in diesem Land von nun an die Rumänen nicht mehr ohne die Ungarn, die Ungarn nicht mehr ohne die Rumänen entscheiden könnten (freilich befolgte keine der beiden Volksgruppen in der folgenden Zeit diesen weisen Rat).

Das Parlament traf in Szegedin noch eine wesentliche Entscheidung, die wirklich der bürgerlichen Umgestaltung diente: sie betraf die Emanzipation der Juden. Es war eine späte Anerkennung der Tatsache, daß die Juden, die in Ungarn die bürgerliche Umgestaltung gefördert hatten, während der Revolution und des Freiheitskampfes die Revolution unterstützt hatten. In großer Zahl hatten sie sich freiwillig bewaffnet, an der Seite der Ungarn gestritten und viel für die Ausrüstung der Armee geleistet.

Die Ereignisse folgten nun rasch aufeinander, da die österreichischen und russischen Truppen ein solches zahlenmäßiges Übergewicht hatten, daß die Situation immer hoffnungsloser wurde. Einen Tag nachdem die Beschlüsse über die Nationalitätenfrage gefaßt worden waren, stand Haynau schon vor Szegedin; die Regierung floh nach Arad, das die ungarischen Truppen erst vor kurzem eingenommen hatten. Die Flucht ging nach Südosten, in Richtung auf die Grenze zum Osmanischen Reich. Nur noch zehn Abgeordnete begleiteten die Regierung.

Am 2. Juli verlor Görgey in der Nähe von Debreczin erneut eine kleinere Schlacht, konnte aber seinen ursprünglichen Plan verwirklichen und einen Zusammenstoß mit den russischen Hauptstreitkräften vermeiden. Am 20. Juli gerieten auf nordungarischem Gebiet zwei russische Offiziere in seine Gefangenschaft, die das Märchen erfanden, sie wären Abgesandte von Paskiewitsch und sollten den ungarischen Truppen ein Waffenstillstandsangebot unterbreiten: Die Honvédoffiziere würden im gleichen Rang in die russische Armee aufgenommen, falls sie ihre Waffen niederlegten. Görgey nahm dieses Angebot ernst und schickte die beiden Offiziere zurück, worauf sich General Fjodor Wasiljewitsch Rüdiger, der Generalstabschef von Paskiewitsch, ernsthaft für die Angelegenheit zu interessieren begann. Botschaften gingen hin und her, Görgey wollte über die russischen Bedingungen näher informiert werden, Rüdiger interessierte sich für die Vorstellungen Görgeys.

Über diese Verhandlungen wußte man in Szegedin noch nichts, als am 27. Juli auf einer geschlossenen Sitzung des Abgeordnetenhauses die Friedenspartei wie die Linken Görgeys Ernennung zum Diktator vorschlugen; Szemere war aber dagegen. Am 1. August empfing Görgey, der sich noch immer im Norden aufhielt, eine Delegation der Friedenspartei und teilte ihr mit, daß er die Waffen niederlegen werde, aber nur vor den russischen Truppen. Szemere und Außenminister Batthyány zogen ihn am nächsten Tag wegen der Verhandlungen mit den Russen persönlich zur Verantwortung.

Am 30. Juli ernannte Kossuth erneut Dembiński an Stelle von Mészáros zum Oberbefehlshaber. Er wurde gleichzeitig beauftragt, seine Truppen in Richtung Arad zurückzuziehen. Dembiński überschritt auch am 2. August die Theiß, zog sich aber nicht in Richtung Arad, sondern auf Temesvár zurück. Daraufhin ernannte Kossuth Bem zum Oberbefehlshaber, von dem man annehmen konnte, daß er auch bestrebt sei, den Konzentrationspunkt zu erreichen. Bem hatte übrigens am 31. Juli noch in Siebenbürgen, bei Schäßburg, eine schwere Niederlage hinnehmen müssen. Seit dieser Schlacht wurde auch Petőfi vermißt, der als Adjutant bei Bem gekämpft hatte.

Am 9. August griff Bem bei Temesvár Haynaus Truppen an, erlitt aber eine neue Niederlage und wurde selbst verwundet. Im Laufe der Schlacht war der ungarischen Artillerie bereits die Munition ausgegangen.

Am 29. Juli hatte die Regierung Kenntnis von den Verhandlungen Görgeys erhalten und nun ihrerseits beschlossen, Verbindung mit den russischen Interventionstruppen aufzunehmen. Kossuth war sogar bereit, den ungarischen Thron irgendeinem Mitglied der Romanow-Familie anzubieten. Nikolaus I. war zwar sehr eitel, und es schmeichelte ihm, den russischen Einfluß auf Ungarn auszudehnen, aber Kossuth berücksichtigte nicht, daß der Zar nie von Aufrührern und Revolutionären einen solchen Vorschlag annehmen würde. Paskiewitsch wußte das genau.

Am 10. August beschloß der Ministerrat in der Festung in Arad, General Ernő Pöltenberg mit dem oben erwähnten Vorschlag zu Paskiewitsch zu schicken. Am Abend kam er mit der Nachricht zurück, daß Paskiewitsch zu Verhandlungen bereit sei, allerdings nur auf militärischer Ebene, also mit Görgey, nicht aber mit den Politikern, die Aufrührer seien. Kurz nach der Ankunft Pöltenbergs kam auch die Nachricht von der Niederlage Bems bei Temesvár, was die völlige Auflösung seiner Armee bedeutete. Offensichtlich war der weitere Kampf hoffnungslos geworden, obwohl sich in den Reihen der russischen Armee, ja selbst bei einem Teil des Offizierskorps, eine gewisse Sympathie für die Ungarn und zugleich eine entschiedene Abneigung gegen die Österreicher bemerkbar machten. Die höhere russische Führung wurde dadurch nicht berührt, und das war schließlich das Entscheidende.

Am Morgen des 11. August verlangte Görgey in Arad die Übergabe der Macht. Kossuth ernannte ihn zum Oberbefehlshaber und beauftragte ihn mit dem Abschluß des Waffenstillstands. Am Abend um 9 Uhr übertrug er ihm alle geforderten Vollmachten, ernannte ihn zum Diktator und trat als Reichsverweser zurück. „Nach den unglücklichen Kämpfen, mit denen Gott in den letzten Tagen unsere Nation heimgesucht hat, gibt es keine Hoffnung mehr, daß wir den Kampf der Selbstverteidigung gegen die gewaltige, vereinigte Macht der Österreicher und Russen erfolgreich fortsetzen können.

Unter diesen Umständen ist die Rettung des Lebens der Nation, die Sicherung ihrer Zukunft allein von dem an der Spitze der Armee stehenden Führer zu erwarten, und es ist die reine Überzeugung meiner Seele, daß das weitere Bestehen der gegenwärtigen Regierung sich für die Nation nicht nur als nutzlos, sondern auch als schädlich erweisen würde; aus diesem Grunde gebe ich der Nation zu wissen, daß ich — geleitet von dem reinen vaterländischen Gefühl, mit dem ich alle meine Schritte und mein ganzes Leben einzig meinem Vaterlande gewidmet habe — in meinem und im Namen des Ministeriums hiermit von der Regierung zurücktrete und, bis nationale Behörden entscheiden können, die höchste bürgerliche und militärische Regierungsgewalt auf Herrn General Arthur Görgey übertrage.

Ich erwarte von ihm, und ich mache ihn vor Gott, der Nation und der Geschichte dafür verantwortlich, daß er diese Macht nach seinen besten Fähigkeiten zur Rettung der nationalen Existenz unseres armen Vaterlandes, zum Besten seines Lebens, zur Sicherung seiner Zukunft anwendet."

Görgey teilte dies unverzüglich Rüdiger mit. Am nächsten Tag begann der Marsch zu dem für die Waffenniederlegung vereinbarten Ort, auf die Ebene bei Világos bei Arad. Die Honvédtruppen wußten nicht, warum und wohin sie marschierten; das stellte sich erst am

13. August heraus, als sie sich von russischen Truppen umringt sahen und ihre Waffen niederlegen mußten. Paskiewitsch konnte stolz an Nikolaus melden: Ungarn liegt zu Füßen Eurer Majestät. Dem Kaiser in Wien empfahl der Zar eine milde Handlungsweise.

Die österreichische Heeresführung verstand natürlich genau, was Görgey beabsichtigt hatte, als er die Waffen nicht vor den Österreichern, sondern vor den Russen niederlegte. Diese anscheinend gut berechnete Beleidigung brachte die Kaiserlichen nur noch mehr in Wut: Schwarzenberg antwortete auf die zur Mäßigung mahnenden Hinweise mit der Bemerkung: „Das ist ganz gut, aber zuerst wollen wir ein bißchen hängen."

Kossuth und die politischen Führer, die bei ihm geblieben waren, setzten sich in das Osmanische Reich ab; Bem gab ihnen dabei mit den Überresten seiner Armee militärischen Begleitschutz.

Nachdem Görgey die noch im Land verstreut liegenden kleineren Truppenverbände über die Kapitulation hatte informieren lassen, legten auch seine Truppen der Reihe nach die Waffen nieder. Nur die Burg Komorn konnte sich halten; sie durch eine Belagerung einnehmen zu wollen, war hoffnungslos. Klapka begann Verhandlungen über die Übergabe der Festung und konnte erreichen, daß alle dort verbliebenen Soldaten und Offiziere begnadigt wurden. Am 5. Oktober kapitulierte Komorn, der letzte Ort des Widerstandes, denn kurz nach der Waffenniederlegung bei Világos hatte auch Venedig, die letzte größere Bastion der Revolution, den Kampf aufgeben müssen.

Das Ende in Venedig

Wir müssen zum Sommer 1848 zurückkehren. Am 3. Juli war in der Republik Venedig aufgrund des allgemeinen Wahlrechts die konstituierende Nationalversammlung (Assamblea) gewählt worden. Daniele Manin verlangte, daß sich Venetien dem einheitlichen Königreich Italien anschließen dürfe. Das nahm ihm die Linke später sehr übel, aber Manin berief sich darauf, daß er dieses Opfer für die Nation gebracht habe. Auf die Nachricht von dem Waffenstillstand zwischen Piemont und Österreich brach aber in Venedig ein neuer Aufstand aus. Am 11. August übernahm Manin an der Spitze eines Triumvirats erneut die Führung der Republik, am 13. August stattete ihn die Assamblea mit diktatorischen Vollmachten aus. In seiner Hand lag die politische Führung. Cavedalis war für die Armee, Graziani für die Angelegenheiten der Marine verantwortlich, Tommaseo blieb in der Opposition.

Auf Venetien bezog sich in noch stärkerem Maße, was für die Lombardei gültig war: Bürgerliche Verhältnisse waren hier schon seit Jahrhunderten fest verwurzelt, und eine Art bürgerlicher Umgestaltung, die in anderen Ländern und Provinzen Österreichs noch verwirklicht werden mußte, hatte hier gar keinen Sinn. Eine nationale Einheit aber war nach der Niederlage des Königs von Piemont-Sardinien unmöglich geworden. Venetien hätte also wieder als selbständige Republik des heiligen Markus auftreten und seine Existenz dort fortsetzen können, wo sie 1797 beendet worden war — wenn nicht im Laufe des Sommers 1848 nach den österreichischen Siegen der überwiegende Teil des Gebietes wieder unter österreichische Oberhoheit gefallen wäre. Die Stadt selbst war, wie schon erwähnt, schwer einzunehmen. Aber was konnte die Revolution in einer Stadt beginnen die schon bald unter österreichische Blockade fiel?

Tommaseo und der Volks-Klub, eine aus mit ihm sympathisierenden Anhängern eines utopischen Sozialismus bestehende Vereinigung, hätten in der Theorie über das bürgerliche System hinausgehen können, wenn sie Verbindung zu den Volksmassen Venedigs besessen hätten. Das aber war nicht der Fall; das Volk war noch nicht zu einer Veränderung im sozialistischen Sinn bereit. Bei den Wahlen zur konstituierenden Nationalversammlung hatte der Kandidat der Gondolieri, Galli, in seiner Wahlrede ein Bekenntnis zur Gleichheit und zur Demokratie abgelegt, sich gleichzeitig aber zur Unverletzlichkeit des Privateigentums bekannt.

Manin deklarierte das Triumvirat zu einer vorläufigen Institution; das war eine Geste gegenüber der republikanischen bürgerlichen Mehrheit, die gern alte republikanische Traditionen der ehemaligen Republik Venedig erneuert hätte.

In der eingeschlossenen Stadt wurden die durch die Blockade verursachten Schwierigkeiten immer spürbarer. Die Grundlage der einstigen Größe Venetiens, der Seehandel, war unter den gegebenen Umständen völlig zum Erliegen gekommen, die Republik verlor damit ihre Einnahmen und mußte die anderen italienischen Staaten um Hilfe bitten. Vom Königreich Sardinien wurden monatlich 600 000 Lire versprochen, aber nicht gezahlt; die anderen Staaten versprachen von vornherein nichts. Anfang November erließ der Stadtrat eine Zwangsanleihe in Höhe von 5 Millionen Lire, davon mußten die 40 reichsten Familien 3 Millionen, 150 weitere Familien mit kleinerem Vermögen 2 Millionen aufbringen. Die Summe kam aber nur unter ziemlichen Schwierigkeiten zusammen.

Die 70 äußeren Befestigungsanlagen und die Lagunen boten einen guten Schutz gegen die kaiserlichen Truppen; damit war aber nur die Verteidigung gesichert. In der Hoffnung, daß sich in Italien die Lage ändern würde, konnte man inzwischen aushalten. Die Linke forderte allerdings militärische Aktivität. Am 22. Oktober kam es zu ersten Kampffaktionen, am 27. wurde ein in österreichischer Hand befindliches Fort besetzt. Das Triumvirat wollte aber keine Kampfhandlungen und rechnete auf die Hilfe der englischen und französischen Regierung. Manin hatte sich am 11. August in einer ersten Note an die französische Republik mit der Bitte um Hilfe gewandt, die diesem Wunsch zwar nicht ablehnend gegenüberstand, in der Praxis aber nichts tat und auch nichts Konkretes versprach. Palmerston schlug Mitte Oktober vor, daß sich die Revolutionäre mit Österreich einigen sollten. Nach seiner Vorstellung sollte Österreich die Lombardei an Italien übergeben, aber Venetien behalten. Manin dagegen entwickelte im weiteren Verlauf des Notenwechsels als Alternative zu einem direkten Anschluß an das Königreich Sardinien auch den Gedanken, die Unabhängigkeit der gesamten Lombardio-Venetianischen Provinz auszurufen. Aber Palmerston verwarf beide Möglichkeiten. Auch die neue römische Revolution im November brachte für die isolierte Situation Venedigs praktisch keine Änderung. Nach der italienischen Niederlage bei Novara war endgültig jede Möglichkeit verschwunden, daß sich Venedig von dem österreichischen Druck wieder befreite.

Diese diplomatischen Verhandlungen und die damit einhergehende militärische Passivität lösten in linken Kreisen Unzufriedenheit aus. Durch die wirtschaftlichen Schwierigkeiten verschlechterte sich die Situation breiter Schichten immer mehr. Der Volks-Klub forderte nach dem Beispiel der Französischen Revolution eine innere Reinigung, die Vertreibung der Österreichfreunde, die Aufstellung einer Liste aller Verdächtigten, die Wiederherstellung des Machtapparates (das hätte ein gangbarer Weg für die Weiterführung der Revolution sein können). Freilich verstand sich auch die Mehrheit auf die Anwendung französischer Vorbilder: So wurden Überwachungsausschüsse ins Leben gerufen, die sich gegen die Linken richteten. Einem republikanischen Priester wurde die Predigt nur unter der Bedingung genehmigt, daß er sich in bezug auf Karl Albert mäßige. Den Soldaten (etwa 20 000 Mann standen unter Waffen) wurde von Cavedalis der Besuch der verschiedenen politischen Klubs verboten.

Im Januar 1849 wurde die *Assamblea* neugewählt. Wieder erhielten die Anhänger Manins, zusammen mit den Sympathisanten Piemonts, die Mehrheit. Die Linken erhoben die Forderung, Delegierte Venetiens in die konstituierende Versammlung der Republik Rom zu entsenden, was einen offenen Bruch mit dem sardinischen Königreich bedeutet hätte. Selbstverständlich konnte Manin die Verantwortung für einen solchen Schritt nicht übernehmen und bat um Aufschub für die Entscheidung. Den Linken gelang es, diesen Vorfall zu benutzen, um die Massenunzufriedenheit zum Ausbruch zu bringen. Am 5. März 1849 drang die Menge in den Sitzungssaal der *Assamblea* ein und forderte die Ablösung des Triumvirats. Manin gelang es, die Eingedrungenen zu beruhigen. Zwei Tage später wurde das Triumvirat dennoch aufgelöst, aber wieder wurde Manin zum Präsidenten gewählt und ihm die exekutive Gewalt übertragen.

Nach der Veröffentlichung der oktroyierten Märzverfassung und dem Sieg von Novara wollte die österreichische Regierung nun den Widerstand Venetiens brechen; auch in Ungarn schien ein rasches Ende der Kämpfe nahe. Am 26. März forderte Haynau Venedig in einem Ultimatum auf, sich zu ergeben. Die Stadt war nun vom Land wie von der See her völlig eingeschlossen, ergab sich aber nicht. Manin erhielt alle Vollmachten für die Verteidigung, die Linke drängte wieder auf militärische Angriffsoperationen. Dazu reichten die Kräfte der belagerten Stadt jedoch nicht mehr aus. Ende April begannen die Kaiserlichen, den Angriff auf eines der Festungswerke vorzubereiten, das sie Ende Mai nach dreitägigem Sturm einnahmen. Mitte Juni begannen sie erneut, die Stadt zu beschießen. Das brachte Venedig zwar manche Probleme, schlimmer war aber der Mangel an Lebensmitteln, da die Österreicher sich nun auf die Aushungerung der Stadt eingestellt hatten. Eine Choleraepidemie brach aus, die innerhalb eines Monats etwa 3000 Menschenleben forderte.

Im Mai wandte sich Manin erneut an die englische Regierung mit der Bitte, die Stadt unter ihren Schutz zu nehmen. Im Juni versprach Kossuth Hilfe. Der Volks-Klub organisierte wöchentliche Zusammenkünfte, um die Kriegslage zu diskutieren, die allerdings von Manin verboten wurden. Dagegen wurde ein Soldatenkomitee gebildet, in das Manin auch Linke einbezog. Tommaseo schlug vor, den Widerstand außerhalb der Stadt fortzusetzen, falls Venedig wegen des Nahrungsmangels kapitulieren müsse. Das war aber im August schon unmöglich, obwohl ein Teil der Soldaten zu weiterem Kampf bereit war und am 20. August sogar revoltierte, als die Nachricht von den Kapitulationsverhandlungen sie erreichte.

Am 22. August mußte sich die Republik Venedig ergeben, am 30. zog Radetzky in die eroberte Stadt ein. Die milden Bedingungen, die die Sieger gestellt hatten, waren eine Folge der gegebenen Situation, vor allem des langen Widerstandes, ebenso wie es bei Komorn der Fall gewesen war.

Rache und Umgestaltung

Die Revolution in Österreich hatte ein Ende gefunden; der Vielvölkerstaat blieb weiter bestehen. Die westlichen Mächte betrachteten ihn nach wie vor als eine europäische Notwendigkeit. Am 21. Juli hatte es im britischen Unterhaus wegen der russischen Intervention in Ungarn eine Interpellation an Palmerston gegeben, die dieser mit dem Hinweis auf die Bedeutung Österreichs für das europäische Gleichgewicht beantwortete.

Auch in seiner Sicht war der noch andauernde Krieg ein Krieg zwischen Österreich und Ungarn, und in dieser Auseinàndersetzung mußte natürlich jedes Volk in Ungarn auf ungarischer Seite stehen. Es ist nicht wahrscheinlich, daß er tatsächlich solche ungenauen Informationen hatte; die Interpellation jedenfalls sprach sich für die liberalen Ungarn und gegen das tyrannische Österreich aus. Palmerston selbst hatte allerlei kritische Anmerkungen hinsichtlich der österreichischen Politik zu machen, nahm aber im wesentlichen doch für die Monarchie Stellung.

Der französische Außenminister rief in seinen Weisungen an den französischen Botschafter in Wien vom 22. August die österreichische Regierung dazu auf, Großzügigkeit gegenüber den Besiegten walten zu lassen, um nicht Zündstoff für neue Auseinandersetzungen zu liefern. Er betonte, wieviel Sympathie der Kampf der Ungarn in der öffentlichen Meinung der westeuropäischen Länder erweckt habe. Österreich sei zwar ein notwendiger Faktor für das europäische Gleichgewicht, aber gerade darum sei es so wichtig, daß die Ungarn nicht wie Empörer behandelt und bestraft würden.

Auch Nikolaus I. empfahl Großzügigkeit und lenkte die besondere Aufmerksamkeit des Kaisers auf die Person Görgeys. Aber wie hatte Schwarzenberg gesagt? „Zuerst wollen wir aber ein bißchen hängen." Die „Hyäne von Brescia", Feldzeugmeister Haynau, hatte schon lange vor der Kapitulation klargemacht, was die „Aufrührer" zu erwarten hatten. Wessenberg schrieb an Bach in dessen Eigenschaft als Justizminister: „Haynau schreibt Proklamationen mit dem Säbel — welche Feder wird den Akt der Versöhnung unterschreiben?" Aber von Versöhnung konnte gar keine Rede sein.

Zu dieser Zeit tagte das umgebildete Kabinett Schwarzenbergs bereits in Wien; auch der Kaiser residierte seit Anfang Mai wieder in Wien. In der umgebildeten Regierung hatte Bach das Justizministerium übernommen, Schmerling, der einst in Frankfurt für die großdeutsche Lösung eingetreten war, war Innenminister, und Leo Graf von Thun und Hohenstein, einst das schwarze Schaf von Prag, übernahm das neuerlich gebildete Ministerium für Kultus und Unterricht. Am 20. August verhandelte der Ministerrat über die Maßnahmen, die nach der Niederschlagung des ungarischen Aufstandes zu treffen seien. Eine Zeitlang sprach man sich dort wirklich für eine gewisse Mäßigung aus, doch dann kam die Nachricht von der Kapitulation bei Világos. Nun konnte der Henker in Aktion treten.

Einen Tag nach der Kapitulation von Komorn, genau am Jahrestag der Wiener Oktoberrevolution (und das war bewußt so gemeint), am 6. Oktober 1849, wurden in Arad 13 Generäle der ungarischen Honvédarmee hingerichtet, unter ihnen nicht wenige ehemalige kaiserliche Offiziere, die nicht einmal Ungarisch konnten. Aulich, einer dieser Offiziere, erklärte vor der Hinrichtung: „Der König befahl mir als Soldaten, auf die Achtundvierziger Konstitution zu schwören — ich schwur. Der König hielt seinen Schwur nicht, ich habe den meinen gehalten." Am gleichen Tag wurde in Pest Lajos Batthyány, der Ministerpräsident der ersten verantwortlichen ungarischen Regierung, der seit Anfang Januar gefangengehalten worden war, hingerichtet. Todesurteile wurden zu Hunderten gefällt. 114 Urteile wurden vollstreckt, 75 zum Tode Verurteilte konnten von den kaiserlichen Behörden nicht gefaßt werden und wurden in effigie aufgehängt. Viele Todesurteile wurden — schon wegen der Rücksichtnahme auf das Ausland — in lebenslängliche oder langjährige Festungshaft umgewandelt. Insgesamt wurden mindestens 1500 Urteile gefällt. Mit besonderer Vorliebe richtete sich die Strafverfolgung gegen die ehemaligen kaiserlichen Offiziere. Die Offiziere der Honvédarmee, die früher nicht in der kaiserlichen Armee gedient hatten, wurden als einfache Soldaten in die österreichische

Armee eingereiht. Von Aussöhnung und Großzügigkeit konnte keine Rede sein. Auf die zur Mäßigung mahnende Note Palmerstons antwortete Schwarzenberg nur hochmütig, daß England zuerst vor seiner eigenen Tür kehren möge. Auf die westliche Meinung reagierten nur empfindlichere Minister wie Bach, der auch an seine eigene revolutionäre Vergangenheit denken mochte. Eine größere Rolle spielte schon, daß auch Nikolaus I. beleidigt war, weil man seinen Empfehlungen keine Beachtung geschenkt hatte. Bach schlug am 26. September dem Ministerpräsidenten vor, keine weiteren Hinrichtungen mehr durchführen zu lassen; Schwarzenberg antwortete kühl, daß diese Bemerkung gegenstandslos sei, da der Kaiser die Hinrichtungen bereits verboten habe. Bach verständigte Baron Karl von Geringer, den bürgerlichen Chef der Landesverwaltung Ungarns; trotzdem setzte Haynau sein Blutgericht noch eine Zeitlang fort. Er glaubte wohl, sich ebensoviel Eigenmächtigkeiten gegen die Regierung erlauben zu können, wie seinerzeit Windischgrätz. Aber darin irrte er sich, er wurde abgelöst.

Nirgendwo sonst in Europa war eine Regierung derartig gnadenlos mit der Revolution verfahren; mit Ausnahme von Venetien hatte sie allerdings auch nirgendwo so lange gedauert wie in Ungarn. Die Ungarn galten in Wien als ärgere Feinde der Einheit des Reiches als etwa die Anhänger eines deutschen Einheitsstaates. Darum mußte man sie exemplarisch bestrafen. Damals wurde der Ausspruch eines ungarischen Grundbesitzers bald zum geflügelten Wort: Sein Freund, ein kroatischer Grundbesitzer, hatte sich darüber beklagt, daß auch die Wünsche der Kroaten nicht erfüllt worden waren, worauf der Ungar angeblich antwortete: Freilich, ihr habt ja das als Lohn bekommen, was uns als Strafe zuteil wurde. Die Freischärlertruppe der Slowaken, die an der Liquidierung der verstreuten Honvédeinheiten teilgenommen hatte, wurde in Preßburg im Rahmen einer schönen und eindrucksvollen Feier verabschiedet, Iancu und Şaguna erhielten prachtvolle Orden. Der Tscheche Havlíček dagegen, der so fleißig Zeitungsartikel für die Sache Österreichs geschrieben hatte, wurde in Tirol interniert.

Am 31. Dezember 1851 erließ Franz Joseph sein Silvesterpatent, durch das die niemals verwirklichte oktroyierte Märzverfassung aufgehoben und der Absolutismus wiederhergestellt wurde. Mit Befriedigung konnte er seiner Mutter schreiben, daß er nun der alleinige Herr sei. Sophie schrieb nur andächtig auf den Brief: Gott sei gelobt.

Galgen, trostlose Gefängnisse, verängstigtes Schweigen, souverän vom Tisch gefegte nationale Ansprüche — waren das die Ergebnisse der Revolution? (Moritz Hartmann schrieb zu dieser Zeit, Österreich sei wie ein „Sklavenschiff, beladen mit unglücklichen Völkern".) War alles vergeblich gewesen? Die Zeitgenossen sahen das zweifellos so, und zum überwiegenden Teil war auch die Nachwelt dieser Auffassung. Die nationalen Ansprüche waren tatsächlich nicht verwirklicht worden, es gab keine deutsche Einheit unter Einbeziehung der österreichischen Deutschen, keine ungarische Sonderstellung innerhalb des Reiches und noch weniger die volle ungarische Unabhängigkeit. Österreich war auch nicht zu einer Föderation gleichberechtigter Nationen umgewandelt worden.

Aber wir sollten nicht vergessen, daß eben all diese nationalen Ansprüche so beschaffen waren, daß sie sich unvermeidlich gegenseitig durchkreuzen und die Nationen gegeneinander stellen mußten.

Auf die Wiederherstellung der Konstitutionalität mußten die Menschen mehr als ein Jahrzehnt warten, im rebellischen Ungarn noch länger. Aber wenn wir bedenken, daß in Österreich 1848 eine bürgerliche Revolution abgelaufen war, die den Feudalismus oder dessen Überreste liquidierte und den Rahmen für eine bürgerliche, kapitalistische Entwicklung absteckte, dann müssen wir auch zur Kenntnis nehmen, was auf diesem Gebiet verwirklicht wurde: die Bauernbefreiung, die Gleichheit vor dem Gesetz, der Ausbau einer modernen bürgerlichen Verwaltung auf der Grundlage der „freien Gemeinde" und ein modernes Justizwesen. Die Regelung der Agrarverhältnisse zog sich allerdings noch lange Jahre hin, und die völlige Wiederherstellung der Verfassungsmäßigkeit erfolgte erst 1867 mit dem österreichisch-ungarischen Ausgleich und der Dezemberverfassung von Zisleithanien (die in vielen Punkten mit der oktroyierten Märzverfassung identisch war). Aber der Durchbruch in Richtung auf ein bürgerliches System war dennoch erfolgt, und er war unumkehrbar. Windischgrätz, Radetzky oder Jellačić hatten das nicht gewollt, was danach eintrat, ebensowenig wie die Revolutionäre. Das Resultat der vielen einander widersprechenden Faktoren und Bestrebungen war aber dennoch die Herausbildung des institutionellen Rahmens für eine bürgerliche Umgestaltung, oder genauer: für deren Beginn.

WAS BLIEB VON DER REVOLUTION?

Wir haben den Verlauf der Revolution im Habsburgerreich verfolgt und die geschichtlichen Ereignisse von den vielversprechenden Anfängen bis zum bedrückenden Ende dargestellt. Es ist nun an der Zeit, innezuhalten und über einige Fragen nachzudenken, die wir im schnellen (oder manchmal auch hoffnungslos langsamen) Ablauf der Ereignisse nicht genügend prüfen konnten.

Die Struktur

Worin bestand die Struktur dieser Revolution, wie sahen die gesellschaftlichen Klassen und Schichten aus, die sich an ihr beteiligten? Es fällt zunächst auf, daß die Revolution durch einige große Bewegungen ausgelöst oder weitergeführt und von den großstädtischen Massen initiiert wurde. Wien, Pest, Mailand, Krakau, Lemberg, Prag — alles Städte, deren hervorstechendes Merkmal nicht darin bestand, daß sie Hauptstadt eines Landes oder einer Provinz waren (obwohl dieser Umstand nicht übersehen werden sollte), sondern daß in ihnen Hunderttausende oder wenigstens mehrere zehntausend Menschen konzentriert waren. In diesen Städten gab es neben den bürgerlichen oder noch eher kleinbürgerlichen Massen bereits Elemente eines modernen Proletariats, ja sogar schon Arbeitslose in größerer Zahl. Die Massen, die für die Revolution fochten, die sich versammelten, demonstrierten, Barrikaden errichteten und mit der Waffe in der Hand kämpften, gingen gerade aus diesen breiten städtischen Schichten hervor. Bei genauem Hinsehen stellt sich heraus, daß die Revolution sozusagen in diesen wenigen Großstädten stattfand und nur ausnahmsweise länger als ein oder zwei Tage dauerte, in Prag einige Tage, in Wien einige Wochen, aber die wirklichen Massenbewegungen und bewaffneten Kämpfe waren auch in Wien auf einige Tage zusammengedrängt. Im Vorbild dieser Bewegungen, in der Französischen Revolution, hatten eigentlich nur die Massen von Paris gezählt: sie bestimmten die Wendepunkte der Revolution. In Österreich gab es nicht ein Paris, sondern mehrere, wenn auch nicht viele. Natürlich kam es auch an anderen Orten zu Kundgebungen, Versammlungen, Demonstrationen usw., aber sie bildeten keine Massenkraft, die den tatsächlichen Verlauf der Revolution beeinflussen konnte.

Diese Massen setzten sich also vor allem aus städtischen Arbeitern, Zunftgesellen und Kleinbürgern zusammen; bei den großen Ereignissen, bei den bewaffneten Kämpfen war auch die radikale Intelligenz vertreten, sie bildete die Elite der Revolution oder zumindest einen Flügel davon.

Noch eine andere große gesellschaftliche Kraft spielte eine bedeutende Rolle, und zwar jene Gruppe, die überall in den Ländern und Provinzen die überwiegende Mehrheit ausmachte, wenn auch in unterschiedlichen Proportionen: die Bauernschaft. Die Bauernbewegungen der Zeit waren von großer Vielfalt und Vielschichtigkeit. Die nicht nur zeitweilige, sondern dauerhafte Unfähigkeit des Staatsapparates ließ es gar nicht zu, daß jede einzelne registriert wurde. So viel ist aber zu erkennen, daß diese Bewegungen in allen Teilen des Reiches entstanden. Oft nur in gemäßigten Formen, die die gewohnte Ordnung noch irgendwie einhielten, sprachen sie sich in Tausenden von Petitionen vor allem gegen die Frondienste, aber auch gegen andere Zwangsleistungen aus und verlangten dort, wo die revolutionäre Gesetzgebung die Forderungen der Bauern nur zum Teil befriedigt hatte, sogar die Aneignung des Bodens. Und in vielen Fällen blieben die Bauern nicht bei Petitionen, Gesuchen und dringenden Eingaben stehen, sondern gingen auch zu gewaltsamen Handlungen über. Die bunte nationale Zusammensetzung des Reiches machte es wiederholt möglich, daß diese bäuerlichen Bewegungen, natürlich unter der entsprechenden Führung, in Form von nationalen Bewegungen auftraten. Es genügt, wenn wir hier an die Ereignisse in Ungarn erinnern oder auf die ukrainisch-polnischen Gegensätze in Galizien verweisen. Eines aber ist sehr wesentlich: Diese Bewegungen auf dem Lande bildeten nur den Hintergrund der Ereignisse, das ferne, dumpfe Donnergrollen, das weit entfernte Wetterleuchten, aber nicht das entscheidende Ereignis selbst, das die Entwicklung bestimmte. Und eine zweite, sehr wesentliche Feststellung: In dem Maße, wie die bäuerlichen Forderungen ganz oder teilweise befriedigt wurden, bildeten die breiten Massen der Bauernschaft nicht mehr den Hintergrund, das Grollen verhallte, die Blitze erloschen. Sicher ist es fraglich, ob die bäuerlichen Forderungen überhaupt irgendwo vollständig erfüllt wurden (was nur in dem Falle geschehen wäre, wenn der gesamte Boden in das Eigentum der Bauern übergegangen wäre, was auch wirklich von manchen Radikalen gefordert wurde). Die überwiegende Mehrheit der Bauern ging aber in ihren Ansprüchen und Forderungen nie so weit und wollte sich nur den von ihr tatsächlich bearbeiteten Boden, frei von allen Bindungen, als Eigentum verschaffen. Und sobald diese Forderung erfüllt war, war für sie die Revolution beendet. Das bezog sich in erster Linie auf die westlichen Erblande; in Galizien und Ungarn gab es sogar im Jahre 1849 noch bäuerliche Bewegungen oder jedenfalls so viel Unzufriedenheit, daß dadurch der Lauf der Ereignisse beeinflußt wurde. Die ungarischen und zu einem beträchtlichen Teil sogar die slowakischen und deutschen Bauern in Ungarn sympathisierten mit dem Freiheitskampf.

Der dritte Faktor war die politisch führende Schicht, die politische Elite. Sie war es, die die Forderungen formulierte, unterbreitete, verkündete, für sie agitierte und auch ihre Verwirklichung (ganz oder teilweise) erzwang. Waren die großen Volksbewegungen auf einige Tage zu reduzieren, so füllte die Tätigkeit dieser Elite die gesamte Periode der Revolution aus; sie war vor deren Ausbruch nicht untätig und agierte in den Wochen und Monaten der Revolution auf offener Szene, sie hielt die Ereignisse in der Hand und reagierte auf die Schritte des Gegners.

Die Zusammensetzung dieser politischen Elite war sehr vielfältig, darum müssen wir uns hier auch dieses ungenauen Ausdrucks bedienen. Die politische Elite der in gesellschaftlicher Hinsicht am meisten entwickelten Nationen war tatsächlich bürgerlich. Die größte Zahl derjenigen, die die politischen Konzeptionen entwickelten, stammte zwar aus der bürgerlichen Intelligenz, aber es gab auch nicht wenige, die im engeren Sinne Bürger waren, oder — zahlenmäßig allerdings erst in zweiter oder dritter Reihe — aus dem Kleinbürgertum hervorgingen. Aber wir dürfen selbst hier die traditionell führende Schicht, die Aristokraten, nicht vergessen, die in der Vorbereitung der Revolution und in ihrer ersten Phase keine unwesentliche Rolle spielten; das war besonders in den italienischen Provinzen der Fall, wo die Loyalität gegenüber den Habsburgern naturgemäß weit weniger ausgeprägt war als in den übrigen Provinzen.

Bei den Ungarn und Polen ging die politische Elite eindeutig aus dem Adel und aus der Hocharistokratie hervor, deren Vertreter in vielen Fällen mit einem gewissen Recht auch in die Kategorie der Intellektuellen eingereiht werden könnten. Das bezieht sich weniger auf die Kroaten, deren gesellschaftliche Struktur zwar ähnlich war, wo aber noch das Offizierskorps der Grenztruppen in Betracht kam, das nicht in die üblichen feudalen oder bürgerlichen Kategorien paßte. Auch die bürgerliche Intelligenz war hier relativ stärker vertreten.

Ganz anders war die Situation bei den kleineren Nationen. Hier kam die politische Elite einerseits aus der Intelligenz (darunter die geistliche Intelligenz), zum anderen aus bürgerlich-kleinbürgerlichen Schichten. Bei den Serben und Rumänen zählten auch die Offiziere der Militärgrenze zur Elite, und es herrschte ein gewisses Übergewicht der geistlichen Intelligenz.

Innerhalb der führenden politischen Schicht waren die Radikalen überall in der Minderheit, was sich natürlich auf den Verlauf der Revolution auswirkte. Diese Radikalen stammten aus allen Schichten, von der Feudalklasse bis zu den Bauern; die meisten waren wohl einer kleinbürgerlich-intellektuellen Kategorie zuzurechnen.

Wenn wir prüfen, welche Schichten in irgendeiner Form an der Revolution teilnahmen, so finden wir eine Skala vor, die von den Bauern bis zu den Aristokraten reicht; es handelte sich also um die große Mehrheit der Bevölkerung des Reiches. Konservative Historiker pflegen sich darauf zu berufen, daß es einfach geographisch gesehen große Gebiete gegeben habe, in denen auch nicht die Spur von revolutionären Bewegungen zu erkennen war. Nicht zufällig seien Innsbruck oder Olmütz für längere Zeit zur sicheren Residenz des Hofes und der sich hinter ihm gruppierenden Kräfte geworden.

Hier darf man aber auf keinen Fall das zeitliche Moment aus dem Auge verlieren. Die breite Skala, die von den Bauern bis zu den Grafen reichte, zwischen denen sich Bourgeois und Arbeiter gruppierten, war für den Beginn der Revolution charakteristisch; aber im Verlauf der Ereignisse wechselten einander die verschiedenen Schichten ab. Von den Bauern war bereits die Rede. Aristokraten und der höhere Klerus grenzten sich ebenfalls recht rasch von der Revolution ab, sofern sie sich überhaupt eingeschaltet hatten, ebenso die Bourgeoisie im engeren Sinne. Wegen des außerordentlichen Gewichts der nationalen Frage waren in vielen Fällen die Frontlinien der Revolution schwer zu ziehen; denn diejenigen, die sich selbst der Revolution zugehörig fühlten, gerieten in den Kämpfen nicht selten in entgegengesetzte Lager.

Es ist aber nicht zu bezweifeln, daß breiteste Schichten der Bevölkerung (wenn auch — schneller oder langsamer — in abnehmender Zahl) auf der Seite der Revolution standen, ohne daß es ihnen in vielen Fällen bewußt gewesen wäre.

Die Gegenseite wurde auf der höchsten Ebene ebenfalls von einer politischen Elite repräsentiert: wir könnten sie auch staatliche Elite nennen. Die Dynastie selbst, die Führung der zentralen Behörden, der Hauptteil des hohen Klerus, die Führung der Armee, die obere Schicht der staatlichen Beamten, ein Teil der Aristokratie (natürlich von Nation zu Nation wieder in unterschiedlichen Proportionen): Das Reich wurde von einer Elite dieser Zusammensetzung repräsentiert, die für sich genommen, im Verhältnis zur Elite der einzelnen Nationen, in der Minderzahl war. Diese staatliche Führungsschicht konzipierte natürlich keine Forderungen, sondern wies sie ab, machte im Notfall Zugeständnisse, um unter günstigeren Umständen so viel wie möglich davon zurückzunehmen. Und sie war ebenso fortwährend auf dem Schauplatz vertreten wie die Gegenseite. Windischgrätz, Schwarzenberg und Jellačić gehörten etwa zu dieser zweiten Art von Elite.

Diese letzten Endes zahlenmäßig doch sehr kleine Schicht verfügte über eine sehr starke Unterstützung: die Armee. Das betraf zunächst vor allem das Offizierskorps, das seinen Schwur auf den höchsten Kriegsherrn geleistet hatte und daran festhielt, selbst dann, wenn inzwischen die Person des höchsten Kriegsherrn wechselte oder sein Standpunkt sich änderte. Aber auch die gemeinen Soldaten gehörten dazu, die in der unbedingten Ergebenheit und Treue zum Kaiser gedrillt waren und von der staatlichen Elite in allen oder beinahe in allen Fällen eingesetzt werden konnten. „Beinahe" bezieht sich eigentlich nur auf die Ungarn und die Italiener: Ungarische und italienische Soldaten verließen massenhaft die Kasernen und ihre Einheiten, um am nationalen Kampf teilzunehmen. Und selbst sie kämpften nicht immer, weniger aus Mangel an nationaler Begeisterung als vielmehr aufgrund ihrer tatsächlichen Möglichkeiten. Dies ist eine der Erklärungen dafür, daß die bewaffneten Kämpfe der Revolution, die anderswo eine Frage von Tagen oder sogar nur von Stunden waren, auf ungarischem und italienischem Gebiet die Form eines regelrechten Krieges annahmen. Und selbst hier gab es noch große Unterschiede; bei den Italienern führten die anderen italienischen Staaten, vor allem natürlich das Königreich Sardinien, also Kräfte außerhalb des Reiches, den Krieg; von den österreichischen Italienern kämpften nur die Veneter längere Zeit.

Die Armee war eine furchtbare Waffe, und die staatliche Elite konnte sich auf sie verlassen. Dennoch reichte diese Kraft für die Niederschlagung der Ungarn lange Zeit nicht aus, und die ausländische Intervention war notwendig, um den Krieg zu beenden oder zumindest abzukürzen.

Die Ziele

Wir müssen gleich festhalten, daß eine Formulierung, die sich auf Ziele der Revolution bezieht, ahistorisch ist. Die Revolution hatte offenbar keine Ziele, ihre Forderungen wurden in Momenten großer Bewegungen formuliert, sie ergaben sich aus der augenblicklichen Situation, entsprachen den momentanen Bedürfnissen, waren Ergebnis momentaner lokaler Kräfteverhältnisse. Dagegen ist sicher, daß die der staatlichen Elite gegenüberstehenden nationalen Eliten (wie wir sie der Einfachheit halber nennen wollen) durchaus Vorstellungen und Ziele hatten, zum Teil schon lange vor Ausbruch der Revolution, zum Teil aus den Ereignissen heraus geboren.

Wenn wir den Grad der Bewußtheit betrachten, die Textform der in Gesuchen und Petitionen gefaßten und in Punkte und Paragraphen gegliederten Forderungen, dann zeichnen sich — wie wir im Laufe der Ereignisse deutlich sehen konnten — gewisse allgemeine Ziele eindeutig ab. Das war zunächst die am meisten erwähnte und daher auch besonders ungenaue Forderung nach Freiheit, jenes magische Wort, das schon vor der Revolution am häufigsten genannt worden und das so allgemein war, daß jeder darunter verstehen konnte, was er wollte. Individuelle Freiheit, soziale Freiheit, nationale Freiheit, ökonomische Freiheit — man könnte die Reihe leicht noch fortsetzen. Auch die utopische sozialistische Forderung nach Freiheit von Ausbeutung ließ sich unter diesem Zauberwort verstehen. Sobald wir aber die Texte analysieren (was hier nicht möglich war) und dadurch versuchen, diesen uferlosen Begriff irgendwie zu konkretisieren, läßt sich in der Mehrheit der Fälle der liberale Freiheitsbegriff des zeitgenössischen Europa festmachen. Gewiß, für die Radikalen war das nicht genug, im Gegenteil, sie konnten ihn mit seinen formalen Rechten überhaupt nicht gebrauchen. Aber für die überwiegende Mehrheit der nationalen politischen Eliten war das die konkrete Form von Freiheit, die sie meinten. Es waren die Ideen des Liberalismus, wie man sie aus westlichen Büchern, persönlichen Erfahrungen und aus dem Studium der Ereignisse in Westeuropa gewinnen konnte.

Wenn sich die Begriffe in dieser Weise verdichten und konzentrieren ließen, kristallisierten sich zwei klar und schön formulierbare Problemgruppen heraus, die auch auf westlichen Beispielen aufgebaut waren. Einerseits waren das die individuellen Freiheitsrechte, wie sie vielerorts in Europa in Punkte gefaßt, begründet und interpretiert wurden: Pressefreiheit, Versammlungs- und Vereinsfreiheit, Gleichheit vor dem Gesetz, gleiche Verteilung der Steuern (die allgemeine Steuerpflicht, wie es im zeitgenössischen Ungarisch hieß), Liquidierung der ständischen Unterschiede und Privilegien. Daß diese Rechte formale Rechte seien, hatten mehrere Jahrzehnte nach der Französischen Revolution doch schon viele klar erkannt, aber gerade deshalb begeisterten sich die meisten dafür. Wenn wir mit heutigen Begriffen operieren, könnten wir sagen, daß in diesen Freiheitsrechten auch die geistige Freiheit enthalten war. Genau das wurde unter den Begriffen Pressefreiheit und Redefreiheit verstanden, auch wenn der Begriff der geistigen Freiheit selbst von den Zeitgenossen nicht verwendet wurde.

Den zweiten wichtigen Komplex bildete der Konstitutionalismus. Darunter fielen die Gesetzgebung durch die vom Volk gewählten Vertreter und die Einflußnahme dieser gewählten Körperschaft auf andere Fragen des Staates, die bisher ausschließlich in der Hand des Herrschers gelegen hatten oder von den Entscheidungen einer sehr kleinen und auf alle Fälle von oben ernannten Gruppe abhängig gewesen waren. Die Zeitgenossen benutzten Begriffe wie Volksvertretung einerseits, Tyrannei und Willkürherrschaft andererseits, um auszudrücken, was sie wollten bzw. was sie ablehnten; auch die Begriffe Konstitutionalismus oder konstitutionelle Freiheit finden sich im zeitgenössischen Vokabular.

Abgesehen von terminologischen Besonderheiten gab es im Habsburgerreich keine besonderen Forderungen. Die Ziele, die man sich dort setzte, hätten in jedem beliebigen Land Europas aufgestellt werden können, und sie wurden auch überall aufgestellt.

1848 war eine bürgerliche Revolution, mit anderen Worten die Liquidierung des alten Systems und die Schaffung des Rahmens für die freie Entwicklung des Kapitalismus. Das war allerdings nicht bewußt und klar konzipiert. Die Forderungen der nationalen Eliten waren nach dem Vorbild der Französischen Revolution formuliert worden, deren Begriffe übrigens auch so klar definiert worden waren. Man konnte das natürlich auch alles in die Begriffe Freiheit, Gleichheit und Brüderlichkeit fassen und damit erläutern; schließlich waren ja auch ökonomische Freiheit, Freiheit der Unternehmer, des Privateigentums (oder die Unverletzlichkeit des Privateigentums, wie es damals formuliert wurde), Liquidierung der Bindungen der alten Ordnung darunter zu verstehen. Das französische Vorbild wies aber auch schon darauf hin, daß die Negativa im Vordergrund standen, das, was man zerstören, abschaffen, verschwinden lassen, liquidieren mußte, weniger das, was neu geschaffen werden sollte. Deshalb spielte die Bauernbefreiung überall eine so große Rolle (wir verwenden hier der Einfachheit halber einen Begriff, der für eine ganze Reihe von Maßnahmen steht, der außerdem im Vokabular der Zeitgenossen eine sehr geringe Rolle spielte). Diese Bedeutung der Bauernbefreiung verweist darauf, wie rückständig das Reich im Verhältnis zur europäischen Gesamtentwicklung war.

Die wirkliche Besonderheit der Revolution im Habsburgerreich ergab sich aber aus den nationalen Zielen. Deutsche Einheit, ungarische Sonderstellung, Gleichberechtigung der Nationen in einer Föderation, völlige Loslösung oder Autonomie auf der unteren Verwaltungsebene, die Vereinigung von Gebieten, die Trennung bestimmter Gebiete voneinander, die Beseitigung der Herrschaft über andere, die Beseitigung der Herrschaft von anderen — hier ergaben sich die verschiedensten Möglichkeiten, aber es gab nicht eine einzige unter ihnen, auf die sich die politischen Eliten der Nationen hätten einigen können; nicht einmal über die Aufrechterhaltung des Reiches, seines Rahmens, etwa in einer republikanischen Form, war eine Verständigung möglich — letzteres ist allerdings eine nachträglich ausgeklügelte Variante, die in dieser Zeit selbst niemandem in den Sinn kam. Nur ein Teil der Großdeutschen wünschte wirklich eine Republik, und das waren in Österreich sehr wenige. Dagegen gab es nicht eine einzige nationale Vorstellung, die nicht die Interessen, die Ansprüche und Forderungen einer oder gar mehrerer anderer Nationen verletzt hätte. So sehr man sich in dem Wunsch nach Freiheit und Verfassung einig war, so rasch brach das Einverständnis auseinander, sobald davon etwas verwirklicht wurde, wenn auch nur teilweise oder nur auf der Ebene von Versprechungen und Deklarationen, denn dann kam es zu weiteren und das heißt nationalen Forderungen. Nationen, die geographisch weit auseinander lagen, wie die Ungarn und die Italiener, oder die wenigstens geographisch leicht zu trennen waren, wie die Polen und die Ungarn, konnten in irgendeiner Form noch zusammenhalten. Daß die Wirkung dabei sehr gering blieb, lag nicht am Mangel an guter Absicht, sondern an den realen Möglichkeiten. Bei den benachbarten und den in einem Land zusammenlebenden Nationen wurde ein solcher Zusammenhalt nicht verwirklicht.

Das war offenbar einer der Gründe dafür, daß Österreich 1848 zwar erschüttert wurde, aber nicht auseinanderfiel, obwohl im Frühjahr und Sommer die totale Auflösung des Reiches nicht völlig ausgeschlossen schien. Die europäischen Regierungen brachten zwar zum Ausdruck, daß sie Österreich für eine europäische Notwendigkeit hielten, aber nur der russische Zar war bereit, auch etwas dafür zu tun. Allerdings ging es ihm weniger um diese europäische Notwendigkeit als um die Verteidigung der gewollten Ordnung, wie er sie sah. Seine Leistungen wollte er sich durchaus durch spätere Kompensationen abgelten lassen. Im Krimkrieg von 1853—56 trat zwar dann genau das Gegenteil ein, aber das änderte an den subjektiven Überzeugungen Nikolaus' I., wie er sie 1849 vertreten hatte, nichts.

Gab es auch bei der staatlichen Elite konkrete Ziele? Die alte Elite, die 1848 praktisch in Minuten gestürzt wurde, hatte praktisch nur eines, in dem sie sich einig war: die Aufrechterhaltung der alten Ordnung, oder, nachdem diese im März zusammengebrochen war, ihre Wiederherstellung. Es gab zahlreiche Männer der staatlichen Elite, offiziell oder vielmehr inoffiziell in führenden Positionen, die so dachten, die das, was sie mehr als ein Jahr hindurch getan hatten, gerade um dieses Zieles willen getan hatten. Daran kann kein Zweifel bestehen. Es kann aber auch nicht bezweifelt werden, daß dieser Teil der staatlichen Elite im Verlauf der Ereignisse immer stärker in den Hintergrund gedrängt wurde und einem anderen Teil Platz machte, der nun vor allem an den Bestand Österreichs in den alten Grenzen dachte. Golo Mann meint, dies sei deswegen geschehen, weil Österreich für diese Elite Teil der gegebenen natürlichen Weltordnung und ihre Manifestation war. Das ist möglich. Es ist aber auch möglich, daß es ihr um die Aufrechterhaltung ihrer eigenen Macht in den gegebenen Grenzen ging. Ein halbes oder ein Viertel-Österreich hätte unter Umständen höchstens ein Teil Deutschlands unter preußischer Führung werden können. Möglicherweise ließ sie sich auch von der Tradition, der Loyalität gegenüber der Dynastie leiten. Von einem Jellačić oder einem Windischgrätz ist so etwas leicht vorstellbar. Aber von Schwarzenberg? Wir haben gesehen, daß er seine niederschmetternde Meinung über die Aristokraten ganz direkt zum Ausdruck brachte, wenn auch nicht gerade vor der Öffentlichkeit. Wenn er aber die Fürsten so negativ beurteilte, warum hätte er von Ferdinand oder Franz Joseph eine bessere Meinung haben sollen? Aber das konnte er natürlich nicht einmal seinem Schwager schreiben, vielleicht wagte er es sich selbst nur selten einzugestehen.

Was auch immer die Motive für diese staatliche Elite gewesen sein mögen, ihr Ziel war, die Monarchie intakt zu erhalten. Im Interesse dieses Zieles, dem sie alles unterordnete, war sie sogar zu einer bürgerlichen Umgestaltung des Reiches bereit. Wir verwenden diesen Begriff mit Absicht: Diese Elite hielt nicht die individuellen Freiheitsrechte oder die Konstitutionalität für wichtig, sondern eben die bürgerliche Umgestaltung; sie konzentrierte sich auf das Wesen der Sache, wenn Österreich nicht mehr anders zusammenzuhalten war. Wie die Details dieser bürgerlichen Umgestaltung aussehen sollten, darüber konnte es Meinungsverschiedenheiten geben, allerdings nur innerhalb des engsten Kreises. Untere Schichten durften darauf keinen Einfluß haben. Man könnte das — wenn es nicht ahistorisch wäre — als eine neue, modifizierte, angepaßte Form des aufgeklärten Absolutismus betrachten.

Es gab während der Revolution noch einen weiteren Typ führender Männer, die nur vorübergehend auf hoher Ebene eine Rolle spielten. Sie gehörten nicht zu der oben charakterisierten staatlichen Elite, selbst wenn das von ihrer sozialen Herkunft her nicht völlig ausgeschlossen gewesen wäre, eher zu den nationalen Eliten, wenigstens kamen sie daraus hervor. Wir denken an Männer wie Pillersdorf und Batthyány, an Doblhoff und Széchenyi und sogar — horribile dictu — an Bach. Darunter waren Persönlichkeiten, die durchaus ehrlich und achtenswert waren und dann auch bald wieder von der Bühne abtraten — wenn auch nicht auf so gewaltsame Weise wie Lajos Batthyány. Und es gab Männer, die nicht auf Achtung und Ehre aus waren, sondern auf Karriere; diese erlangten dann auch Positionen in der neuen staatlichen Elite. Das Gemeinsame zwischen ihnen war ihr Liberalismus, die Vorstellung, daß die Prinzipien der allgemeinen menschlichen Freiheit (einer formalen Freiheit wohlgemerkt) an sich schon ausreichten, um allgemein eine bessere gesellschaftliche und staatliche Ordnung als die alte zu ermöglichen und um im besonderen eine solche bessere Ordnung in Österreich zu schaffen. Sie saßen zwischen allen Stühlen; die Nationalen fanden ihre Tätigkeit nicht ausreichend, von oben hielt man sie für zu liberal, von unten fand man die formale Freiheit, zu der sie sich bekannten, unzureichend. Es ist interessant, daß sich unter diesen Persönlichkeiten nur deutsche und ungarische Namen finden. Die Italiener oder die Polen existierten und wirkten in so völlig anderen nationalen Kategorien, daß es unter ihnen keinen Vertreter einer liberalen Doktrin für das Habsburgerreich gab (Thun war eher bei den Deutschösterreichern als bei den Tschechen einzuordnen). Die anderen nationalen Eliten waren so sehr von ihren eigenen nationalen Problemen und Plänen und ihrer benachteiligten Lage in Anspruch genommen, daß sie sich nicht auf das Niveau der allgemeinen liberalen Ziele erheben konnten.

Das, was diese Liberalen wollten, wurde nicht verwirklicht, und zwar nicht nur deshalb, weil die Revolution ebenso wie die Gegenrevolution über sie hinausging. Auch die anderen Gruppen erreichten ihre ursprünglichen Ziele nicht. Der Grund war, daß aus den vielfältigen Zielen und Bestrebungen — nicht nur in Österreich — etwas ganz anderes entstanden war, etwas, was in dieser Form niemand gewollt hatte.

Die Ergebnisse

Die direkten Ergebnisse der Revolution waren dürftig. Die Konstitutionalität war nicht verwirklicht worden, ebensowenig die nationalen Ziele. Die Deutschösterreicher kamen nicht in ein einheitliches Deutschland; die Ungarn konnten ihre Sonderstellung nicht bewahren oder die völlige Unabhängigkeit erringen; die Tschechen bekamen kein föderalistisch aufgebautes Österreich, die Kroaten keine Sonderstellung gegenüber Ungarn; die italienischen Gebiete wurden nicht in ein einheitliches Italien eingegliedert, die Polen nicht in einen wieder auferstehenden polnischen Staat, da es keinen solchen gab; die Slowaken bekamen kein besonderes slowakisches Territorium und keine slowakische Universität; die Slowenen wurden nicht in Slowenien vereinigt, die Rumänen nicht mit den Rumänen in der Bukowina; die Serben bekamen zwar die Serbische Wojwodschaft, aber nicht die enge Verbindung mit den Kroaten und mit Dalmatien, dagegen erhielten sie eine österreichische Führung, ebenso wie die Ukrainer, die in dem nun nicht mehr nur in zwei, sondern in drei Teile aufgegliederten Galizien weiter über die Grundprinzipien der Rechtschreibung diskutieren konnten. Die Zensur wurde wiederhergestellt, wenn auch in einer gemilderten Form (nämlich nachträglich ausgeübt), auch das Verbot von Versammlungen und Vereinigungen wurde faktisch, wenn auch nicht formal, ebenfalls erneuert. Die Gleichheit vor dem Gesetz blieb aber erhalten, ebenso die Liquidierung der ständischen Unterschiede. Trotz der Aufhebung der Verfassung entstand durch eine Reihe von Maßnahmen, Verordnungen, Gesetzen, die einen gewissen Rahmen für die neue bürgerliche kapitalistische Ordnung schufen, ein ganzes institutionalisiertes System, das den Durchbruch bedeutete. Man kann darüber diskutieren, ob die wirtschaftlichen Ergebnisse der bürgerlichen Umgestaltung, die Bedingungen der freien kapitalistischen Entwicklung schon in den 1850er Jahren durch die Schaffung des einheitlichen Zollgebiets der Monarchie hergestellt wurden oder nicht; es kann aber kein Zweifel daran bestehen, daß Österreich nach 1849 wesentlich bürgerlicher war als vor 1848. Vom Standpunkt der wirtschaftlichen Entwicklung ist es sicher begründet, den Schwerpunkt auf die Kontinuität der Entwicklung zu legen; dann kann man vielleicht sogar sagen, daß Österreich vor 1848 nicht so feudal war, wie die Zeitgenossen glaubten, nach 1849 aber auch nicht so bürgerlich, wie man damals meinte und wie man es bis heute einschätzt.

Die österreichische Revolution von 1848 ist nicht richtig einzuschätzen, wenn man nur diese und die unmittelbar darauffolgenden Jahre betrachtet. Schon unter den Zeitgenossen erkannten viele — und für die Nachwelt, die ja immer klüger, wenn auch nicht unbedingt sachverständiger ist als die Zeitgenossen, war es noch deutlicher —, daß die Revolution von 1848 erst mit dem österreichisch-ungarischen Ausgleich von 1867 zu einem Ruhepunkt gelangte, nachdem anderthalb Jahrzehnte hindurch experimentiert worden war, wie das österreichische Staats- und Reichsproblem gelöst werden könne.

Für die Zeitgenossen bedeutete die Revolution das Eingreifen der Massen, sie bedeutete Barrikaden, Proklamationen und Forderungen, sie war der gewaltsame Todesstoß für die alte Ordnung und der Sieg oder die Niederlage des Neuen. Und so mußten die Ereignisse von 1849 natürlich wie die Niederlage der Revolution aussehen. Heute wissen wir, daß die Revolution nicht nur siegen muß — auch wenn der Sieg bloß ein zeitweiliger ist —, sondern daß auch die Konsolidierung, der Ausbau der neuen Ordnung notwendig sind. Auch das konnte man von dem großen Vorbild, der Französischen Revolution, lernen, und wer es immer noch nicht glauben wollte, den belehrte Napoleon.

Diese Konsolidierung erfolgte 1867 und wurde durch die nachfolgende Entwicklung weitergeführt. Damals wurde die bürgerliche Umgestaltung verwirklicht, wenn auch die entsprechende gesellschaftliche Umschichtung noch längere Zeit in Anspruch nahm. Die Entwicklung nach 1867 mußte noch viel Schutt aus dem Österreich vor 1848 abtragen; das lag eben an der Niederlage der Revolution, oder vielmehr an der Form, wie diese Niederlage erfolgt war. Aber wie hätte sie sonst erfolgen sollen? Wir haben ja wiederholt betont, daß die verschiedenen nationalen Ansprüche nicht miteinander in Einklang zu bringen waren, und diese waren es, die im Verlauf der Revolution alle anderen Forderungen überwucherten. Nur im Lichte späterer Entwicklungen betrachtet, etwa der kapitalistischen Entfaltung nach 1849 und noch stärker nach 1867, kann man 1848 als bürgerliche Revolution bezeichnen; sonst wäre es angebracht, von einer Reihe nationaler Revolutionen zu sprechen, die sich bedauerlicherweise nicht gegen den gemeinsamen Feind zusammenschlossen, von einer Revolution der Intellektuellen oder einem ständischen adeligen Aufstand. Aber dann wären die Parameter, die wir in diesem Buch anzulegen versuchten, unbrauchbar, und wir müßten andere anwenden.

Die Möglichkeiten der bürgerlichen Umgestaltung, der kapitalistischen Entwicklung, wurden also verwirklicht, d. h. jene Seite der Revolution, die von den Zeitgenossen am wenigsten beachtet wurde. Aber auch die Konstitutionalität kam letzten Endes zum Zug, wie sie in allen bürgerlichen Staaten verwirklicht worden war, mit formalen Rechten und formaler Gleichheit, mit den täglichen taktischen Schachzügen in der Politik, mit den inneren Kämpfen der engeren politischen Elite, auf die die Wähler zu gegebener Zeit bei den Parlamentswahlen einen gewissen Einfluß nehmen können. Das war ebenfalls eine österreichische Besonderheit.

Von den nationalen Forderungen des Jahres 1848 wurde 1867 zweifelsohne sehr viel weniger verwirklicht. Die Deutschösterreicher machten aus der Not eine Tugend und blieben außerhalb eines deutschen Reiches; aber auch innerhalb des Reiches mußten sie Abstriche von ihrer führenden Rolle hinnehmen, vor allem zugunsten der Ungarn, aber auch anderer Nationen, wenn auch in geringerem Maße.

Am längsten kämpften die Ungarn gegen ein einheitliches Österreich, und das Reich konnte sie auch nur für kurze Zeit einverleiben. Gemäß der eigenen Logik der Geschichte — und das ist wiederum kein rein österreichisches Spezifikum — konnten sie gerade wegen ihres langen Kampfes besonders viele Forderungen ihres nationalen Programms von 1848 verwirklichen. Sie erreichten zwar nicht die völlige Unabhängigkeit, aber für die große Mehrheit der politisch führenden Schicht stand — wie wir zu zeigen versuchten — dieses Ziel aus ganz bestimmten Gründen nicht im Vordergrund, da sie es nicht für realistisch hielten.

Nur den Italienern in den Lombardo-Venetianischen Provinzen gelang es schon vor 1867, ihre nationalen Ziele zu verwirklichen; allerdings hatten sie das anderen, äußeren Kräften zu danken. Die beiden italienischen Provinzen bildeten einen der am wenigsten organischen Bestandteile des Habsburgerreiches von 1848, und sie lassen sich daher nicht in die Gesamtbilanz einbeziehen. Dasselbe gilt für die polnischen Gebiete. Zwar konnten die Polen ihre nationale Frage nicht in ähnlicher Weise lösen wie die Italiener, da bis 1918 kein selbständiger und einheitlicher polnischer Staat existierte, dem sie sich hätten anschließen können; ihre nationalen Ansprüche wurden aber insofern teilweise erfüllt, als Galizien bis zu einem gewissen Grade autonom wurde. Im Verhältnis zu den unter deutscher oder russischer Herrschaft stehenden polnischen Gebieten war die Lage der Polen in Galizien doch wesentlich erträglicher; die Verwaltungssprache war Polnisch, es gab zwei polnische Universitäten und eine polnische Akademie der Wissenschaften. Da konnten die Polen sogar vergessen, daß gerade dieses Galizien eines der ärmsten Gebiete des Habsburgerreiches war.

Die Forderungen der Kroaten wurden nur in sehr beschränktem Maße erfüllt, denn auch die kroatische Verwaltungssprache, das gewählte, gesetzgebende Parlament (Sabor) und die kroatische Universität in Agram konnten nicht darüber hinwegtäuschen, daß die Kroaten auch weiterhin unter der Oberhoheit von Budapest und nicht von Wien standen.

Bei den Tschechen sah es noch schlechter aus, sie erreichten noch weniger. Es blieb bei der Sonderstellung der drei Provinzen. Aber sie konnten sich damit trösten, daß sie vom wirtschaftlichen Standpunkt aus das am meisten entwickelte Gebiet des ganzen Reiches waren und daß nicht die Tschechen germanisiert, sondern umgekehrt die Deutschen langsam zu Tschechen wurden. Die kulturellen Institutionen ihrer nationalen Entwicklung bildeten ein durchgehendes System, bis hin zur tschechischen Universität in Prag.

Die Ukrainer konnten sich damit trösten, daß es für ihre nationale Entwicklung in Galizien immer noch mehr Möglichkeiten gab als in den Gebieten, die unter russischer Oberhoheit standen. Den kleinsten Nationen, den Slowenen, Slowaken, Rumänen und Serben, wurden überhaupt keine kollektiven nationalen Rechte zugestanden. Für sie, wie auch für die Tschechen, Polen und Kroaten, kam es erst 1918 zur Verwirklichung des nationalen Programms von 1848, dann aber ging man über dieses Programm noch wesentlich hinaus.

Wenn wir fragen, was sich von den Forderungen der Revolution als bleibend erwiesen hat, müssen wir eigentlich bis in die Gegenwart gehen. Bis auf den heutigen Tag lassen sich innerhalb der Nachfolgestaaten der österreichisch-ungarischen Monarchie Unterschiede im Entwicklungsniveau feststellen, die ihre Wurzeln darin haben, ob die entsprechenden Gebiete einst zum Habsburgerreich gehörten oder nicht. Wenn dies auch nicht die einzige Erklärung dafür ist, so doch eine wichtige Ursache unter vielen.

Die historische Besinnung

Das, was von der 1848er Revolution geblieben ist, läßt sich auch daran erkennen, welche Rolle die Erinnerung an die Revolution von 1848 im geschichtlichen Bewußtsein der damals beteiligten Nationen spielt. Die Bedeutung des Revolutionsjahres zeigt sich auch daran, daß die Ereignisse in der geschichtlichen Erinnerung all dieser Nationen einen herausragenden Platz einnehmen. Die Gründe dafür haben sich aber in den verschiedenen Zeitepochen stark verändert. Der Rückblick hat die tatsächlichen Ereignisse und die Bedeutung, die ihnen damals zukam, stark modifiziert; daß aber die Revolution von 1848 eine neue Epoche einleitete, wurde niemals in Zweifel gezogen. Darauf müssen wir nun noch eingehen, zunächst für die Epoche bis zu der großen Wende von 1944/1945.

Die einzige Ausnahme in diesem Fall bildet Italien: Obwohl auch dort das Jahr 1848 einen bedeutenden Platz einnimmt, war es doch nur eine der Stationen auf dem Wege zur italienischen Einheit, und nicht die bedeutendste, da nicht besonders erfolgreich. Auf diesem Wege erscheint die Herrschaft der Habsburger über große italienische Gebiete nur als eine Episode und als eine bedauerliche Abweichung. Der Umstand, daß der italienische Norden viel entwickelter ist als der Süden, sollte aber in keiner Form mit der Herrschaft der Habsburger in Verbindung gebracht werden, da in dieser Hinsicht ohne Zweifel sehr viel ältere geschichtliche Vorgänge bedeutend wichtiger sind.

Für die Österreicher bot die 48er Revolution vielleicht die vielfältigsten Möglichkeiten, im geschichtlichen Bewußtsein verankert zu werden. Kompliziert wird die historische Verarbeitung durch die Probleme der deutschen oder österreichischen Identität. Bis 1918, oder genauer bis 1916, war das geschichtliche Bewußtsein sehr stark durch die Tatsache bestimmt, daß noch immer jener Kaiser herrschte, der 1848 im Verlaufe der Revolution den Thron bestiegen hatte. Das erschwerte auch jede freie Meinungsäußerung über diese Fragen. Aber es war eindeutig, daß 1848 der Höhepunkt des Kampfes für die deutsche

Einheit war, für jene deutsche Einheit, aus der die Österreicher 1866 ausgeschlossen wurden. Das konnte man dann so interpretieren, daß 1866 einen gewissen Abschluß und für die Deutschösterreicher die Übernahme einer nationalen deutschen Mission zur Zivilisierung anderer Völker darstellte (wie das schon 1848 auf der Frankfurter Nationalversammlung formuliert worden war), oder es konnte eine schmerzliche Episode in der Geschichte der deutschen Einheit bedeuten; jedenfalls war es immer nur eine vorübergehende Episode. Es ging aber in diesem Rückblick noch um eine zweite Seite: Den wichtigsten Punkt im geschichtlichen Bewußtsein — und das wurde auch durch die amtliche Auffassung unterstützt — nahm das konstitutionelle Vermächtnis von 1848 ein. Damals war für eine Verfassung gekämpft worden, die Deutschösterreicher hatten sie letzten Endes auch erringen und sich dieser Errungenschaft erfreuen können. Die Sozialdemokratie betonte gern auch die sozialistischen Keime der Revolution sowie jenes Vermächtnis von 1848, das es durch bestimmte Einrichtungen des Vielvölkerstaates allen Nationen wünschenswert erscheinen ließ, hier zu leben. (Das bedeutete nicht, daß sie Palackýs ehemaliges Programm bewußt, beabsichtigt übernommen hätten.)

In der Zeit zwischen den beiden Weltkriegen hob die offizielle, staatliche Geschichtsauffassung im Hinblick auf 1848 zeitweise wieder die Losung der deutschen Einheit hervor, danach umgekehrt die österreichischen Besonderheiten und die alte, große kulturelle Mission Österreichs. In der Nacht des Zweiten Weltkrieges bedeutete 1848 vor allem die Revolution gegen Gewalt und Tyrannei. Und jene Menschen, die wenigstens zu denken wagten oder manchmal auch illegal das Wort ergriffen, deuteten an, daß 1848 auch die Möglichkeit der Geburt einer österreichischen Nation in sich berge. Immer wiesen diejenigen, die für die österreichische Unabhängigkeit und die Wiederherstellung des österreichischen Staates eintraten, auf 1848 zurück.

Während sich aus dem historischen Vermächtnis von 1848 bei den Österreichern mindestens zwei große Möglichkeiten herausanalysieren ließen, die großdeutsche Verschmelzung und der österreichische Nationalstaat, ist die ungarische historische Tradition von 1848 viel homogener. Es bedeutete nationale, staatliche Unabhängigkeit, nach 1867 entweder das, was nun vorhanden war, oder mehr. Es bedeutete das Wünschenswerte; es kam also darauf an, ob sich jemand mit der durch den Dualismus gegebenen Unabhängigkeit abfand oder nicht. Nach 1918 ging es eindeutig nur noch um die völlige Unabhängigkeit. Besonders zu dieser Zeit sprach man nicht mehr gern von Revolution, sondern lieber von Freiheitskampf, und diese doppelte Bezeichnung ist in der Geschichtsschreibung bis heute erhalten geblieben. Besondere Probleme gab es hier vor 1918 auch mit der Person des Kaisers Franz Joseph, denn einerseits war er der gesetzliche, gekrönte König, ein Teil der nationalen Größe, andererseits war er auch der Kaiser, der die Märtyrer von Arad und viele andere hatte hinrichten lassen. Aber dieses Problem ließ sich umgehen, wenn man auf die schlechten Ratgeber des Königs verwies, die den armen, jungen und unerfahrenen Herrscher zu solchen Ruchlosigkeiten überredet hätten. Man konnte aber natürlich auch den Zorn direkt auf Franz Joseph richten und ihn als ebenso böswilligen Habsburger betrachten wie alle seine Vorgänger durch die Jahrhunderte.

Etwa um die Jahrhundertwende schrieb der große ungarische Schriftsteller Kálmán Mikszáth einmal darüber, daß in den Stuben der ungarischen Bauern an den Wänden gleichzeitig Bilder von Kossuth, der die Bauern befreite, und Franz Joseph hingen, der schon seit Menschengedenken der gute König war. Wenn Mikszáth die Volkstümlichkeit des Herrschers vielleicht auch übertrieb, so traf er doch die damalige historische Betrachtungsweise recht gut. Von der Revolution erinnerte man sich im wesentlichen nur noch an die Bauernbefreiung, um so mehr aber war vom Freiheitskampf im Bewußtsein geblieben.

Auch im Geschichtsbewußtsein der Tschechen herrschte bis 1918 eine gewisse Ambivalenz. 1848 bedeutete einerseits Opposition zu Österreich, andererseits aber auch Parteinahme für Österreich. Die Neigung zur letzteren war stärker, jedenfalls solange die tschechische Bourgeoisie mit ihrer starken Position innerhalb der Monarchie zufrieden war. Aber auch die oppositionelle Haltung verschwand nicht völlig; schon vor 1918 gewann sie sogar allmählich die Oberhand. Sie bedeutete jedenfalls die erste große geschichtliche Tat für das Erwachen der tschechischen Nation und für die große Tradition der engen Freundschaft und Zusammenarbeit mit allen Slawen. Nach 1918 blieb — im Gegensatz zu den Ungarn — nur die Erinnerung an das Auftreten gegen die Habsburger lebendig, und 1848 erschien dann klar als unmittelbare Vorstufe, als erste Ankündigung und Hauptprobe der nationalen Revolution von 1918. Sie bildete trotzdem nicht die wichtigste Tradition, weil sie durch die völlige Befreiung 1918 in den Hintergrund gedrängt wurde. Die soziale Seite der Revolution blieb im geschichtlichen Bewußtsein der Tschechen noch blasser als bei den Ungarn. Das hatte einen einfachen Grund: Die tschechische Gesellschaft war schon vor 1848 viel bürgerlicher als die Gesellschaft der meisten anderen österreichischen Nationen. Gesellschaftlich bedeutete 1848 tatsächlich nur die Bauernbefreiung, und das schien — besonders nach 1918 — im Verhältnis zur Unabhängigkeit nicht sehr wichtig.

Im Geschichtsbewußtsein der Polen können wir etwa ähnliche Erscheinungen feststellen wie bei den Italienern. 1848 bedeutet hier nur eine Station des Freiheitskampfes und, insgesamt genommen, im Verhältnis zu 1830 oder 1863, nicht einmal die bedeutendste. Für Galizien war die Bedeutung noch geringer. Wenn die Geschichtsbetrachtung vor 1918 etwas von der polnischen Entwicklung in Galizien besonders ins Blickfeld rückt, dann ist es der Krakauer Aufstand von 1846 als eine ganz spezifische, wenn auch kurzlebige Manifestation des nationalen Freiheitskampfes, oder es ist der galizische Bauernaufstand, dieser allerdings nur für die Linken, da ihm kaum ein nationaler Charakter zuzuschreiben ist. Nach der Niederschlagung des Aufstandes von 1863 kam den im eigenen Land lebenden Polen eben nicht der Freiheitskampf als Moment geschichtlicher Entwicklung ins Bewußtsein, und am wenigsten den Polen in Galizien, die sich momentan in der verhältnismäßig erträglichsten Lage befanden. Die Neugeburt des polnischen Staates 1918 veränderte natürlich die geschichtliche Optik grundlegend. Nun trat die Tradition der Unabhängigkeit wieder in den Mittelpunkt, als Vorspiel der Befreiung; aber innerhalb dieser Entwicklung erwies sich 1848 wiederum als die am wenigsten bedeutsame Station. Was das polnische Geschichtsbewußtsein an der Revolution von 1848 hoch bewertete, waren nicht die Ereignisse in Galizien und auch nicht die Bewegung in Preußen, sondern es war die Rolle der polnischen Emigranten in anderen europäischen Revolutionen, so z. B. eben in Österreich, wo die Polen wieder für die Freiheit anderer kämpften, immer in der Hoffnung, schließlich auch ihre eigene Freiheit dadurch zu erobern. Aus dieser Perspektive konnte man die ganze europäische Revolution ein wenig als eine polnische Revolution betrachten. Im Verhältnis zu dieser heldenhaften Selbstaufopferung und den tragischen Verlusten sanken die 48er Ereignisse in Galizien zu einer eher bedeutungslosen Episode herab.

Im Geschichtsbewußtsein der Kroaten lebte das Jahr 1848 bis 1918 als nationaler Freiheitskampf gegen die Ungarn. Dazu gehörte, daß dieser Freiheitskampf auch die Macht des Kaisers in Wien stärkte. Ein Standbild von Jellačić stand schon bald auf dem Hauptplatz von Agram, mit gezogenem und unmißverständlich gegen Budapest gerichtetem Schwert.

Natürlich verschwand das österreichische Element nach 1918 aus dem historischen Bild, und es blieb nur noch der nationale Kampf gegen die ungarische Herrschaft; und dieser Kampf — was erst jetzt in den Vordergrund trat — war zugleich der erste Versuch einer Vereinigung der Südslawen und die Einleitung zu ihrer nationalen Befreiung 1918. Das entsprach etwa der Geschichtsauffassung der Tschechen nach 1918.

Für die innerhalb des Habsburgerreiches lebenden Rumänen verwies die Revolution bis 1918 nur vorsichtig auf eine nationale Tradition, die Stolz auslösen konnte, denn im Ungarn der dualistischen Zeit wäre ein solcher Hinweis sehr schwer möglich gewesen. Die Bauernbewegungen vom Herbst 1848 waren zu eindeutig eine soziale Bewegung, als daß man sie hätte hervorheben können. Im unabhängigen Rumänien standen die Revolutionen in der Walachei und in der Moldau im Vordergrund, weil man darin den ersten Versuch einer Vereinigung, die dann 1859 erfolgte, sehen konnte (selbst dann, wenn diese Frage 1848 in Wahrheit überhaupt nicht zur Debatte gestanden war). Nach 1918 ging auch hier, ähnlich wie bei den Polen, eine wesentliche Veränderung in der Geschichtsauffassung vor sich. 1848 war nun ein rumänischer Freiheitskampf, der erste Versuch einer siegreichen Vereinigung aller von Rumänen bewohnten Gebiete, der glanzvolle Wendepunkt auf dem langen Weg zu dieser Vereinigung, der 1918 erfolgreich abgeschlossen wurde. Dabei übersah man, daß die Frage der Vereinigung von der führenden Elite der Rumänen in Siebenbürgen, Ungarn und der Bukowina höchstens im späteren Verlaufe der Ereignisse in der Form aufgeworfen wurde, daß man sogar die beiden Donaufürstentümer unter die Herrschaft der Habsburger stellen wollte.

Die Serben sind in ihrer historischen Haltung zu 1848 in erster Linie mit den Kroaten zu vergleichen, in wesentlichen Punkten allerdings erst nach der Wende von 1918. Vor 1918 durfte man in Ungarn die inzwischen aufgelöste Serbische Wojwodschaft ebensowenig erwähnen wie die Zusammenarbeit mit den Kroaten. Das hatte seinen Grund auch darin, daß die Zusammenarbeit innerhalb des dualistischen Systems bei weitem nicht so gut funktionierte, wie man das 1848 oder in den Jahren davor geplant oder nach 1918 gesehen hatte. Für den selbständigen serbischen Staat war die serbische Bewegung in Ungarn wieder nur eine bloße Episode, selbst wenn man die an der Seite der österreichischen Serben kämpfenden Freiwilligen erwähnen durfte. Der Gegner, der offen gebrandmarkt werden konnte, war eher die osmanische Macht als die Habsburger, denn zunächst übte die Türkei der Form nach noch die Macht aus, und nachdem die formale Unabhängigkeit von den Osmanen errungen war, schmachteten ja noch immer serbische Brüder unter ihrer gnadenlosen Knute. Erst nach 1918 war eine Perspektive gewonnen, von der aus nun 1848 seine hohe Bedeutung erhielt. Diese Verschiebung der historischen Sicht verlief also genau wie bei den Kroaten, nur noch deutlicher. 1848 wurde nun offen als erste Manifestation der südslawischen Einheit bezeichnet, es wurde aber uneingestandenermaßen zu einer wichtigen Tradition Serbiens, das sich inzwischen zu Jugoslawien vergrößert hatte, erhöht, mehr noch, es wurde nun, da die Osmanen von der Bildfläche verschwunden waren, zur wichtigsten Tradition überhaupt.

Für die Slowaken war das Jahr 1848 der wichtigste Bezugspunkt ihrer nationalen Tradition, denn es war das erste politische Auftreten der Nation nach tausendjähriger Unterdrückung. In der Zeit des Dualismus gab es slowakische Historiker, die die Geschichte der Slowaken direkt von 1848 an datierten, da mit der Auflösung des Großmährischen Reiches eintausend Jahre zuvor die slowakische Geschichte für längere Zeit einfach aufgehört hatte. Vor 1918 spielte im geschichtlichen Bewußtsein auch eine Rolle (wenn auch eine geringere), daß der nationale Freiheitskampf der Slowaken sich in sozialer Beziehung höhere Ziele gesetzt hatte als die lediglich für die Aufhebung der nationalen Unterdrückung kämpfenden Ungarn. Da sich unter den Führern der slowakischen Freiwilligen auch tschechische Offiziere befanden, bildet 1848 auch ein wichtiges Kettenglied in der Freundschaft und brüderlichen Zusammenarbeit zwischen Slowaken und Tschechen. Und 1848 beinhaltete auch den Kampf im Interesse des Herrschers, seinen Schutz vor den gegen die Krone rebellierenden Ungarn, was dieser gleiche Herrscher dann mit solch schändlicher Undankbarkeit belohnte. 1918 wurde natürlich auch bei den Slowaken die Bedeutung von 1848 aufgewertet. Es konnte ebenso Vorspiel des gemeinsamen tschechisch-slowakischen Kampfes bedeuten wie den ersten Schritt der Slowaken als selbständige Nation, und es konnte sogar beinhalten, daß die Slowaken noch mit der Waffe in der Hand kämpften, als die Tschechen sich von der Revolution schon zurückgezogen hatten. Und 1848 bedeutete auch den Zusammenschluß der Katholiken und Protestanten, also die Einheit der früher durch religiöse Gegensätze getrennten Nation im Zeichen des bewaffneten Kampfes.

Je weiter ausgebreitet, je bedeutsamer die revolutionären Bewegungen 1848 waren, desto größer wurde ihre Bedeutung im nachträglichen Geschichtsbild. Das gilt natürlich auch umgekehrt, weswegen das Revolutionsjahr im geschichtlichen Bewußtsein weder der Slowenen noch der Ukrainer einen wesentlichen Platz einnimmt.

Aus dem Gesagten ergibt sich, daß wir nur die wichtigsten Züge der bürgerlichen Geschichtsbetrachtung skizziert haben. Daraus geht klar hervor, daß mit verschiedenen Begründungen und unter Hervorhebung verschiedener Elemente 1848 im historischen Bewußtsein zuerst und vor allem eine nationale Bewegung war, ein Kampf für die nationale Einheit, Freiheit und Unabhängigkeit, der höchstens in zweiter Linie Ziele und Ergebnisse von gesellschaftlichem Charakter hatte. Dieser Charakter verschwindet aber geradezu vor der nationalen Bedeutung. 1848 war der Frühling der Völker, auch der Völker Österreichs, der Frühling der Nationen, ein glanzvolles Blatt, wenn nicht das glänzendste überhaupt in ihrer Geschichte.

Die Arbeiterbewegung wurde schon in der bürgerlichen Epoche, noch in der Zeit der österreichisch-ungarischen Monarchie, mit 1848 konfrontiert und mußte sich mit dem Bild, das im historischen Bewußtsein darüber vorhanden war und meist auch im Schulunterricht eine große Rolle spielte, mit dem nationalen Charakter von 1848 also, auseinandersetzen. Die sozialdemokratische Geschichtsbetrachtung war bemüht, die soziale Seite der Revolution hervorzuheben und auf deren Bedeutung für die bürgerliche Umgestaltung hinzuweisen, sie konnte aber den herrschenden, nationalen Gesichtspunkt nicht umgehen. Eine Minderheit reagierte darauf mit einer scharfen Ablehnung der nationalistischen Momente, aber im Kampf gegen das Vorherrschen der nationalen Bewertung von 1848 unterschätzte sie auch den tatsächlichen revolutionären Gehalt der Ereignisse. Extrem deutlich zeigt sich das in der Auffassung des linken ungarischen Sozialdemokraten Ervin Szabó, der die ungarische Revolution von 1848 als bloßen Ständeaufstand der herrschenden Feudalklasse betrachtete. Die große Mehrheit innerhalb der Arbeiterparteien war sich dagegen klar darüber, daß 1848 bei allen Völkern bereits einen so elementaren, wesentlichen Bestandteil ihres geschichtlichen Bewußtseins bildete, daß seine Ausschaltung auch die eigenen Möglichkeiten begrenzt hätte. Neben der Betonung des sozial-revolutionären Moments wurde folglich die allgemeine Bedeutung von 1848 mehr oder weniger doch anerkannt. Mit Recht konnte man darin das erste Auftreten der Arbeiterbewegung und also auch den eigenen Vorläufer erkennen und diese Tatsache auch hervorheben. Aber auch die Arbeiterbewegung gelangte letzten Endes höchstens zu einer in sozialer Beziehung modifizierten und nuancenreicheren, aber im wesentlichen doch wenig unterschiedenen Variante des nationalen Bildes von 1848.

In den Nachfolgestaaten veränderten sich nach 1918 die bürgerlichen Auffassungen ziemlich stark. Die sozialdemokratischen Parteien, die teilweise wenigstens vorübergehend auch Regierungsparteien waren, konnten ihre früheren Auffassungen im großen und ganzen unverändert übernehmen, d. h. die Betonung lag wieder nur auf der nationalen Bedeutung, nun aus der Sicht des unabhängigen Nationalstaates. Die kommunistischen Parteien — besonders dort, wo sie zeitweise legal arbeiten konnten — hoben gerade im Gegensatz zu den Sozialdemokraten den gesellschaftlich-revolutionären Charakter von 1848 hervor. Auch damit konnte man inmitten der wirtschaftlichen und sozialen Schwierigkeiten nach dem Krieg die Massen gewinnen. Man konnte die revolutionäre Natur der fortschrittlich-bürgerlichen Revolution von 1848 betonen, man konnte an die Unruhen in den Großstädten erinnern, und von der Notwendigkeit der damaligen bürgerlichen Revolution ließen sich sehr leicht Schlußfolgerungen für die eigene Zeit, für unumgängliche neue Veränderungen und die kommende sozialistische Revolution ziehen.

In den Jahren des Zweiten Weltkrieges dagegen wurde wieder an die nationalen Aussagen von 1848 appelliert. Damit sollte eine politische Widerstandsbewegung gegen die Hitlerische Unterdrückungsmaschinerie geschaffen oder allgemeiner zum Widerstand aufgerufen werden. In dieser Auffassung dienten die Revolution von 1848 und die Vorereignisse zwar auch dem gesellschaftlichen Fortschritt, aber in erster Linie ging es doch um die nationale Freiheit, um den Kampf gegen die fremde Unterdrückung. Zwischen der habsburgdeutschen und der hitlerdeutschen Unterdrückung ließen sich leicht Parallelen ziehen. Die Kommunisten beriefen sich auf die Traditionen der Revolution und des Freiheitskampfes von 1848 und auf die unauflösliche Verbindung von gesellschaftlichem Fortschritt und nationaler Unabhängigkeit. In den Kriegsjahren erhob diese historische Auffassung den Widerstand gegen die Deutschen zum vom gesellschaftlichen wie vom nationalen Standpunkt aus gleichermaßen notwendigen und einzig richtigen Programm. Die Kommunisten setzten gewissermaßen den bewaffneten Kampf von 1848 fort, sie waren damit die Nachfahren und Erben der besten nationalen Traditionen.

Nach dem Zweiten Weltkrieg siegte in diesen Ländern — mit Ausnahme Österreichs — die sozialistische Revolution. Die marxistische Geschichtswissenschaft hatte nun bestimmenden Einfluß auf das Geschichtsbewußtsein. Die positive Bewertung der 48er Revolution aus der Kriegszeit als eines besonderen Gipfelpunktes des Klassenkampfes und des Kampfes für die nationale Unabhängigkeit blieb bestehen. In diesem Bewußtsein und in enger Verbindung zu den konkreten politischen Tagesaufgaben konnte die Jahrhundertfeier der Revolution begangen werden. Die kommunistischen Parteien konnten nunmehr als die alleinigen Fortsetzer der wahren nationalen Traditionen auftreten.

Eine nicht unwesentliche Rolle spielte, daß in der Zeit zwischen den beiden Weltkriegen die Herausbildung der durch die kommunistischen Parteien repräsentierten Geschichtsauffassung nicht durch Fachleute erfolgte, die sich angeekelt von der Tagespolitik zurückzogen, sondern durch die Führer des politischen Kampfes. Wenn es auch unter ihnen ausgebildete Fachhistoriker gab, hatten sie doch kaum die Möglichkeit, fachliche Forschungsarbeit zu betreiben, da sie einerseits mit anderen, wichtigeren Tagesaufgaben befaßt waren, andererseits — und das ist der Hauptgrund — wegen ihrer kommunistischen Überzeugung nicht in den Archiven arbeiten durften. Das änderte sich nach 1945 grundlegend. Die Erforschung des Jahres 1848 wurde zu einer Aufgabe, ja eine gute Zeitlang sogar zu einer Hauptaufgabe der marxistischen Fachhistoriker. Das führte zu positiven

Ergebnissen. Die Fachleute konnten sehr viel gründlicher als früher die wirtschaftlichen und gesellschaftlichen Voraussetzungen und Motive, die zur Revolution geführt hatten, darstellen; auch innerhalb der Revolution selbst konnten sie detaillierter bewerten, sie konnten die gesellschaftlichen Probleme besser beleuchten, indem sie auf die ursprünglichen Quellen zurückgriffen. Sie erforschten die Besonderheiten des Klassenkampfes innerhalb der bürgerlichen Revolution und die packenden, atemberaubenden Kämpfe zwischen Revolution und Konterrevolution, und sie deckten insbesondere auf dem bis dahin vernachlässigten Gebiet der bäuerlichen Bewegungen eine große Fülle von unbekanntem Material auf. Und natürlich konnten sie auf die marxistischen Klassiker zurückgreifen, auf die zeitgenössischen Einschätzungen von Marx und Engels; beide waren ja aktive Teilnehmer an den Ereignissen und zugleich scharfsichtige Beobachter gewesen. Die ungarischen marxistischen Historiker konnten von neuem mit Freude entdecken, wie sehr Marx und Engels die ungarische Revolution geschätzt hatten, mit welcher Begeisterung sie Kossuth vorstellten, der für sie zugleich Danton und Carnot war, zu einer Zeit, da nur noch die ungarische Revolution ihre großen Schlachten lieferte. Die slawischen marxistischen Historiker verwiesen mit großer Gründlichkeit darauf, wie klar Marx und Engels 1848 die großen Fragen gesehen hätten, wenn ihnen auch in der Beurteilung der Slawen in einigen Details Irrtümer unterlaufen seien. Die marxistische Geschichtsschreibung in den einzelnen Ländern untersuchte die eigene Revolution, jedoch immer im Kontext der europäischen Revolutionen, eingebettet in die geschichtliche Entwicklung der eigenen Nation, mit Rücksicht auf die Gesichtspunkte des Klassenkampfes und unter Betonung der wirtschaftlichen wie der gesellschaftlichen Faktoren.

Diese Auffassung führte aber dennoch wieder dazu, daß — unter Betonung der wirtschaftlichen und gesellschaftlichen Faktoren — eine unter den Voraussetzungen der Klassenkampftheorie ausgerüstete Forschung die nationale und internationale Bedeutung der 48er Revolution bei den betreffenden Nationen hervorhob. Die Revolution hielt, wenn auch durch zahlreiche neue Fragestellungen in einem anderen Blickfeld, weiterhin ihren Ehrenplatz im nationalen Pantheon.

Hätte also auch die marxistische Geschichtsschreibung geirrt, als sie den nationalen Charakter von 1848 hervorhob? Davon kann keine Rede sein. 1848 hat wirklich für alle Nationen im ganzen Habsburgerreich eine entscheidende Wende gebracht. Auch eine fachlich bestens vorbereitete wissenschaftliche Forschung konnte keine anderen Ergebnisse erzielen, so sehr sie in den Begründungen und Analysen wesentlich neue Momente und Gesichtspunkte in die Beurteilung einbrachte. 1848 war in der Tat eine große Zeit, nicht nur im geschichtlichen Bild der Nachwelt, sondern in der geschichtlichen Wirklichkeit selbst.

Es war eine große Zeit. Die Nationen des einstigen Reiches entstanden in den Kämpfen dieser Revolution. Die bürgerliche Revolution war eine nationale Revolution, ja sie war sogar um so intoleranter nationalistisch, je bürgerlicher sie war. Das nimmt dieser Revolution nichts von ihrem Wert, denn der nationale Zug gehört zu ihrem Wesen. Daraus folgt unweigerlich, daß sich die Revolutionen der Nationen innerhalb der letztes Endes doch engen Grenzen des Reiches, die sich entgegen allen andersgearteten Vorzeichen im Verlaufe der Ereignisse auch nicht veränderten, gegeneinander wenden mußten. Daran ändert auch nichts, daß es bewundernswert viele Menschen gab, die gegen den Strom die Aussöhnung und Zusammenfassung der nationalen Revolutionen anstrebten. Ihre Tätigkeit und ihr Verantwortungsbewußtsein sind jedenfalls hoch zu bewerten. Die Nachwelt muß auch ihnen Achtung zollen, ebenso wie denjenigen, die in der Hauptströmung der Revolution gegeneinander gerieten.

Heute, fast anderthalb Jahrhunderte nach diesen Ereignissen, können wir in einer sehr veränderten Welt die damaligen, wir können sagen notwendigen, Gegensätze überschreiten. Kudlich und Kossuth, Štúr, Avram Iancu, Frič oder Iwan Kapuschtschak sind gleichermaßen Helden von 1848, und wir ehren sie, ungeachtet dessen, daß sie damals nicht im gleichen Lager kämpften. Das Wesentliche war doch ihr Eintreten für eine bürgerliche Revolution, und das ist es auch, was wir heute hervorheben: 1848 war der große Durchbruch in der bürgerlichen Umgestaltung des Habsburgerreiches. Diese oft wiederholte Formulierung ist zu wichtig, um sie nicht immer wieder und auch am Ende dieser Untersuchung hervorzuheben.

ZEITTAFEL

1848

Januar

2. Die ersten Zeichen des Widerstandes in Mailand. Auftreten gegen das österreichische Tabakmonopol.
12. Ausbruch der Revolution in Palermo.
27. Ausbruch der Revolution in Neapel.

Februar

22. Ausbruch der Revolution in Paris.
24. Abdankung Louis Philippes, Ausrufung der Republik.

März

3. Lajos Kossuth unterbreitet im Unterhaus des ungarischen ständischen Landtages seinen Adreßvorschlag und faßt damit die Forderung der Opposition zusammen.
9. Die niederösterreichischen Stände formulieren ihre Forderungen (Bürgerpetition).
11. Volksversammlung im St.-Wenzelsbad in Prag.
13. Ausbruch der Revolution in Wien. Sturz Metternichs.
14. Ferdinand genehmigt die Pressefreiheit.
15. Unter dem Druck neuer Unruhen in Wien verspricht Ferdinand eine Verfassung. — Ausbruch der Revolution in Pest.
16. Revolutionäre Demonstrationen in Laibach.
17. Ausbruch der Revolution in Krakau. Ferdinand stimmt der Ernennung einer verantwortlichen ungarischen Regierung zu. — Demonstrationen in Venedig.
18. Ausbruch der Revolution in Mailand und Berlin. — Zusammenstellung der nationalen polnischen Forderungen in Lemberg.
19. Eine tschechische Delegation begibt sich mit den im St.-Wenzelsbad zusammengestellten Forderungen von Prag nach Wien.
20. Bildung der Akademischen Legion in Wien.
21. Bildung des Polnischen Nationalrates in Lemberg.
22. Ausbruch der Revolution in Venedig.
23. Karl Albert, König von Sardinien, erklärt Österreich den Krieg.
24. Ficquelmont erläßt ein Rundschreiben an alle österreichischen diplomatischen Vertretungen, das gegen eine unter preußischer Führung stehende deutsche Einheit gerichtet ist. — Zurückweisung der tschechischen Forderungen (datiert vom 23. März). — Die Truppen des Vatikans brechen gegen Österreich auf.
25. Die Forderungen der Kroatischen Nationalversammlung.

28. Die Komitatsversammlung von Liptau fordert in Verwaltung und Volksschulunterricht die slowakische Sprache. — Die Versammlung junger rumänischer Intellektueller in Klausenburg fordert für die Komitate mit rumänischer Mehrheit Rumänisch als Amtssprache.
29. Abfassung einer neuen tschechischen Petition.
31. In Frankfurt am Main tritt das Vorparlament zusammen.

April

1. Slowenische Petition für die Bildung eines einheitlichen Slowenien.
4. Auflösung des Staats- und Konferenzrates. — Kolowrat tritt zurück.
5. Erzherzog Ludwig tritt zurück.
7. Ernennung der ersten verantwortlichen ungarischen Regierung.
8. Grundsätzliche Annahme der tschechischen nationalen Forderungen in Form eines Kabinettsbriefes. — In Mailand Bildung einer provisorischen lombardischen Regierung.
9. Kossuth weist die Bitte einer serbischen Delegation um Anerkennung einer besonderen serbischen Nation zurück. — Deutscher Protest in Prag gegen die Zugeständnisse an die Tschechen.
10. Auf einer Volksversammlung in Prag bildet sich ein Nationalausschuß mit 100 Mitgliedern.
11. Offener Brief Palackýs an das Frankfurter Vorparlament. — Abschluß des letzten ungarischen ständischen Landtags, Sanktionierung der Gesetze in Preßburg. — Aufhebung der Frondienste in Kärnten.
14. Die mährische Ständeversammlung lehnt die Vereinigung der böhmischen Provinzen ab.
16. Bildung des Vereins Slovenija in Graz.
17. Leo Graf Thun wird in Prag zum Gubernialpräsidenten ernannt.
18. Karl Ludwig Graf Ficquelmont wird provisorischer österreichischer Ministerpräsident.
19. In Lemberg werden die nationalen Forderungen der Ukrainer zusammengestellt.
20. Beschluß der österreichischen Regierung: Österreich tritt nur unter Beibehaltung seiner Souveränität in ein einheitliches Deutschland ein.
25. Verkündung der Pillersdorfschen Verfassung. — Baron Josip Jellačić verkündet die Befreiung der Hörigen in Kroatien und verweigert der ungarischen Regierung den Gehorsam. — Aufhebung der Frondienste in der Steiermark.
25.—27. Unruhen in Krakau.
29. Die Delegation des Vorparlaments verhandelt in Prag mit dem tschechischen Nationalausschuß. — Papst Pius IX. gibt bekannt, daß er keinen Krieg gegen Österreich führen wolle.

Mai

2. Der ukrainische Nationale Generalrat konstituiert sich in Lemberg.
5. Das Zentralkomitee der Nationalgarde, der Bürger und Studenten Wiens, bildet sich.
6. Proklamation des tschechischen Nationalausschusses zur Vereinigung der drei böhmischen Provinzen.
8. Franz Freiherr von Pillersdorf wird österreichischer Ministerpräsident.
10.—11. Slowakische nationale Versammlung in Liptau St. Nikolaus.
12. Die ungarische Regierung protestiert bei der österreichischen gegen den Plan eines Slawenkongresses in Prag.
13.—15. In Karlowitz findet der serbische nationale Kongreß statt.
14. Die ungarische Regierung entsendet László Szalay und Dénes Pázmándy jun. nach Frankfurt am Main.
15. Aufstand in Wien. Sturmpetition. Die Regierung gewährt das allgemeine Wahlrecht und verspricht eine neue Verfassung. — Aufhebung aller Dienste der Hörigen in Kärnten.
15.—17. Die erste nationale Versammlung der Rumänen in Blasendorf.
17. Flucht des Hofes nach Innsbruck.

18. Eröffnung der deutschen Nationalversammlung in Frankfurt.
19. Die österreichische Regierung behandelt den Protest der ungarischen Regierung gegen den Slawenkongreß in Prag.
22. Aufhebung aller Hörigendienste in Krain.
26. Erneuter Aufstand in Wien. Gründung des Sicherheitsausschusses.
28. Thun versucht, in Prag eine provisorische böhmische Regierung zu bilden.
29. In Klausenburg wird der letzte ständische Landtag Siebenbürgens eröffnet.
30. In Österreich wird das allgemeine Wahlrecht verkündet. — Der siebenbürgische Landtag erklärt die Union Siebenbürgens mit Ungarn.

Juni

2. Eröffnung des Slawenkongresses in Prag.
5. Eröffnung des kroatischen Landtages in Agram.
9. Beschluß der mährischen Ständeversammlung über die Aufhebung der Hörigendienste.
10. Auf Wunsch der ungarischen Regierung wird Jellačić seiner Ämter entbunden.
12. Beginn des Prager Aufstandes. — In Südungarn erheben sich die Serben.
17. Der Prager Aufstand wird niedergeschlagen.
19. In Frankfurt wird Erzherzog Johann zum Reichsverweser gewählt und eine deutsche Regierung gebildet.
21. Proklamation der kroatischen Nation.
23.—26. Aufstand des Pariser Proletariats.
24. Der Sicherheitsausschuß fordert die Ablösung Thuns.
26. Auflösung des tschechischen Nationalausschusses. Die Einberufung eines böhmischen Parlaments wird verboten.
29. Der kroatische Landtag stattet Jellačić mit diktatorischen Vollmachten aus.

Juli

2. Gründungsversammlung der ukrainischen Matica in Lemberg.
5. Der erste ungarische Reichstag auf der Grundlage der Volksvertretung wird in Pest eröffnet.
8. Der Sicherheitsausschuß fordert die Entfernung der Vertreter der alten Ordnung aus der Regierung. Anton Freiherr von Doblhoff-Dier wird vorläufiger österreichischer Ministerpräsident.
10. Windischgrätz hebt den Belagerungszustand für Prag auf.
11. Das ungarische Abgeordnetenhaus bewilligt die Einberufung von 200 000 Rekruten und einen Kredit von 42 Millionen Gulden.
18. Johann Philipp Freiherr von Wessenberg-Ampringen wird österreichischer Ministerpräsident.
22. Eröffnung des Reichstags in Wien.
25.—27. Schlacht bei Custozza.

August

3. Beschluß des ungarischen Parlaments: Wenn Österreich sich wegen der deutschen Einheit in einen Krieg einläßt, bleibt Ungarn neutral.
6. Feldmarschall Radetzky erobert Mailand zurück.
9. Österreich schließt einen Waffenstillstand mit dem Königreich Sardinien ab.
12. Der Hof kehrt nach Wien zurück.
13. In Venedig übernimmt ein Triumvirat die Macht.
18. Ferdinand unterzeichnet die Amnestie für die Aufständischen von Prag.
23. Niederschlagung des Wiener Arbeiteraufstandes.
    Auflösung des Sicherheitsausschusses.

27. Denkschrift der österreichischen Regierung gegen ein selbständiges ungarisches Finanz- und Kriegsministerium.
30. Vortrag von Karl Marx im Wiener Arbeiterbildungsverein.
31. In einem persönlichen Handschreiben an den Palatin Erzherzog Stephan stimmt Ferdinand dem negativen Standpunkt der österreichischen Regierung gegenüber einem selbständigen ungarischen Finanz- und Kriegsministerium zu.

September

2. Justizminister Alexander Bach erläutert dem Reichstag, daß die Sanktionierung aller Gesetze durch den Kaiser eine Notwendigkeit darstellt. — Karl Marx hält im Wiener Arbeiterbildungsverein einen weiteren Vortrag.
4. Jellačić erhält seine Ämter als Banus und Oberbefehlshaber zurück.
7. Der Reichstag beschließt die Bauernbefreiung.
9. Eine Deputation des ungarischen Parlaments begibt sich zu Ferdinand. — Der Reichstag lehnt einen Empfang der ungarischen Deputierten ab.
10. Rücktritt der ungarischen Regierung.
11. Jellačić beginnt seinen Angriff gegen Ungarn.
Der Palatin Erzherzog Stephan ernennt erneut Lajos Graf Batthyány zum ungarischen Ministerpräsidenten.
13. Die Mehrheit des Reichstags weist den Vorschlag zurück, Radetzky für seinen Sieg in Italien den Dank auszusprechen.
15. Bildung des Landesverteidigungsausschusses in Pest. Das ungarische Parlament beschließt die Aufhebung des Weinzehents. — Bach verkündet die den Prager Aufständischen gewährte Amnestie.
15.—16. Gründung des Nationalrats der Slowaken in Wien.
17. Bildung der zweiten Regierung Batthyány. — Slowakische Freiwilligenverbände dringen in Nordungarn ein.
23. Erzherzog Stephan legt sein Amt als Palatin nieder und flieht aus Ungarn.
25. Generalleutnant Franz Philipp Graf Lamberg wird zum Oberbefehlshaber der Truppen in Ungarn ernannt.
28. Lamberg wird in Pest ermordet. — Die slowakischen Freiwilligen ziehen sich nach Mähren zurück.

Oktober

2. Lajos Batthyány stellt seinen Posten als Ministerpräsident zur Verfügung. — Der sächsische Magistrat von Hermannstadt bittet um kaiserlichen Schutz.
3. Jellačić wird zum Oberbefehlshaber der Truppen in Ungarn ernannt.
4. Baron Ádám Récsey wird zum ungarischen Ministerpräsidenten ernannt.
6. Ausbruch der Wiener Revolution.
7.—14. Zweite nationale Versammlung der Serben in Karlowitz. — Der Hof flieht nach Olmütz.
10. Der Sicherheitsausschuß fordert im Namen der Wiener Revolution die ungarischen Truppen auf, Jellačić und seine Armee auch auf österreichischem Gebiet zu verfolgen.
12. Der Reichstag (das Rumpfparlament) ersucht die Ungarn um militärische Hilfe.
15. Die ungarische Armee überschreitet die österreichische Grenze.
16. Windischgrätz wird zum Oberbefehlshaber der kaiserlichen Armee ernannt. — Die nationale Versammlung der Székler in Agyagfalva fordert zum allgemeinen Volksaufstand auf.
17. Die ungarische Armee wird von österreichischem Gebiet zurückbeordert.
18. Generalleutnant Baron Anton Puchner übernimmt als Oberbefehlshaber die Macht in Siebenbürgen.
19. Der Kongreß ukrainischer Wissenschaftler wird in Lemberg eröffnet.

20. Ferdinand verspricht in einer Proklamation, daß die Bauernbefreiung nicht für ungültig erklärt werde.
21.—22. Die ungarische Armee befindet sich erneut auf österreichischem Gebiet.
24. Die kaiserliche Armee beginnt ihren Angriff gegen das revolutionäre Wien.
26. Die kaiserliche Armee hat Wien völlig umzingelt.
27. Die deutsche Nationalversammlung in Frankfurt beschließt den § 2 der deutschen Verfassung, der mit nichtdeutschen Staaten nur eine Personalunion gestattet.
28. Die ungarische Armee überschreitet zum dritten Mal die österreichische Grenze.
29. Wien kapituliert bedingungslos.
30. Gefecht bei Schwechat.
31. Windischgrätz zieht in Wien ein.

November

4. Bildung des serbischen Nationalausschusses (Odbor) in Karlowitz.
9. Hinrichtung des Frankfurter Abgeordneten Robert Blum.
17. Puchner nimmt Klausenburg ein.
18. Bildung der polnischen Legion in Ungarn.
21. Felix Fürst Schwarzenberg wird österreichischer Ministerpräsident.
22. In Kremsier wird die neue Sitzungsperiode des Reichstags eröffnet.
27. Schwarzenberg gibt das Programm der österreichischen Regierung im Reichstag bekannt.
29. Józef Bem wird zum Oberbefehlshaber der ungarischen Truppen in Siebenbürgen ernannt.

Dezember

2. Thronbesteigung Franz Josephs.
4. Slowakische Freiwilligenverbände dringen erneut in Nordungarn ein.
6. Generalleutnant Franz Graf von Schlick dringt mit seinen Truppen von Galizien her über den Duklapaß in Ungarn ein. — Proklamation Bems über den freien Sprachgebrauch der nichtungarischen Bevölkerung in Siebenbürgen.
13. Windischgrätz überschreitet mit der österreichischen Armee die ungarische Grenze.
21. Die Regierung Sardiniens ernennt den Obersten Alessandro Monti zum Gesandten in Ungarn.
25. Die Armee Bems befreit Klausenburg.
27. Note Schwarzenbergs an die deutsche Nationalversammlung in Frankfurt.
31. Beschluß des ungarischen Parlaments, gemeinsam mit dem Landesverteidigungsausschuß seinen Sitz nach Debreczin zu verlegen.

1849

Januar

1. Der Landesverteidigungsausschuß und das ungarische Parlament begeben sich nach Debreczin. — Der Kriegsrat der ungarischen Honvédarmee tagt in Pest.
3. Windischgrätz fordert von der Delegation des ungarischen Parlaments die bedingungslose Kapitulation.
4. Artúr Görgey zieht mit seiner Armee aus Pest ab.
5. Waitzener Proklamation Görgeys. — Windischgrätz zieht in Pest ein.
6. Die österreichische Regierung beginnt ihre Beratungen über dem neuen Verfassungsentwurf.
24. Puchner, der Befehlshaber der kaiserlichen Armee in Siebenbürgen, erbittet militärische Hilfe durch die russische Armee.
29. Die ukrainische Intelligenz wendet sich mit einer Petition an Franz Joseph, das ukrainische Gebiet im Nordosten Ungarns solle Galizien angeschlossen werden.

Februar

9. Gefecht bei Piski.
16. Unter der Führung des Patriarchen Josip Rajačić wird eine vorläufige Regierung der Serbischen Wojwodschaft gebildet.
25. Andreiu Şaguna, orthodoxer rumänischer Bischof, richtet eine Denkschrift an Franz Joseph über die Vereinigung aller von Rumänen im Habsburgerreich bewohnten Gebiete in einer Provinz.
26.—27. Gefecht bei Kápolna.

März

3. Die Offiziere der ungarischen Honvédarmee verweigern dem Oberbefehlshaber, Henryk Dembiński, den Gehorsam.
7. Auflösung des Reichstages, Verkündung der oktroyierten Verfassung, die vom 4. März datiert ist. — Neuwahl der Assamblea in Venetien, Daniele Manin wird Präsident.
9. Note Schwarzenbergs an die deutsche Nationalversammlung in Frankfurt: Österreich unterwirft sich nicht einem deutschen Parlament.
17. Anordnung des österreichischen Innenministers Stadion über die Gemeindeselbstverwaltung.
20. Adresse des Slowakischen Nationalrats an Franz Joseph.
21. Neue Kriegsoperationen in Italien.
23. Schlacht bei Novara.
28. Die deutsche Nationalversammlung in Frankfurt nimmt die Verfassung für ein einheitliches Deutschland an.
29. Die deutsche Nationalversammlung in Frankfurt bietet dem preußischen König, Friedrich Wilhelm IV., die deutsche Kaiserkrone an.

April

2. Das Reichsgesetzblatt erscheint in neun Sprachen des Reiches.
3. Friedrich Wilhelm IV. weist die deutsche Kaiserkrone zurück.
5. Schwarzenberg ruft die österreichischen Delegierten aus Frankfurt zurück.
12. Feldzeugmeister Ludwig Freiherr von Welden wird anstelle von Windischgrätz zum Oberbefehlshaber der kaiserlichen Truppen in Ungarn ernannt.
14. Das ungarische Parlament erklärt in Debreczin die Habsburger auf ewig ihres Thrones für verlustig und verkündet die Unabhängigkeit Ungarns.
19. Verordnung des Reichsverwesers Kossuth über die Weiterentwicklung der Bauernbefreiung.
24. Die ungarischen Truppen befreien Pest.
25. Adresse des kroatischen Landtags an Franz Joseph im Interesse der Sanktionierung der Gesetze.
28. Friedrich Wilhelm IV. weist die deutsche Kaiserkrone endgültig zurück.

Mai

1. Die österreichische Regierung bittet um russische militärische Hilfe. — Bertalan Szemere bildet eine neue ungarische Regierung.
5. Franz Joseph kehrt nach Wien zurück.
6. Der Banalrat von Kroatien wendet sich mit einer Adresse an Franz Joseph.
9. Nikolaus I. gibt die Intervention der russischen Armee in Ungarn bekannt.
10. Die Mitglieder der Prager Verschwörung werden verhaftet.
18. Die ungarische Regierung gibt in einer Proklamation die Intervention der russischen Armee bekannt.

21. Franz Joseph und Nikolaus I. treffen sich in Warschau. — Die ungarische Honvédarmee nimmt die Festung von Ofen ein.
28. Nicolae Bălcescu, ein Revolutionär aus der Walachei, nimmt in Debreczin Verhandlungen mit Kossuth auf.
30. Anstelle von Welden wird Feldzeugmeister Julius Freiherr von Haynau Oberbefehlshaber der kaiserlichen Truppen in Ungarn.

Juni

3. Das unabhängige Ungarn geht mit Datum vom 20. Mai ein Bündnis mit der Republik Venedig ein.
4. Baron Karl von Geringer wird zum bevollmächtigten bürgerlichen Kommissar für Ungarn ernannt.
5. Der Reichsverweser Kossuth und die ungarische Regierung verlegen ihren Sitz nach Pest.
15. Die russische Armee beginnt ihren Vormarsch auf ungarisches Gebiet.
17. Gewaltsame Auflösung der deutschen Nationalversammlung in Stuttgart.
22. Beginn des dritten Kriegszuges der slowakischen Freiwilligen.
27. Die kaiserliche Garnison übergibt die Burg Arad den ungarischen Honvédtruppen.

Juli

2. Das ungarische Parlament tagt in Pest.
11. Haynaus Vortrupps ziehen in Pest ein.
14. Das *Projet de pacification* wird unterschrieben.
28. Umbildung der Regierung Schwarzenberg. — Das ungarische Parlament beschließt in Szegedin das Nationalitätengesetz und die Emanzipation der Juden.
31. Schlacht bei Schäßburg.

August

1. Die ungarische Regierung und das Abgeordnetenhaus verlegen ihren Sitz nach Arad.
2. Haynau zieht in Szegedin ein.
3. Avram Iancu stellt die Kampfoperationen der rumänischen Aufständischen ein.
7. Die ungarische Regierung bietet einem Mitglied der Romanow-Dynastie den Thron an.
9. Gefecht bei Temesvár.
11. Kossuth legt sein Amt als Reichsverweser nieder und überträgt alle Vollmachten auf Görgey.
13. Die ungarische Honvédarmee legt bei Világos vor den russischen Truppen die Waffen nieder.
22. Kapitulation von Venedig.

September

2. Auflösung der Truppen der rumänischen Aufständischen.
5. Die ungarische Garnison der Festung Petrowardein ergibt sich.
27. General György Klapka unterschreibt das Abkommen über die Übergabe der Festung Komorn.

Oktober

6. Dreizehn ungarische Heerführer werden in Arad und Lajos Graf Batthyány in Pest hingerichtet.

November

2. Die Legion der slowakischen Freiwilligen wird aufgelöst.

KURZE BIBLIOGRAPHISCHE HINWEISE

Über die Geschichte der Revolution von 1848 gibt es Literatur, die eine Bibliothek füllen könnte. Wir wollen hier nur auf einige wichtige allgemeine Arbeiten verweisen, die auch weitere Literaturhinweise enthalten. Auf Quellenmaterial soll hier nicht eingegangen werden.

— Eine zusammenfassende Darstellung des gesamten Verlaufs der Revolution und der militärischen Auseinandersetzungen im Habsburgerreich finden wir in:

Rudolf Kiszling (Hrsg.): *Die Revolution im Kaisertum Österreich 1848—1849.* 2 Bde., Wien 1948.

— Von den älteren Arbeiten lohnt sich trotz veralteter Konzeptionen wegen der umfangreichen historischen Details (obwohl durch die neuere Forschung selbstverständlich auch hier vieles modifiziert wurde) noch immer die Erwähnung von:

Anton Springer: *Geschichte Österreichs seit dem Wiener Frieden 1809. 2. Theil: Die österreichische Revolution.* Leipzig 1865.

Joseph Alexander Helfert: *Geschichte der österreichischen Revolution im Zusammenhange mit der mitteleuropäischen Bewegung der Jahre 1848—1849.* 2 Bde., Freiburg im Breisgau 1907—1909 (das Werk ist unvollendet und erfaßt nur die Zeit bis Anfang Juni 1848).

Joseph Alexander Helfert: *Geschichte Österreichs vom Ausgange des Wiener October-Aufstandes 1848.* 1. Bd. Prag 1869. (Die anderen drei Bände behandeln dann bereits eine spätere Zeit.) Ähnlich auch:

Heinrich Friedjung: *Österreich von 1848 bis 1860. I.: Die Jahre der Revolution und der Reform 1848 bis 1851.* Stuttgart — Berlin 1908.

— Von den neueren Arbeiten geht auf die Vorgeschichte ein:

Viktor Bibl: *Der Zerfall Österreichs. II.: Von Revolution zu Revolution.* Wien — Berlin — Leipzig 1924.

— Auf grundsätzliche Probleme der konstitutionellen Entwicklung verweist:

Josef Redlich: *Das österreichische Staats- und Reichsproblem.* 2 Bde., Leipzig 1924—1926.

— Auf die Nationalitätenproblematik des Habsburgerreiches zusammen mit der Vorgeschichte der Revolution, auf die Pläne und Vorstellungen der einzelnen Nationen geht detailliert ein:

Robert A. Kann: *Das Nationalitätenproblem der Habsburgermonarchie. Geschichte und Ideengehalt der nationalen Bestrebungen vom Vormärz bis zur Auflösung des Reiches im Jahre 1918.* Erster Band: *Das Reich und die Völker.* Zweiter Band: *Ideen und Pläne zur Reichsreform.* Zweite, erweiterte Auflage, Graz — Köln 1964. (Die erste Ausgabe erschien 1950 in englischer Sprache.)

— Von anderen Arbeiten, die sich nicht nur mit der Revolution beschäftigen, erweisen sich als nützlich:

Friedrich Walter (Hrsg.): *Die österreichische Zentralverwaltung.* I. Bd. III. Teil, Wien 1964, und eine volkstümliche Zusammenfassung, die durchaus interessante Details und Gesichtspunkte enthält:

Helmut Andics: *Österreich 1804—1975. Österreichische Geschichte von der Gründung des Kaiserstaates bis zur Gegenwart.* Entsprechend der erste Band: *Das österreichische Jahrhundert. Die Donaumonarchie von 1804 bis 1900.* Wien — München 1976 (2. Aufl.).

— Eine Zusammenfassung, in den entsprechenden Abschnitten, verbunden mit einem genauen Überblick über Vorgeschichte und Verlauf der Revolution in jeder einzelnen Nation, gibt:

C. A. Macartney: *The Habsburg Empire 1790—1918.* London 1969. Wenn man auch mit seinen Wertungen nicht immer einverstanden sein kann, in der Schilderung der Ereignisse ist er zuverlässig.

— Für einzelne Fragen sind noch zu erwähnen:

Julius Marx: *Die wirtschaftlichen Ursachen der Revolution von 1848 in Österreich.* Graz — Köln 1965.

Herbert Steiner: *Karl Marx in Wien. Die Arbeiterbewegung zwischen Revolution und Restauration 1848*. Wien — München — Zürich 1978.

Paula Geist-Lányi: *Das Nationalitätenproblem auf dem Reichstag zu Kremsier 1848/1849*. München 1920.

— Umfangreiche Angaben zur Geschichte der deutschen Nationalversammlung in Frankfurt mit zahlreichen Zitaten aus den Protokollen finden sich bei:

Wilhelm Appens: *Die Nationalversammlung zu Frankfurt a. M.1848/49*. Jena 1920.

— Die ungarische Entwicklung behandeln:

Endre Kovács (Hrsg.): *Magyarország története 1848—1890* [Die Geschichte Ungarns 1848—1890]. Erster Halbband, Budapest 1979. (Den Teil, der sich auf die Revolution bezieht, schrieb György Spira.)

István Deák: *The Lawful Revolution. Louis Kossuth and the Hungarians, 1848—1849*. New York 1979.

Edsel Walter Stroup: *Hungary in Early 1848. The Constitutional Struggle against Absolutism in Contemporary Eyes*. Buffalo — Atlanta 1977.

György Spira: *A nemzetiségi kérdés a negyvennyolcas forradalom Magyarországán* [Die Nationalitätenfrage im Ungarn der Revolution 1848]. Budapest 1980.

György Spira: *A Hungarian Count in the Revolution of 1848*. Budapest 1978.

Charles A. Sproxton: *Palmerston and the Hungarian Revolution*. Cambridge 1919.

— Ein neueres Werk zu diesem Thema mit breiter Dokumentation schrieb:

Éva Haraszti: *Az angol külpolitika a magyar szabadságharc ellen* [Die englische Außenpolitik gegen den ungarischen Freiheitskampf]. Budapest 1951.

— Die Rolle der Siebenbürger Sachsen behandeln:

Zoltán Sárközi: *Az erdélyi szászok 1848—1849-ben* [Die Siebenbürger Sachsen 1848—1849]. Budapest 1974.

Carl Göllner: *Die Siebenbürger Sachsen in den Revolutionsjahren 1848—1849*. Bukarest 1967.

— Die italienischen Ereignisse behandelt:

Ettore Rota: *Il 1848 nella storia italiana ed europea*. 2 Bde., Milano 1948.

Werke über die tschechischen Ereignisse:

Stanley Z. Pech: *The Czech Revolution of 1848*. Chapel Hill 1969.

Friedrich Prinz: *Prag und Wien, 1848. Probleme der nationalen und sozialen Revolution im Spiegel der Wiener Ministerratsprotokolle*. München 1968.

— Ebenfalls auf das Material der Archive von Wien und Prag stützt sich ein älteres Werk:

Karel Kazbunda: *České hnutí roku 1848* [Die tschechische Bewegung von 1848]. Praha 1929.

— Der Slawenkongreß wird mitbehandelt in:

Alfred Fischel: *Der Panslawismus bis zum Weltkrieg. Ein geschichtlicher Überblick*. Stuttgart — Berlin 1919.

— Zum Thema Galizien schreibt:

Konstanty Grzybowski: *Galicja 1848—1914*. Kraków — Wrocław — Warszawa 1959.

— Die kroatische Entwicklung wird geschildert in:

Elinor M. Despalatović: *Ljudevit Gaj and the Illyrian Movement*. Boulder 1975.

Jaroslav Šidak: *Studije iz hrvatske povijesti za revolucije 1848—49* [Studien aus der kroatischen Geschichte zur Zeit der Revolution 1848—49]. Zagreb 1979.

— Über die Entwicklung bei anderen Nationen:

Keith Hitchins: *The Rumanian National Movement in Transsylvania 1780—1949*. Cambridge, Mass. 1969.

Victor Cheresteşiu: *Adunarea naţională de la Blaj* [Die rumänische Nationalversammlung von Blasendorf]. Bucureşti 1966.

Peter Brook: *The Slovak National Awakening*. Toronto 1976.

Martha Bohachevsky-Chomiak: *The Spring of a Nation: The Ukrainians in Eastern Galicia in 1848*. Philadelphia 1967.

Mikhal Danilak: *Halički, bukovinski, zakarpatski ukrainci v revoljucii 1848—1849 rokiv* [Galizier, Bukowiner und Karpato-Ukrainer in der Revolution von 1848—1849]. Prjashev 1972.

PERSONENREGISTER

ORTSREGISTER

VERZEICHNIS DER ABBILDUNGEN

1. Ferdinand I. Kaiser von Österreich, als V. König von Ungarn
   Stich von Gustav Leylold nach einem Gemälde von Leopold Kupelwieser
2. Clemens Lothar Wenzel Fürst Metternich
   Lithographie von Josef Kriehuber nach einem Gemälde von Sir Thomas Lawrence
3. Franz Freiherr von Pillersdorf
   Stich von Josef Kriehuber
4. Alfred Fürst Windischgrätz
   Lithographie von August Prinzhofer, 1848
5. Straßenkampf in Wien am 6. Oktober 1848
   Lithographie, Mitte des 19. Jahrhunderts, erschienen bei Franz Werner
6. General Józef Bem in Wien, Oktober 1848
   Lithographie, Mitte des 19. Jahrhunderts, erschienen bei Franz Werner
7. Der Herrscher flieht am 17. Mai 1848 aus Wien
   Lithographie, erschienen bei Anton Ziegler
8. Erzherzog Stephan
   Lithographie von Josef Bekel, 1847
9. Blutige Niederschlagung des Arbeiteraufstandes in Wien am 23. August 1848
   Lithographie, erschienen bei Anton Ziegler
10. Barrikadenkampf in Prag, Juni 1848
    Lithographie, erschienen bei Anton Ziegler
11. Feierlicher Empfang der Deputation des Preßburger Landtags in Wien am 15. März 1848
    Lithographie, 1848
12. Volksversammlung vor dem Pester Nationalmuseum
    Gouache, 1848
13. Lajos Kossuth
    Lithographie von August Prinzhofer, 1848
14. Lajos Graf Batthyány
    Lithographie von Miklós Barabás
15. Andreiu Şaguna
    Lithographie von Petre Mateescu, 1851
16. František Palacký
    Fotografie
17. J. V. Frič
    Fotografie
18. Radetzkys Einzug in Mailand am 6. August 1848
    Lithographie, erschienen bei Anton Ziegler
19. Daniele Manin
    Gemälde, 1830er Jahre

Bildnachweis

Bildarchiv der Österreichischen Nationalbibliothek, Wien: 1, 3
Budapester Historisches Museum: 12
Historische Bildergalerie des Ungarischen Nationalmuseums, Budapest: Titelbild, 2, 4, 5, 6, 7, 8, 9, 10, 11, 13, 14, 15, 18, 21, 22, 23, 24, 25, 26, 27, 29, 30, 33, 34, 35, 36, 37, 38, 39, 41, 42
Kossuth-Museum, Cegléd: 28
Kriegshistorisches Museum, Budapest: 31
Museo Correr, Venedig: 19, 20
Die Reproduktionen der Stiche aus der Historischen Bildergalerie des Ungarischen Nationalmuseums fertigte András Dabasi an, die Fotos der Bilder 16, 17, 32 und 40 überließ die Budapester Nationalbibliothek Széchényi, die übrigen Reproduktionen stellten die Museen zur Verfügung, welche die Originale aufbewahren.